每天读点
管理学和领导学

方向东　编著

中国华侨出版社
·北京·

图书在版编目（CIP）数据

每天读点管理学和领导学 / 方向东编著 . —北京：中国华侨出版社，2014.11（2024.1 重印）

ISBN 978-7-5113-5003-9

Ⅰ.①每… Ⅱ.①方… Ⅲ.①管理学－通俗读物 ②领导学－通俗读物 Ⅳ.① C93-49

中国版本图书馆 CIP 数据核字（2014）第 262213 号

每天读点管理学和领导学

编　　著：方向东

责任编辑：黄振华

封面设计：冬　凡

美术编辑：吴秀侠

经　　销：新华书店

开　　本：720mm × 1020mm　1/16开　　印张：28　字数：530千字

印　　刷：三河市万龙印装有限公司

版　　次：2015年3月第1版

印　　次：2024年1月第5次印刷

书　　号：ISBN 978-7-5113-5003-9

定　　价：78.00元

中国华侨出版社　北京市朝阳区西坝河东里 77 号楼底商 5 号　邮编：100028

发行部：（010）88893001　　　传　真：（010）62707370

网　址：www.oveaschin.com　　E-m a i l：oveaschin@sina.com

如果发现印装质量问题，影响阅读，请与印刷厂联系调换。

前　言

　　管理学和领导学都是研究如何管人管事的学问，即通过优化整合人力资源，科学配置社会资源，调动一切积极因素，让人、财、物充分发挥作用，朝着组织的预期目标顺利进行，并实现目标价值最大化的学问。在日常工作和生活中，我们往往把管理和领导等同起来，认为管理就是领导，领导就是管理。其实，管理和领导虽然是紧密联系的，但二者在本质上存在很大的差异，绝不能混为一谈。

　　领导与管理有着泾渭分明的边界。按照《现代汉语词典》的解释，领导就是率领并引导大家朝着一定方向前进，而管理就是负责某项工作使它顺利进行。也就是说，领导是要做正确的事情，而管理是要正确地做事情。被誉为"领导力第一大师"的哈佛商学院教授约翰·科特说："管理者试图控制事物，甚至控制人，但领导者却努力解放人与能量。"这句话深刻地阐述了领导与管理之间的辩证关系：管理和领导互不相同——管理的工作是计划与预算、组织及配置人员、控制并解决问题，其目的是建立秩序；领导的工作是确定方向、整合相关者、激励和鼓舞同人，其目的是产生变革，显然，这也正是领导力的运行轨迹。如果说管理侧重技术和手段，侧重过程和方法，那么领导则侧重人文和目的，侧重结果和艺术。具体地说，管理通过整合各种资源、借助各种手段来达到既定的目标，注重做事，即把事情做得既有效率又有效果，也就是我们常说的又快又好，在这个过程中比较注重细节，注重手段，注重技术的应用；而领导通常关注做人，关注人的尊严、人的价值、人的潜能、人的激励和发展，关注意义和价值，关注所要达到的目标是否正确、是否值得。

　　当然管理和领导之间还存在一些其他重要的区别，总结起来有如下几点。第一，管理是日常性的、非决策性的工作；领导主要是负责方向性的工作，起带领和引导作用。第二，管理者主要凭借正式职位发挥作用，而领导者则主要凭借影响力去发挥作用。管理本质上是一种职能关系，领导本质上则是一种追随关系。第三，管理的科学性大于艺术性，而领导的艺术性大于科学性。管理追求的是精确，领导追求的是生动。第四，管理主要强调控制，侧重从人的行为上进行规范；而领导则更注重从人的内在心理方面去感化人。第五，管理常解决常规问题，具有确定性；而领导则通常处理非常规问题，具有不确定性。第六，管理的功能在于维持秩序；领导的作用在于规划愿景、创新求变。第七，管理比较重视权力的作用，而领导则重视个人魅力的作用、重视影响力等。从上面这些不同可以看出，领导者是决策者，管理者是执行者。

正因为管理和领导在组织的运营中发挥着各自不同的作用，所以，任何一个企业，都必须既有领导又有管理。只有领导而无管理，则领导的意图和目的往往比较难以实现；同样，如果只有管理而无领导，管理的愿望和目的也难以达到。在具体的工作中，因为管理过分而领导不力或是领导过分而管理不力都会造成一定的损失，我们应该要正确、科学地处理领导和管理的关系。为了有效地领导，必须有效地管理，只有将强有力的管理和强有力的领导结合起来，二者相辅相成，才能带来满意的效果，保证组织目标的实现，保证组织长期的可持续发展。海尔集团总裁张瑞敏曾说："海尔在向世界一流公司迈进的过程中，既需要精细的管理，又需要强有力的领导。"世界著名的管理大师杰克·韦尔奇更形象地描述了管理和领导在企业运营中各自的功能："把梯子正确地靠在墙上是管理的职责，而领导的作用在于保障梯子靠在正确的墙上。"

为了帮助读者更好地学习管理学和领导学，在实际工作中既分清二者的界限，把握各自的重心所在，又将二者紧密结合起来，配合发挥各自的功效，从而对组织和企业进行更科学、更高效的管理和领导，我们编写了这本《每天读点管理学和领导学》。为使本书成为一本既实用又易懂的管理学、领导学读本，我们在编写的过程中努力紧扣管理、领导实际，由浅入深，循序渐进地全面介绍了管理者履行制定制度、沟通交流、激励、惩罚、分配任务、执行落实工作等各项具体管理职能的方法和技巧，以及领导者在修炼人格魅力、做决策、驾驭全局、带团队、打造影响力、识人、用人、授权等方面需要具备的胸襟和气魄。在内容取舍与安排上，本书力争做到体系完整而又突出重点，并注重结合各种管理和领导实践案例，使读者尽可能全面而快速地学会各种管理和领导知识，掌握成功管理和领导的奥秘。企事业单位的管理者和领导者如果能每天学习一点，每天进步一点，在广泛阅读的基础上开动脑筋，对现实中的疑惑进行深入思考，坚持学习与运用相结合，知行合一，日积月累，必然能够在错综复杂的局势下左右逢源、如鱼得水，成功地应付各种显露的或者潜在的危机，成为出色的管理者和卓越的领导者。同时，由于管理学和领导学与人们的工作和生活有着非常紧密的联系，应用也十分广泛，因此，在现代社会，每天读点管理学和领导学，对每一个人都具有重要的意义，即使你现在是一个初学者，一个渴望掌握管理和领导能力的普通人，你也能从本书中得到有益的帮助，突破自己现有的格局。

目　录

·下篇·

每天读点领导学

上篇
每天读点管理学

第一章

靠制度管人，用制度办事

俗话说："国有国法，家有家规。"企业离不开制度，制度应高于一切，管理者靠制度管人，用制度办事。制度面前，没有人情可讲，任何违反者都应受到制度的判罚，不可姑息。另一方面，制度又要合理公正。只有这样，管理者才能准确地把握管人的尺度，员工才能心服口服地执行制度，也才能在制度的约束下合理竞争，共同进步。

好制度胜过一切说教

第二次世界大战中期，美国为空军提供降落伞的制造商制造的降落伞安全性能不够。后来在厂商的努力下，合格率逐步提高到99.9%，而美国军方要求降落伞的合格率必须达到100%。厂商对此很不以为意。他们认为，能够达到这个程度已接近完美，没有必要再改进。他们一再强调，任何产品都不可能达到绝对的100%合格，除非奇迹出现。

但军方却不这样想，他们认为，99.9%的合格率就意味着每1000个伞兵中会有1个人因为产品质量问题在跳伞中送命，这显然会影响伞兵们战前的士气，是不能被接受的。后来，军方改变了检查产品质量的方法，决定从厂商前一周交货的降落伞中随机挑出一个，让厂商的负责人装备上身后，亲自从飞机上跳下。这个方法实施后，降落伞的合格率立刻就变成了100%。

刚开始厂商还总是强调难处，为什么后来制度一改，厂商就再也不讨价还价，乖乖地绞尽脑汁提高产品质量呢？原因就在于前一种制度还没有最大限度地涉及厂商的自身利益，以致厂商对那1‰的不合格率没有切身的感受，甚至认为这是正常的，对伞兵们每千人死一人的现象表现漠然。后来制度一改让厂商先当一个"伞兵",先体验一下这个1‰的感受,结果奇迹出现了,相信这一定是厂商"夜不能寐""废寝忘食"的结果。

管理员工离不开制度,好制度胜过一切说教。

好的制度设计对社会和企业非常重要,人性、良知、觉悟、教养、能力等有关人的一切,只要制度定得好,人都是好的,企业和社会都会兴旺发达,否则反之。

18世纪,大英帝国向世界各地殖民之时,英国探险家到达澳大利亚并宣布其为英国属地。当时英国普通移民主要是到美国,为了开发蛮荒的澳大利亚,政府决定将已经判刑的囚犯运往澳大利亚,这样既解决了英国监狱人满为患的问题,又给澳大利亚送去了丰富的劳动力。

政府把将犯人从英国运送到澳大利亚的船运工作交给私人船主承包,而政府只支付长途运输囚犯的费用。一开始,英国的私人船主向澳大利亚运送囚犯的情况和美国从非洲运送黑人的情况差不多,船上拥挤不堪,营养与卫生条件极差,囚犯死亡率极高。据英国历史学家查理·巴特森写的《犯人船》一书记载,1790年到1792年间,私人船主运送犯人到澳大利亚的26艘船共4082名犯人,死亡498人。其中一艘名为海神号的船,424个犯人死了158个。

如此高的死亡率不仅在经济上造成了巨大的损失,而且在道义上也引起了社会强烈的谴责。原本罪不致死的犯人却要在海上运输中面对一次死刑的审判煎熬。政府如何解决这个问题呢?

政府想到了一个方法,他们不再按上船时运送的囚犯人数来给船主付费,而是按下船时实际到达澳大利亚的囚犯人数付费。因为按上船时人数付费,船主就会拼命多装人好得到更多的钱。而且途中不给囚犯吃饱吃好,把省下来的食物成本变为利润,至于有多少人能活着到澳大利亚则与船主无关。但是当政府改变方法,按实际到达澳大利亚的人数付费时,能有多少人到达澳大利亚就变得至关重要了。这些囚犯是船主的财源,自然也就不能虐待了,正如牧羊人不会虐待自己的羊一样。这时私人船主就不会一味多装囚犯,因为要给每个人多一点生存空间,要保证他们在长时间海上生活后仍能活下来,还要让他们吃饱吃好,当然还要配备医生,带点常用药等。这些抉择与措施是极其复杂的,不过新的方法实施后,这些就变成了船主的事而不是政府的事了。

据《犯人船》一书介绍,当政府这种按到达澳大利亚人数付费的新制度实施后,出现了立竿见影的效果——1793年,3艘船到达澳大利亚,这是第一次按从船上走下来的人数支付运费。在 422 名犯人中，只有 1 个死于途中。后来这种制度经过修改完善后普遍实施，政府按到澳大利亚的人数和这些人的健康状况支付费用，甚至还有奖金。这样，运往澳大利亚囚犯的死亡率迅速下降到 1% ~ 1.5%。

私人船主的人性没变，政府也并没有立法或建立庞大的机构与人员去监督，只是改变了一下付费制度，一切问题就迎刃而解了。这正是制度经济学强调制度重要的原因。

英国政府解决这个问题的办法非常巧妙，第一，他们没有乞求船主们发善心，寄希望于道德说教的作用；第二，也没有设立什么新的政府监督机构，委派什么押运官员。而是对原有的制度进行了一个简单的创新性修改，用好制度解决了一个原本很麻烦的问题。

对于制度的重要性这一问题，经济学家张五常曾经做过一个非常经典的比喻。他问，当有人把一个赤裸裸的美女放在你的床上时，面对这样的诱惑，蠢蠢欲动的你会怎么办？假设条件是：①老婆不在家，不会被发现；②按照以往的经验，即便发现也不会怎么样。最后这位经济学怪才的回答是：如果是这样，那你还等什么？张五常说得很有道理，缺乏制度的约束，很少有人能经得住诱惑。

企业的规章制度，归纳起来，大体分为以下 3 类：

（1）基本制度。如董事会制度、股东会制度以及各类民主管理制度等。

（2）工作制度。即有关工作的制度，如计划管理工作制度、市场营销工作制度、生产管理制度、人力资源管理制度、物资供应管理制度、财务制度等。

（3）责任制度。这是规定企业内部各级组织、各类员工的工作范围、职责和权限等的制度。

由于经济学关于人性本懒惰自私的假设在商品经济社会里从提高管理效率的角度来说，是放之四海而皆准的，所以在任何企业里，都需要规章制度。一套好的规章制度是管好员工的保证，它胜过一切说教。

分粥理论：制度到底该如何设计

从前，在一个荒岛上住着 7 个人，他们每天都需要共分一小锅粥来吃饭，但是又没有任何度量器具。一开始，他们随意指定了一个人全权负责分粥，但很快就发现，这个负责分粥的人总是为自己分得最多的粥。换别人负责以后，结果还是一样，负责分粥的人总是让自己碗里的粥分得最多最好。于是，大家决定轮流分粥，每人负责一天。

结果一个礼拜下来，每个人都只有一天可以吃饱，也就是自己负责分粥的那一天。于是，他们又尝试采用新的办法，即共同推举出一个大家都信得过、品德高尚的人来主持分粥。一开始他还能公平分粥，但不久大家都开始挖空心思去讨好他。逐渐地，分粥者便只给自己和溜须拍马的人多分，这样，分粥又变得不公平了。

人们只好又探索新的分粥办法，即成立分粥委员会和监督委员会，形成分权和制约。这样，公平基本做到了，但是由于监督委员会经常提出种种质疑，分粥委员会又据理力争，等到分完，粥早就凉了。最后，大家终于想到了一个最好的办法：轮流负责分粥，但是负责分粥的人在每次分好7碗粥后，要等到其他人都挑完，自己再吃剩下的最后一碗。于是，为了不让自己拿到最少的那一碗，负责分粥的人每次都尽量分得平均，就算不够绝对平均，负责分粥的人也就只能认了。从此以后，大家快快乐乐，和和气气，日子越过越好。

这个故事用一个浅显的道理说明了制度设计与制度管理的重要性。制度设计得不同，就会有不同的风气。为了加强管理，不少企业制定了一套又一套的制度，每个人的办公桌上都摆着厚厚的制度汇编，办公室墙上挂的是各种管理办法或规章制度，似乎时时处处都可以感觉到包罗万象的制度。但从实际效果看，依旧存在不少由于管理上的漏洞所带来的负面影响。比如，人员工作的积极性低，没有效率，"干与不干一个样，干多干少一个样，干好干坏一个样"的现象依然存在，丝毫没有消失的迹象；部门之间推诿扯皮，办事效率低下，一点都没有体现出高度的责任感；个别领导凌驾于制度之上，不懂率先垂范，在分配与晋升等重要事项上，还是一人说了算；贪污腐败、形式主义等时有出现，难以杜绝。由此，制度虽然不少，然而实际情况是，制度不但没有发挥出应有的作用，反而增加了内部掣肘。

其实，企业之所以存在这一问题，根本原因就在于这些制度在设计之初就没有能够真正体现出公平公正，没有适用性和高效性，与实际需要不相符合，从而体现不出制度对各种事项进行规范的内在作用。

"分粥理论"让我们知道："先进适用而高效化、公平公正而民主化、奖惩分明而激励化"的制度，才是搞好内部管理的基础，我们需要根据实际而创新这样的制度。落后僵化、脱离实际、流于形式的制度安排，不但无助于提高工作效率，反而会成为日常管理中的一种枷锁和羁绊。就拿上述的分粥故事来说，前几种分粥办法，或造成分粥不公平的结局，影响大家的积极性；或给"掌勺者"以可乘之机，使其有以权谋私的机会；或效率不高，在一件极简单的事情上浪费太多的精力。而唯有最后一种方法，看似简单，实则适用，包含了深刻的管理内涵，具有更宽广的适用性。

不同的制度设计，就会在制度出台以后随之形成不同的企业风气。一项好的管理制度，一定是在实际的运用过程中不断修订与创新，使其逐渐合理实用、清晰高效，既有利于简便操作，又能体现制度的公平性。因此，适用的制度是根据实际的需要制定出来的，而不是生搬硬套制造出来的。它既要体现民主化、公正性，具有很强的针对性和适用性，同时还要体现奖惩分明的绩效原则，这样才能提高企业员工的积极性和创造性，做到"以奖扬长，以惩避短"。

制度的设置应兼顾公平和效率

我们生活在社会组织形式中的个人都是有趋利性的。止如西方哲学家洛克所说的那样："人的本性是趋利避害的。"然而在企业中，如果任由这种趋势发展，那么企业就会变得一团糟，企业内部的秩序也将无从谈起。因此，为了规范人们由于"趋利"而产生的一些不符合组织利益或他人利益的行为，制度应运而生——它的第一功能就是规范人们的行为，使人们生活在一定的秩序中。

那么，是不是企业只要有了制度就能令所有的问题全部得到满意的解决呢？是不是有了制度就能遏制人类"趋利"的本质呢？回答是否定的。从历史的角度观察，制度是人制定的，往往是谁在制定制度的过程中占据了主导权，谁就有可能在制定制度的过程中为自己或自己的利益集团谋"利"，制度也就变成了某些人的获利工具。尽管如此，我们也不能否认，制度无论怎样制定、由谁制定，它都是企业所必需的，不然，企业内部的秩序就无从保障。因此，如何才能让制度充分发挥其功效就成了最大的问题。而这一问题解决的关键在于，必须为制度的设置确定最基本的原则——公平原则与效率原则。

公平是众多企业一直孜孜追求的目标，然而公平却又是一个完全无法确定的东西，不同的时期，不同的阶段，公平被赋予的意义是不一样的。但如果在"合理设置制度"这一语境里，公平似乎又是确定的，即制度的设置须为大多数人"谋利"才是合理的。换言之，制度的设置要为企业大多数人所认同和接受，并且毫无例外地被执行。那么，如何才能做到这一点呢？

首先，制度的设置必须符合企业大多数成员的意愿，这是制度公平的基础。正所谓"顺应民心者得天下"，只有制度的设置成为大家的需要，符合企业大多数员工的意愿，它的存在才有普遍而牢靠的基础——至少在精神层面上如此。

其次，制度的设置应该是一个公开、透明的过程，这是制度公平的关键。既然企业成员有了设置制度的意愿，那么，就应该让企业成员参与其中，对设置制度的过程进行监督，让企业成员有表达意愿的机会和渠道，让所有的过程在"阳光"下进行，正所谓"公道自在人心"，公平就不言而喻了。

最后，制度的设置应该是建立在为大多数人谋利并可执行的基础上，这是制度公平的核心。设置出的制度，不应该被束之高阁让人顶礼膜拜，而应该是为民众所执行，为民众谋福利。

然而，公平也存在先天的不足：妥协性和平均性。任何的公平都是方方面面相互妥协的结果，最终这会使企业成员坐享其成而无视公平的真正含义，让他们产生平均主义的惰性。因此，合理公平的制度又必须兼顾效率。

如何才能在公平的基础上兼顾效率呢？

（1）制度要明确其运行的规则和程序。一旦制度运行的规则和程序确定了，那么，运行时就可以按部就班，从而避免混乱和无序带来的效率低下的后果。

（2）制度的执行者要明确自己的职责。制度最终是要被执行的，执行者就成了制度是否具有效率的关键。为此，要让执行者清楚自己的职责所在，只有责任在肩，执行者才会高效地去完成其执行的任务。

（3）制度要有的放矢，清晰明了。企业制度是通过解决组织中的问题来维系秩序的，有明确的目的性和针对性。因此，制度一定要有的放矢，清晰明了地规划出解决这些问题的措施。

（4）制度要让所有员工明白和理解。制度是个互动的平台，通过这个平台，制度的执行者和被执行者之间产生互动，为了保持这种互动的通畅与效率，除了执行者要明确自己的职责，被执行者也应该对制度熟知并理解，这样才能保证制度的效率不打折扣。

总之，制度将伴随人类前进的脚步不断发展，直至"世界大同"。无论怎样，制度是人类社会的必需，是社会秩序的保障，兼顾公平与效率的制度将在人类发展的长河中熠熠生辉。

制度不是大路货，必须量身定做

任何一个组织想要生存并且正常地运行下去，都必须有一套切实可行的制度作为保障，企业更是如此。一套好的制度，甚至比多用几个管理人员还有效。

制度的作用在于限定人的行为，并明确地告诉人什么该做、什么不该做，怎么做效果好、怎么做效果不好，而这些不应该成为管理者每天为之费心的事情，在这方面，管理者唯一应该费心的，就是如何让制度适合自己的企业。

世界上没有万能的制度，任何一个企业都有它独特的地方，相应的，要让制度在企业中发挥出最大的作用，那么制度本身就必须带有企业的特色。很多管理者因为不想浪费精力而选择照搬同行业其他企业的制度，他们想，反正产品一样，市场一样，制度一样应该就不会出现什么大问题。殊不知，管理者一旦有了这样的想法，把制度看成大路货，认为有一套摆设在那就可以，实在是大错特错了。

一个企业，无论制定什么样的制度，都必须满足两个方面的要求。一是必须为企业量身定做，事前详细了解实际形态，整理分析各类问题，保证制度的每一句话都对应着事实。企业的情况各不相同，如果制定了冠冕堂皇的条文，却与现实情形背道而驰，则无异于一纸空文。二是千万不要以为制度一旦制定就可以一劳永逸，世上没有十全十美的事情，所以任何事情都有改革的必要。况且计划永远没有变化快，想让制度充分地发挥效用，就必须量身定做，符合企业的需求。

一个能把管理做到位的人，首先就要善于为企业量身定做制度，而灵活运用制度管理下属，则是有了合适的制度之后才要考虑的事情，没有合适的制度，制度管人又从何谈起呢？

要管头管脚，但不要从头管到脚

管理大师彼得·德鲁克说，注重管理行为的结果而不是监控行为，让管理进入一个自我控制的状态。为了进入这种状态，管理者应该管好"头"和"脚"。"管头"最重要的是要解决"做什么"和"谁来做"的分配问题；"管脚"则是检查任务完成的结果，而不必从头管到脚，做事必躬亲的"管家婆"。

有句话说："管得少，才能管得好。"很明显，管理者过多的指点对工作毫无益处，反而让下属无所适从。太多的细节会掩盖真正的工作重点。每个人都有自己的工作方式，管理者从头到尾的啰唆，会让下属既不能完全地理解管理者的指点，又无法按照自己的行为方式去发挥。一旦执行中遇到什么挫折，他就会想到管理者，而不是自己想办法处理。同时，这也加大了管理者自身的工作量。

事实上，管理者只需把握好两个关键因素，就能高效地完成任务。

（1）搭好平台，让合适的人到合适的地方去做事。管理者只需在选"谁来做"的问题上养成对事不对人的习惯，重能力，重结果；对"做什么"的问题有自己透彻的认识，明确战略路线，为下属指明清晰的方向。当合适的人到合适的位置上做事，潜能自然就能激发出来。一旦不良结果开始出现，即使是组织刚成立时就开始一同打拼的元老，也得坚决调换。

（2）让工作结果成为衡量成败的唯一标准。就如同越野比赛，只要把起点、终点、比赛路径、比赛规则等确定下来，每个人都可以按自己的方式去拼搏。至于谁快、谁慢、谁动作优美、谁动作不到位，观众自然会看得明明白白、清清楚楚。所谓"管脚"，也就是检查下属完成任务的结果，而不必规定下属上午干什么，下午干什么。对于特定的任务，只要给一个完成日期，具体的过程由其自行安排。如此，把实现结果的过程交给下属，又用过程的结果来衡量下属，实在不失为一种有效的管理方法。

要尽可能地达到完美结果，管理者在"管头""管脚"的过程中还有另外两个要点应该注意：

（1）资源要到位。要想得到高效率，自然得给小组成员配置充分的资金、人员和工具等。正所谓"巧妇难为无米之炊"。身为管理者，必须给下属创造一个宽松、信任并能获得强有力支持的工作环境。

（2）教练指导。教练是不能上场的，只能在场下指导。管理者的角色就像教练一样，应该多一些组织、辅导、制衡，而不是指手画脚、亲力亲为。在日常工作当中，碰到紧急棘手的问题，管理者往往不敢放手让下属去干，而是把自己陷入烦琐的事务中去，甚至把事情搞得更糟。殊不知，人才是锻炼出来的，越是看似难办的事情更应当让下属突破自己的思维定式，让他去体会，去感悟，才能造就更能为自己出力的下属。

管理者是制定法令以及监督员工完成工作的人，英明的管理者只要成功地驾驭员工就能管理好企业。以摇撼树木为比喻，如果一片一片地去扯树叶，即使累到筋疲力尽也难以达成目标；如果打击树干，大部分的叶子便自己掉下来。捕鱼也是如此，只要牵引网索，鱼群就会掉入网中；如果一个一个地握住网孔，鱼儿便都跑了。

下属是用来完成不同的任务的。管理者只有在管"头"管"脚"的基础上，大胆放权，才能让自己举重若轻，并且调动下属的积极性，使之自觉地去做本来就该做甚至本来不会做的事情。

但在管头管脚、明确授权之后，还有一件事情必须贯穿始终，那就是管理的有效监督。牢牢地掌握总目标，放手不撒手，要对下属进行有效的控制。

管理者授权的全部目的就在于激励下属为实现组织的总目标而分担更多的责任。现在的组织单位多是一个多因素、多层次的有机整体，整体和局部、整体和环境、局部和局部之间都有着密切的联系，任何局部出现一点点偏差都会妨害组织目标的实现。管理者的根本任务是保证组织总目标的实现。因此，授权以后的管理者，不要过于频繁地过问下属分内的事，比如计划如何制订、工作如何安排、任务如何完成、找谁帮忙完成等，管理者要过问的是下属的目标能否如期实现或需要些什么帮助。作为管理者，要把精力放在议大事、控全局上，时时掌握全局的各个过程，及时掌握新情况，发现管理执行中出现的偏差、矛盾和问题，并对可能出现的偏离目标的现象进行调试和纠正。

管理者的授权，是让下属分担工作，要让其对各自职权范围内的事进行决策和处理，只有当下属之间不协调或发生矛盾时，管理者才出面解决。但授权不是让权，授权以后，管理者的责任还是和下属绑在一起的。不能放任自流，不管不问。如果管理者只是想图省事、享清闲，自己当"甩手掌柜"，那就大错特错了。对于那些把权力都集中在自己手里的管理者也应如此，无所为而又无所不为，在管头管脚中给下属充分展示的空间，在有效监督中牢牢把握工作的发展态势。

执行制度心慈手不软

作为企业管理者，在执行制度时，心要慈，手却不能软。但是，什么是"心慈手不软"呢？

要区分的是："心慈"不是好好先生，得过且过，无所作为；"手不软"不是专横跋扈，冷如冰霜，以粗暴为手段、以处罚为目的。

"心慈"，是要以人为本，制度的执行是实现其他人权利的基础，必须力求处处体现团队的人文关怀和体贴，体现企业的社会责任感；讲公理，讲良心，讲将心比心，体现管理者本人的精神追求和人格魅力。

"心慈"，是对法律和生命充满敬畏之心；是对幸福和美满的珍惜和仰慕；是对所管理的每个人、每件事的尊重和执着。

"心慈"，不是故作高深，是要管理者用积极的心态、创新的思维应对具有挑战性的工作，要致力于创建喜闻乐见的企业文化，提高自己的亲和力和工作影响力，与时俱进，身负重任、饱含感情去工作！

"手不软"，就是齐抓、严抓、敢抓、会抓、抓好，以铁的纪律来锤炼这个团队。

"手不软"，是要一视同仁，不以时期、对象为转移。管理下属一个样，生人熟人一个样，平时节日一个样，要有章必循、违章必究，该出手时就出手。敢对各种违章违纪的行为亮剑，任何借口就是思想上的痼疾和事故的隐患。要对违反制度的人员该罚就罚，追究到底，整改到底，不照顾情面，不迁就客观，不掩盖问题，不逃避矛盾，不搞那种庸俗的"和气"，宁可听骂声，不可听哭声。

"手不软"，就是既对员工正当合理的权利全力争取，又为领导当好哨兵和参谋，理直气壮地向领导提合理化建议。当表扬的要表扬，当批评的要批评，因为管理尽心尽责本身和企业的利益和追求是一致的，一定会获得理解和支持。

"心慈"是善良敦厚，"手不软"是果敢麻利，是执行力；"心慈"是"爱之深"，"手不软"是"恨之切"；"心慈"是想得到，"手不软"是做得到；"心慈"是出发点，"手不软"是持续改进的推动力，因为"心慈"通过"手不软"来真实体现；"手不软"通过"心慈"来从灵魂深处发力，去真正构筑和谐、互动的管理关系，去实现充满人性关怀的高层次的团结！

责任高于一切，成就源于付出，企业中的管理者责任重大，执行制度时，应心慈，手不软，体现一个管理者的能力和尊严！

不妨试试"靠边站"

几乎所有管理者都难免会遇到一些不服从命令的下属，令人颇感棘手。作为管理者，如果遇到这样的下属，你该怎么办呢？

对待这样的下属千万不要发脾气，更不要训斥他。因为这些很难真正起到作用，你一定要保持头脑冷静，在脑子里仔细回顾一下发生了什么。

问问自己，我让他做的事情有把握吗？我能肯定他理解我所说的话了吗？他执意拒绝工作是否有某些我不知道的理由？如果你搞不清楚他为什么拒不执行你的指令，你最好直接问他："你有什么意见？你为什么不理会我的指令？"下属不执行你的指令有时也会有充分的理由，也许是他根本就没有理解。但是无论什么原因，问他一下是有必要的，至少要给他机会让他讲出理由。也许你说的某些内容或说话的方式"惹恼"了他。因而，通过询问，或许给了他一次发泄感情的机会——让他出气——然后他会心情较好地回去工作。

如果经过上面的沟通以后，他还是坚持拒绝听从你的指令，拒不合作，那你应该怎么办？

当然，如果合同允许的话，你可以处罚他或立刻将他解职。然而，这是一种惩罚性行为，必然会导致不良后果，可能影响其他员工，并难以说服受罚的员工。如果他是一位好员工，你较明智的行动应是转而求助于另一位愿意执行命令的人。这样，你可以使他"靠边站一下"，先回去工作，待他冷静之后，你再通过解释性的方法与他私下交换意见。这种"靠边站"的方法会给予下属很大的压力，会给他传递一个这样的信号：你不服从命令，不愿意干，那我就找别人干，让别人替代你，从而迫使他冷静下来进行反思。

但需要记住的是，作为管理者，你的职责是借助于他人的帮助来完成工作。解雇或惩罚员工会恶化你与员工之间的关系，是不能完成工作的。你讲话要坚决，但要宽宏大度，你是在与他一起工作，而不是与他作对。

如果这些办法都试过了，他还是有反对你的迹象，那么你就需要让他知道，如果他再不与你合作，将导致给予恰当的处分或是解职。但是，这是最后的手段，只有在其他办法都不能奏效时才可使用。

营造贯彻规章制度的小气候

企业有企业的规章制度，而且最为重要的是，企业制定出来的各种规章制度不能成为摆设。作为管理者，还要营造一种良好的小气候，以利于规章制度这棵"小树"长成支撑企业的"大树"。

为了营造贯彻规章制度的小气候，企业管理者应该采取以下几个明确的措施。

1.广泛地进行宣传

许多管理者都想当然地认为"这些规定谁都知道"。但是，新上岗的员工，甚至有时一些老员工，直到他们违反了某条规定时才听说有这么个规定。

国外有些企业管理者会按惯例给每个员工发一份公司规定，并让他们签署一份声明，表示已经收到、阅读并理解了公司的规章。这种做法就很值得我国企业去效仿。

2. 管理者保持镇定

无论违规行为多么严重，作为管理者的你都应该保持镇定，不能失控。如果你觉得自己正在失去冷静，那就应该等一等，直到恢复了镇定之后再去采取行动。

怎样才能恢复镇定呢？闭上嘴巴，待会儿再开口，做些拖延时间的事情。告诉员工半个小时之后再到你的办公室来见你，或者请这位员工与你一起去你的办公室或休息场所，切记千万不要对员工大发雷霆。

3. 调查了解事情的始末

作为管理者，你不应无视违反公司规定的行为。如果你这样做，那就是在向其他员工表明你不打算执行公司的规章制度。你也不应该走向另一个极端，草率地惩罚或处分员工。因此，在你行动、做任何事情之前，都必须搞清楚发生了什么问题，以及员工为什么这样做。

4. 私下处分违规的员工

如果公开进行处分，那么受处分的员工会因当众受批评而产生怨恨，形势就可能恶化而起到破坏作用。

关于私下处理的规则仅有一个例外，那就是员工在其他人面前公开与你作对。在这种情况下，你必须当众迅速果断地采取行动，否则就有失去控制的风险。如果你不能果断地行动，你会失去员工对你的尊重，失去控制，大大损伤自己的威信。

5. 对所有员工都一视同仁

制定出的规章是让大家遵守的。当然，并不是每个违规行为都要受到同样的处罚。一视同仁不是说对待所有的员工都要完全一个样。一视同仁的原则是指在同样的条件和同样的情形下，应该采用同一种处罚。

6. 坚决做到公平公正

坚决不是指粗暴或仗势欺人。不滥施压力，对员工和公司都要公道。对员工要公道要有充分的根据。它包括解释清楚公司为什么要制定这条规章，为什么要采取这样一个纪律处分，以及你希望这个处分产生什么效果。

7. 消除员工的怨恨心理

记住，处分的目的在于教育，而不是惩罚，是为了避免再犯同样的错误。因此，你应该向你的下属表明你相信他会改正错误。在执行纪律处分后以积极的语调跟员工谈话，将有助于消除员工的苦恼和怨恨的情绪。

再大的权力也不能超越制度

要想管理好员工，就必须有一个好的制度，这是每个管理者都知道的道理。制定制度本身并不困难，关键在于执行，在于制度面前是否人人平等。公司的制度，对任何人都没有例外。管理者手中握有权力是实行有效管理的必要保障。要管理好下属，一方面要依靠手中的权，以权管理，名正言顺；然而另一方面，即便是管理者，手中的权力再大，也不能超越制度。

据说，挪威首相邦德维克曾专门从德国宝马公司订购了一辆高级防弹轿车。令人始料不及的是，轿车运到后，首相却被当头泼了一盆冷水：国内公路管理部门不允许首相的车上路，理由是"轿车比规定的标准超重90磅，公路路面承受不起"。不得已，挪威首相只好让有关部门对车进行大改造，令车身变轻后才上路。听到这样的新闻最易引起联想：这样的事情换个地方，别说是堂堂首相的车超了区区90磅，就是一个小人物，兴致一来，说不定也可能开一辆重型坦克上路的。于是，让人们不由得对挪威公路管理部门铁面无私，不给首相半点"面子"的做法生出敬意：只认规则，不认权势。

《工商时报》上有过一篇文章，说是中国历史上的开国皇帝大都喜欢把重要的制度刻在石碑上，以警醒世人。宋太祖就曾在大殿上立有这样的石碑：此殿不得以南人为相。明太祖则在宫门立有铁碑，上书："内臣不得干预政事，预者斩。"按理说，既然开国皇帝立下了这个石碑制度，后来的继位者就只有严格遵循的份儿，这样的制度应当是能靠得住的。可实际情况却与之大相径庭，就宋朝的情况看，南人为相的不止一位，政声较好的也不都是北人。我们或许可以说宋太祖这个制度本身就有极大的缺陷，致使后来的掌权者废除之其实是情理之中的事情，但明太祖的"内臣不得干预政事"则是对皇家政治得失的总结，应该说，这项制度完全抓住了封建王朝灭亡的重要原因。如果明朝后继的皇帝能切实贯彻这项制度，那明朝就不会那么黑暗。明朝灭亡的原因固然可以列出很多，但宦官干政则是明朝灭亡的一个极重要的原因。中国历代均有宦官乱政的事例，只有明朝最为酷烈。明朝不仅出了许多著名的宦官，而且还出了"阉圣"魏忠贤。当时各地巡抚纷纷为魏忠贤建立生祠，有的还建在西湖、虎丘、五台山等风景名胜区。每建一祠费用多则数十万两、少则数万两银子，剥民财、侵公帑等现象不胜枚举。这种无聊的举动劳民伤财，加速了明朝的灭亡。大臣们竟还煞有介事地在魏忠贤的生祠中将其称为"尧天帝德，至圣至神"，对魏忠贤的赞颂可以说是到了无以复加的地步。这样一位祸害天下的恶阉，出行随从达万人，士大夫遮道拜伏，直呼九千岁。可怜明太祖立下的"内臣不得干预政事，预者斩"的制度竟如同一张白纸。

皇帝从来都是一言九鼎、说一不二的。可是制度即便立石刻碑了也靠不住，这表明制度只是制度，制定制度靠权力，没有权力的绝对没有资格制定制度，而制度的作废也是靠权力，只要权力能够超越制度，制度必然疲软并最终成为废纸。明成祖从侄儿手中夺取皇权时，因宦官立下了功劳，所以明成祖就敢废了明太祖的制度重用宦官。

在企业不断加强制度建设的今天，管理者一定要想想一项好的制度能不能靠得住，关键要看管理者是否身体力行，是否用手中的权力去保护制度而不是超越制度。如果权力大于制度，那么再多的制度也不过是空制度，要想用这样的制度管好员工绝对是不可能的。因此，管理者决不能因为手中有权就轻视自己制定的制度，或利用权力更改制度甚至超越制度。

制度重于人情

管理中的"管"代表严格的管理制度，管人、管物、管财都要非常严格；"理"代表一种软的手段，是理顺行为、理顺思想、理顺一个人整个的工作行为。

在一个访谈节目中，管理者和下属有这么一段对话：

下属说："我只是轻微违反了'八不准'规定，却受到了严肃处理，当时我委屈得一晚上没睡好觉。"这个单位的管理者接过话来说："你不知道吧，为是否处理你、怎么处理你，我3个晚上都没睡好觉。"

作为公司的管理者，为处理一名违纪的下属，竟然3个晚上睡不好觉，这不难看出执行制度、坚持原则不是一件容易的事。人心都是肉长的，尤其在中国这个讲究人情的国家，处理一个人，常常关系到他未来的成长和前途，如果他工作表现一贯不错，错误性质又不是很严重，就更让人狠不下心来。同时，坚持原则、执行制度有时是得罪人的事，容易招"骂名"。是顾及人情，宽容违反制度的人，还是坚持原则，按制度办事，这对管理者是个考验。

社会越发展、越进步，就越强调和重视制度建设。在各项法规和制度越来越趋于完备的情况下，关键是要按制度办事，用制度管人。但是话又说回来，制度是人制定的，自然也要靠人来落实。而执行制度与照顾人情往往又是一对矛盾。面对一些违反制度的人和事，如果管理者陷于人情的羁绊而"心慈手软"，或顾及私利，怕得罪人，结果必将导致纪律松弛、制度废弛。制度只有在被执行的时候才能发挥作用，否则就是废纸一张。

柳传志在联想创立之初，就为联想设立了若干"天条"，这些"天条"成为联想不可触摸的雷区。

在一些人眼中，开会迟到看起来是再小不过的事情了，但是，在联想，却是不可原谅的事情。联想的开会迟到罚站制度，20多年来，无一人例外。

联想刚定下开会迟到罚站这个制度时，第一次被罚站的人是柳传志的一个老领导，原计算所科技处的一个老处长。面对自己一直敬重的老领导，柳传志毅然决定必须执行这一制度，柳传志严肃而饱含深情地对老领导说："老吴，今天晚上我到你们家去，给你站一分钟。但是今天，你非得在这儿站一分钟不可。"

就连柳传志自己也不搞特殊化，他也曾被罚站过3次。其中有一次是因为自己被困在电梯里面，电梯坏了，没有办法请假，被罚站的。

对此，柳传志说："既然制定了规章制度，就要非常认真地宣传并执行。"

企业做什么事，就怕含含糊糊，制度定了却不严格执行，最害人！管理者要坚持制度，不讲人情，即便要讲，也要讲大的人情，讲维护员工根本利益的情，讲为公司负责的情，讲有利于企业员工健康成长的情。如果站在这个角度处理问题，严格执行制度的行为就会得到全体员工的支持，也使得受到处分的员工心服口服。"为了带出一支过硬的队伍，我必须这么做。"当一位管理者在电视采访中眼含泪光地说完这句话时，现场观众报以热烈的掌声。这掌声，是对他坚持制度的支持，掌声里有民意，掌声里有民心。这掌声，也是对他真正关心员工的赞许，即使对违纪的员工仍然要有一种严中有爱的感情。只有这样，我们的事业才能更加兴旺、更有活力。

一个坑一个萝卜，而非一个萝卜一个坑

在工作中，有些表面上看顺理成章的事，其实不全是合理的。可是，有时候在习惯势力的影响下，我们很少有人去质疑它。

"二战"时，英国一位年轻有为的炮兵军官上任不久，就到下属部队参观炮团演习，他发现了一个奇怪的现象。一个班的士兵把大炮安装好，每个人各就各位，但其中有一个人站在旁边一动不动，直到整个演练结束，他也没有做任何事。军官感到奇怪："这个人是干什么的？为什么他没做任何动作？"班长回答说："教材里就是这样编队的，一个炮班完整编制是 11 个人，其中一个人站在这个地方。我们也不知道为什么。"

军官回去查阅资料后，才知道这个人站在那里究竟是做什么的。原来，早期的大炮是用马拉的，在战场上，大炮一响，拉车的马很容易因受惊而失控，这时必须有一个士兵站在炮筒下，他的任务是拉住马的缰绳，防止由于马的动作导致炮口方向改变，减少再次瞄准的时间。到了现代战争，大炮实现了机械化运输，不再用马拉，而那个士兵却没有被减掉，仍旧站在那里，成了一个不拉马的士兵。

类似情形在许多企业里也同样存在。我们知道，一个臃肿的企业，是没有效率可言的。闲杂人多，形成"粥少僧多"的局面，让一个人待在多余的职位上，只能是浪费企业资源。因此，一个企业，用人除了要注意搭配和因材而用之外，还要注意人才使用的效率。企业内职务岗位的设置原则应该是：一个坑一个萝卜，而不是一个萝卜一个坑。职务岗位设立的第一条原则是：每个职务岗位必须有存在的理由和目标，不能因为有了萝卜就必须得找个坑。

也就是说，每一个职位都应该有它明确的职能职责，企业给你高额薪水和高的地位的原因，不是根据你现在所处的地位，而是根据你越来越好的业绩贡献。职位是提高业绩的一种手段，不是为了给你地位与待遇才设置的。

各企业的管理者们，你们仔细想一下，自己管理的部门当中是否也有几个还在"牵马的炮兵"呢？

击败裙带"关系网"

在现代社会中，无论是企业还是单位，都存在一定的裙带关系。企业在创业初期，裙带关系确实具有使成员之间形成较高的认同感、减少企业管理过程中的内耗、降低控制难度和管理成本等优点。

然而，一旦企业完成初始的资本积累，进入发展阶段，裙带关系对管理的负面作用就会显露出来，具体体现为以下几个方面。

1. 难以获得最优秀的人才

企业要做大，要发展，仅靠在亲朋密友中选拔人才是不行的，近亲繁殖，排斥外部的新鲜血液，使管理者对人才的选择面越来越窄，有能力的人会越来越少。

2. 形成专制的管理风格

管理者依靠裙带关系，选择亲朋密友作为自己的合作伙伴、下属的一个重要原因，就是他们愿意顺从自己的意愿，不轻易与自己唱反调，这有利于形成快速、有效的决策反应体系。然而，一个公司如果没有了反面意见的制约，长此以往，就会助长专制的管理作风，管理者会变得封闭、自负，总觉得自己是正确的；而这种自负的心态又反过来使管理者更加喜欢那些听自己话的人，排斥异己。

3. 信任圈会变得狭小

裙带关系使管理者在自己的周围形成一个圈子，与自己关系密切的在圈内，与自己关系不密切的在圈外。这种内外有别的管理结构会天然地对外界产生一种排斥性，它是封闭的、难以对外开放的，限制了管理者充分地利用外部资源，也限制了他的视野。

4. 重人治，轻法治，忽视公司制度建设

裙带关系还往往导致管理者用亲情替代企业规章，私交先于原则，无法用企业的制度来约束那些与管理者有裙带关系的人，企业的制度失去了效力。当企业规模发展壮大，管理者的个人能力无暇顾及全局的时候，企业的管理就会因为没有制度的约束而渐渐失控。

5. 导致企业内部出现错综复杂的人际关系、特权与等级制

由于血缘关系和亲密私人关系的介入，那些与管理者有裙带关系的人理所应当地受到更多的照顾，得到更多的特权，造成企业内部的不平等、不公正的工作氛围。比如提拔人员不是根据业绩好坏而是按照他们是否听管理者的话来判断；员工的收入不是按照他们工作成绩的大小，而是按照与管理者的亲疏远近来分配；赏罚不明，规章不行，造成上下阻隔，士气低落，不满情绪蔓延，最终会影响企业的工作效率和效果等。

裙带关系是企业的毒瘤，对一个企业的发展非常不利。因为在这样的一个环境下，企业所用的人员都是比较特殊的人群，这就对整个企业的发展产生了一种制约的条件。所以，裙带关系是企业发展中的大忌，一个成熟的企业一定不能受裙带关系的困扰。企业击败裙带关系最好的办法就是严格执行制度。

战国时期法家的代表人物韩非曾经说过这样一句话："法不阿贵,绳不绕曲,法之所加,智者弗能辞,勇者弗敢争……"这句话的意思是说,无论贵族平民,还是智者勇士,在法律面前都一律平等。建立权威、公正的规章制度是管理者摆脱裙带关系困扰的一个有效办法。

制定规章时要基于企业的实际情况,做到务实、有理、公正;在制定规章之前还要广泛地听取下属的意见,虽然下属的意见不一定都会被采纳,但是先让他们把自己的意见、不满表达出来,会比强制推行一个制度的效果要好得多。规章制度制定完成后要当着下属的面正式宣布,这样才能够保证它的权威性。最后,还要奖惩严明、及时,对于那些违反规章的人,应该予以惩罚。做不到奖优惩劣,规章制度也就失去了威慑力。

破窗效应:及时封堵制度的小漏洞

1969年时,美国斯坦福大学的心理学家菲利普·辛巴杜进行了一项试验。他找来两辆一模一样的汽车,把其中一辆摆在一个中产阶级社区,而另一辆摆在相对杂乱的一个社区。他把后一辆车的车牌摘掉,并且把车顶打开。结果不到一天,后一辆车就被人偷走了。而前一辆车摆了一个星期也安然无恙。后来,他用锤子把那辆车的玻璃砸了个大洞。结果仅仅几个小时后车就不见了。

基于这一试验,政治学家威尔逊和犯罪学家凯琳提出了一个"破窗效应":如果某建筑物上的一扇窗户的玻璃被人打碎了,而这扇窗户又得不到及时的维修,别人就可能受到某些暗示性的纵容去打烂更多的窗户玻璃。久而久之,这些破窗户就给人造成一种无序的感觉。结果在这种公众麻木不仁的氛围中,犯罪就会滋生、增长。

尽管"破窗效应"主要是从社会犯罪心理和行为上进行的思考,但其道理对于社会各行各业的情况也同样适用。某种不良环境因素一旦出现,就会在心理上对人们产生相当程度的暗示性和诱导性,如果不采取措施及时修复"第一扇被打碎玻璃的窗户",就难免会导致更多的问题出现,甚至引发严重危机。

对于企业管理而言,"破窗效应"的隐患也无时无刻不存在着。例如,对于违反企业程序或廉政规定的行为,管理者没有进行严肃处理,没有引起员工的重视,从而使类似行为再次甚至多次重复发生;对于工作不讲求成本效益的行为,有关领导不以为意,使下属的浪费行为得不到纠正,反而日趋严重。

在这方面，国内一些企业有着惨痛的教训。如当年红极一时的著名民营企业三株集团，在面对一客户将其产品告上法庭时不以为意，未及时对出现的"破窗"进行修补，结果一审败诉，经媒体报道后全国消费者都以为其产品有毒，信誉和形象一时尽毁，市场急剧萎缩。尽管三株积极补救，终审胜诉，但已太迟，三株集团因这场官司遭受经济损失高达数十亿元，原有市场已丧失大半，再也无力回天。

鉴于"破窗效应"引发的危害，世界上许多优秀企业都非常重视防止各种可能引发"破窗效应"的事情。

日本有一种称作"红牌作战"的质量管理活动，主要内容包括以下几个方面：(1) 清楚区分要与不要的东西，找出需要改善的事、地、物；(2) 将不要的东西贴上"红牌"；(3) 将需要改善的事、地、物以"红牌"标示；(4) 有油污、不清洁的设备贴上"红牌"；(5) 藏污纳垢的办公室死角贴上"红牌"；(6) 办公室、生产现场不该出现的东西贴上"红牌"；(7) 努力减少"红牌"的数量。在这样一种积极暗示下，久而久之，人人都遵守规则，认真工作。日本的实践证明，这种工作现场的整洁对于保障企业的产品质量起到了重要的作用。

企业借助"红牌作战"的活动，可以让工作场所变得整齐清洁，工作环境变得舒适幽雅，企业成员都养成做事耐心细致的好习惯。

也许很多人会认为这毫无意义，没有必要。但是，一个企业产品质量是否有保障的重要标志，就是生产现场是否整洁。这是"破窗理论"在企业管理领域中的一个直观体现。

制度化建设在企业管理中已经是老生常谈了。但是，现实的情况往往是制度多，有效的执行少。长此以往，企业的发展会很尴尬。对公司员工中发生的"小奸小恶"行为，管理者要引起充分的重视，适当的时候要小题大做，这样才能防止有人效仿，积重难返。

有一家规模不大的企业，以极少炒员工鱿鱼而著称。有一天，该企业资深车工杰克在切割台上工作了一会儿，就把切割刀前的防护挡板卸下放在一旁。没有防护挡板，虽然埋下了安全隐患，但收取加工零件会更方便、快捷一些，这样杰克就可以赶在中午休息之前完成2/3的零件了。

不巧的是，杰克的举动被无意间走进车间巡视的主管逮了个正着。主管雷霆大怒，令他立即将防护挡板装上，之后又站在那里大声训斥了半天，并声称要作废杰克一整天的工作。

第二天一上班，杰克就被通知去见老板。老板说："身为老员工，你应该比任何人都明白安全对于公司意味着什么。你今天少完成了零件，少实现了利润，公司可以换个人换个时间把它们补起来，可你一旦发生事故、失去健康乃至生命，那是公司永远都补偿不起的……"

离开公司那天，杰克哭了，工作了几年时间，有过风光，也有过不尽如人意的地方，但公司从没有人对他说不行。可这一次不同，杰克知道，这次碰到的是公司灵魂的东西。

从上述事例中，我们可以得到这样一个道理：任何一种不良现象的存在，都在传递着一种信息，这种信息会导致不良现象的无限扩展，因此必须高度警觉那些看起来是偶然的、个别的、轻微的"过错"，如果对这种行为不闻不问、熟视无睹、反应迟钝或纠正不力，就会纵容更多的人"去打烂更多的窗户玻璃"，就极有可能演变成"千里之堤，溃于蚁穴"的恶果。

因此，无论是社会管理还是企业管理，都应该及时矫正和补救正在发生的问题，哪怕只是一些小问题，不然会危及大局。

制定一套更人性化的管理制度

在企业，给予下属福利、良好的人事关系及工作环境，晋升或调任其担任更好的工作，享有购买企业股票的权利、分享利润、定期征询下属意见等，都是企业聚集人才，吸引下属的办法。

许多企业设有积金计划，但是并没有受到下属的普遍欢迎，原因是这些积金计划是从他们的原有薪金中扣了一部分，加上还规定要做满某些年数才能取回，这无疑是一种变相扣押员工收入的行为。

如果企业能在固定的薪金之外，再替下属积蓄每年薪金的1/10，一方面不损害下属的基本收益，另一方面也是一种额外利益。需要注意的是，这些资金宁可由其他方面抽调，也不能让下属有被剥削的感觉。

在上班时间之外，应该尽量不去烦扰下属。一些企业为了让员工最大限度地投入工作，不让下属有一刻空闲，不管其时间、能力是否足够，就把大量工作推给下属。其结果是下属每天超时工作，而企业又明文规定没有超时补贴或补假的制度，令下属不堪重负。

其实，企业可以制定一些有利于下属的制度，采取一些无须花费太多金钱、却能收到很好效果的办法，如给予富有挑战性的任务、公开表扬下属、赋予更高的头衔，或者记下每位下属的生日，在当天送他一点小礼物、蛋糕之类，让下属感动之余主动投入工作。此外，在员工忙碌不堪时，企业也可以提供一些短暂的援助，设些咖啡点心之类的食品供员工享用等，增加员工更深的归属感。

另外，管理者还应该给员工一些费用较多的福利，例如：

（1）交通费、餐费补助。

（2）提供房屋部分免息贷款。

（3）适当的加班费。

（4）提供旅游优惠计划。

（5）供应免费的报纸杂志。

（6）除法定节假日外，在下属完成一项颇艰难的工作后提供额外的个人休假。

（7）为额外的工作提供额外报酬。

（8）分享企业利润，如企业赚钱越多，员工分红越高。

总之，制度是用来管人的，也是用来保护人的，制度制定得更为人性化，有利于企业聚集人才。

制度管理决不能一成不变

企业要在激烈的竞争中生存和发展，制度就不能一成不变。管理者必须适时进行制度管理创新，使企业内各要素在质和量上发生新的变化，产生新的组合，以适应新的形势需要，从而推动企业向更高、更深层次发展。

1. 观念要创新

必须从企业管理者的观念入手，紧跟当前形势的变化，树立全新的制度管理理念。

（1）知识制度管理。

知识制度管理的实施在于建立激励员工参与知识共享的机制，设立知识总监，培养公司的集体创新能力。

知识制度管理思想是全新的制度管理思想，既继承了人本制度管理思想的精髓，又结合知识经济这一新的经济形态的特点予以创新。

（2）人本制度管理。

人本制度管理意味着企业制度管理由传统的"管事"和"管人"向"激发人"转变。企业员工素质高低和才能发挥程度决定着公司的成败，人将是公司中最重要的资本，如何充分调动员工的积极性和创造性成为公司制度管理的关键。

2. 战略要创新

企业经营战略与环境密切相关，随着市场竞争的日益加剧，企业的经营战略面临创新，这就要求管理者做好以下工作。

（1）确立全球一体化的企业发展战略。

随着现代信息技术的不断发展，全球沟通越来越顺畅，市场已经走向国际化、全球化路线。面对各种挑战和机遇，企业战略制度管理模式和观念都必须发生变化。管理者不能将视野局限于某一区域，而必须考虑整个市场和技术发展的趋势。

管理者必须了解全球性战略环境，结合自身竞争条件和目标，作出战略决策。同时，参与全方位的竞争。

（2）企业必须从适应市场转向创造市场。

企业的经营战略必须适应市场环境，但等环境变化了再去适应就会处于被动地位，因此，管理者应主动创造市场，引导消费。在进行战略创造时，应密切注意相关产业的发展动向，积极寻找可以利用的机会，把新生事物的创立、新技术的开发、新市场的开拓等战略课题列入企业战略之中，为企业的未来环境创造良好的条件。

3. 制度要创新

制度创新就是通过调整和优化企业所有者、经营者和劳动者三者的关系，使各个方面的权利和利益得到充分的体现。

企业制度主要包括产权制度、经营制度和管理制度三个层次。产权制度是决定公司其他制度的根本制度，是有关经营权的归属及使用权的条件、范围、限制等方面的原则规定，它构成企业的"法人治理结构"，包括目标机制、激励机制和约束机制。

没有一个创新的制度，企业的其他创新活动就不会有效和持久。这要求管理者调整组织结构和完善内部的各项规章制度，以及使用权内部各种要素的合理配置，使之发挥最大限度的效能。

在激烈的市场竞争中，谁胜谁负关键在于创新，创新已成为企业的生存之本。企业必须将创新体现于企业制度当中，更好地发挥生产者甚至消费者创新的积极性。

4. 组织结构要创新

随着技术革命特别是信息的网络化，企业内组织结构也在向扁平化发展，原来承担上下级沟通联络的中间管理层将大大减少，企业内组织结构变为以分权为特征的扁平化的横向网型组织结构。

企业内必须进行组织结构创新，保证最好、最快的信息迅速地在企业内部传递，使员工成为自主学习、有自主管理能力的人，并可以在自己的职责范围内独立工作，承担责任。

5. 制度管理方法要创新

随着信息技术的发展，企业的制度管理方法日趋新颖、多样，计算机、互联网在企业的制度管理中广泛应用。

企业要在激烈的竞争中求得生存和发展，必须建立快速、先进、智能化的信息传输和处理系统。

任何制度都需要不断完善和不断创新，综观古今中外的改革或革新，从一定意义上都是对制度的重整、再造和创新，不论国家，不论企业，每一次制度上的成功改革或创新，都会带来一次质的飞跃。所以，国家要强盛，企业要发展，就必须在制度上狠下功夫，求新，求实，求进步，制度好，人心顺，万事兴。

·第二章·

管理就是沟通：下属的干劲儿是"谈"出来的

管理离不开沟通，沟通渗透于管理的各个方面。现代企业，管理者绝不是高高在上、不可一世的，要想让下属有干劲儿，并使管理卓有成效，就需要不断跟下属进行有效沟通。这是管理获得成功的重要保证。

沟通可以解决一切问题

管理者在工作中时常会听到员工这样那样的抱怨：认为个人的工作成绩没有得到应有的承认和肯定；其合理化建议没有得到应有的重视和采纳；工作环境压抑、人际关系紧张，甚至一个办公室内彼此间不相往来⋯⋯其实，这些抱怨都会严重影响员工的工作积极性和工作热情，从而影响到企业的效率和效益。这些抱怨究其根源均在于沟通不够、沟通无效或沟通存在障碍。

诺基亚公司董事长兼首席执行官沙玛·奥里拉在自己的管理箴言中这样写道："我觉得有两个技能很重要。第一是沟通能力，第二是人才管理的能力。但没有好的沟通能力，一切都无从谈起。"日本松下电器公司创始人松下幸之助也认为："企业管理过去是沟通，现在是沟通，未来还是沟通。"

沟通是信息交流的重要手段，是管理的生命线，因此，对于企业管理者来说，沟通能力极为重要。管理者每天所做的大部分决策事务，都是围绕沟通这一核心问题展开的。管理者必须经常依赖员工的大力支持和合作，才能完成任务。有两个数字可以很直观地反映沟通在企业管理中的重要性，就是两个70%。

第一个70%是指企业的管理者有70%的时间用在沟通上。开会、谈判、谈话、做报告是最常见的沟通形式，撰写报告实际上是一种书面沟通的方式，对外各种拜访、约见也都是沟通的表现形式，管理者大约有70%的时间花在此类沟通上。

第二个70%是指企业中70%的问题是由于沟通障碍引起的。比如，企业常见的效率低下的问题，往往是有了问题后，大家没有沟通或不懂得沟通引起的。另外，企业里执行力差，领导力不强的问题，归根结底，都与沟通能力的欠缺有关。比如说管理者在绩效管理的问题上，经常对下属恨铁不成钢，年初设立的目标没有达到，工作过程中的一些期望也没有达到等。为什么下属达不到目标的情况会经常出现？在很多调研中都发现，下属对管理者的目的或者期望事先并不清楚，当然无法使其满意，也导致对年度的绩效评估不能接受。这不管是管理者表达的问题，还是下属倾听领会的问题，都是沟通造成的问题。

因此，卓越的沟通能力是管理者必备的素质之一。但是，现实中却有很多企业管理者不重视沟通管理，他们认为，管理者与被管理者之间不能有太多的平等，没有必要告之被管理者做事的理由。"民可使由之，不可使知之。"他们片面强调被管理者应无条件地服从，"理解的执行，不理解的也必须执行"，从而认为除了告之对方做什么、做到什么程度之外，再告之其他相关信息都是多余的，更不用说就对方的态度、情感，通过沟通达成理解和认同。

没有充分有效的沟通，员工不知道做事的意义，也不明白做事的价值，因而做事的积极性也就不可能高，创造性也就无法发挥出来。不知道为什么要做这件事，所以他也就不敢在做事的方式上进行创新，做事墨守成规，按习惯行事，必然效率低下。

一个希望有所作为的管理者，绝不会轻视管理沟通工作。总结起来，沟通在管理中的作用主要有以下3点：

（1）良好的沟通是保证员工做好工作的前提。只有通过沟通让员工明白了他的工作目标要求、所要承担的责任、完成工作后的个人利益之后，才能使他确知做什么、做到什么程度，自己选择什么态度去做。

（2）良好的沟通是激发员工工作热情和积极性的一个重要方式。管理者与员工经常就其所承担的工作，以及他的工作与整个企业发展的联系进行沟通，员工就会受到鼓舞，就会使他感觉到自己受到的尊重和他工作本身的价值。这也就直接给员工带来了自我价值的满足，他们的工作热情和积极性就会自然而然地得到提升。

（3）良好的沟通是员工做好工作的一个保障。只有通过沟通，管理者才能准确、及时地把握员工的工作进展、工作难题，并及时为员工工作中的难题的解决提供支持和帮助。这有助于他的工作按照要求、及时、高质量地完成，进而保证整个单位、部门，乃至整个企业的工作协调进行。

良好的沟通能让人与人之间的了解变得畅通无阻，聪明的管理者会巧妙地利用沟通来增进对员工的了解。

走动式管理：创造沟通机会和平台

麦当劳快餐店创始人雷·克洛克不喜欢整天坐在办公室里，而是把大部分工作时间都花在到所有分公司和各部门走走、看看、听听、问问上。

麦当劳公司曾有一段时间面临严重亏损的危机，雷·克洛克发现其中一个重要原因是公司各职能部门的经理有严重的官僚主义，习惯躺在舒适的椅背上指手画脚，把许多宝贵时间耗费在抽烟和闲聊上。于是一个大胆的想法在他的脑海中形成了，那就是：将所有经理的椅子靠背锯掉，并立即实施。

开始很多人骂雷·克洛克是个疯子，但后来不久，大家就体会到了他的一番"苦心"。经理们纷纷走出办公室，深入基层，及时了解情况，现场解决问题，终于使公司扭亏为盈。

这种管理模式就是走动式管理。该管理理念最早是由彼得斯提出的，它的核心是管理者要融入员工之中，而不是在员工面前摆谱。走动式管理不是待在办公室里翻阅各种数据和报告，而是走到员工中间、客户中间以及供应商中间去，和他们面对面地进行交流沟通。在走动中，管理者的主要角色是倾听者。通过倾听，管理者可以从员工、客户和供应商那里得到准确的第一手信息。在面对面的交流中，管理者可以用现场解答和阐述的方式，把公司的价值观念传递给员工、客户和供应商，促使他们认同和接受公司的价值理念。

走动式管理不是视察活动。它的目的是要发现员工的工作进展如何以及他们在工作中遇到了什么样的麻烦，通过询问来指导他们做一些重要的事情。可见，走动式管理的前提假设是估计到员工在工作中可能会有一些东西妨碍他们完成任务，因而需要管理者通过走动去了解、帮助员工解决困难，指引员工而不是命令、干涉、剥夺员工的自主权来解决问题。

走动式管理不是管理者越俎代庖，剥夺员工的权利，而是提供一些有助于扩大员工自主空间的建议。它也不是命令员工应该干什么，应该采取什么样的具体措施，而是提高员工的自信心和自制力。在走动式管理中，管理者不是担任指挥者的角色而是参谋的角色。总之，优秀的走访者会在公司愿景下扩大员工的自主权而不是使之缩小。

在企业中，应把走动式管理作为一种经常性的管理活动，而非"国事访问"。它不需要提前通知被走访者，不需要做准备，因为它就是针对那些有意无意隐蔽起来的真实情况而来的。要使走动式管理听到组织的真实声音，最好的办法就是管理者经常性走动。这样做可以有效地消除"礼节性拜访"或者"恩赐式关怀"的缺陷，达到与员工面对面交流的目的，也是获得真实信息、强化公司共同愿景的良药。要扩大走动式管理的效力，不在于宣传，而在于管理者身体力行。只有管理者养成走动的习惯，让员工了解管理者会随时到自己身边来，员工才能感觉到管理者一直与自己同在，也才能让员工对管理者产生信赖，进而愿意与之沟通。

选择正确的沟通渠道

一般而言，企业内部的沟通渠道不外乎两种。一种是正式沟通，另一种是非正式沟通。所谓正式沟通，就是通过固有的组织和结构按照规定的方式交流和传达信息。比如，传递公文、通知相关信息、召开会议和谈话等。这种沟通方式由于对信息的传达途径、格式及对象有具体性，所以这种沟通的优点是效果好、保密性高、有较强的约束力，但是，这种方法又有过于刻板，沟通的速度很慢，而且缺乏相应的反馈和互动的缺点。而非正式沟通，包括除了正式沟通之外的所有信息交流和传达方式。员工往往会通过非正式渠道获取和反馈很多信息，而企业如果能在此时进行合理的利用和疏导，就可以帮助企业管理者获得许多从正式渠道无法获得的信息，借此解决潜在的问题，从而最大限度地提升企业的凝聚力。没有沟通，就没有成功的企业，企业内部良好而正确的沟通文化可以使所有员工真实地感受到沟通的快乐和绩效。加强企业内部的沟通管理，既可以使管理层工作更加轻松，也可以使普通员工大幅度提高工作绩效，同时还可以增强企业的凝聚力和竞争力。

尼尔是一家医学软件制造商塞纳公司的首席执行官，他平时非常热衷于用电子邮件与人联络。有一次，尼尔很不满员工的工作道德，他迫切地希望表达他的不满，于是他选择了他最热衷的写邮件的方法。他写了一封言辞激烈的电子邮件给公司的几百名管理者。信中写道："在目前的文化中，在本首席执行官实施其他的员工利益之前，我们必须彻底解决这些该死的问题……我们在堪萨斯城的员工大多数每周工作不到40小时。停车场早上8点还是稀稀疏疏的，在下午5点也是这样。作为管理者，你要么不知道你的员工在干什么，要么就是你不关心。你必须解决掉你面临的问题，否则我就炒了你……你们管理者的所作所为让我恶心。"

这封信中还建议管理者的工作例会安排到早上7点、下午6点和周六的上午；同意裁员5%，以及实行打卡上下班。信中甚至还提到，如果员工未经批准就缺勤，要在假期中补回来。

在这封邮件发出的几个小时内，复件就被放到了网站上。之后，仅仅3天，公司的股票价格就下跌了20%。尽管有人会为尼尔信中所讲述的行为是否应该而争论，但尼尔错误地选择了信息传递的渠道！这一点毋庸置疑。

错误的沟通渠道不仅不能让沟通顺畅，还会阻碍已有的沟通水平。因此，沟通渠道是否正确才是能否进行有效沟通的最大关键。

通过调查，沟通渠道的选择在表达信息的能力上会有差异。有的沟通渠道丰富性较强，能处理更多的信息，能及时提供反馈，而且极具人性化。比如面对面谈话，它能一次传递很多信息，并且能够迅速得到反馈。电话也是一种丰富性较强的渠道，但是它就没有面对面谈话来得丰富。再比如布告、一般的报告、电子邮件和备忘录等，它们的沟通都不够丰富。在现代信息经济时代背景下，网络沟通的渠道模式称得上是所有企业管理沟通渠道模式中一种较为理想的模式。企业在保持适合企业业务发展需要的组织管理结构下，向网络型管理沟通渠道模式靠近，从而使本企业适应经济信息化、知识化、全球化趋势，使企业的组织管理结构与管理沟通渠道具备更多网络型组织管理结构的特征，使企业能成为信息化企业。

研究结果显示，媒介的丰富性与过去10年内的组织趋势和方法相一致。越来越多的管理者利用会议的形式来沟通，同时走出与员工隔绝的办公室实行走动管理。但是无论是哪一种沟通渠道都有它存在的理由，正因如此，才需要管理者在工作中能抓住一切机会，主动引导与下属的沟通，有意识地去促进成员之间信息交流的顺畅，重视和改善沟通管理，才能进行有效的沟通，创造出无限的价值。

用适当的方式打开"闷葫芦"

遇事闷头思考一言不发的人常被人们叫作"闷葫芦"，由于想得过多，以至于很少甚至忘却了讲话，管理者遇到这样的员工常会感到头疼不已，甚至认为要让他们开口比让铁树开花还难。但其实，如果管理者使用适当的方式，就可以轻易打开"闷葫芦"。不但能让那些不善言辞的下属开口讲话，甚至是最沉默寡言、最害羞的人也会开口讲一长串话。除了能让不愿说话者开口之外，这些方法还有其他一些作用。打开"闷葫芦"的方法有 5 种，具体如下。

1. 赞扬加提问

即便是最害羞的人在听到赞扬时也会心花怒放。管理者要让不愿说话者知道，你很欣赏并感激他们所作的努力，认为他们的专业知识非常有价值。然后再让他们详细陈述他们的观点。管理者可以通过简短的提问暗示他们，只有那些有专业背景和知识的人才能回答这些问题。

哪怕是再沉默寡言、再吝啬词句的人，听到如此积极的反馈也会变得平易近人。因此在听的过程中，类似的"甜言蜜语"会使管理者得到想要的信息。

2. 直截了当地提问

少言寡语者，即那些只说"是"或"不是"的人会觉得说话越少越自在。管理者应该利用而不是抵制这一特点。管理者可以利用他们吝惜语言的特点，先弄清自己究竟想知道什么，然后直截了当地提出只需回答"是"或"不是"的问题，或者提出只需回答一两句话的简短而切中要害的问题。

3. 引发议论

只要有合适的鱼饵，再难钓的鱼也会上钩。为了让不愿说话者打破沉默，作为管理者的你要用容易引起争论的陈述或问题做鱼饵。你可以围绕你想了解的主题，很有礼貌地对下属提出疑问，或者就现有的理论提出反对意见。当自鸣得意的观点遇到挑战，或有机会拆穿一个广为流传的谬误时，很少有人会无动于衷。

4. 不要打断他的话

一旦管理者想方设法让"闷葫芦"开口了，那就要赶紧把自己的嘴闭上。如果管理者在他们说话时插嘴，陈述看法，就会使他们有借口停止说话。而此时，要再想让他们开口会非常困难。即使管理者想到一个重要问题，或有什么高见，也不要急着说出来，要等到不愿说话者已经说完之后再把自己的见解说出来。

5. 适当作出反馈

要想让"闷葫芦"继续讲话，管理者需要告诉他们，他们说的细节非常有趣、非常有价值，非常希望他们能继续说下去。但注意，不要用语言来鼓励他们，这只会让他们分心。

管理者要运用身体语言，通过看得见的信号对他们作出积极反馈。如同意时点点头，赞许时微微一笑等。并且要在对方说话时有意识地盯着他的眼睛，就好像他在说一件你从未听过的、有意思的事。

如此一来，管理者就可以轻松打开"闷葫芦"，使沟通变得更顺畅了。

少说、多听、常点头

管理者拥有一副伶牙俐齿，"口吐莲花"，固然是一件好事。但是千万不要把这一本事用过了头，时时处处指手画脚，喋喋不休。常言道："会说的不如会听的。"当你与下属沟通时，若能灵活运用"少说、多听、常点头"这一处世良策，管住自己的嘴巴，竖起自己的耳朵，少说多听，就会让沟通更为顺利。

"少说"不但可以"导引"下属多说，还可以避免流露出自己的内心秘密，更可以避免说错话，让下属难堪。少说，你就成为一个冷静的旁观者，一切都会在你的掌握之中。

"多听"就是多听下属说，听下属的做事经验，听下属的人际恩怨，听下属话语透露出来的有关周围环境的信息……管理者多听，下属就会因此而多说；下属说得越多，管理者知道得就越多。

"常点头"，这并不是要管理者做个没有主见的应声虫，而是避免让下属认为你是一个高高在上只顾自己意见的人。也就是说，听下属说话时，管理者多点头，表示你的专注和附和，如果有不同意见，也要先点头再提出。无关紧要的事，不必坚持己见。这样，就没有走不通的道路。

"少说、多听、常点头"是沟通过程中一种非常好的方法，它一可以给人留下深藏不露、稳重含蓄的权威印象；二可以充分了解下情，掌握大量事实材料，有利于制定领导决策；三可以使你建立一个好人缘。

可见，管理者在与下属沟通时，管住自己的嘴巴，打开自己的耳朵是非常有利于沟通的办法。不过，要让"少说、多听、常点头"的沟通方式产生最大的效果，还应该努力遵守以下这些注意事项：

（1）对别人讲的话要感兴趣，要充分地关注对方。当你在听下属对你讲话时，要全神贯注。

（2）看着对方说话。你不要在房间里东张西望，或是看地板，或是望窗外。如果你的眼睛转来转去，这也表明你的心思也会是这样的。

（3）防止走神。要一心一意地注意下属在说什么。

（4）不要被个人好恶所支配。有时你可能不喜欢某人说话的方式，或是不喜欢某人的说话声音。这些偏见可能使你听不进正确的意见。作为管理者，你需要正确地理解意见交流中的内容，不应该让个人好恶妨碍你。

（5）努力理解难懂的想法或材料，不要回避难以领会的东西。

（6）努力理解对方言辞及其含意。仅仅懂得事实还不够，既要用耳朵去听，还要用心去听，这样才能明白别人说话的真正含意。

（7）提问题不要犹豫。要确保自己理解他人正在说的话。不要因外部干扰（如机器噪声，电话铃声，或别人向你打招呼）而漏过了话中的含意。当这种分心的事情确实打扰了你的时候，不要怕问问题。下属往往觉得与你谈话非常重要，因此，他们欢迎你表示兴趣和关心。

（8）不要轻易下结论。听取并接受下属所讲的话，要用心去听下属的言语和想法，不要轻易下结论或者准备反驳。

多一些鼓励，少一些批评

无论年龄长幼，贫富贵贱，爱听鼓励的话是人的天性。然而在企业中，当员工工作执行不到位、消极怠工或者犯错误时，不少管理者都喜欢通过批评员工来树权威、耍威风，更有甚者，还喜欢在员工犯错误时发脾气，殊不知这样弊远大于利。一味用批评和尖锐的意见面对员工，很多时候会扼杀员工的创新性，使员工产生挫折感。批评往往会使自己情绪恶化，员工会因此而产生逆反心理，会消极怠工，更会破坏工作场所的氛围。而且对于管理者而言，他们也会被认为是不合群、人际关系有问题。批评只是管理的手段而不是目的。光靠批评不仅无助于问题的解决，还会使问题恶化。员工在接受批评后会产生紧张感、挫折感，而这些负面情绪都不利于问题的最终解决。

一天，公司赵总突然接到刚工作不久的员工妮妮的电话，"我买了机票，我要去旅行，现在想向你辞职。"赵总接到这样的电话不免感到惊讶，但他还是尽量平和地说："我给你两周的时间，旅行之后再回来上班。"妮妮说："不用了，即使回来，我也不想回到这里上班。"

赵总听到这样的回答感到很气愤，但他依然没有忘记反思问题出现的原因。他终于想起，前几天妮妮曾经交给他一份企划案，当时他看了十分不满意，还训斥她："你怎么可以做出这样的东西，竟然还好意思交给我，你是大学毕业生吗？"

妮妮因为赵总的一句严厉的批评而辞职了。妮妮工作时间不长，很明显，妮妮抗挫折的能力比较差，赵总在跟她打交道时，有必要使用一定的技巧。员工犯错后，管理者应该做的是向员工提出解决问题的建议，避免他以后再犯。很多时候，新进员工犯错误都是由于管理者没有给他们正确的建议。

例如，某员工说："我不想做了，实在是没有什么前途。"这说明他正处于情绪不稳定的状态，此时管理者最好的做法是采用迂回的策略，先让他的情绪稳定。管理者可以先把员工的话润色加以重复："你的意思是，你觉得在这里的表现或者发展不是很满意，是吗？"然后稍等片刻，暗示对方你已经明白了他的意思。如果，员工的情绪依然低落，对你说："是呀，我觉得这里很糟糕。"那么这时候管理者可以继续跟他聊，直到他平静下来。最后，员工可能会询问你该怎么办。这时管理者就掌握了谈话的主动权，可以询问员工的想法。如果通过沟通发现他之所以会如此沮丧是因为对自己太过悲观的缘故，那么管理者有必要举例让他知道其实他已经做得非常好。

当然，这里说管理者应多些鼓励和建议，并不意味着对员工的错误视而不见。有时候，批评也是必须的，只是批评也要有艺术。

比如，如果一个员工之前的工作表现都很好，但是后来却怎么都没有办法达到管理者的要求。这时候批评就有必要了，但是作为一名管理者，如何批评才不会起反作用呢？

作为管理者，如果对员工提出质疑说："你是怎么搞的，为什么没有把事情做好？"那在员工看来，就很可能会认为管理者讨厌自己，而不能就事论事。所以，一名优秀的管理者，在批评时一定要注意以下4点。

（1）要跟员工讲清楚事实，比如："你这份企划书，为什么没有按时交给我？"

（2）要明确告诉员工你自己的感觉，比如告诉员工："我对你现在的表现很失望。"

（3）管理者要明确自己的管理目标，让员工接收到肯定的词汇，而不是否定的词汇，比如，不说"你以后交企划不要迟到"，而说"我希望你以后能按时交企划"。

（4）要运用"说服的艺术"。也就是用建议的方法而不是用意见。要说服员工做事，要让员工有自己判断的机会，所谓"晓之以理，动之以情"就是这个道理，要让员工知道你的建议是正确的。你不是在对员工的行为挑刺，指出他的错误，要用"诱之以利"的方式让员工认识到自己的问题，并选择正确的方式解决问题。

在企业管理中，管理者要做的是多些鼓励与建议，少些批评与意见。如果管理者能用真诚的鼓励和正确的建议对待员工，特别是一些有知识、有文化、有思想的员工，那么企业的管理水平肯定会有一个质的飞跃，员工在这种激励下能增强工作的信心，就可以在保证质量的情况下超额完成任务。一个聪明的管理者会从员工的立场出发，采用最恰当的方式，让员工接受并乐于服从自己的建议。

乐意听取下属的抱怨

在管理过程中，每一个管理者都难免会面临下属抱怨满腹的状况。每个下属的利益需求不同，看问题的角度也不同。就算管理者做出的正确决策是为下属着想的，也还是会招来非议，引来很多抱怨。好心得不到好报，有时会让管理者很窝火。

如何对待下属的抱怨，考验着管理者的胸襟度量与管理水平。在有水平的管理者眼中，下属的抱怨是再正常不过的事情，甚至还是一件好事情，因为在他们看来，抱怨在一定程度上反映了员工们对公司各方面的看法，也是一种非正规的反馈渠道。他们可以根据员工们的抱怨反观自己的工作，并相应地作出调整。而且从另一个角度讲，抱怨有时也会变成动力，因为首先要不满于现状，然后才能谈得上对现状的改变。其实，员工的抱怨就好比是化解冲突的"安全活塞"。我们都知道，在压力容器上，比如高压锅上就一定会有个安全活塞，一旦压力高于承受力时，活塞就会自动排气，以防高压锅爆炸。下属的抱怨与此类似，能让不满情绪排泄掉，这就有利于避免上下级之间矛盾激化的现象出现。

在芝加哥，有一家制造电话交换机的工厂，厂里各种生活和娱乐设施都很完备，社会保险、养老金等各方面也都做得相当不错。但是令厂长感到困惑的是，工人们的生产积极性却并不高，产品销售也是成绩平平。

为了找出原因，厂长向哈佛大学心理学系发出了求助申请。哈佛大学心理学系随即派出一个专家组进厂开展了一个"谈话试验",就是专家们找工人个别谈话,规定在谈话过程中,专家要耐心倾听工人们对厂方的各种意见和不满,并作详细记录,而且专家对工人的抱怨不能反驳和训斥。这一试验持续了两年时间。在这期间,研究人员前前后后与工人谈话的总数达到了两万余人次。

结果两年下来,工厂的产量大幅度提高了。经过研究,专家们给出了原因:长期以来,工人对这家工厂的各个方面有诸多不满,但是却无处发泄。"谈话试验"使他们的这些不满都发泄出来,从而感到心情舒畅,工作干劲儿高涨。

这就是管理学中著名的"霍桑效应":让员工发泄自己的情绪,虽然抱怨的内容不一定是正确的,但认真对待抱怨却总是正确的。抱怨是改变不合理现状的催化剂。由此可见,管理者对待抱怨的原则是:宜疏不宜堵。堵则气滞,抱怨升级;疏则气顺,心平气和,情绪高涨,下属的工作积极性和主动性自然提高,精神面貌为之焕然一新。管理者需要思考的不是杜绝抱怨或者压制抱怨,而是如何让抱怨更适当地发泄出来,达到化抱怨为工作动力的目的。

管理者在管理上的成功,不是做得让下属没有一句抱怨,也不是利用权力强行禁止下属抱怨,而是能正确对待下属的抱怨,善于化解抱怨。在日本松下电器公司,所有分厂里都设有吸烟室,里面摆着一个松下幸之助本人的人体模型,工人可以在这里用专门准备的鞭子随意抽打"他",以发泄自己心中的不满。这为下属的抱怨提供了出口,使平时积郁的不满情绪都能得到宣泄,从而大大缓解了他们的工作压力,提高了工作效率。

在美国的一些企业中,也有一种叫作"发泄日"的制度,即每个月专门划出一天供员工发泄不满。在这天,员工可以对公司同事和上级直抒胸臆,开玩笑、顶撞都是被允许的,管理者不许就此迁怒于人。

员工宣泄不满,有所抱怨是正常现象,但是管理者也不能任由员工发泄而不予理睬,不想办法化解。面对员工的抱怨,管理者应该学好下面这几招:

(1)不能忽视。管理者面对下属的抱怨不能充耳不闻、视而不见,须知等到小抱怨变成大仇恨就会后悔晚矣!

(2)严肃对待。有句话说得好:"千里之堤,溃于蚁穴。"任由抱怨泛滥而不加理睬,就会毁了企业的基业,因此管理者要怀着如履薄冰的心情来认真对待。

(3)认真倾听。管理者应该认真地倾听下属的抱怨,并从中找到抱怨产生的真正原因。

（4）承认错误。管理者主动承认自己的失误并道歉，这是让抱怨最快消失的办法。

（5）不能发火。抱怨的下属本来就一肚子的火，管理者如果再发火只能激化矛盾。

（6）掌握事实。管理者只有把事实了解清楚了，才可能制定出正确的对策。

（7）别兜圈子。管理者正面答复下属的抱怨时，要具体而明确，要触及问题的核心。

（8）解释原因。如果下属的抱怨只是误会，那么只要耐心地摆事实、讲道理，下属就会理解的。

（9）不偏不倚。涉及下属之间的矛盾，公平处理最重要。

（10）表示感谢。下属抱怨说明他对工作负责、对团队关心，如此不该感谢吗？

（11）敞开大门。管理者应该对下属永远敞开沟通的大门，要让他们随时能找到你。

沟通是心灵的对话，是情感的交流。有效的沟通是管理成功的关键，这早已不是秘密。特别是在对待下属的意见、批评、抱怨这些负面情绪方面，如果管理者能与下属坦诚相见、沟通得好，就能形成战无不胜的凝聚力、战斗力和创造力！

广开言路，听取反对呼声

"智者千虑，必有一失；愚者千虑，必有一得。"再精明强干的管理者，也难免有失误的时候。因此，作为一个管理者，统率一个集体，管理一群人时，不能独断专行，大家的事要发动大家想办法，大家来做。这样，管理者不能总是听"好话"，更多的时候要听听周围人的反对呼声。反对的话虽然刺耳，但其中往往蕴含着真理，蕴含着合理化的建议，于人生有补，于事业有益，一如带刺的仙人掌，摸之刺手，用之却有巨大的药效。所以，对于管理者来说，正面意见要听，反面意见也要听。

脚踏实地的管理者应不为"好话"所陶醉，"好话"虽然好听，但听过之后便于事无补了；至于"恶言"中的那些反调，听起来虽然不太顺耳，但极有益处，亦如良药，虽然苦口却能治病。一个组织在不断前进的道路上，往往有绊脚石和荆棘，只有与集体休戚与共的人，才会思索如何回避这前进路上的障碍，他们的反对呼声，更多时候是出于对管理者的爱戴、对集体的赤诚与关心。明白了这点，管理者就应对唱反调的人予以保护，而不应当厌弃，更不应当给他们"小鞋"穿。

然而，现实工作中有些管理者却对那些反对呼声不屑一顾，甚至还没听完就火冒三丈。这种现象不仅反映了一个管理者的素质和作风，而且对作出管理决策极其不利。他们容易被表面现象迷惑，不容易发现工作中存在的问题，长期下去，势必会助长下属们报喜不报忧的不良风气，影响整个工作。其实，"兼听则明，偏信则暗"，支持和反对意见总是决策的左膀右臂，听听不同的意见，从反面思考一下，把问题考虑得更周全一些有什么不好呢？

常言道："忠言逆耳，良药苦口。"反对呼声尽管听起来不顺耳，但只要仔细分析一下，就会发现有的确实反映了工作中存在的某些问题，有的可能是一种偏见，但无论怎样，只要以有则改之、无则加勉和宽容、大度的态度认真对待，对工作是有益无害的。因此，作为管理者，正确、明智的做法是不能总听好话，要善于听取反对呼声，全面地看问题。

广开言路，听取反对呼声，是防止片面性的一个重要方法，也是作出正确决策的必要之途。众所周知，人们对于真理的认识总是受多种条件的制约，很难在短时间内穷其究竟。听取反面意见能增加考虑问题的角度和参照系数，也就更接近真理。

柳宗元在《敌戒》中讲了这样一件事：鲁国的大夫孟孙平时很憎恶同为大夫的臧孙，后来孟孙死了，照常理臧孙是颇可庆贺一下的，从此自己少了一位提反面意见的人，可是臧孙却很悲痛地说："孟孙死后，我如同丧失了治病的药，活着的日子也不会长了。"

一个组织的建设也是如此，管理者只有重视身边提反对意见的人，营造出"不唯上、不唯书、只唯实"的良好氛围，才能有畅所欲言的民主气氛，从而保证决策的科学性。

反对意见无非有三种情况：一种是正确的反对意见，这就要用虚心和求实的态度去加以接受；再一种是错误的反对意见，这种意见听听也是有好处的；更多的情况是，反对呼声中包含了多少不等的正确的和错误的成分。真理和错误往往并不是截然分开的。关键是决策过程中如何吸收反对意见中的合理成分，最终让反对者转变看法，在化弊为利上达成共识。正如文学大师泰戈尔所说："如果把所有的错误都关在门外，真理也要被关在外面了。"高明的领导者对待反面意见，总是采取冷静的、客观的、虚心的态度。

《史记·商君列传》中说："千人之诺诺，不如一士之谔谔。"敢于提反对意见的人，往往善于思考，敢于挑错，不能一概认为是"对着干"和"拆台"。春秋时期的齐景公宠幸梁丘据，并称："唯有梁丘据与我和好。"国相晏婴则说："你与梁丘据只不过'同'而已，哪能称得上'和'。"晏婴认为，"同"就像做菜调羹那样有水有油、有酒有酱、有盐有醋，用以烹鱼烧肉，增加了美味；而"和"却像演奏音乐那样，相互协调，达到和谐。君说"可"，梁丘据也跟着说"可"，反之亦然，则不"和"。如果做菜调羹只是菜里加水，谁愿意吃呢？如果弹琴奏乐只是发出一个声音，谁愿意听呢？晏婴用做菜调羹和演奏音乐的比喻来说明"同"与"和"的区别，给人以启迪。

一个单位或一个组织，尤其对管理者而言，若是没有反对呼声，表面上看起来"团结"，实则"同"而已，很难达到"和"的境界。所以说，反对呼声虽不总是正确的，但乐于听取反对呼声却总是正确的。任何一个决策的诞生，在其出台之前，当其酝酿之时，反对呼声都是难能可贵的。既然有反对呼声，就必然有其反对的理由和根据。这些反对呼声不论最终是否被采纳，都像一面镜子，映照出决策是否有瑕疵，是否符合客观实际，是否具有科学性和生命力。如果某个决策提出后，没有任何不同意见，这本身就不正常，它预示着决策中潜藏着一种隐性危机。

下属之所以会对管理者寄予希望，不只是对个人生活的关心，还希望管理者能广开言路，倾听和接纳自己的意见与建议。

如果一个企业员工反映，"领导从不让我们讲话"，"我们只有干活的义务，没有说话的权利"，那意味着问题就很严重了。所以管理者应当注意，在制订计划、布置工作时，不要只是自己单方面发号施令，而应当让大家充分讨论，发表意见。在平时，要创造一些条件，开辟一些渠道，让大家把要说的话说出来。如果不给员工发表意见的机会，久而久之，他们就会感到不被重视，抑郁寡欢，工作也感到索然无味，丧失主观能动性。

有些人把企业内部的和睦定义为不吵不闹，没有反对意见，开会一致通过等表面现象。他们一般不愿看到下属员工之间发生任何争端，同样，这种管理者也不喜欢下属反对他的意见。如果一次出现多种不同的意见，他们就会感到不知所措。最镇静的办法也不过是说："今天有很多很好的意见被提出来了，因为时间关系，会议暂时到此结束，以后有机会再慢慢讨论。"想尽办法去追求表面的和睦，这里的管理者恰恰忘了很重要的一件事：一致通过的意见不见得是最好的。

假如下属对方案没有异议，并不等于此项方案就是完美无缺的，很有可能是下属碍于情面，不好意思当面指出。因此，这时管理者切不可沾沾自喜，应该尽量鼓励下属发表不同的意见。

对于下属的反对意见，最重要的是倾听，并尝试猜测他接下来要说什么。管理者有必要让自己潜意识的情感指出大脑漏掉了哪些信息。如果下属说的某些东西让自己强烈地感到"错了""非常正确"或其他感受，而没有留意他究竟说了些什么，那么请仔细回忆一下一两分钟前发生了什么，很可能大脑并没有注意到。下属提出反对意见，管理者不妨像下面应对。

1. 当对方提出反对意见时，首先应辨清它属于哪一种形式

区别对方反对意见最简单的办法是提问。如"你这样讲的根据是什么呢？"对方提出的反对意见理由越不充足，就越会觉得你的问题难以回答。你从他的回答里了解的情况越多，就越可能发现他提出反对意见的真正目的，并及时对症下药，予以消除。

如果下属的反对意见是从偏见或成见出发，那你就不必急于反驳，尽量寻找形成其偏见的根源。然后，以此为突破口，证明他的见解不符合客观实际。如果他只是一般性地反对你的提议或者找借口，你也不要过于认真，只要恰如其分地解释就可以了。

2. 把握好回答反对意见的最佳时机

在应对下属的反对意见时，时机是一个非常重要的因素。这不仅有利于避免矛盾冲突，还会增加说服效果。当对方在仔细审议某项条款，可能提出某种意见时，你可以早一步把问题指出来。这样，就可以避免在纠正对方看法时可能发生的争论，并引导对方按你的想法、思路去理解问题。如果对方提出的问题有一定难度，或是不适合立即回答，那么你也可以把问题岔开，待你准备好了或感到时机成熟时，再给予回答。否则，匆忙反驳对方的意见，会使对方再提出其他意见。当然，也会有一些意见，会随着业务的进展逐渐消失，这时，你可以不必回答。

3. 冷静、谨慎、平和地回答下属的反对意见

如果你带着愤懑的口吻回答下属的问题，那么下属就会认为你讨厌他的意见，对他有不好的看法。这样，你要想说服他就更困难了。所以，回答下属时，平和、友好、措辞得当是十分必要的。

4. 回答问题时要简明扼要，不要离题太远

如果你回答得啰唆烦琐，就很可能会引起对方的反感。一般地，你回答下属提出疑问的疑点就行了，必要时，再加以适当的解释和说明。

5. 间接反驳下属的意见

有时直截了当地驳斥下属容易伤害到他，使他丢面子，所以间接反驳、提示、暗示都比较好。在任何情况下，避免正面冲突，采取迂回前进的办法都是可取的。

对员工傲慢是一种"犯罪"

管理者高抬着脑袋，用不屑的眼神扫过员工的脸孔，用透着鼻音的不屑音调跟员工沟通，不难想象结果如何。如此傲慢，得到的只是员工的怒气和反感。想让员工对自己说的话有所反应，就要收起这种傲慢，让自己先对员工的话有所反应。这就好比在别人说了一个笑话时，不管这个笑话好不好笑或者是否听过这个笑话，管理者都应该尽量报以真诚的微笑，这才是最合适的反应。

管理者对员工的行为及时作出反应就必须做到以下 3 点。

1. 要合乎时宜

管理者对员工的行为作出反应要相机行事。如果员工刚刚受到挫折，那么管理者可以通过赞美来激励其斗志。但是如果员工取得了一些成就，已经被赞美声包围并对赞美产生抵触情绪时，为避免他骄傲，管理者应该给他泼些冷水，而不是一味赞美。

2. 要雪中送炭

在日常生活中，难免会遇到挫折。而人们却往往只记得把最真诚的赞美给予那些功成名就的胜利者，然而这种胜利者毕竟是极少数，大多数人都是平凡普通的人，随时都可能遭受挫折。管理者所需要面对的人，在很大程度上都是这类人。

因此，管理者对员工的反应很可能对他来说是雪中送炭。管理者适时地对员工作出反应，往往能够让他们把管理者当作知心朋友来对待。

3. 要谦虚做事

管理者在进行管理的过程中，千万不要存在任何的优越感。管理者必须谦虚地做事情，即使自己取得了很大的成就，也要牢记这些成就是与员工们的努力分不开的，因此管理者不应该有优越于员工的表现。

用一种居高临下的姿态与员工交谈会让管理者很快陷入不利的境地，进而失

去交往的机会。管理者并不比员工优越，在整个管理过程中，管理者必须和员工形成良好的关系才能将管理工作做好。

一些管理者认为自己的能力十分突出，甚至觉得自己的能力完全可以掩盖员工的能力，于是在管理的过程中总是喜欢滔滔不绝地发表意见，不断地和员工争辩甚至反驳员工的意见，这些都是认为自己有优越感的表现。殊不知真正决定管理是否有效的不是管理者的优越感，而是员工的配合。优越感太强的管理者是很难得到员工的认同的。

优越感太强的人往往容易虚伪，这样的管理者往往会制造出种种成绩来维护自己的优越感，以便将这种"比别人优越"的假象永远保持下去。殊不知在这种假象面前，他已经失去了员工的信任。也因此，我们说，对员工的傲慢就是一种"犯罪"。

何时需要说服，何时需要命令

管理者在工作交流过程中对下属用得最多的方式，一是说服，二是命令。

说服就是恳切地引导对方按自己的意图办事的过程。说服有两种不同的结局：一是"说而服之"，二是"说而不服"。命令则是上级通过直接对下属发出行政指令的方式来完成工作部署和安排，具有强制性，没有商量的余地。

说到"命令"，人们很容易就会想起"军令如山"这句话。管理者下了命令，下属就不得不从。这一方式直截了当，有可能带来高效率。如果管理者认为某一项工作或决策必须得到贯彻执行，没有讨论的余地，则必须直截了当地发出"命令"，要求下属按章执行；如果针对某一事项的讨论陷入僵持，无法达成统一意见时，通过命令的方式来结束讨论或许会是一个合适的选择。

再说说"说服"。生活中，人们看待问题的角度、解决问题的方法不尽相同，管理者要让下属重视自己的建议和忠告，就必须说服他理解和接受自己的观点，这样下属才能全心全意地去完成工作。

其实，"说服"和"命令"反映的是管理者不同的两种管理风格。一般来说，管理者针对下属成熟度的四种情景，即不成熟、初步成熟、比较成熟和成熟，分别采用4种不同的管理风格。

（1）不成熟——命令式：这种管理方式的要点是进行详细的指示和管理。告诉下属应该干什么、怎么干以及何时何地去干。

（2）初步成熟——说服式：在传达指示之后进行说服并让下属思索具体方法，但重要部分必须按指令执行。

（3）比较成熟——参与式：和下属交换意见，充分协商，共同决策，推动下属执行。

（4）成熟——授权式：明确表示期望的结果，具体执行方案全部交给下属去办理。

在管理过程中，当下属的成熟水平不断提高时，管理者可以不断减少对下属行为和活动的控制，不断减少干预行为。

从上面的模式中可以大致看出命令与说服的分水岭，但"说服"与"命令"并不是绝对对立的，而是同一过程的两个阶段，一般情况下是先有"说服"后有"命令"，但"沟通"环节不可以省略。要达成这两个过程的统一，寻求一种"中庸之道"，也绝非易事。说服，自然有"服"与"不服"两种结果，在与下属进行"一对一"的沟通时，经常会碰到意见相左的时候，这时候再"命令"下属去执行可能就会适得其反，这样不但不能树立领导"民主、兼听"的形象，反而会在下属心中打上"专横"的烙印，更为严重的是会破坏双方的默契。管理者应有包容和接纳下属不同意见的胸怀。非得这样的话，与其在"说而不服"时发出"命令"，还不如一开始就直接"命令"，毕竟执行命令是下属的天职。

没有哪个管理者不希望高效地实现自己的目标，但是强迫手段带来的只是"被动地服从"而已。被动地服从导致实施决策目标时，带来的结果只能是低效，甚至无效、负效。只有"主动地支持"，才能充分发挥下属的主动性、创造性，获得高效益。

比如著名的"南风法则"，就形象地说明了温和的方式比强力更容易被人接受。温和的态度、友善的方式意味着对下属的尊重，必然会得到相应的回报。在日常工作中，领导应尽量少命令，多商量，尊重下属的人格尊严，使之乐于接受，并积极主动、创造性地完成工作。

有一个秘书曾这样评价自己的领导：他从来不直接以命令的口气来指挥别人。每次，他总是将自己的想法讲给对方听，然后问道："你觉得这样做可以吗？"在口授一封信之后他经常说："你认为这封信如何？"如果他觉得助手起草的文件需要改动时，便会以一种征询、商量的口气说："也许我们把这句话改成这样，会比较好一点。"他总是给别人动手的机会，从不告诉下属具体如何去做事。

可以想象，在这样的管理者身边供职，该会多么轻松而愉快！常言道："与人说理，须使人心中点头。"心平气和，步步引导，耐心商讨，使别人易于接受。在领导说服下属的过程当中，有许多值得注意的地方。

1. 调节气氛，动之以情

在说服时，要想方设法调节谈话的气氛。和颜悦色地用提问的方式代替命令，并给人以维护自尊和荣誉的机会，气氛就会是友好而和谐的，说服也就容易成功；反之，在说服时不尊重他人，摆出一副盛气凌人的架势，那么说服多半是要失败的。

2. 善意威胁，消除防范

很多管理者都知道用威胁的方法可以增强说服力，而且还不时地加以运用。威胁能够增强说服力，但是，在具体运用时要注意态度友善，讲清后果，说明道理，适度威胁，消除防范。

3. 投其所好，以心换心

站在下属的立场上分析问题，给他一种为他着想的感觉，这种投其所好的技巧常常具有极强的说服力。要做到这一点，"知己知彼"非常重要，唯先知彼，而后方能从对方立场上考虑问题。

4. 寻求一致，以短补长

习惯于顽固拒绝他人说服的人，经常都处于"不"的心理状态之中，对付这种人，要努力寻找与对方一致的地方，先让对方赞同你远离主题的意见，从而使其对你的话感兴趣，而后再想法将意见引入话题，最终达到求得对方同意的目的。

但至今许多领导者仍认为以命令方式去指挥下属办事最快、效率最高，习惯于向下属发出各种各样的命令。人对命令多是反感的，一个经常用命令语气说话的领导容易被大家列入讨厌者的行列。但当确实需要用命令来向下属分配任务时，要注意以下几个方面。

首先，要注意下达命令的时候寻找最合适的气氛，比较重大严肃的任务要在庄重的场合下提出；

其次，要注意下达命令的合理性，命令表达要清楚、明确；

最后，在给下属下命令的时候要给下属提问的时间，让下属多问几个为什么，让他们对于新的任务有更多的了解，从而有益于任务的完成。

在工作中，让全体成员都围绕共同、明确而清晰的目标而努力是非常重要的。管理者需要有目的地引起组织成员思想的共鸣，比口号更重要的也许是灌输目标的方法和过程，这需要管理者多动脑筋，在实践中不断提高说服和命令的技巧。

恰到好处地运用身体语言

管理者在与员工沟通的过程中，除用有声语言外，还可以充分利用身体语言。凡是通过手势、姿态、眼色和面部表情来进行信息传递、思想沟通、感情交流的活动方式，都是身体语言。身体语言虽然并不是由口腔发出声音的语言，但是在沟通过程中却可以起到极大的辅助作用。管理者要实施自己的管理行为，准确有效地表达自己的意向和感情，就必然运用身体语言。这里我们着重介绍面部和手部的身体语言。

1. 微笑

据统计，微笑是所有的交际语言中最有感染力的身体语言，是放之四海而皆准的人际交往语。管理者在交往中要学会笑，笑暖人心，又能体谅人心，给人以幸福感、自由感。

往往一个微笑就能令人如沐春风，放松神经，表达出你的善意、愉悦，缩短与员工之间的距离。因此，有人说微笑是最廉价的宝物，它常常会让人有意外的收获。

微笑就像一种情绪的调和剂，更是沟通过程中的一种润滑剂。但是管理者在运用微笑传情达意的时候，要注意做到以下几点。

（1）笑得真诚。

微笑既是自己愉快心情的外露，也是纯真之情的奉送。真诚的微笑让对方内心产生温暖，有时候还可能引起对方的共鸣，使之陶醉在欢乐之中，加深双方的友情。

（2）笑得自然。

微笑是发自内心的，是美好心灵的外现。要笑得自然，笑得亲切，笑得美好、得体。要注意不能为笑而笑，没笑装笑。

（3）笑的对象要合适。

对不同的沟通对象，应使用不同含义的微笑，传达不同的感情。不然，难免会有适得其反的情况出现。

（4）笑的程度要合适。

微笑是向对方表示一种礼节和尊重。但是如果不注意程度，微笑得放肆、过分、没有节制，就会有失身份，引起对方的反感。

（5）要笑在合适的场合。

对人微笑要看场合，否则就会适得其反。当你出席一个庄严的集会，或是讨论重大的政治问题，自然不宜微笑。当你同对方谈论一个严肃的话题，或者告知对方一个不幸的消息时，或者是你的谈话让对方感到不快时，也不应该微笑，或者要及时收起微笑。

2. 巧用手势

在与下属沟通时，管理者除了要有自然流利的口才，还要有与之相配合的体态和手势。手势的妙用在沟通中具有独特的作用，手势的运用是否恰当，会直接或间接地给语言以不同的影响。恰到好处的手势会让你的语言更具有说服力，也会使你的个人形象更具魅力。

经验表明，手势的运用也要恰到好处才能发挥作用。一般而言，手势必须是内在情感的自然表露，而不应是生硬的做作。做手势是为了帮助表情达意，如果达不到这个目的，就是画蛇添足、毫无意义了。有的管理者认为有手势比没有手势好，手势多比手势少好，何况手势还可以掩饰自己紧张的情绪。这其实是一种误解，令人眼花缭乱的手势只能显露出自己的慌乱和无礼，毫无任何意义。

一些人认为："为了强调某个重要的观点，手势能缩短你和听众之间的距离。"管理者说话时采用的手势应与谈话的主题相适应，打手势也要注意空间的大小。而且，管理者应该明确对方手势的含意：手指敲桌子可以表示谢谢；平掌摇动通常表示不同意；双手搓动可表示高兴或着急。

管理者亦可以在谈话中借助手势加强语意。不过打手势时切忌幅度过大，过于夸张。

手势有多种复杂的含义。手向上、向前、向内时往往表达希望、成功、肯定等积极意义的内容；手向下、向后、向外，往往表达批判、蔑视、否定等消极意义的内容，如空中劈掌表示坚决果断，手指微摇表示蔑视或无所谓，双手摊开表示无可奈何，右手紧握拳头从上劈下表示愤慨、决心等。

关于手摆放的位置，一些专家还特意设计了不同的方案，不过在运用时，不能太拘泥，只要自然得体就可以了。但是切忌把手插到衣袋里，显得对人不尊重，而自己也好像"被捆住了一样"。

以下是几种常见的手势，仅供参考。

（1）仰手式。

即掌心向上，拇指张开，其余几指微曲。手部抬高表示欢欣赞美、申请祈求；手部放平表示诚恳地征求下属的意见，取得支持。

（2）推手式。

即指尖向上、并拢，掌心向外推出。这种手势常表示排除众议，显示坚决和力量。

（3）覆手式。

即掌心向下，手指状态同上，这是审慎的提醒手势，能抑制听众的情绪，进而达到控制场面的目的，也可表示否认、反对等。

（4）包手式。

即五个手指尖接触，指尖向上，就像一个收紧了开口的钱包。这种手势一般是强调主题和重要观点，在遇到具有探讨性的问题时使用。

（5）切手式。

即手掌挺直全部展开，手指并拢，像一把斧子飕飕地劈下，表示果断、坚决、快刀斩乱麻等。

（6）啄手式。

即手指并拢呈簸箕形，指尖向着听众。这种手势具有强烈的针对性、指示性，但也容易形成挑衅性、威胁性，一般不要过多使用。

（7）伸指式。

即指头向上，单伸食指表示专门指某人、某事、某意，或引起听众注意；单伸拇指表示自豪或称赞；数指并伸表示数量、对比等。

（8）握拳式。

即五指收拢，紧握拳头。这种手势有时表示示威、报复；有时表示激动的感情、坚决的态度、必定要实现的愿望。

（9）抚身式。

即用手抚摸自己身体的一部分。双手自抚表示深思谦逊、诚恳；以手抚胸表示反躬自问；以手抚头，表示懊恼、回忆等。

另外，手臂的动作也可以是一种语言暗示。手臂交叉表防御；手臂交叉握拳表敌对；手臂交叉放掌表示有点紧张并在努力控制情绪；一只手握另一只手上臂，另外一只手下垂表示缺乏自信，等等。

记住员工的姓名

俗话说："贵人多忘事。"忘记了他人的名字实际上是令人十分尴尬的事，当被遗忘者说出这句俗话时，似乎他不挑理，其实，心里难免会有被轻视的感觉。

希望自己的名字被别人记住是每个人内心潜在的渴望。当你向别人报出自己的姓名时，当时没有人会把对方是否记住了自己的名字当回事，但如果过了几天对方再次与你相遇，并肯定地叫出你的名字，你会感到内心有一种难以言说的喜悦感，并一下子与对方的距离拉得很近。

管理者要懂得"名正言顺"，一个管理者能准确地记住并叫出下属的名字，是对下属的尊重和赞赏，能迅速拉近上下级之间心与心的距离。

一名新任局长到单位之后，上班第一天上午，就让办公室主任提供机关里每一个下属的信息，包括名字、职位、祖籍、性格、爱好等，并请他按照办公室的布局，让每个下属对号入座。接下来几天，他逐个在办公室走了一遭，在与下属一一握手时，当场叫出了每个人的名字。大家都很吃惊，转而敬佩起新局长，整个单位的气氛顿时活跃起来，对新局长的拘束和陌生感一扫而空。这位局长只是记住了下属的名字，却起到了四两拨千斤的效果，迅速得到了部下的好感与信任。

在人际交往中，谁都希望自己的名字能被他人准确无误地记住，这代表着被尊重和认可。如果张冠李戴地叫错了名字，对于双方来说，都是很尴尬的事情。

拿破仑三世（法国皇帝，拿破仑一世的侄子）曾自豪地说：尽管他日理万机，仍然能记住每一个参见他的人的名字。然而，对很多人来说，记住下属的姓名，并不是一件轻而易举的事，这需要下一点功夫，还得有一套方法。想记住大量名字，要掌握以下几点。

1. 初次见面时就要聚精会神地记在心里

当下属介绍姓名时，要聚精会神，并记在心里。有的管理者虽然主动问下属的姓名，但下属介绍时却又显得心不在焉，不到一会儿，就已经忘记了他是谁了！有的人记忆力强，有的人记忆力差一点，这是事实。如果记忆力差，可以直接告诉下属："对不起，我没有听清楚。"让他再说一遍，加深记忆。还可以在逐字听的时候，用每个字造一个词或者一个词组，帮助加深记忆。

2. 记住每个下属的特征

人有多方面的特征，有外形的特征，如眼睛特别大、胡子特别多、前额很突出等；有职业上的特征，如他最擅长某一项技术，在某一项技术、学识上有受人称道的雅号等；名字上的特征，有的名字故意用些生僻的字，或者很少用来做名字的字，有的名字与某几个人的名字完全相同，这本来是没有特征的，但可把"同名共姓"作为一个特征，再把他们区别开来就容易了。只要记住他在外貌、职业、特长、爱好这些方面的与众不同之处，然后把名字与这些特征联系起来，这样就能对号入座，避免张冠李戴。

3. 多与下属接触

百闻不如一见。有不少管理者，一有时间就深入基层，同他的下属或一起干活，或一起玩乐，或促膝谈心，或共商良策。这样的管理者不但能叫出下属的名字，还能摸清下属的脾气性格。

能轻松叫出对方的名字，既在尊重对方的同时，又能受到对方的尊重和爱戴。人受到别人的尊重时也会对对方产生尊重。管理者更多的是要与普通职工相接触，记住对方的名字，也是平易近人的一种体现，少一些官架子，自然会得到他人的更多尊重，并且还能让下属对自己产生爱戴之情。

4. 准备一个小本子

如果是尊贵的客人，切不可当面拿出小本来，只能背后再记。但对下属，你可以说："我记忆力差，请让我记下来。"下属不但不会讨厌，还会产生一种被尊重感，因为你真心实意想记住他的名字。为了防止以后翻到名字也回忆不起来，除了记下名字以外，还要把基本情况如单位、性别、年龄等记下来。这个小本要经常翻阅，一边翻一边回忆那一次会见此人时的情景，这样，三年五载以后再碰到此人，你也可以叫出他的名字来。

如果连名字都不记住，管理者对下属的赞赏又从何谈起呢？何况，记住名字这件事本身就是对下属的赞赏。正如卡耐基所说："记住别人的姓名并容易地叫出来，即是对他进行了巧妙而有效的赞赏。"

·第三章·

这样激励最有效：让员工自己奔跑

管理者的主要任务就是管人治事。有人认为，"管人"其实就是施展手中的权力，凭借三寸不烂之舌让人"俯首称臣"，其实不然，管人是一门很高深的谋略。善管人者，指挥若定，得心应手，被管的人也很心甘情愿，心悦诚服。善于管理的管理者会把员工的能力变成一种动力，让员工自己主动奔跑！

最有效的 13 条激励法则

员工是企业生存与发展的基石，企业要发展，就必须依赖员工的努力。因此，激励员工发挥所长，贡献其心力，是管理者的首要责任。

以下介绍 13 种激励法则，帮助员工建立信任感，激励员工士气，使员工超越巅峰，发挥他们的创造力、热情，全力以赴地工作：

（1）不要用命令的口气。好的管理者很少发号施令，他们都以劝说、奖励等方式让员工了解任务的要求，并去执行，尽量避免直接命令，如"你去做……"等。

（2）授权任务而非"倾倒"工作。"授权"是管理的必要技巧之一。如果你将一大堆工作全部塞给员工去做，便是"倾倒"，这样员工会认为你滥用职权；而授权任务则是依照员工能力派任工作，使他们得以发挥所长，圆满地完成。

（3）让员工自己作决定。员工需要对工作拥有支配权，如果他们凡事都需等候上司的决策，那么他们就容易产生无力感，失去激情。不过员工通常并不熟悉作决定的技巧，因此管理者应该告诉员工，不同的做法会有哪些影响，然后从中选择。

（4）为员工设立目标。设立目标比其他管理技能更能有效改善员工表现，不过这些目标必须十分明确，而且是可以达到的。

（5）给予员工升迁的希望。如果公司缺乏升迁机会，管理者最好尽量改变这种情况，因为人如果有升迁的希望，可激励他努力工作。假如你不希望以升迁机会提高人事成本，起码也要提供一些奖励办法。

（6）倾听员工的意见，让他们感觉受到重视。尽可能每周安排一次与员工聚会，时间不用很长，但是借此机会员工可以表达他们的想法与意见，而管理者则应用心记录谈话内容，以便采取行动。

当然，你未必同意每位员工的要求，但你不妨用心倾听，因为员工会因为你的关心而努力工作，表现更好。

（7）信守诺言。好的管理者永远记得自己的承诺，并会采取适当行动。如果你答应员工去做某些事，却又没有办到，那将损失员工对你的信赖。

因此，你不妨经常携带笔记本，将对方的要求或自己的承诺写下来，如果短期内无法兑现，最好让员工知道，你已着手去做，以及所遇到的困难。

（8）不要朝令夕改。员工工作需要连贯性，他们希望你不要朝令夕改，因此如果政策改变，最好尽快通知，否则员工会觉得无所适从。

（9）及时奖励员工。每当员工圆满完成工作时，立刻予以奖励或赞美，往往比日后的调薪效果好。赞美与惩罚比例，应该是 4：1。

（10）预防胜于治疗，建立监督体系。每天检视公司动态与员工工作进度，以便在出现大问题以前，预先了解错误，防患于未然。

（11）避免轻率地下判断。如果管理者希望员工能依照自己的方法工作，必然会大失所望。因为，每个人处理事情的方式不同，你的方法未必是唯一正确的。所以，最好避免轻率地断言员工犯错误，否则会影响对他们的信任感，甚至作出错误的决策。

（12）心平气和地批评。批评也是激励的一种方式，然而批评必须掌握方法，激烈的批评只会让员工感染到你的怒气，并产生反抗情绪，只有心平气和的批评才能让员工了解自己的失误，并感受到你对他的期待，才能对员工产生激励的效果。

（13）激励员工办公室友谊。让员工们在工作中有机会交谈，和谐相处。因为许多人愿意留在一个单位工作，是他们喜欢这个环境与同事。因此，不妨经常办些聚会，增进员工间的感情。员工们在人和的气氛下工作，必然会更有创造力，更有活力。

建立完善有效的激励机制

强化工作动机可以改善工作绩效，诱发出员工的工作热情与努力。这里强调的是管理者所做的一切努力只是一个诱发的过程，能真正激励员工的还是他们自己。

要想冲破员工们内心深处这道反锁的门，你必须要好好地谋划一番，为你的激励建立一个有效的机制。那么，一个有效的激励机制应该具备哪些特征，符合什么样的原则呢？

（1）简明。激励机制的规则必须简明扼要，且容易被解释、理解和把握。

（2）具体。仅仅说"多干点"或者说"别出事故"是根本不够的，员工们需要准确地知道上司到底希望他们做什么。

（3）可以实现。每一个员工都应该有一个合理的机会去赢得某些他们希望得到的东西。

（4）可估量。可估量的目标是制订激励计划的基础，如果具体的成就不能与所花费用联系起来，计划资金就会白白浪费。

一个高效激励机制的建立，企业的管理者需要从企业自身的情况，以及员工的精神需求、物质需求等多方面综合考虑，更新管理观念与思路，制定行之有效的激励措施和激励手段。具体来说，应该做到以下几点。

1. 物质激励要和精神激励相结合

管理者在制定激励机制时，不仅要考虑到物质激励，同时也要考虑到精神激励。物质激励是指通过物质刺激的手段来鼓励员工工作。它的主要表现形式有发放工资、奖金、津贴、福利等。精神激励包括口头称赞、书面表扬、荣誉称号、勋章……

在实际工作中，一些管理者认为有钱才会有干劲儿，有实惠才能有热情，精神激励是水中月、镜中影，好看却不中用。因此，他们从来不重视精神激励。事实上，人类不但有物质上的需要，更有精神方面的需要，如果只给予员工物质激励，往往不能达到预期的效果，甚至还会产生不良影响，美国管理学家皮特就曾指出："重赏会带来副作用，因为高额的奖金会使大家彼此封锁消息，影响工作的正常开展，整个社会的风气就不会正。"因此，管理者必须把物质激励和精神激励结合起来，只有这样才能真正地调动广大员工的积极性。

2. 建立和实施多渠道、多层次的激励机制

激励机制是一个永远开放的系统，要随着时代、环境、市场形式的变化而不断变化。因此，管理者要建立多层次的激励机制。

多层次激励机制的实施是联想公司创造奇迹的一个秘方。联想公司在不同时期有不同的激励机制，对于 20 世纪 80 年代的第一代联想人，公司主要注重培养他们的集体主义精神和满足他们的物质需求；而进入 90 年代以后，新一代的联想人对物质要求更为强烈，并有很强的自我意识，基于这种特点，联想公司制定了新的、合理的、有效的激励方案，那就是多一点空间、多一点办法，制定多种激励方式。例如，让有突出业绩的业务人员和销售人员的工资和奖金比他们的上司还高许多，这样就使他们能安心现有的工作。联想集团始终认为只有一条激励跑道一定会拥挤不堪，一定要设置多条跑道，采取灵活多样的激励手段，这样才能最大限度地激发员工的工作激情。

3. 充分考虑员工的个体差异，实行差别激励的原则

企业要根据不同的类型和特点制定激励机制，而且在制定激励机制时一定要考虑到个体差异：例如，女性员工相对而言对报酬更为看重，而男性员工则更注重提升能力、得到升迁；在年龄方面也有差异，一般 20~30 岁之间的员工自主意识比较强，对工作条件等各方面要求比较高，而 31~45 岁之间的员工则因为家庭等原因比较安于现状，相对而言比较稳定；在文化方面，有较高学历的人一般更注重自我价值的实现，他们更看重的是精神方面的满足，如工作环境、工作兴趣、工作条件等。而学历相对较低的人则首先注重的是基本需求的满足；在职务方面，管理人员和一般员工之间的需求也有不同。因此，企业在制定激励机制时一定要考虑到企业的特点和员工的个体差异，这样才能收到最大的激励效力。

4. 管理者的行为是影响激励机制成败的一个重要因素

管理者的行为对激励机制的成败至关重要，首先，管理者要做到自身廉洁，不要因为自己多拿多占而对员工产生负面影响；其次，要做到公正不偏，不任人唯亲；最后，管理者要经常与员工进行沟通，尊重支持员工，对员工所作出的成绩要尽量表扬，在企业中建立以人为本的管理思想，为员工创造良好的工作环境。此外，管理者要为员工作出榜样，通过展示自己的工作技术、管理艺术、办事能力和良好的职业意识，培养下属对自己的尊敬，从而增加企业的凝聚力。

建立有效的、完善的激励机制，除了做到以上几点之外，还要注意以下两方面的问题。

（1）要认真贯彻实施，避免激励机制流于书面。

很多管理者没有真正认识到激励机制是其发展必不可少的动力源，他们往往把激励机制的建立"写在纸上，挂在墙上，说在嘴上"，实施起来多以"研究，研究，再研究"将之浮在空中，最终让激励机制成为一纸空文，没有发挥任何效果。管理者一定要避免这种情况的发生，将激励机制认真贯彻实施。

（2）要抛弃一劳永逸的心态。

企业的激励机制一旦建立，且在初期运行良好，管理者就可能固化这种机制，而不考虑周围环境的变化和企业的变化，这往往会导致机制落后，而难以产生功效。管理者应该根据时代的发展、环境的变化不断改革创新激励机制。

人才是企业生存与发展的关键，如何在企业有限的人力资本中调动他们的积极性、主动性和创造性，有效的激励机制是必不可少的。因此，管理者一定要重视对员工的激励，根据实际情况，综合运用多种方式，把激励的手段和目的结合起来，改变思维模式，真正建立起适应企业特色、时代特点和员工需求的有效的激励机制，使企业在激烈的市场竞争中立于不败之地。

靠"竞赛机制"说话

在管理员工时，适当运用"竞赛机制"，可以调动员工的积极性。毕竟每个人都希望自己的价值能得到大家的肯定，而竞赛这种机制给员工提供了一个可靠的平台，在这个平台上，任何一个员工，只要他有能力，都可以得到相应的奖励，同时大家的尊重和敬佩还会强化其工作成就感。竞赛透明度越高，员工的公平公正感就越强，所受到的激励也就越强。

对于管理者来说，使用竞赛这种机制，不但可以调动员工的情绪，还可以解决一些平时想解决的发展"瓶颈"问题。

2008年底，深圳某公司受金融危机影响，在9～12月生产任务不足，工人们若不减员就得减薪。公司董事长一筹莫展，裁员和减薪都是他不愿意走的路，怎么办呢？最后，他决定开办一场节能降耗的劳动竞赛。竞赛举办期间，生产成本骤降。董事长又决定改革劳动竞赛的形式和竞赛奖金发放办法，将劳动竞赛纳入行政管理中，竞赛奖金半个月一发放。这一劳动竞赛机制不仅解决了企业面临的问题，推动了企业发展，也为一线职工增加了收入，可谓一举多得。

竞赛机制的作用由此可见一斑。但并不是所有的竞赛都能起到激励作用，这就要看管理者制定的竞赛条件如何。那么，作为一名管理者，应该如何制定一种合理的竞赛规则呢？

（1）竞赛要得到大多数下属的认同。

竞赛要能体现组织目标与个人目标的统一，使下属真正从思想上接受，从而激励他们为达到目标的要求而努力奋斗。因此，竞赛条件要交给下属去讨论，使之得到大多数人的认同。

（2）竞赛条件要具有可比性，参与竞赛的人的条件应大致相同，这样才能反映出各自的努力程度，才能起到激励作用。

在体育竞赛里，举重比赛按参赛运动员的体重不同来分级，女子为7个级别：48公斤级、53公斤级、58公斤级、63公斤级、69公斤级、75公斤级、75公斤以上级。同样，组织里的竞赛机制也需要在一定的级别内进行比较，以免让下属觉得不公平而不愿意参加。比如，没有任何经验的新员工如果被安排与经验丰富的老员工一起竞赛，那么就有失公平。

（3）竞赛条件要定得适当合理，使人们通过一定的努力就可以达到。

竞赛要符合以下条件：每一位有能力的人都可以奖励，即使暂时没有能力的人，只要通过努力同样可以得到相应的奖励。这样，所有的人都会信任这样的竞争，而不会心里有不平衡的感觉，不会抱怨"不给我机会，却怪我没有本事"。

为了满足这个条件，管理者可以适当多开展一些竞赛活动，因为每个能够进入组织的人肯定都有自己的一技之长，如果每个人在经过努力之后都能得到奖励，那么这种激励就会大受欢迎，而且同时会促进下属的工作积极性。管理者还可以拉长某项竞赛活动的时间，比如，前面说的节约成本竞赛，可以作为一个长期的项目，每个月按照相应的标准进行考核，按奖金方式进行发送，这会在下属中间形成一种节约成本的风气。

（4）根据形势的变化随时改变竞赛的条件，要能随着社会的进步而提高，从而使其能持续地发挥激励作用。

总之，竞赛机制是管理者调动下属工作积极性的一种有效手段，只是要想让其有效地发挥激励作用，提高整个团队的工作效率，管理者还需要不断地研究改革举办竞赛所需要满足的条件，以便把所有的下属都团结在自己的工作观念里。

"竞赛机制"是目标激励的一种具体形式。竞赛在任何一个组织内部或组织之间都是客观存在的，它所包含的利益驱动可以极大地调动下属的工作积极性。当然，这种利益驱动必须要建立在下属的劳动智慧和热情之上，而不是下属无法达到的其他条件之上，否则，竞赛机制就会失去其特性。

试一试"蘑菇管理"法

"蘑菇定律"指的是初入职场者因为特长没有显现出来，只好被安排在不受重视的部门干跑腿打杂的工作，好比蘑菇总是被置于阴暗的角落，要受到无端的批评、指责、代人受过；好比蘑菇总是莫名其妙地被浇上一头大粪，得不到必要的指导和提携；好比任蘑菇自生自灭。据说，"蘑菇定律"是20世纪70年代由一批年轻的电脑程序员"编写"的，这些独来独往的人早已习惯了人们的误解和漠视，所以在这条"定律"中，自嘲和自豪兼而有之。

卡莉·费奥丽娜从斯坦福大学法学院毕业后，第一份工作是在一家地产经纪公司做接线员，她每天的工作就是接电话、打字、复印、整理文件。尽管父母和朋友都表示支持她的选择，但很明显这并不是一个斯坦福毕业生应干的工作。但她毫无怨言，在简单的工作中积极学习。一次偶然的机会，几个经纪人问她是否还愿意干点别的什么，于是她得到了一次撰写文稿的机会，就是这一次，她的人生从此改变。这位卡莉·费奥丽娜就是惠普公司前首席执行官，被尊称为世界第一女首席执行官。

可见，其实有这样一段"蘑菇"的经历，并不一定是什么坏事，尤其是当一切刚刚开始的时候，当几天"蘑菇"，能够消除我们很多不切实际的幻想，让我们更加接近现实，看问题更加实际。

"蘑菇"经历对成长的年轻人来说，就像蚕茧，是羽化前必须经历的一步，如果将这个定律落于实处，需要从企业和个人两方面着手。

1. 企业

（1）避免过早曝光：他还是白纸，有理论难免会纸上谈兵。过早对年轻人委以重任，等于揠苗助长。

（2）养分必须足够：培训、轮岗等工作丰富化的手段是帮助人力资本转为人力资源的工具。

2.个人

（1）初出茅庐不要抱太大希望：当上几天"蘑菇"，能够消除我们很多不切实际的幻想，让我们更加接近现实，看待问题也会更加实际。

（2）耐心等待出头机会：千万别期望环境来适应你，做好单调的工作，才有机会干一番真正的事业。

（3）争取养分，茁壮成长：要有效地从做"蘑菇"的日子中汲取经验，令心智成熟。

总之，"蘑菇管理"是一种特殊状态下的临时管理方式，管理者要把握时机和程度，被管理者一定要诚心领会，早经历早受益。

与员工共享成果

人人都有名利心，这是无可否认的事实，管理者也是凡人，也会向往名利，这也无可厚非。关键是在追求名利的过程中不要超过"度"，不要把员工的功劳据为己有。

管理者向上请功时，正确的做法是与员工分享功劳，分享成功的幸福和喜悦，而不应该独占功劳。假如管理者是个喜欢独占功劳的人，相信他的员工也不会为他卖力。因为喜欢独占功劳的人，往往会忽视员工的利益，让他的员工一无所获。这样的管理者，其行为可能会激起民愤。

有人常在私下里会说管理者："功劳是他的，荣誉是他的，好房由他住着，而我们什么也没有得到。"

这种情况很普遍，现代企业中一些管理者把员工的工作成果占为己有，又不能适当奖励他们，让员工觉得管理者偷取了他们的工作成绩。其实人人做事都希望被人肯定，即使工作未必成功，但终究是卖了力，都不希望被人忽视，不希望自己的果实被别人占取。

一个人的工作得不到肯定，是在打击他的自信心，所以作为管理者，切勿忽视员工参与的价值。

例如，在某大公司的年终晚会中，经理刻意表扬了两组营业成绩较佳的团队，并邀请他们的主管上台。第一位主管，好像早有准备似的，一上台便滔滔不绝地畅谈他的经营方法和管理哲学，不断向台下展示自己在年内为公司所作出的贡献，令台下的经理及他手下的员工听了非常不满。

而第二位主管，一上台便多谢自己的员工，并庆幸自己有一班如此拼搏的员工，最后还邀请他们上台接受大家的掌声。当时台上、台下的反应如何不言而喻。

同样的管理，不同管理者的表现却有如此大的差别，像第一位那种独占功劳的主管，不但员工对其不满，经理也不会喜欢这种人。而第二位主管能与员工分享成果，令员工感到受尊重，日后有机会自会拼搏。而经理也会尊敬、敬重这种人。其实功劳归谁老板最清楚，不是你喜不喜欢与他人分享的问题。

因此，管理者应该经常轻松地提供令员工满意的回馈，如一句简短的鼓励或一句赞美的话。然而在许多例子中，有些领导者根本不愿意提供给员工任何工作表现良好的回报。当管理者不能给予员工适当的回馈时，员工便无从设计未来，他们会问自己的贡献受到肯定了吗？他们应该继续为这位领导者贡献心力吗？他们是否需要改善工作态度或能力，怎样才能有所改善等。

正如某公司的员工所说："我不觉得受到了重视。我的领导从不会对我斥责，也不批评，即使在工作中作出了很大的贡献，他也从来不会赞美只把功劳占为己有。有时我怀疑他是否在乎我的感觉。我不能确定工作做得好坏有何影响，只能混天度日，拿死工资，这严重影响了我的工作情绪。"

可见，让员工分享企业的成功，把他们的利益与组织的成败直接联系起来，让他们对组织产生一种归宿感，这是领导员工的高境界，也应该是每个管理者都遵循的原则。因此，管理者要尽量做到以下几点。

1. 当上司表扬时，不忘举荐手下员工中的有功之臣，在上司面前赞扬他们

一句衷心的赞扬，不仅使上司感觉到本公司英才比比皆是，也会让他认为你不居功自傲，懂得体贴下属，无形中，加深了其对你的好感，以后对你会更加关注，同时你的员工也会很感激你。

2. 在员工面前，一定要谨慎谦虚，不可张扬

一旦有成绩便居功自傲，必然会被员工讨厌，不愿再为你拼命效力。分享是对员工的最大激励。管理者一定要牢记此训，把成果与员工共享。这样做，一方面可以鼓舞员工的积极性，另一方面还可以向所有的人展示自己的高风亮节，淡泊名利。赢得了崇高的威望，你的工作无疑也会更加出色。

培养员工的自信心

作为一名聪明的管理者，要想让自己的团队保持团结一致，高效运转，就要调动员工的积极性，就要让员工在能够培植自信心的气氛中工作。因为自信心是一个有良好素质的员工不可或缺的创造源泉，也是影响一个人工作能力高低的重要因素。

自信心是一种奇妙的东西，它的提高会在人的内心产生一种能动的力量，促使个人发展完善，并因此让人把握住一条正确的途径。一个人如果丧失了自信心，那他整个人就会显得萎靡不振、毫无活力，而且是永无长进。

安东尼是一个性格内向的小伙子，平时沉默寡言，不擅长交际。参加工作后仍然如此，不管领导给他任何工作或任务，他的表现都不尽如人意。安东尼的经理为了恢复他的自信心，在对他进行一番详尽的了解后，经常对他进行鼓励和夸赞，并用心去发掘他不易被察觉的长处。

"你很不错，只是你自己没有发觉，你以前曾做过 ×× 事，那时候你的表现真是好极了。"

"不要管别人对你的看法，只要你不感到愧对自己就行，要堂堂正正地挺起胸膛来。"

正是经理经常找出安东尼的优点，激励他勇往直前。安东尼才慢慢恢复了自信，工作也做得有声有色。

作为一名管理者，在培养员工的自信心时，最大的"阻碍因素"莫过于员工的自卑感了。不论哪个公司，总是存在两三位有自卑感的员工。一旦自卑感作祟，他们就会丧失自信，使其本身能力降低。有自信的人会不断地提出方案，积极主动地面对工作。而有自卑感的人，因过于注重他人的言论，总顾忌着自己的一举一动是否惹人注意，会不会受到他人耻笑，因此总是不敢发表意见。他们总是跟着自信者的脚步，以他人的意见为意见，于是对自己越来越丧失自信，越来越自卑，最后竟然完全没有了个人思想。这样的员工是很难在工作上有所突破，很难干出优异的成绩来的。

因此，管理者要指导员工克服自卑心理，产生自信心。要在本单位、本部门消除上述现象，必须从以下几个方面加强训练。

（1）使其早日适应工作与团体组织。如果无法适应就无法产生自信，这点对新进员工尤为重要。

（2）赋予他较高的目标，让其独立完成。他如果成功了，从此便会信心大增。

（3）训练他们掌握自动解决问题的方法。只有依靠自己的力量解决问题才能产生信心。

（4）训练他们从事较高水准的工作。他们完成高水准的工作后，在兴奋之余就会产生自信心。

（5）称赞他。当人受到称赞时就会产生信心。当然，这种称赞应当是切合实际的，否则会起到相反的作用。

自信，可提高个人的工作意念。管理者一定要努力培养员工的自信性格，从而帮助员工时刻保持轻松的心情，敢于直面各种困难的考验和挑战。

按员工的性格秉性进行激励

在企业中，每一个员工都有自己的性格特点——有外向的、喜交际，有内向的、爱独处；有的安于熟练化、按部就班的岗位，有的偏好高风险、高挑战性的工作；有的长于管理团队，有的精于技术性工作……企业的管理者在日常管理中要花精力去了解和判断员工的性格特点、兴趣爱好，在进行激励的时候，要尽量与其性格、爱好和特长相匹配。这样既能激发员工的工作兴趣和热情，又能充分发挥其所长，取得事半功倍的成效，实现员工与企业的"双赢"。

某公司的何经理采取了许多提高员工工作动力的方法，如赞扬、发奖状、为员工提供更多的休息时间、公费旅游、发放奖金等方法激励员工的干劲。虽然何经理如此煞费苦心，但是员工并没有买他的账，没有因为他的奖励而提高工作动力。主要原因就是何经理犯了激励管理中的一个通病：没有因人而异地激发员工的动力，没有考虑员工性格特点的差异。

最后，何经理专门抽出两天的时间和每一个员工面对面地交谈，详细了解每个人的兴趣爱好、性格特点，非常认真地询问每个员工希望从工作中获得什么，最后确定每个员工在工作中寻找到的最有意义的动力源泉。他发现：××辛勤工作的最大动力是能够有机会不断提高自己的技术水平，而并不是多拿100块钱的奖金；××希望有自主决定工作方式的权力，这样他才会有更大的动力，而公费旅游对他没有任何吸引力；××不仅喜欢自己从事的工作，还喜欢与工作有关的社交活动……

何经理在收集了各种信息后，就针对不同的员工制订了不同的激励计划，采取了不同的激励手段。现在，他所领导的团队具有非常高的工作动力与热情。

由此可见，管理者在对员工进行激励时，要根据他们的性格特点选择不同的激励方式。只有"对症下药"，才能事半功倍。

对于那些有主见，喜欢按自己想法做事的员工，管理者要对他们的正确意见给予积极的肯定和赞扬，并且对他们进行充分的授权，给他们广阔的、自由的空间去施展才华，从而激发他们的主人翁精神，让他们更有干劲儿。

对于那些自卑感比较重，很少发表自己的意见的低调员工，管理者要多给予他们一些关注和鼓励。如果管理者长期忽视他们，他们就会渐渐消沉下去，甚至觉得自己在公司是可有可无的，就更谈不上任何积极性、主动性了。所以，管理者对这一类型的员工要多多关心和鼓励，例如经常询问一下他们的工作进度，经常对他们说："你肯定能干好的！""继续努力！"

从本性来说，人是一种合群的动物，喜欢在某一个群体中生活。公司是一个群体，办公室也是一个交际的平台，在这里，管理者应该鼓励那些内向的、喜欢独来独往的员工进行交流，培养他们的团队精神，让他们产生归属感，让他们不再是寂寞的"独行侠"，从而增强他们的工作动力。

有些员工天生喜爱张扬，希望自己的知名度越高越好，对待这样的员工，管理者要积极创造机会，给他们提供展示自己的机会。例如，福特汽车与美国电报电话公司用他们的员工担任电视广告的角色；大西洋贝尔电话公司的移动电话部用优秀员工的名字作为中继站的站名。

有些员工自恃能力过高，对上司的意见、命令常常有抵触情绪。面对这样的员工，管理者要恰当地使用反激的方式，鼓励他们去做原来自己未打算做、不情愿做的事。

诸葛亮率师平定南蛮叛乱时，刚到蛮地便受到十五万敌军的阻击。他令人把赵云、魏延喊来，可是当他们来到大帐后，他却摇了摇头，又令人把王平、马忠叫来说："现在蛮兵分三路而来。我本想遣赵云、魏延前往迎敌，可他二人不识地理，未敢擅用。你们俩可兵分两路，左右出击迎敌。"诸葛亮见赵云、魏延在一旁极不自在，便对他俩解释说："我不是不相信你们，蛮地山险难窥，地形复杂，你们是先锋大将，若令你们涉险入深，一旦被敌军暗算，会挫伤我军元气的。你们要谨慎从事，不可乱动。"赵云、魏延俩人越想越不是滋味，心想自己是先锋，如今却让晚辈去迎敌，这岂不是太伤面子了，不如先捉几个当地人问明路径，今晚就去破敌营寨。当二将手提敌将首级向诸葛亮请罪时，诸葛亮不但没有责备他俩违反军令，反而哈哈大笑："此乃吾激遣你二人之计也，若不如此，你们肯细心打探路径吗？"

除了以上这些激励方式之外，还有很多方法可供管理者选择。关键是要做到因人而异，使激励方法符合员工的性格特点。

经常制造一些令人兴奋的事件

你知道为什么讨厌做家务事的孩子会在新年到来时乐意帮助做家务事吗？知道为什么员工到了快发年终奖金，或是公司举办犒赏活动时，他们的工作情绪最高，最有干劲儿吗？

孩子虽然平时不喜欢做家务事，但是新年到来时，他们可以拿到压岁钱，可以跟小朋友一起玩……因为有那么多有趣的事，于是平时看来烦琐的家务事也不是那么令人讨厌了。同样，在公司上班的人，会在那时工作最为起劲儿，当然，他们不仅仅是为了多拿点奖金，而是拿到奖金以后，也许可以去外地旅行，也许可以凑够房子首付的费用，或者可以购置几套漂亮的衣服……几乎所有的梦，所有的理想，都寄托在那份奖金上了。那份奖金，就不仅仅是钱了，而是成了梦想实现的象征，说得明确一点，与其说他们是为奖金而起劲工作，不如说他们是在为梦想而奋斗。

其实，这种发奖金、举办犒赏活动就是管理者制造的令员工兴奋的事件。这些事件会激发员工的工作积极性，极大地调动他们的工作热情。制造兴奋事件的方式比较多，如公司举办郊游、同乐晚会，过年放假……这些都是提高员工情绪的重要动因。可能管理者在平时会经常听到员工说："主管答应让我中秋节回家，现在我工作得挺起劲儿的。"是的，这就是举办犒赏活动产生的效果了。可能你会有所担心，如果我给他们放假，他们会不会乐不思蜀，以至于假后上班时心不在焉呢？

答案是"否"！你知道美国的公司制度吗？一年给员工们20~30天的长假，人们可以利用长假到国外旅行、观光……而当他们再回到工作岗位时，却斗志昂扬，更加全心地投入工作。原因何在？用一位年轻人在接受记者采访时的话来回答吧："虽然我很渴望能有假期旅行，公司也确实给了我 5 天假期去玩，但是我却在旅行的时候想到我的工作……"确实如此，人工作久了便会想玩，玩过火了又会想工作，所以，你绝对不必担心你的下属。当他们玩够了以后，自然又会卖命地工作了。

要提高工作效率，管理者就得提高员工的情绪，并激励这种情绪维持下去。以下两种方法可作参考：

（1）在大家同心协力完成某项工作时，除了发给下属你所承诺的奖金，还可考虑搞个小型的庆祝会之类，或许就是一些饮料、一些糕点，但只要和员工们在一起，相互间说些鼓励和祝贺的话语，就能相互沟通感情，利于在今后的工作中共同努力。

（2）每年发放 4 次奖金，按季度发放。如果在某个季度超额完成了任务，或者说是某项工作完成得特别出色，管理者可以考虑给员工增发奖金，这会令下属感动，从而更加卖命地工作。

当然，如果同样的措施一再重复，会令人觉得没有意思，也起不到激励的效果，使人高兴的方法要因人而异。所以管理者在准备某些娱乐节目之前，可以听听不同人的看法，做个调查，尽量搞得多姿多彩，使员工总是能很愉快地工作。

令人兴奋的事件有很多，甚至在员工对你有所不满时，你可以给他一些娱乐激励，也可以取得很不错的效果。

适时给员工一份意外的荣誉

当一个人生活需求得到满足之后，就会寻求更高层次的需求，比如荣誉。对于能干的下属而言，他们的基本需求都已经得到了满足，这时候，笼络员工的心单靠物质奖励还不行，有些时候精神奖励更重要。

古往今来，大凡政治家或事业上的成功者无不把精神奖励当作激励员工的重要手段。给能干的员工配备一些值得炫耀的资本，让他们有一种极大的荣誉感和自豪感，当他们得到这种奖赏后，就会感到很有面子，而接下来他们就会为了维持这种面子和回报给他面子的人，像以前一样甚至是比以前更加勤奋地工作。这也正是奖赏的本意。清朝后期的封疆大吏曾国藩就曾经用这种方法激励过自己的将士。

曾国藩从太平天国军手中夺回了岳州、武昌和汉阳后，取得了建军以来第二次大胜利。为此，曾国藩上书朝廷，为自己的属下邀功请赏，朝廷也恩准给这些人封官。

但是，曾国藩并不认为这样做就够了，还必须给那些最勇敢的下属配备一些值得炫耀的资本，鼓励他们在作战时更加勇敢。同时，因为这些下属有了值得炫耀的资本，其他的将士肯定也希望得到这样的奖赏，如此一来，全体官兵就会同仇敌忾，奋勇作战。

为了能为下属配备真正值得炫耀的资本，曾国藩思来想去，决定以个人名义赠送有功的将士一把腰刀，这既表达了自己与对方的特殊感情，又鼓舞了湘军的尚武精神。于是他派人锻造了50把非常精致美观的腰刀。

这天，曾国藩召集湘军中哨长以上的军官在湖北巡抚衙门内的空阔土坪上听令。这些军官都穿着刚刚被赐予的官服，早早等候在那里，不知道曾国藩要发布什么命令。

正在大家胡乱猜疑的时候，曾国藩迈着稳重的步伐从厅堂里走出来。这一天他穿得格外庄重，头戴装有花珊瑚红顶帽，身穿石青四爪九蟒袍，束一根金方玉版中嵌红宝石腰带，脚登粉底黑缎朝靴，显得格外高贵而庄重。这阵势顿时让聚集的军官们鸦雀无声。

曾国藩走上前台，说："诸位将士辛苦了，你们在作战过程中英勇奋战，近日屡战屡胜，皇帝也封赏了大家。今天召集这次大会，是要以我个人名义来为有功的将士授奖。"

直到这时，湘军军官们才知道最高统帅曾国藩是要为他们发奖，奖什么呢？大家都在暗自思忖。

只见曾国藩一声招呼，两个士兵抬着一个木箱就上来了。几百双眼睛同时盯住那个木箱，士兵把木箱打开，只见里面装着精致美观的腰刀。曾国藩抽出了一把腰刀，刀刃锋利，刀面正中端正刻着"殄灭丑类、尽忠王事"八个字，旁边是一行小楷"涤生（曾国藩的号）曾国藩赠"。旁边还有几个小字是编号。

曾国藩说："今天我要为有功的将士赠送腰刀。"接着一一亲自送给功勋卓著的军官。

顿时，在场的军官们心中涌动着不同的感受，有的为获得腰刀而欣喜；有的为腰刀的精致而赞叹；有的在嫉妒那些得到腰刀的人；然而更多的人则在暗下决心，在以后的战争中一定要冲锋陷阵，争取也获得一把象征荣誉的腰刀。

就这样，曾国藩给他能干的下属配备了值得炫耀的资本，这使受刀者受到了激励，同时，没有接受腰刀的将士就会向这些获得腰刀的军官看齐，在以后的战斗中奋不顾身，曾国藩用腰刀达到了他激励将士的目的。

历史上还有很多领导给能干的下属增加一些值得炫耀的资本，而现代社会也不乏这样的事情。老板给自己的员工配备手机，配备轿车，这都是为了给下属足够的面子，给他们一份意外的荣誉，让他们认为值得炫耀，从而达到激励下属的目的。

实行"末位淘汰制"

所谓"末位淘汰"，就是指对某一范围内的工作实行位次管理。规定在一定期限内，按照一定的标准对该范围内的全部工作人员进行考核并据此排出位次，将位次列在前面的大多数予以肯定和留任，而将位次居于末位的一个或几个予以否定和降免职。简单地说，"末位淘汰"是将居于末位的人员予以"淘汰"。

实行末位淘汰制能给员工以压力，能在员工之间产生竞争气氛，有利于调动员工的积极性，使公司更富有朝气和活力，更好地促进企业成长。具体来说，实行这种"末位淘汰"的作用有以下几个方面：

可以促使人们竞争、向上。实行"末位淘汰"，意味着末位者就要遭到淘汰。在这种压力下，人们为了免遭淘汰，继续得到原有的工作岗位，从事原有的工作，得到原有的待遇，就会加倍努力。同时，可以增加工作业绩，提高工作质量。人人都加强努力，就会多做工作，做好工作，多创业绩，创造佳绩。末位淘汰可以直接地、单纯地优化工作团队。但是淘汰末位者不是孤立的，而是同时保留比被淘汰者合适的、优秀的人员，又让出位置给新的比被淘汰者合适的、优秀的人员。

"末位淘汰"的标准是"末位"。这一标准与对上岗人员淘汰的正确标准大不相同。上岗人员只要达不到岗位所要求的基本素质和基本目标，即对于岗位不胜任、不合格，就要淘汰。

所以"末位淘汰"的标准要合理，否则"末位淘汰"会出现意想不到的后果。末位者有胜任、合格者，或全部都是胜任、合格者，或部分胜任、合格者由于其标准的不合理，使得淘汰末位时会有胜任、合格者被淘汰，对这部分人有失公正，使他们得不到肯定且没有安全感，这就容易引发一系列负面效应，甚至导致企业和社会不稳定。

但这些不能阻止末位淘汰制的实行，因为它确实使得企业充满活力，保证企业可持续发展。

末位淘汰要注意一些问题。末位淘汰制这种强势管理方式虽然有不足之处，但是对于市场竞争日趋激励的今天，对那些管理水平还不高的企业而言，有其可行性。一些企业家认为，强势管理对一些企业可能有效，如企业规模较大，管理层次较多，员工有人浮于事的现象，通过强势管理强行淘汰一些落后的员工。

当然，不管是哪一种业绩管理，都不是以员工流失为目的，而是在组织的帮助下，每个员工都能完成业绩。其实每个员工的潜力是很大的，关键是怎么管理和开发。有人曾看到国内一家有上百家营业部的证券公司实行末位淘汰制，但只针对业务人员，被淘汰人数只有3~5人，淘汰下来的也不是让其回家，而是给调换一个适合的岗位。这个企业这么做效果是不错的，既调动了员工的积极性，又不会给整个企业形象造成负面影响。

末位淘汰制要跟目标管理连在一起，目标一定要合理。首先，目标要明确，并且这个目标应该是员工通过努力可达到的，如果管理者定出的目标让员工感到绝不可能，就不叫作目标了。目标定得过高，员工可能会感到"你这是让我走人"，马上产生消极情绪，会做出对企业不利的事情。其次，目标应是可行、具体和清晰的。在目标已定的情况下，企业管理者一定要经常帮助员工，如提供一些资源和条件，组织培训。如果最后由于员工自身的原因做不好，员工自己就会萌生退意，自然实现了优胜劣汰。员工由于自己的原因而业绩不好被淘汰，大家都会理解和接受，不会产生什么负面影响。

末位淘汰制是被企业采用最多的优化人员结构的方式。越来越多的企业随着规模的扩大，管理层次的增多，普遍存在员工人浮于事的现象。通过末位淘汰制这种强势管理，能够给员工以压力，建立严格的员工竞争机制，有利于调动员工的工作积极性，使公司更富有朝气和活力，更好地促进企业成长。

巧用"高帽子"

常言道："十句好话能成事，一句坏话事不成。""高帽子"谁都爱戴，恭维话谁都爱听。恰如其分地适当恭维不仅会让对方精神愉悦，赢得他们的信任和好感，也能起到激励人的作用。

清代大才子袁枚，从小就聪慧过人，二三十岁就名满天下，步入仕途，官拜七品县令，赴任之前，作为人之常情，袁枚去向他的恩师——清乾隆年间的名臣尹文端辞行，顺便看看老师还有何教诲。尹文端见学生登门，自然十分高兴，就问他："你此去赴任，都准备了些什么？"袁枚见老师垂询，就老老实实地回答："学生也没有准备什么，就准备了一百顶高帽子。"尹文端一听就有些不高兴，说："你年纪轻轻，怎么能搞这一套，还是要讲究勤政务实呀！"袁枚说："老师您有所不知，如今社会上的人大都喜欢戴高帽子，像您老人家这样不喜欢戴高帽子的人真是凤毛麟角呀！"尹文端听罢此言，很是受用，觉得他没有白培养袁枚。

　　袁枚不愧为才子，对世事洞明如镜，在不知不觉中，就将一顶高帽子送给了尹文端，尹文端戴上了这顶高帽子，又怎么能不喜形于色呢。

　　作为管理者，如果能恰到好处地给员工戴上一顶"高帽子"，一定能给上下级关系带来意想不到的好处，有力地赢得员工的好感和信任。更重要的是，它有时还能激励那些不太自信的员工，让他们精神抖擞、自信地去完成上级交给他们的任务。

　　玫琳凯所经营的美容、化妆品公司在全世界都享有盛誉。有一次，从另一个公司跳槽新来的业务员在跑营销屡遭失败后，几乎对自己的营销技能丧失了信心。玫琳凯得知此事后，找到这位业务员并告诉他："听你前任老板提起你，说你是很有闯劲儿的小伙子。他认为把你放走是他们公司的一个不小损失呢……"这一番话，把小伙子心头那快熄灭的希望之火又重新点燃了。

　　果然，这位小伙子在冷静地对市场进行了研究分析后，终于给自己的营销工作打开了一个缺口，获得了成功。

　　其实玫琳凯并没有跟什么前任老板谈过话，但是这顶"高帽子"一戴，却神奇地让这位业务员找回了自尊与丢失的自信。为了捍卫荣誉与尊严，他终于振作起来，做了最后的一搏，最终以成功来增强自己的自信心。

　　戴"高帽子"确实有神奇的功效，但戴"高帽子"也有技巧，要讲究方法：

　　（1）戴"高帽子"要有一个度，不要夸大其词，过度的不切实际的"高帽子"只会起到适得其反的效果。

　　比如员工对电脑业并不是特别了解，而你却对他说："听说你对电脑有研究，你能给我谈谈近期电脑业的发展状况吗？"他心里一定会非常反感，认为你是在揭他的短。

（2）有时戴"高帽子"也可以用间接的方式，如果你是位新走马上任的管理者，对你的一位员工说："我听安娜说，你这个人人缘很好，爱交际，做事稳重，咱们做个朋友吧，一起为部门出力。"听者心里一定觉得甜甜的，即使他并不如你口中所说的那么好，他也一定会尽力朝着你所说的那个方向努力。

（3）采取新颖的形式戴"高帽子"。如果一个管理者一再提及一个员工，对他是一种莫大的鼓励和恭维，提起某人以前讲过的事，也是对他的一种激励，因为这表示你认真听过他讲的话，并牢记在心。

总之，管理中的戴"高帽子"并不是那种不切实际的夸大、阿谀奉承、溜须拍马。在某种程度上，若是你能巧用"高帽子"，定能让你的员工重新重视自己，树立一个自信的新我，这绝对是一种有效的激励方法。

赞美是一种很好的激励

人们之所以工作，是为了能够更好地生存和发展，因此我们会有拥有金钱和提升职位等方面的愿望。除此之外，人们更加追求个人的荣誉。一份民意调查结果表明，89%的人希望领导能给自己以好的评价，只有2%的人不在乎领导的赞美，认为领导的赞美无所谓。当被问及为什么工作时，有92%的人选择了"个人发展的需要"。人对发展的需要是全面的，不仅包括物质利益方面，还包括名誉、地位等精神方面。在公司里，大部分人都能兢兢业业地完成本职工作，每个人都非常在乎上司的评价，而上司的赞扬是下属最需要的激励。

常言道："恭维不蚀本，舌头打个滚。"管理者学会赞美，必然能赢得员工的心。

管理者赞美下属有以下3个作用。

（1）管理者的赞美可以使员工认识到自己在群体中的位置和价值。

在很多公司，员工的工资收入都是相对稳定的，人们不会在这方面费很多心思。但人们都很在乎自己在上司心目中的形象，对上司对自己的看法非常敏感。上司的赞美往往具有权威性，是确立自己在同事中的位置的依据。

有的管理者善于给员工就某方面的能力排座次，使每个人即使按不同的标准排列都能名列前茅，可以说这是一种皆大欢喜的激励方法。

比如，齐立阳是本单位第一位硕士生，赵然是单位计算机专家，王瑞是本单位"舞"林第一高手等，人人都有个第一的头衔，人人的长处都得到肯定，整个集体几乎都是由各方面的优秀成员组成，能不说这是一个人才济济、奋发向上的集体吗？

（2）管理者的赞美可以满足员工的荣誉和成就感，使其在精神上受到激励。

管理者的赞美是最有价值的激励，它不需要冒多少风险，也不需要多少本钱或代价，就能很容易地满足一个人的荣誉心和成就感。

比如某位员工经过一个多星期的昼夜奋战，精心准备和组织了一次大型会议而累得精疲力竭时，或者经过深入调查取得了关于企划案丰富的调查报告时，或者经过深思熟虑而想出一条解决双方纠纷的妥协办法时，他最需要什么？当然是上司的赞美和同事的鼓励。

如果某位员工很认真地完成了一项任务或作出了一些成绩，虽然此时他表面上装得毫不在意，但心里却默默地期待着上司来一番称心如意的嘉奖，而管理者一旦没有关注、不给予公正的赞美，他必定会产生一种挫折感，对上司也产生看法，"反正他也看不见，干好干坏一个样"。这样的管理怎能调动起大家的积极性呢？

管理者的赞美是员工工作的精神动力。同样一个员工在不同管理者的指挥下，工作劲头判若两人，这与管理者善用还是不善用赞美的激励方法是分不开的。

（3）赞美员工还能够消除员工对管理者的疑虑与隔阂，有利于上下团结。

有些员工长期受上司的忽视，上司不批评他也不表扬他，时间长了，下属心里肯定会嘀咕：上司怎么从不表扬我，是对我有偏见还是妒忌我的成就？于是同上司相处不冷不热，注意保持距离，没有什么友谊和感情可言，最终形成隔阂。

管理者的赞美不仅表明了对员工的肯定和赏识，还表明管理者很关注员工的事情，对他的一言一行都很关心。

人都喜欢听赞美的话，聪明的管理者应该大方一点，不要吝啬自己对员工的赞美："这个意见非常好，就照你说的做吧！""真有你的，你给我提供了一个好办法！"这样，下一次员工便会更努力地去工作，为公司创造更大的价值。

·第四章·

惩罚只是手段，而不是目的

在管理中，要是员工犯了错，批评和惩罚是应该的。通过惩罚，可以规范员工行为，使员工在规章制度的约束下，集中精力工作。但是，惩罚毕竟只是手段而不是目的，因此管理者要让员工明白，惩罚不是专门对人，而是对事的。

要做到赏不避仇，罚不避亲

奖赏是管人的必要手段。有经验的领导者，不论是对恩人还是仇人，都应一视同仁，该奖则奖，该罚则罚。

三国时期的孙权就是一个"赏不避仇，罚不避亲"的管理者。

甘宁英勇善战，曾有功于黄祖，而黄祖以他曾是"劫江贼"不予重用，他想投靠东吴，但是又恐江东会恨其为救黄祖而杀害凌操之事，不被东吴所容。后得吕蒙推荐，于是投东吴，孙权见他大喜："兴霸来此，大获我心，岂有记恨之理？请勿怀疑。愿教我破黄祖之策。"甘宁于是陈述了可以先破黄祖后取巴蜀的策略，孙权认为是"金玉良言"。后果破祖。之后，甘宁又多次立下大功，官拜折冲将军。

周瑜在赤壁之战中建大功，孙权立即拜他为偏将军、领南郡太守，并对他的功勋念念不忘。周瑜病死时，孙权痛哭流涕，说："公瑾王佐之资，今忽短命，孤何赖哉！"后来孙权称帝，又对公卿说："孤非周公谨，不帝矣！"对周瑜遗下两男一女，都予以悉心照顾；但对于他们的不法行为则绝不纵容。

据《三国志·吴书·周瑜传》记载：都乡侯周胤是周瑜次子，他自恃是功臣子弟，"酗酒自恣"横行不法，孙权曾"先后告喻"，他却毫不改悔。孙权不因周胤是功臣子弟而宽恕他，却是将他迁徙庐陵郡。诸葛瑾与步骘因周胤是功臣之子不忍他因罪见徙，便上疏为他求情，要求复他原职。

孙权不同意，说："孤于公瑾，义犹二君，乐胤成就，岂有己哉？迫胤罪恶，未宜便退，且欲苦之，使自知耳。"这就是说，周胤有罪，不能不处罚，要让他吃点苦头，使他能改过自新，才能挽救他。

由于孙权能赏不避仇，罚不避亲，所以将士们才愿意为他卖命。

作为管理者，在赏罚时，心中虽然也有亲疏远近的人情观念，但其眼光的聚焦点却是企业的目标、业绩的提升，所以只要是对企业管理者有利，即使是仇人也要不吝奖赏。

刘邦胜利后，论功行赏，他先将功劳最大的二十几个人一一封了官，赏了地，其余的那些将领互相之间比较功劳的大小，谁也不让谁，于是封赏之事也就一时中断了。

有一天，刘邦从洛阳南宫的阁楼上望去，看见那些将领们在洛水岸边的沙滩上，三人一群、五人一伙，在交头接耳地议论什么。刘邦问身边的张良："他们在嘀咕些什么？"

张良说："陛下还看不出来吗？他们在聚众准备谋反啊！"

刘邦大吃一惊："天下好不容易平定下来了，他们为什么又要谋反？"

张良说："陛下以一个普通百姓的身份起事，靠着这一帮人夺取了天下；现在陛下贵为天子，而所封赏的都是原来的老朋友和亲戚故旧，所杀的都是原来一些有冤有仇的人。他们觉得，天下只有那么大，要封的人却那么多，他们担心陛下不会对他们都进行封赏，又害怕会因为以前什么地方得罪过陛下而遭猜疑被杀，因此就相聚谋反。"

刘邦一听就犯愁了："这可如何是好？"

张良给他献上一计，问他："有没有这么一个人，陛下平生最恨他，而大臣们也都知道的？"

刘邦想了想，说："有的。就是雍齿。这个人原来就同我不和，又一再给我难堪，我早就想杀了他，但是因为他有很大的功劳，因此有些不忍心。"

张良说："陛下，那么就请您先立即封赏他，这样也就能让大臣们安心了。"

刘邦于是大摆宴席，当众封雍齿为侯，同时督促丞相赶快定功行赏。宴会结束后，大臣们都很高兴，议论说："连雍齿都封侯了，我们还有什么好担心的呢？"于是纷纷效忠于刘邦。

这正是刘邦在封赏时所采用的一种手腕。现代企业中，管理者有时也会遇到同样的情况——要奖赏的人太多，又不可能做到绝对公平合理，这时不妨学学刘邦，先封仇家，向下属们显示自己的无私，这样一来，就能起到安定人心的作用，也就能多一些时间可以逐一奖赏。

事前弄清真相，以免"错杀"好人

作为管理者，当听到某人犯了一个严重的错误，或是违反了什么规章制度，或是让你失望了，你的自然反应就是认为他确实做了你所听到的事情，从而立即采取措施。这样的反应是错误的，因为在这之前你首先必须弄清楚事情的真相。

在某个企业，那些真正努力工作的好职员显得非常兴奋。原来，公司里调来了一位新主管，据说是专门被派来整顿业务的厉害角色。可是日子一天天过去了，新主管却毫无作为。每天一到公司后，他就躲在自己的办公室里不出门。于是，那些本来紧张得要死的"坏分子"变得比以前更猖獗了。

"坏分子"们窃笑：他哪里厉害嘛！根本是个老好人，比以前的主管更容易"对付"！

几个月过去了，就在真正努力的好职员对新主管感到失望时，新主管却发威了！他以雷厉风行的姿态将"坏分子"一律开除，能干的员工获得晋升。下手之快，断事之准，与几个月来表现保守的他，判若两人。

年终聚餐时，新主管在酒过三巡之后致辞：

"相信大家一定对我刚到任时的无所作为，以及后来的大刀阔斧很不理解。我现在讲个故事，各位就明白了。

"我有个朋友，买了一栋带着大院子的房子。他一搬进去，就将那院子全面清理，杂草树木一律清除，改种自己新买的花卉。一天，原来的房主来访，一进门就大吃一惊地问：'那株最名贵的牡丹哪里去了？'

"我的这位朋友才发现，他竟然把牡丹当作杂草给铲了。

"后来，他又买了一栋房子，虽然院子更加杂乱，但他并没有急于清理它。果然，冬天以为是杂树的植物，春天繁花似锦；春天以为是野草的，夏天花团锦簇；半年都没有动静的小树，秋天里却红叶满树。直到临冬，他才真正认清哪些是无用的植物，并统统铲除，同时使所有珍贵的草木得以保存。"

说到这儿，主管举起杯来："让我敬在座的每一位，如果咱们办公室是一个花园，那么，你们就都是其间的珍木，珍木是不可能一眼就看出来的，只有经过长期的观察才能认得出来！"

当你不能清晰地判断谁努力工作，谁是敷衍了事，谁是混日子的人时，且慢作决定，否则难免会"错杀"好人。

管理者们所犯的一些最严重的错误，往往是因为他们在还没有了解全部有关事实的情况下就作出决定。

是的，在质询一位员工时，他说的可能不是事实，员工也可能会在你同他谈话前慌忙掩饰自己的过错。但是每次面对类似的情况时，你最初得到的信息都往往会欠缺关键的事实。

如果依据这种不完整的信息行事，就难免会作出错误的举动。要想弄清事情真相，可遵循下列步骤：

步骤一：告诉自己，要先弄清楚事情的真相，因为有可能你对事情的了解还不够，并不足以使你作出判断。

步骤二：不要让感情占据上风。面对员工的错误，不要让愤怒支配自己的情感，先冷静下来，保持理智。因为一旦你的决定错误，要想抚慰便成了一件吃力不讨好的事情。

步骤三：如果不是有特别的原因要相信听说的事情，就应先从有利于员工的方面提出质疑。这样做，就能为了解事实打好基础，或许还能帮助你更快地平静下来。

步骤四：与那位员工面谈，告诉他你听说的事情，然后给他一个解释的机会。仔细倾听他的解释，积极思考，并向他提出问题。既不要简单地接受他说的话——他的理由可能与事实相差甚远——也不要让他觉得你是在逼供。而是要给他们足够的时间，耐心地听他的解释。

步骤五：有必要的话，获取更多的事实。你可以通过其他员工或途径从侧面进行详细的调查。

当然，这并不意味着管理者不能严格地对待自己的员工。也不是让管理者只顾忙于分析，在得到必要的事实后仍不停手。这只是说，管理者应该作出明智的决定——为此就应该了解必要的事实。至少这对员工而言，是公正的。

发火后要正确"善后"

无论哪一个团队，当下属犯下不可原谅的错误时，身为上司不免有生气发怒的时候。发怒，足以显示领导的威严和权势，对下属构成一种令人敬畏的风度和形象。应该说，对那种"吃硬不吃软"的下属，适时发火施威，常常胜于苦口婆心。

当然，发怒也有发怒的技巧。有经验的管理者在这个问题上，既敢于发火震怒，又有善后的本领；既能狂风暴雨，又能和风送暖；既能使下属警醒于自己的错误，待他的愧疚心平息下来，又能恰当地给他一点甜头，引导他朝正确的方向走。

著名的松下公司创始人松下幸之助被称为"经营之神"，殊不知这位"经营之神"经常在工作中责骂部下。但是他的责骂方式是非常巧妙的，其秘诀在于他责骂之后的处理方式。

后藤清一曾在松下公司任职，某一次，因为一个小的错误，他惹恼了松下先生。当他进入松下的办公室时，只见松下气急败坏地拿起一只火钳死命往桌子上拍击，然后，对后藤大发雷霆。后藤正欲悻悻离去，松下说道："等等，刚才因我太生气了，不小心将这火钳弄弯了，所以麻烦你费点力，帮我弄直好吗？"

后藤无奈，只好拿起火钳拼命敲打，而他的心情也随着这敲打声逐渐归于平稳。当他把敲直的火钳交给松下时，松下看了看说道："嗯，比原来的还好，你真不错！"然后高兴地笑了。

责骂之后，反以题外话来称赞对方，这是松下用人的高明之处。然而，更为精彩的还在后头呢！后藤走后，松下悄悄地拨通了后藤妻子的电话，对她说："今天你先生回家，脸色一定很难看，请你好好照顾他！"

本来，后藤在挨了松下一顿臭骂之后，本来决定辞职不干，但松下的做法，反使后藤佩服得五体投地，决心继续干下去，而且要干得更好。

作为管理者，当你在"气头"上责骂了你的下属，过后一定要采取妥当的善后措施。发完火之后还要做好善后工作，消除被骂者的怨气与委屈，并赢得他对你的尊敬与忠诚。

有一次，某领导在审阅一份重要材料时，发现许多数字核对不上。他当即打电话，严厉批评了负责该项工作的那位同志，使那位同志感到很惭愧，思想上也有较大压力。令人意想不到的是，第二天，这位领导在与大家共进午餐时，亲自斟满两杯酒，站起来走到前一天他批评过的那位同志面前，递给那位同志一杯酒，并微笑着说："昨天我批评了你，以后要细心一些嘛！不要把这些重要的数字搞错！现在我敬你一杯酒，祝你今后工作得更好！"就这样，领导简单自然地讲了一席话，敬了一杯酒，一下子缓和了气氛，解除了那位同志的思想负担。

如此这一番诚心诚意的话使那位同志得到很大的安慰，心中的愧疚也消失了，并且由于心中充满感动，工作也更为努力了。

俗语说"打一巴掌揉三揉"，这里的"揉"指的就是采取善后措施。善后要选时机，看火候，过早了对方火气正盛，效果不佳；过晚则对方郁积已久的感情不好解开。因而，宜选择对方略为消气、情绪开始恢复的时候为佳。

正确的善后，要视不同对象采用不同的方法，有人性格大大咧咧，是个粗人，上司发火他也不会往心里去，则善后工作只需三言两语，象征性地表示就能解决问题；有的人心细明理，上司发火他也能谅解，则不需要下大功夫去善后；而有的人死要面子，对上司向他发火会耿耿于怀，甚至刻骨铭心，则需要善后工作细致而诚恳，对这种人要好言安抚，并在以后寻机通过表扬等方式予以弥补；还有的人量小气盛，对这种人则不妨使善后拖延进行，以日久见人心的功夫去逐渐感化他。

善后还应体现出明暗相济的特点，所谓"明"是上司亲自登门进行谈心、解释甚至"道歉"，对方有了面子，一般都会顺势和解。所谓"暗"是指对器量小者发火过了头，单纯面谈也不易挽回时，便采用"拐弯抹角"或"借东风"法，例如在其他场合，故意对第三者讲他的好话，并适当说些自责的话，使这种善后语言间接传入他的耳中，这种背后好言很容易使他被打动、被感化。另外，也可以在他遇到困难的时候暗中帮忙，这些不在当面的表示，待他明白真相后，会对你由衷感激。

杀鸡儆猴，警示他人

当一个团队出现问题时，如果责备整个部门，将会使大家产生每个人都有错误之感而分散责任；同样地，大家也有可能认为每个人都没有错。所以，只有惩戒严重过失的人，才能使其他人员约束自己尽量不犯错误。这就是"牺牲个别人，拯救整体"的抓典型的做法，有"杀鸡儆猴"的效用。

春秋时期的吴王是位胸有大志的君主。为了使吴国崛起，他想灭掉强邻楚国，这一想法与伍子胥的意图不谋而合。但伍子胥也没有必胜的把握，于是他找到了隐居于吴国的孙武。吴王和孙武会晤，孙武将他的兵法对吴王娓娓道来，吴王连声道好。越谈越投机，不知不觉兵法都讲完了。吴王还意犹未尽。他想试试孙武的实际本领，于是说："先生能不能将您的兵法演习一下呢？"

"当然。"孙武道。

"用女人当兵也行吗？"吴王想难为一下他。

"当然。"孙武又道。

于是吴王从宫中选出宫娥一百八十人，自己坐在高台上想看看怎样能把这些嬉嬉哈哈的女流训练成兵。孙武不慌不忙，把宫娥分成两队，选取最受吴王宠爱的两个妃子分任队长，向她们宣布战场纪律。宫娥们娇生惯养，生平第一次穿上戎装还发了武器，一时间觉得滑稽又新奇，谁也没把眼前这位将军的话当回事，乱七八糟地站成一团。

孙武不动声色地说："纪律约束没讲清楚，训练科目内容交代不明，乃是将军的罪过。"于是，再次重申纪律。然后重新下令击鼓向左、向右，但是这些惯纵的宫女觉得这位将军是在跟她们做游戏。

这时，只听孙武用平静而慑人心魄的声音说道："训练要旨讲不明白，是将军的罪过，但各项既已三令五申，你们也都清楚，却不执行军令，这就是领兵吏士的罪过了。"接着，他问执法官："按照军法，不服从军令该判何罪？"

"斩！"

孙武于是下令将两个队长斩首。台上看热闹的吴王慌了手脚，忙说："寡人已经知道先生能用兵了。这两个妃子是我最宠爱的，没有她们我连饭都吃不香，饶了她们吧。"孙武正色道："我已受命为将，将在军中，对君主的命令可以不接受。"一挥手，两个美人的头颅落地。然后，他又任命另外两个美人为队长。

这一下，宫娥们吓得战战兢兢，万没想到这等结果。当孙武再一次发号施令时，队形变换都规规矩矩，不敢有半点走样。孙武向吴王禀报说："训练已毕，请大王检阅。现在让她们赴汤蹈火也是可以的。"

吴王心痛得差点没掉出眼泪来，说："算了算了。将军回去休息吧，我不想再看了。"孙武毫不客气地说："原来大王只是喜欢兵法而已，并不乐意将其实用。"

吴王是个英雄，听孙武这般说，马上忍住心痛礼敬孙武，并下决心用孙武为将，筹备伐楚。

古人云："劝一伯夷，而千万人立清风矣。"同样的道理，对众多不听话的下属，管理者不可能全部惩罚，抓住一个典型，开一开杀戒可使千万人为之警惧，这就是"杀一儆百"之所以有效的道理所在。其实"杀一儆百"的管人方法就是一种细节管理办法，其管理细节的要义在于盯住一个人，而不是盯住所有犯错误的人。

如此一来，没有受处罚的下属们便会庆幸不已，并且一定会加倍努力工作；团队则会自动回到有序的状态。

杀鸡儆猴是行之有效的策略，然而，也不能随便滥用，必须根据管人的需要，选择适当的时机，偶尔用这招方能收到预期的效果，这需要注意以下两点：一是绝不放过第一个以身试法者。所谓"千里之堤，溃于蚁穴"，再严明的纪律，也经不住人们一次又一次地违反、破坏。为了维护法规、制度的严肃性，管理者必须及时捕捉第一个胆敢以身试法的人坚决从严处置，以教育更多的员工。二是重点惩罚性质最恶劣的人。因为有时候，管理者会同时遇到好几个违反法规的人。如果不分青红皂白，一律严加惩处，不光打击面过宽，起不到应有的教育、挽救作用，还会对工作产生一些不利影响，甚至会因此而蒙受一些不必要的损失，管理者也会因此而树敌过多，不利于今后搞好上下级关系。

在企业中实施"热炉法则"

"热炉法则"又称惩处法则，规章制度面前人人平等。罪与罚能相符，法与治可相期。它最早源自西方管理学家提出的惩罚原则，它的实际指导意义在于有人在工作中违反了规章制度，就像去碰触一个烧红的火炉，一定要让他受到"烫"的处罚。

管理者执行和落实惩罚制度虽然会使人痛苦一时，但绝对必要，如果在执行赏罚时优柔寡断、瞻前顾后，就会使制度成为摆设，失去其应有的作用。

为了在市场竞争中长期站稳脚跟，华西希望集团坚持"严厉和宽容"。希望集团的治厂方针是"用钢铁般的纪律治厂，以慈母般的关怀善待员工"。它在执行规章制度时不允许搞下不为例，不允许打折扣，甚为严厉。曾有人建议希望集团的总裁陈育新将"严厉"改为"严格"，但遭到了一向从善如流的陈育新的拒绝。他认为，只有将严格上升到严厉的程度才能表达他"钢铁般"的本意。

希望集团的严厉体现在制度的制定、执行和检查上。在数年前，希望集团美好食品公司还是一个连年亏损几百万元的公司，在直接归属陈育新掌管后，第一年就转亏为盈，之后连年赢利以千万元计，显示出强劲的发展势头。靠什么？总经理杜诚斌道出真谛：靠员工"十不准"戒规。这些戒规条款几近苛刻，但正是对它的严格执行培养员工形成了良好的工作习惯，保证了公司高效率运转。

严厉体现胆识，宽容则体现胸怀。严厉要体现公平，通过严厉不但可以消除不良现象，保证公司高效率运行，而且还可以发现人才、造就人才。但宽容的前提是企业领导人的头脑必须清醒，糊涂的宽容非但达不到目的，还会对违反规章制度的行为造成包庇和纵容。必须让员工明白，宽容是有限度的，并且宽容只会发生在提高认识之后。陈育新强调，他18年的企业管理经验证明：在严厉基础上的宽容效果才好，在宽容之后的严厉才更有力度。

这就是企业对"热炉法则"的运用。在企业中实施"热炉法则"，还要坚持以下4大原则。

1. 警告性原则

众所周知，热炉外观火红，不用手去摸，也可知道炉子是热得足以灼伤人的。为让员工趋利避害，企业管理者就要经常对下属进行规章制度的教育和宣传，以警告或劝戒员工不要触犯规章制度，说明罚款的种类和额度。如果企业把规章制度束之高阁，谁都不知道里面规定了什么内容，等到员工违规后，才拿出来作为罚款的依据，显然是难以服众的。

2. 验证性原则

用手触摸热炉，毫无疑问地会被烈焰灼伤。谁如果明知企业有相关规定，还要以身试"法"、触犯单位的规章制度，那企业就一定要对其进行处惩，以明纪律，以儆效尤。

3. 即时性原则

碰到热炉时，立即就被灼伤。惩处必须在错误行为发生后立即进行，决不拖泥带水，决不能有时间差，以便达到及时改正错误行为的目的。

4. 公平性原则

不管谁碰到热炉，都会被灼伤。管理者应该是罚款制度最直接的体现者，对自己倡导的制度更应该身体力行。如果处罚还因人而异，那么罚款制度有不如无，甚至比没有更糟糕。

此外，企业在制定罚款制度时，还必须遵守合情合理的原则。比如说，员工在禁烟区内违规吸烟，你即使罚他一二百元谁都没有话说，但如果提出罚款一万元，那就是暴政。在这方面，中国法律也有明确规定：企业对员工的罚款金额，不得超过职工工资的20%。

当然，热炉法则的作用也是双向的，它既惩罚违反制度的人，也会给遵守制度、切实执行的人带来益处。只要大家与其保持适当的距离，就可以不受其害了。

淘汰不能胜任工作的员工

企业留住人才是必要的，但是留住表现不佳的员工的成本却异常高昂。长期以来，许多企业都被"庸才流不出，人才进不来"的怪现象所困扰。其实，管理者并不要认为解除这些员工会打击他人士气，相反，这些员工留在组织中就会腐蚀其他员工的工作热情和组织的凝聚力，甚至会迫使高生产力的员工选择辞职。因为，其管理者或搭档的无能会使那些优秀员工丧失通过有效配合来发挥长处和获得成就的机会。开放的市场中，一个缺少淘汰机制和手段的企业，最后留下来的只会是劣等人才。

企业管理者不但要知人善任，还要知人善免，在企业中真正形成能者上、庸者下、劣者汰的用人机制，这就要不可避免地将一些不胜任工作的人淘汰下来。只有善任才能使企业人才队伍充满生机和活力。

我国国有企业是各类人才相对集中的地方，由于机制相对不活、分配制度相对呆板等多种原因，一度人才流失严重。但改革中，一些企业却是通过淘汰庸才稳住了真正的人才。

宁波三星集团，有雇员8500名。为了保持企业竞争力，企业实行了人事"双向流动"管理，即一方面通过实施"资源向人才倾斜"的用人政策，吸引高素质人才"流进来"；另一方面通过实行竞争性用工制度，促使不称职人员"流出去"。为使"流出去"有效进行，三星制定了一系列激励、淘汰方案及实施细则，以"要用的人一个都不能少、不要用的人一个都嫌多"为指导思想，以本职工作、责任心、廉政建设、基本技能4个方面作为考核标准，对员工进行量化，依据量化的综合评审来进行员工的优胜劣汰。三星集团的"双向流动"不仅没有使三星产生人才流失，反而吸引了各类人才纷至沓来，使企业人才结构进一步得到优化，从而保证了企业的勃勃生机。

公司里的人员流动属于正常现象，每年公司里都有新员工加入和不称职的员工离开。企业应该形成优胜劣汰的员工流动机制，以激发职工的工作激情。市场就是战场，战争是残酷的，为了赢得主动，在用人问题上管理者不能被感情所羁绊。不称职的人，就得让他走。

在实际工作中，淘汰员工却不是那么容易，还有许多阻力和障碍需要加以克服。一是受传统观念的影响。许多人认为，只要不背离原则，不违法乱纪，即使有些人能力差，也还是要给他个位子。二是受个人感情的羁绊。有的管理者对一些资历长、任职久、感情深的同学、老乡迁就照顾，宽容纵短，即使责任心退化，使命感弱化，奋斗意识淡化，也不好免职。三是受习惯势力的牵制。在人才使用上，仍有论资排辈的习惯势力作怪。一些有胆识、有魄力、有作为的年轻人才，敢说敢干，独当一面，能够打开工作局面，但由于有棱有角，于是被说成自高自大、盛气凌人，不予使用；而那些能力平平，老实听话，善于拉关系、做人情的却受到重用。

管理者要在管理的过程中克服这些阻力和障碍，做到知人善任，优胜劣汰。比如比尔·盖茨就在微软公司内部推行了达尔文主义："适者生存，不适者淘汰"，不以论资排辈的方式决定员工的职位与薪资待遇，而向能够提供高生产效率的员工提供高额的薪水；员工的提拔升迁完全取决于个人成就。同时微软公司采取严酷的定期淘汰制度，每半年考评一次，并且淘汰5%的员工。

正因为以上种种措施，微软公司在20多年的激烈市场竞争中始终保持着活力，飞速发展。

俗话说"请神容易送神难"，解雇不称职的员工，解雇图谋不轨的员工，安排以功臣自居的创业元老，对管理者来说往往是一件头痛的事。这里提醒你，作为管理者，万万不可心慈手软，"炒鱿鱼"时手不要哆嗦，一定要坚决果断。

下属犯了错不妨送上美味的"夹心饼"

下属做错了事，理所当然要受到批评和惩罚，但如何处理得恰当、得体，才不至于造成不良的影响呢？这是许多管理者感到棘手的问题，实际上这里有一个极其简单的妙方：有褒有贬，在批评他的错误和指出其不足的同时，肯定他某些成功的方面。乔治·本在这个技巧运用上是位专家，他所发明的"夹心饼"法，令人拍案称绝。这种方法就是，把你所要批评的东西作为一种"馅"，放在两件值得表扬的事中间，做到有褒有贬，最后往往是效果良好。

早川德次出生于日本关东。由他一手创办并领导了58年的声宝电器有限公司（原名早川金工业研究所）生产出了日本的第一部国产收音机、第一部国产黑白电视机、第一部国产彩色电视机、第一块太阳能电池、第一台高磁波烹饪电子烤箱、第一件名片型的超薄电子计算器……让该公司成为日本家电行业的"领头羊"，他本人也被尊称为日本家电的领导者。声宝公司1983年的营业额高达8000亿日元，比10年前增长了82倍。

早川德次的巨大成功，与他对下属的统御方法有着密切的联系。据说他和他的秘书之间发生过这样一件小事：

早川德次对他的秘书不注意标点符号很是恼火，但他并没有直截了当地批评她，而是抓住了有利时机：首先营造表扬的气氛，先调动这位秘书的积极情绪，缓解气氛，然后再适时地指出她的缺点，效果非常理想。

有一天，早川德次对他的秘书说："静子小姐，你写的字很漂亮，字体、行距适中，也很整齐，我感到很满意。"女秘书静子听到了早川德次的表扬后自然非常高兴，喜形于色地说道："谢谢您的表扬，我以后一定做得更出色。"早川德次抓住时机，接着说："但你以后对标点符号要特别注意一些，怎么样？"女秘书静子很痛快地答应了："行，没问题。"早川德次趁势又赞美道："当然，我相信以你的能力，一定会把工作做得非常完美！"

从这以后，静子在工作上的表现越来越出色，再也没有出现过类似的错误。

试想，如果早川德次上来就直接批评秘书关于没有标点符号的毛病，并告诫她以后要特别注意，她可能就会为自己辩护，也可能因为不愉快而无法专心工作，以后也未必做得更好。所以，管理者在碰到要批评下属的情况时，不妨学学早川德次的做法。

高明的医生会在苦口的良药外面裹上糖衣，智慧的管理者会把批评的话说得入耳动听。在下属犯错时，送上美味的"夹心饼"，在他自尊心理的天平两边各加上相同的砝码，使他保持心理平衡，理智地接受批评。

比如你必须批评一位下属，因为他每天上班都会迟到15分钟。首先你得找出两件他做得非常优秀的事，比如他写的报告非常好，而且都能按时提交。由于这次你找他来，主要目的是责备他经常上班迟到，所以你最好找他私下谈。开始你不妨称赞他做得很好的某件事：

"××，你的报告写得真好，不仅结构严谨，而且一针见血，你的建议对我们的工作大有帮助。"

话锋一转——该责备他了：

"××，我们在早上也常想找你提供一些意见，可是你每天总是迟到15～20分钟，这对我们是种损失。有时候有客户从外地打电话来，我们想找你却总是找不到。我们发现，有时候没有你的建议，我们真的不知道怎样办才好。我们需要你每天早上准时到，我希望从现在就这样。"

最后你再加另一件他自认为得意的工作："你知道的，由于你的报告都能准时提出，我对你的建议已养成了依赖性，我们整个部门都不能缺少你的建议。"

这样一来，这位下属虽然受到了责备，却依然维持了自尊。他明白他对你和部门的重要性，也明白你要他准时上班。

显而易见，只要把批评的事作为"馅"夹到两件值得表扬的事之间，就不至于让受批评者感到尴尬和难堪，从而能在内心深处对这种批评加以接受，同时又不会伤害他的自尊。受批评者既明白了自己错在哪里，又认识到自身存在的重要性，就会认真改正错误，也会更加努力地工作。假如管理者当着公司员工的面，直接批评："××，不要以为你工作很出色，就可以随随便便迟到，从现在起，再也不许做违反公司规章制度的事情！"其结果可想而知。一个出色的下属也许就会弃你而去，这不仅对你是种损失，更重要的是可能给整个公司造成巨大的损失。

批评下属时不要贬低对方，也不要翻老账

批评是做人的思想工作的一种方式，而人都是有自尊心的。在当今社会主义和谐社会构建时期，随着物质文明、政治文明和精神文明的不断发展，以人为本的人性化、人本化领导理念正在形成，在组织活动中，同事之间、上下级之间的人格都是平等的。比起一些具体的言行来，下属对自身的人格、能力等看得更重。如果管理者的批评含有贬低下属能力、人品的意味，容易激怒下属；如果管

理者在肯定下属能力、人品的前提下指出其某一个方面的具体错误，下属往往容易接受。如"按你的能力，这件事本来可以做得更好些"，"以你的为人，不该说出这种伤人的话"，等等，都是批评人而不伤人的批评用语。

贬低他人，也就意味着自己的渺小。贬低他人，就会损伤他人的自尊心。现实生活中，有些人往往由于自信不足，从而有意无意地通过寻找别人的缺陷来满足自己的自尊。不过有的时候，当下属的错误损害了自己及组织机构内其他人的利益时，领导者就要促其改变，而不是一味地放纵之；如果领导者不是出于贬低下属的目的，同时又能正确运用批评的方法，那么这样的批评就会收到意想不到的效果。

俗话说："打人不打脸，揭人不揭短。"管理者的批评只能针对下属当时的错误言行，而不能翻老账。如果管理者习惯于用"你怎么总是……"之类的话语批评下属，是不会取得好效果的。因为这样的话语往往给人"你旧习难改"的暗示。正确的做法是，管理者的批评应该能够让员工感到自己的错误很容易改掉，这样下属才会有信心去改正错误。翻老账的做法会让下属感到反感。一两件事可以归因于偶然，许多件事则更可能归因于人品，所以翻老账等于在贬低下属的人品，是不可取的做法。

为了避免批评时出现尖酸刻薄的话，管理者在批评下属时可以选择较为婉转的批评方式。

华盛顿有一位年轻秘书，一天早上这位秘书迟到了。秘书很不好意思，企图以手表出了毛病为自己辩解。华盛顿对他说："恐怕你得换块手表了，否则我就得换一位秘书了。"华盛顿是高明的，他没有直接点破秘书的谎言，而是借"手表"点题，婉转暗示和警告对方下不为例。

这种不正面批评的方法，既维护了对方的面子，又让对方在思想上引起重视。用较为婉转的方式批评，更能利于人与人的和睦相处，何乐而不为呢？

不要当众斥责下属

称赞固然能够鼓励士气，但是当下属犯了错误，该责备的还是要责备。如果责备有方，犹如快马加鞭，下属会将此作为鞭策，作为动力，从而干劲儿十足。但要达到这个效果却也不易，这需要一定的技巧。

倘若下属在工作中出现失误，上司要斥责他、批评他时，一定不要当着众人的面。因为任何人都有自尊心，自尊心受损，往往足以毁灭一个人，在众人面前毫不客气地责骂下属是非常不明智的。在众人面前受辱的下属，即使是个性最软弱的人，也会从此怀恨在心，对这位让自己"塌台""面子尽失"的上司，伺机报一"骂"之仇。

美国宾夕法尼亚州哈里斯堡的佛瑞·克拉克讲述了一件发生在他公司里的事：

"在我们的一次生产会议中，一位副董事就某个非常尖锐的问题，当众质问一位生产监督员，这位监督员是管理生产过程的。他的语调不仅充满了攻击性，而且很明显的就是想指责是那位监督员处置不当。为了不让自己在他的攻击前被羞辱，这位监督员的回答含混不清。这样一来，使得这位副董事发起火来，不但痛斥这位监督员，并指责他在说谎。

"这次事件之前我所有的工作成绩，都毁于这一刻。这位监督员说，他本来是一位很负责的人，可是从那一刻起，对我们公司来说就很不妙了。几个月之后，他离开了我们公司，去另一家竞争对手那里工作。据我所知，他在那里非常称职。"

作为管理者，批评下属是不可避免的。但是当众斥责下属，是非常拙劣的办法。尤其当下属所犯的是一般性错误时，上司不要不分场合地开口训斥。最好的办法是，把他叫到办公室，私下批评。这样一来，他的面子得以保存，即便你批评得再厉害，从内心来讲他也不会反抗你的。你维护了他的面子，这一点他的心里必然是清楚的。

某公司企划部主管童晏，是一位业绩突出也很懂得处理和下属关系的部门负责人。

一次，企划部通知下午2点钟召开会议，研究一份比较重要的策划方案。通知强调，不得迟到，不得以任何理由请假。

尽管如此，会议开始5分钟后，员工小何才走进了会议室。正在主持会议的童晏看到小何进门，只是抬头看了他一眼，什么也没说，继续发表着他的讲话。

会议结束后，童晏仍然对小何的迟到没有表态，夹起公文包转身走出会议室回到他的办公室。

过了一会儿，小何敲门走了进来。童晏示意他坐下，问道："怎么回事？"

小何嗫嚅地说："昨天晚上，我加班写材料，睡得晚了。今天吃过午饭实在瞌睡得不行，打了个盹……"

"我知道，你很辛苦。不过今天的会议十分重要，而且会议通知写得非常明白……"

"我……"小何低下了头。

"好了，小何，这件事就这样。以后要注意。晚上加班不要太晚，也要注意身体，去工作吧！"

为什么强调那么严格的事就这样轻描淡写地过去了呢？童晏知道，小何平日向来遵守纪律，从来没有迟到过。况且，小何昨天晚上也确实加班写材料。这次迟到，情有可原。如果批评得太严厉，也的确说不过去。于是，他只是稍作提醒。

当然，有时候上司有意在其他员工面前批评某位犯错误的下属，这样做往往含有"杀一儆百"的意味，这自当别论。

批评人是一门学问，也是一种艺术，做上司的需要学得巧一点，掌握一些技巧。一个成功的管理者，当他的下属犯了错误时，他会选择适当的方式，这样，才能做到既达到了教育的目的，又给自己树立了威信，还不致使下属产生抱怨、抵触情绪，影响上下级关系和工作的质量。

适当沉默比批评责难更有力量

身为管理者，在与员工交流时常需要多开口，但是你可能没有想过，你的过于"健谈"可能已经引起了员工的不满。

其实很多时候，言简意赅地传达对员工们的要求和期望更有效。只要确定员工已经了解了注意事项，那么保持沉默更有利于员工的工作。管理者多留一些时间给员工考虑具体的步骤，当他们的想法不够准确圆满时，管理者再适当地给予补充指导，这样一来就不会剥夺你的员工发言与思考的机会，让员工充满激情。

在批评员工时也是同样的道理。管理者适当的沉默、宁静可以起到"此时无声胜有声"的作用。通常来讲，当管理者在批评员工时，他的情绪波动是很大的。每个人都有自尊心，都很看重面子。也许管理者只是想苦口婆心地劝导他一番，并无他意，却可能无形中伤了他的自尊心，让他觉得颜面挂不住，索性产生了"破罐子破摔"的心理，那管理者的批评岂不是得不偿失了？因此，管理者最好不要让四处都充满你的斥责声，在适度批评之后保持一个沉默的空间，让他有时间冷静地想想自己的所作所为，相信这更是一种对当事人的威慑。一方面，员工会因为你的"点到为止"感谢你为他保留了颜面，另一方面也显示出了你宽广的胸怀。你的默不作声并非是对错误的迁就，而是留给了对方一个自省的余地。

在一座寺庙里，有一位德高望重的长老，他手下有一个非常不听话的小和尚。这个小和尚总是深更半夜越墙而出，早上天未亮再越墙而入。长老一直想批评这个小和尚，但苦于没有证据。

这一天深夜，长老在寺庙里巡夜，在寺院的高墙边发现了一把椅子。他知道必定是那个小和尚借此越墙到寺外。于是，长老悄悄地搬走了椅子，自己就在原地守候。

午夜，外出的小和尚回来了。他爬上墙，再跳到"椅子"上。突然，他感觉"椅子"不似先前硬，软软的，甚至有点弹性。落地后的小和尚才知道，椅子已换成了长老，小和尚吓得仓皇离去。

在以后的日子里，小和尚觉得度日如年，他天天都诚惶诚恐地等候着长老对他的惩罚，但长老依旧和从前一样，对这件事只字未提。

小和尚觉得再也无法忍受，他不想每天都在煎熬中度过。于是，他鼓起勇气找到长老，诚恳地认了错，哪知长老宽容地笑了笑，说：

"不用担心，这件事只有天知地知你知我知，你还怕吗？"

小和尚从此备受鼓舞，他收住心，再也没有翻过墙。通过刻苦的修炼，小和尚成了寺院里的佼佼者。若干年后，老和尚圆寂，小和尚成了长老。

"响鼓不用重槌敲。"管理者的权威，不是由"婆婆妈妈""絮絮叨叨"碎嘴声塑造的。语言也有苍白的时候，如果一个管理者珍惜自己的语言，该讲的话讲完之后不再重复，不絮叨，适当地保持一定的沉默，反倒会收到良好的效果，既可保持上级应有的威严，又可使下级感到自己被信任。

不要急于追究责任

下属犯了错误或造成失误，当然要追究责任，要批评、处分，甚至撤职。但在事情和责任没有搞清楚之前，千万不要急于处理。如果处理错了或重了，伤了感情，事情就很难挽回了。你如果还没有处理，那么主动权就掌握在你的手里，想什么时候处理就什么时候处理。如果你处理得好，不仅不会伤下属的感情，反而会赢得下属的心，使其成为你的忠实拥护者。

信息部主管因提供了错误的市场信息导致企业领导决策的失误，造成企业重大损失。对于这样严重的错误，如果你是该企业的总经理，你该如何处理这件事情？让我们看看松下幸之助是怎样对待这一事件的。

松下幸之助完全有理由将其开除，但是他并没有急于作出最终的处理意见，而是分析了两种可能的情况：一种可能是这位主管本身并不称职，已不宜再继续担任这个职务；而另一种可能则是"好马失蹄"，由于一时的大意而出现的判断错误。如果是后者，那么将他撤职就会毁掉一个人才。松下幸之助进一步考虑到，目前还没有更合适的人选担任这一职务，一旦将现在这位主管撤职，将会影响到公司其他工作的有序进行。

于是，他把这位主管找来，告诉这位主管他自己将要对这次事件作出处理，但没有明确告诉他处理意见，于是事情就拖了下来。

在这段时间里，这位主管为了弥补上次的过失，一直兢兢业业地工作，多次提供了极有价值的信息，为公司的决策作出了贡献，同时也用事实证明了他是称职的，上次的失误是意外情况。

不久，松下幸之助又把他叫了过去，并对他说，鉴于他近期的业绩，本来应该给予奖励，但因为上次的失误还没有处理，所以，将功抵过，既不奖励，也不处分。这种处理方法的效果无疑是非常好的，既没有影响公司整体的运作，同时又使这位信息主管以及其他员工心服口服。

在这次事件当中，主动权始终掌握在松下幸之助的手中，虽然他没有马上将那位主管撤职，但他只要找到了合适的人选，他随时都可以将现在的主管辞退。同时通过这段时间的考察，避免了可能作出的仓促决策而造成的人才的不必要损失。

另外，他还等到了处理问题的绝好时机，即信息部主管立功，功过抵消的处理使信息部主管打心眼里感激松下幸之助对他的关照和信任，同时又没有姑息错误，实践了自己要处理信息主管的诺言，其他员工也通过这件事的处理对松下幸之助深为佩服。

总之，在处理这件事的过程中，松下幸之助弯弓搭矢，引而不发，处处主动。箭在弦，则随时可发，箭出弦，则一发而不可收。所以"引而不发"不失为一种处世妙招。

严苛的批评只会迫使员工采取防卫的行动

很多企业对待员工常以严苛的批评、惩罚及负面警示为主，以热心的鼓舞、奖励和正面引导为辅，动不动就批评处罚。很多管理者认为"员工犯了错误，领导者当然会生气，批评他们也是应该的"！于是他们喜欢通过批评员工来树权威、耍威风。管理者在员工犯错误时进行批评，这无可厚非。毕竟有时候批评也是能起到一定作用的。然而，研究表明，正面激励的作用比负面警示的作用大得多。在职场中，员工的挫折感产生的主要或者直接原因就是源于管理者的批评。曾经受雇于美国钢铁大王安德鲁·卡内基、年薪百万的职业经理人施考伯有一句名言："世界上极易扼杀一个人雄心的就是他上司的批评。"

"人非圣贤，孰能无过？"如果一个人不饶人，那他就是一个典型的霸道之人，在得理的时候，也要能饶人就饶人。作为一个管理者也同样如此，不要以为员工是你可以随意挖苦和谩骂的对象，兔子急了都会咬人，更何况是人呢？

有一家出版公司被另一个更大的出版公司购并了。购并后，新公司高层作出的第一个决定，就是解雇原来的执行长。这位遭到解雇的执行长觉得非常意外，因为他一直认为自己做得不错，本以为新公司会留任他。百思不解的他就去问公司的高层。最后，终于有一个人向他坦白："我们在购并前，曾经仔细观察了你一段时间，我们发现你对员工非常严苛，常常因为一些并不严重的问题而发怒，用很尖锐的方式责骂、批评别人。所以我们决定对你不留任。"这位执行长还是不解："别人犯了错，我能不管吗？"对方告诉他："在过去的年代，企业走威权领导风格，很多主管都会用那种严苛的手段进行管理，用带军队的方式来带企业。但是现在带人要带心，外面竞争这么厉害，你动不动就责骂同事，对他们进行很激烈的批评，这样的领导风格，很难获得同事由衷的合作。"对方认为，如果这位执行长还留下来，底下的员工就不愿意在工作上冲刺，因为上司太过于严苛，无论怎么做，都可能挨骂，所以最好"自扫门前雪"。公司的竞争力无形中在流失，所以必须请这位执行长走了。

所以管理者不能轻易怪责员工，而是要怀着宽恕之心，试着去了解他们，弄明白他们为什么会那么做，这样比批评更为有益，而且这样做还能产生同情、容忍以及仁慈。

然而，在员工出错的时候，如果管理者真的要对员工的错误进行一些必要的提示和纠正的时候，一定要从客观的角度去分析，要真正地知道员工的错误点在哪里，最好要用实际的例子，然后有的放矢地提醒和教导员工，让他下次不要再犯。而不是不分青红皂白，轻信自己的判断能比对方高明，轻易就批评别人。严苛的批评是没有意义的，它只会迫使被批评者采取防卫的行动，使他为自己的行为寻找合理的解释。这种批评是危险的，因为它会直接伤害到一个人的自尊，引起他的反叛意识。为防止这种反叛意识的滋长蔓延，德军中就有一条军纪，明文规定遇到有不满的事情，绝对不准当场发作，一定得忍过一个晚上，待心情平静下来之后，再提出讨论。

　　已故美国实业家约翰·华纳克曾经说过："早在 30 年前，我就懂得苛责他人是一件愚蠢至极的事情。因为光是怨上帝没赐给我过人的智慧，使我必须独自奋斗，克服天分上的缺点，就已经够我忙的了！"华纳克年纪轻轻，就已经深谙这层道理，这或许是他比普通人更成功的原因所在。

·第五章·

以业绩为导向，向管理要效益

员工没有绩效，企业就没有利润。在市场竞争中，取得主导地位的总是那些高绩效的团队。企业要取得快速发展，有赖于专业的管理，而管理者的能力又会在业绩中体现出来。因此，企业应以业绩为导向，向管理要效益。

业绩目标：让员工跳一跳，够得着

大多数人可能有过打篮球的经历，也知道与踢足球相比，进一个球要容易很多。这其实与篮球架的高度有关。如果把篮球架做两层楼那样高，进球就不那么容易了。反过来，如果篮球架只有一个普通人那么高，进球倒是容易了，但还有人愿意去玩吗？正是因为篮球架有一个跳一跳就够得着的高度，才使得篮球成为一个世界性的体育项目。它告诉我们，一个"跳一跳，够得着"的目标最有吸引力，对于这样的目标，人们才会以高度的热情去追求。因此，要想调动一个人的积极性，就应该设置一个"跳一跳，够得着"的目标。在企业管理中，领导者要想提高企业绩效，就要好好地利用这些特点和优势，为员工制定一个跳一跳就能够得着的目标。

俄国著名生物学家巴甫洛夫在临终前，有人向他请教如何取得成功，他的回答是："要热诚而且慢慢来。"他解释说"慢慢来"有两层含义：一是做自己力所能及的事；二是在做事的过程中不断提高自己。也就是说，既要让人有机会体验到成功的欣慰，不至于望着高不可攀的"果子"而失望，又不要让人毫不费力地轻易摘到"果子"。"跳一跳，够得着"，就是最好的目标。

有这样一个故事：

在很久很久以前，有一位导师带着一群人去远方寻找珍宝。由于路途艰险，他们晓行夜宿，十分辛苦。当走到半途时，大家累得发慌，便七嘴八舌地议论开了，纷纷打起了退堂鼓。导师见众人这样，便暗施法术，在险道上幻化出一座城市，说："大家看，前面是一座大城！过城不远，就是宝藏所在地啦。"众人看到眼前果然有座大城，便又重新鼓起劲头，振奋精神，继续前行。就这样，在导师的苦心诱导下，众人终于历尽千辛万苦，找到了珍宝，满载而归。

作为一名管理者，我们也要学会"化城"的艺术，不断地给员工"化"出一个个看得见而且跳一跳就够得着的目标，引导集体不断前进。

某县一个再生资源公司的经理在刚上任时，接手的是一个烂摊子，企业连年亏损，员工士气低落。上任伊始，他就给每一个分支机构定了一个力所能及的月度目标，然后在全公司开展"月月赛"。每到月末，他都亲自给优胜部门授奖旗，同时下达下个月的任务。这样一来，全体员工的注意力都被吸引到努力完成当月任务上来了，没有人再去谈论公司的困境，也没人抱怨自己的任务太重。半年下来，全公司竟然扭亏为盈。如今，这家公司已经成为在市内小有名气的先进企业了。

由此可见，在管理工作中，管理者要为员工制定一系列"跳一跳，够得着"的阶段性目标。要是这些都完成了，成功也就不远了！

要员工明白：想要得到最好的，就必须努力争第一

现在，以业绩为导向的绩效管理越来越受到企业组织的重视，并已经成为组织内部管理的主要内容。而绩效管理的核心之一就是激励。可以说，激励效应是提高绩效最有效的方法。人的主动性、积极性提高了，组织和员工会尽力争取内部资源的支持，同时组织和员工技能水平将会逐渐得到提高。因此绩效管理就是通过适当的激励机制激发人的主动性、积极性，激发组织和员工争取内部条件的改善，提升技能水平进而提升个人和组织绩效。作为管理者，就要注重培养员工奋勇争先的意识，要让员工明白：想要得到最好的，就必须努力争第一。我们不妨先看看这个故事：

家庭，是一个人一生中最早接受教育的地方。一位著名心理学家为了研究家庭对人一生的影响，在全美选出了50位在各自的行业中获得了卓越的成就的成

功人士和50位有犯罪记录的人，然后分别给他们写信，请他们谈谈家庭对他们的影响。在回执的信件中，有两封回信给他的印象最深。一封来自白宫的一位著名人士，一封来自监狱一位服刑的犯人。他们谈的都是同一件事：小时候母亲给他们分苹果。

那位来自监狱的犯人在信中这样写道：小时候，有一天妈妈拿来几个红红的苹果，大小各不同。我一眼就看中了一个又红又大的苹果，十分喜欢，非常想要。这时，妈妈把苹果放在桌上，问我和弟弟："你们想要哪一个？"我刚想说想要最大最红的一个，这时弟弟抢先说出我想说的话。妈妈听了，瞪了他一眼，责备他说："好孩子要学会把好东西让给别人，不能总想着自己。"于是，我灵机一动，连忙改口说："妈妈，我想要那个最小的，把大的留给弟弟吧。"

妈妈听后非常高兴，在我脸上亲了一下，并且把那个又红又大的苹果奖励给我。我得到了我想要的东西，从此以后，我就学会了说谎。再后来，我又学会了打架、偷、抢，为了得到想要得到的东西，我不择手段。到现在，我被送进监狱。

那位来自白宫的著名人士是这样写的：小时候，有一天妈妈拿来几个红红的苹果，大小各不同。我和弟弟都争着要大的，妈妈把那个最大最红的苹果举在手中，对我们说："这个苹果最大最红最好吃，谁都想要得到它。很好，现在，让我们来做个比赛，我把门前草坪分成两块，你们两人一人一块，负责修剪好，谁干得最快最好，谁就有权得到它！"

于是，我们两人比赛除草，结果，我赢了那个最大的苹果。我非常感谢母亲，她让我明白了一个最简单也最重要的道理：想要得到最好的，就必须努力争第一。她一直都是这样教育我们，也是这样做的。在我们家里，你想要什么好东西就必须通过比赛来赢得，这很公平，你想要什么，想要多少，就必须为此付出多少努力和代价！

故事中的道理显而易见，母亲不偏不倚，让孩子通过竞争赢得苹果，不仅能培养孩子正直的人格，还能让他们明白：要想得到最好的，就要学会竞争。企业管理亦是如此。管理者要想让企业形成一种欣欣向荣的景象，就要以业绩为向导，不偏不倚，让员工通过努力竞争证明自己，获得与成绩相匹配的奖励。

找到绩效不佳的常见原因

以业绩为向导，进行绩效管理的价值在于帮助员工改善绩效、构建管理者和员工之间的绩效合作伙伴关系。那么，如何才能发现员工绩效不佳的原因，找出影响员工绩效的真正原因，并制定针对性的改善措施，是管理者必须认真对待的问题。通常，影响员工绩效不佳的常见原因往往出现在管理者和员工身上。

1. 管理者管理不当造成的

（1）管理者放任员工的行为。

郝咪担任部门主管已经3个月了，但她发现部门里有些员工似乎缺乏最基本的技能，有时候他们甚至并不知道自己应该做些什么。自己不得不手把手地教给他们，而且必须不停地督促他们。员工的表现让郝咪想到了前任部门主管张乐，郝咪认为这一定是张乐的一些管理方法出了问题。于是，郝咪在请张乐吃饭的时候聊到了这个问题。

郝咪说："请您说说您是怎么指导他们的工作的，遇到问题的时候您又是怎么处理的，或许能给我一些启发。"

"这没什么大不了的，"张乐说，"有时候他们需要有人帮他们将所有的工作组织起来，有时候他们则需要有人鼓励他们，去和该会面的顾客打交道……我就是这样，在他们需要的时候，就站在他们身边，来做那个帮助他们的人。"

听了张乐的话，郝咪知道了自己遇到的问题不在自己身上，而在前主管张乐的管理方法上。很显然，张乐以前对员工的要求太过宽松，他放任他们，和他们妥协，在他们遇到困难的时候，第一个站出来帮他们，他以为这样做会使那些员工易于管理，不会横生枝节。其实，这样对管理者和员工而言都很不利。对管理者而言，需要超负荷地工作；对员工而言，没有得到锻炼，工作技能得不到提高。最终结果是双方都费力不讨好：工作绩效不理想。

（2）缺乏和员工的沟通。

在工作过程中，管理者很少和员工沟通，任务布置下去了，就任由员工自我发展，对过程不关心、不过问，只是在最后要结果。当截止期限到来的时候，才发现工作结果和自己心中期望的结果相去甚远，但是员工这时候就不这么认为了，他认为自己一直是在按照管理者的要求做。由于缺乏工作过程中的沟通，就导致了管理者和员工对工作结果的不同理解。

所以，管理者要加强和员工的沟通，把工作任务分解为几个小阶段，在一些关键阶段上，进行适当的沟通，了解员工的进展情况，并加以辅导，调整员工的工作方向，使之朝期望的结果前进，这样就不至于造成两者最后的结果相去甚远的尴尬了。

（3）管理者指示不明。

小张的稿子一直不被上司王玫认可，她总是不明白小张写来写去想要表达的中心思想是什么。而小张在修改稿子的时候，同样也是心情沮丧，他认为自己的稿子很完美，不需要修改，但上司王玫却一直不满意。

对小张修改后的稿子，王玫还是不能认可，所以决定自己修改，王玫的举动更是打击了小张的工作热情，直到下班，小张还一直沉浸在沮丧中。

其实，出现这种情况并不只是小张自己的原因，王玫也有不可推卸的责任。有可能是她在交代工作的时候根本就没和小张进行沟通，没有向他传达清楚稿件的主题。在面对小张稿子有问题的时候，王玫选择自己修改，而忽略了对小张的指导和帮助。要知道，王玫作为管理者的这种行为不仅不会帮助小张提高，反而会深深地打击小张的信心。

2. 员工本身的一些问题导致的

（1）员工工作方式不当。

员工是否按照规定的程序工作会影响到工作绩效。有的员工自主性很强，可是工作绩效却很低。这就可能是因为他们本身的工作方式不当引起的。尤其是一些有既定程序、工作方式的工作，如果不按照工作程序进行，就会对绩效造成影响。

（2）员工的私人问题的影响。

员工的身份都是双重的，既是有着职位的员工、经理、上司、下级，也是别人的父亲、母亲、丈夫、妻子，所以，员工绩效不佳很重要的一个原因可能是被私人问题所困扰。比如，一个员工和妻子关系不和，正在闹离婚，这个时候，员工的工作情绪自然很差，很多工作可能被拖延，至少也是无法保证质量。

（3）员工的工作态度恶劣会影响绩效。

有些员工可能工作能力很好，但绩效却很低。这有可能是因为其对别人的建议抱有抵触的情绪，并不从心里接受他人的建议，这样的工作态度也会造成员工的绩效不佳，因此不可忽视。

作为管理者，你要和员工沟通，了解员工的情况，对员工表示关心，同时，要明确地告诉员工："我很理解你的处境，我可以尽我的力量帮助你，但是，作为你，同时有两个工作，一个是公司里的事情，一个是家里的事情，这两件事情都要处理好，在工作时间里，你要把应该做好的工作完成。"这样，员工就会认识到虽然自己遇到了麻烦的事情，但工作还是要照样开展的，绩效也会因此改善。

一般来说，员工绩效不佳都不是管理者或员工单方面的原因，了解了造成员工绩效不佳的原因，可以帮助管理者有效改善员工的绩效。

重视对员工的绩效评估

公司年终的绩效考评终于结束了，张经理所带领的 A 部门的绩效比王经理带领的 B 部门的绩效差了很多。张经理怎么也想不明白，我的员工同样都是每天工作 8 小时，为什么结果会相差这么多呢？张经理为了解开这个困惑，便主动找到 B 部门王经理取经。

王经理听明张经理的来意后，笑眯眯地从抽屉里拿出一份绩效评估表递给张经理。

王经理说："我的员工之所以能够取得优异的成绩完全依靠了这份绩效评估表。"

这一席话说得张经理更是一头雾水了，这表能有这么大的作用？看出了张经理的迷惑，王经理接着说："其实这份表很重要，但更重要的是从这份表中获取的东西。每个月我都会把员工的工作情况详细地记录下来，给予评估，并每月组织员工就这一评估讨论一次。从这每一次的评估和讨论中，员工们有什么工作上的困惑都会得到解答，而且工作方法也能得到改进，更重要的是每个员工之间还能有竞争，谁也不甘落后。通过这一方法，业绩自然提升得很快。"

听完王经理的解惑，张经理也决定在 A 部门中开展绩效评估。3 个月后，张经理带领的 A 部门的业绩上涨了 30%，虽然没能赶得上 B 部门，但这一成绩已经足以令人刮目相看了。

很多企业忽视对员工的绩效评估，认为这样会打击员工的信心，给员工造成一定的心理负担。然而正是由于企业这种片面的想法，才使企业年终的业绩不容乐观。所以，企业一定要重视对员工的绩效评估。

不过，在对员工进行绩效评估的时候还应注意以下几个方面。

1. 评估不能只做表面文章

一些管理者对考核的重要意义没有认识清楚，以为不过是个形式，自己的意见不会起什么作用，打分自然也就不会那样慎重。

另外，中国传统的"好人主义"也严重影响了考核的严肃性和现实意义。有些管理者奉行中庸之道，凡事追求不偏不倚，对员工的评估抱着"差不多就行了"的态度，对所有员工的评估如出一辙。

还有一些企业直接将成功企业的绩效考核办法完全"拿来"为我所用，自以为找到了一个有效的管理"武器"，但在实际操作中却走了样，无法起到应有的作用，从而造成绩效考核走过场，流于形式。

这些只做表面文章的考核对企业来说没有任何实质性的作用，绩效评估不能为了评估而评估。评估是手段，不是目的，如果评估不能激发员工潜力，不能成为推动员工发展以及推动公司成长的驱动力，那就失去了其存在的意义。

因此，管理者在对员工进行评估的时候，不要只做表面文章，在评估过程中，要秉承严肃、认真的态度，只有这样才能真实反映公司员工的情况。否则，一个连真实情况都搞不明白，连员工在工作中有哪些问题都看不出来的管理者，又如何能带领员工创造更高的业绩呢？

2. 随时对员工的工作进行评估

许多管理者平时对员工们的表现不作任何评价，只是在年终回顾绩效的时候才进行绩效评估，这种毫无预警的评价要么毫无作用，不能让大家从讨论中获得任何益处；要么会让员工感到不满。

要避免这种情况，管理者最好随时对员工的工作进行评估。正如杰克·韦尔奇所说："作出评价对我来说无时不在，就像呼吸一样。在管理中，没有什么比这更重要。我随时都要作出评价——不论是在分配股份红利的时候，还是在提升谁的时候——甚至在走廊里碰到某个人的时候。"

随时对员工的绩效进行评估，这样员工既有足够的机会改善工作中不足的地方，管理者又可以顺便和员工讨论一下员工对绩效的努力目标，还能使员工在年终绩效评估时不至于对结果感到意外，甚至怨气满天飞。

通过经常性的绩效评估，员工可以常常纠正自己工作中的缺点和不足之处，这是提高员工业绩的有力保障。

3. 不要过分重视员工是否满意

管理者在评估的时候往往神经比较"脆弱"，员工一旦有所不满就忐忑不安。虽然奖惩不是考核的目的，但是绩效评估结果的运用往往会触及部分员工的利益，没有人钱袋子瘪了还能开怀大笑，这时员工有所不满也属正常。这时，管理者应该做的就是要弄明白员工的不满到底来自哪个方面，是自己的工作没做好，还是其他的原因？而不是一味地重视员工满不满意。只一味地重视员工的满意度，就表示管理者只是一味地承认员工的成绩而忽略员工工作中的不足，在这种一味肯定成绩的企业，员工的业绩是不会得到提升的。

考核一定要实事求是

先讲一个曾在名古屋商工会议所发生的真实故事：

日本西铁百货公司社长长尾芳郎，把自己特别欣赏的一个朋友介绍给名古屋商工会议所，因为该所急需一名管理分部的主任。

名古屋商工会议所主席土川元夫和这个人面谈后，立即告诉长尾芳郎说："你介绍来的这个朋友不是个人才，我很难留他。"

长尾芳郎听完以后非常吃惊，接着便有点生气地说："你仅仅和他谈了20分钟的话，怎么就知道他不能被留任呢？这种判断未免太草率、太武断了吧！"

土川元夫解释说："你的这个朋友刚和我见面，自己就滔滔不绝地说个没完，根本就不让我插嘴。而我说话的时候，他似听非听，满不在乎，这是他的第一个缺点。第二，他非常乐意宣传他的人事背景，说某某达官贵人是他要好的朋友，另一个名人是他的酒友等，向我表白炫耀，似乎故意让我知道，他不是一个一般人。第三，在谈业务发展时，他根本说不出来什么东西，只是跟我瞎扯。你说，这种人怎么能共事呢？"长尾芳郎听完土川的话后，也不得不承认土川的分析很有道理。

就这样，土川元夫没有顾及老朋友的情面，拒绝了他的推荐。后来，经过努力寻找，土川元夫终于找到了一个真正有才能的人。

这个故事中，土川元夫无疑给我们做了一个榜样——管理者在对员工进行考核时，一定要实事求是，行就是行，不行就是不行，绝对不能存有任何的私心偏念，否则，只会给企业带来损失。

赵靓从学校毕业后，应聘到某公司策划部。赵靓属于那种聪明好学，刻苦钻研，能力又非常强的人，因此很快就适应了工作。在做好自己本职工作的同时，她还经常向主管提出一些富有创意的想法。

但是，赵靓的主管并没有因此而赏识她；相反，却十分妒忌她的才能。在工作中，处处压制她，总是抓住她的一些小毛病不放。

两年过去了，当初和赵靓一起进公司而且能力不如的同事，一个个都升了职，加了薪，而她却还是一个普通员工。无奈之下，赵靓只好辞职去了另一家广告公司。在那里，她得到了经理的重视，并且很快就能独当一面了。

正是由于赵靓的出色表现，这家广告公司的业务越做越大，和许多企业都建立了合作关系，这其中有相当一部分是赵靓原来公司的客户。后来，原来公司老总知道了这件事，一怒之下，辞退了那个"妒贤嫉能"的主管。但是，公司由于失掉赵靓这个人才而遭到的损失却是无法弥补的。

对员工的工作进行考核是管理者应尽的职责，更是一项挑战。如果管理者能够实事求是地做好这项工作，那么对企业、管理者及员工都有利，可以达到"共赢"的效果，反之，则对各方都不利。那么，管理者怎样才能做到实事求是呢？

1. 避免光环效应

当某人拥有一个显著的优点时，人们总会误以为他在其他方面也有同样的优点。这就是光环效应。在考核中也是如此。例如，某员工工作非常积极主动，管理者可能会认为他的工作业绩也一定非常优秀，从而给他较高的评价，但实际情况也许并非如此，因为积极主动并不等于工作业绩。

所以，在进行考核时，管理者应将所有被考核员工的同一项考核内容进行考核，而不要以人为单位进行考核，这样就可以有效防止光环效应。

2. 避免感情用事

人是有感情的，而且不可避免地会把感情带入他所从事的任何一项活动中，绩效考核也不例外。管理者喜欢或不喜欢（熟悉或不熟悉）被考核员工，都会对被考核员工的考核结果产生影响。人们往往有给自己喜欢（或熟悉）的人较高的评价，对自己不喜欢（或不熟悉）的人给予较低评价的倾向。

针对这种情况，管理者可以采取集体评价的方法，去掉最高分和最低分，取其平均分，避免一对一的考核。

3. 避免近因误导

一般来说，人们对最近发生的事情记忆深刻，而对以前发生的事情印象浅显，管理者对被考核员工某一阶段的工作绩效进行考核时，往往会只注重近期的表现和成绩，以近期印象来代替被考核员工在整个考核期的绩效表现情况，因而造成考核误差。例如，被考核员工在一年中的前半年工作马马虎虎，等到最后几个月才开始表现较好，却能得到较好的评价。

管理者要避免近因的误导就要明白，绩效考核应贯穿于管理者和员工的每一天，而不是考核期的最后一段时间。管理者必须注意做好考核记录，在进行正式考核时，参考平时考核记录方能得出较客观、全面、准确的考核结果。

4. 避免自我比较

管理者往往会不自觉地将被考核员工与自己比较，以自己作为衡量他们能力的标准，这样就会产生自我比较误差。若管理者是一位完善主义者，他就有可能会放大被考核员工的缺点，给被考核员工较低的评价；若管理者有某种缺点，则无法看出被考核员工也有同样的缺点。

这就要求管理者将考核内容与考核标准细化、明确，并要求管理者严格按照考核的原则和操作方法进行考核。

用统一的"尺子"衡量员工

这个故事发生在很久以前。

有一个很有智慧的国王，名叫"镜面"。

有一天，国王让盲人去摸象的身体：有摸着象脚的，有摸着象尾的，有摸着象头的……

国王便问他们："你们看见了象没有？"盲人们争着说："我们都看见了！"国王又问："那么你们所看见的象是怎样的呢？"

摸着象腿的盲人说："王啊！象好像柱子一样。"

摸着象尾的说："不，它像扫帚！"

摸着象腹的说："像鼓呀！"

摸着象背的说："你们都错了！它像一个高高的茶几才对！"

摸着象耳的盲人争着说："像簸箕。"

摸着象头的说："谁说像簸箕？它明明像一只笆斗呀！"

摸着象牙的盲人说："王啊！象实在和角一样，尖尖的。"

……

因为他们生来从没有看见过象是什么样的动物，难怪他们所摸到的、想到的都错了。但是他们还是各执一词，在王的面前争论不休。

于是，镜面王哈哈大笑，说："盲人呀，盲人！你们又何必争论是非呢？你们仅仅看到了一点，就认为自己是对的吗？唉！你们没有看见过象的全身，自以为是得到了象的全貌。"

这个故事就好比有些管理者在对某一员工进行评价的时候，以不同的标准来衡量，就会有不同的看法。如果管理者以人品来判断甲员工，以业绩来判断乙员工，又以勤劳度来判断丙员工，那他将很难得到统一的答案，也就很难判断某一员工是不是真的适合企业发展的需要。所以，要想准确地考核一个员工，就应该用统一的"尺子"衡量。

一些著名的管理专家认为，一个统一的"尺子"应该具备以下特点：战略一致性、信度高、明确性、可接受性。

1. "尺子"的战略一致性

战略一致性是指考核的标准，即"尺子"是否与企业的战略、目标和文化一致。如果某公司是一家服务业公司，那么它的考核标准就应该是对其员工向公司客户提供服务的好坏程度进行评价。战略一致性同时也强调考核标准为员工提供一种引导，使员工能够为企业的成功作出贡献。

2. "尺子"的信度要高

信度的一种重要类型是评价者信度，即对员工的绩效进行评价的管理者之间的一致性程度，也就是甲管理者和乙管理者对员工评价的一致性程度。如果两个管理者对同一员工的工作绩效所作出的评价结果是一样的（或接近一样的），那么这种考核标准就具有了评价者信度。此外，对绩效的衡量还应当具有时间上的信度，即在不同时间对同一员工进行考核却得出截然不同的结果，那么这种考核标准就缺乏信度。

3. "尺子"的明确性

明确性对于绩效管理的战略目的和开发目的有着很重要的影响。明确性是指"尺子"，即考核标准能够为员工提供一种明确的指导，告诉他们公司对他们的期望是什么，以及如何才能达到这些期望。如果一个考核标准没能明确地告诉员工，他们必须做些什么才能帮助公司实现战略目标，那么这一标准就很难达到其战略目的。此外，如果这一标准没能指出在员工绩效中所存在的问题，那么要想让员工去改善他的绩效就几乎成了空谈。

4."尺子"的可接受性

可接受性是指运用"尺子"，即考核标准的人是否能够接受它。许多经过精心设计的考核标准具有极高的一致性，但是由于这些标准要耗费管理者们太多的时间，因此他们拒绝使用这些标准。此外，那些要接受评价的人也可能会拒绝接受这种考核标准。如果员工认为某种考核标准很公平，那么它的可接受性就比较大。一个统一的考核标准的制定必须把管理者或者员工的可接受性放在重要的位置。

不以成败论"英雄"

一般来说，在一个企业中，那些工作表现好、业绩出色的员工往往容易受到管理者的偏爱，而对于那些有失败、过失记录的员工来说，他们会在管理者心中多少留有一些偏见。管理者的不良心态，对组织人际关系是非常有害的。它会导致员工不满情绪的产生，甚至是员工内部的对立，从而打破了企业内原有的和谐的人际关系，最终可能会导致两极分化，而且管理者也许会成为企业中"众说纷纭"的人物。

常言道：胜败乃兵家常事。没有胜负的企业竞争是纯理论的。因此，容许员工有胜负，是希望员工能"负负得正"，走向更大的胜利。这是企业领导的用人责任！

对于管理者来说，员工业绩的取得是一件喜事，也是值得管理者为之骄傲的。但这种骄傲一定要放在企业这个大家庭的基础之上，而不能滋生一种强烈的个人偏好和憎恶情绪。

你对取得一定成绩的某个员工的偏爱，虽然是在很大程度上给了他信心与继续挑战困难的勇气，或许随之而来的还有更多的获得工作业绩的机会。但是企业是属于公司里每个成员的，每个人都应该享受同等的权利与待遇。你对某个员工的偏爱，就会让其他的员工为你们的这种亲密关系不知所措，一个个问号随之而来，在脑海中肯定了又否定，否定了又肯定。经过一段时间的折腾之后，他们与你和你所喜爱的那位员工的距离便渐行渐远。

由于待遇的不平等，机会享受的不公正，组织关系就会变得紧张，他们就会对工作产生抵触情绪，从而会使你的判断力大打折扣。如此下去，公司就仿佛变成了四分五裂的一盘散沙，企业的这股绳上结出了许多解不开的"死疙瘩"！

管理者对业绩不太出众或犯过错误的员工的成见和对业绩好的员工的偏爱一样，无论是对工作，还是对组织的人际关系的和谐与发展都是有害的。

古人云："人非圣贤，孰能无过？"错误固然是不可原谅的，但管理者却不能从此以后就给某位员工下"他只会犯错误"或"他根本无法办好此事"的结论。

犯了错误的员工通常都有自知之明，他们在对自己的行为检讨的同时也是懊恼不已。这时管理者对他的斥责只能使他的信心再受一次打击，甚至有了"破罐子破摔"的想法。也许他本来是个很有才华的人，却因为管理者无意中的评价给扼杀了，这显然是企业安定团结的一种巨大的潜在危险。

人们常说，一个失败者的出路有两条，一是成为更辉煌的成功者；二是成为出色的批评家。不可否认，失败是教训的拥有者，管理者如果能给他们一个成功的机会，他们就会将这些教训转化为成功的财富。所以，管理者请消除你心中的成见吧，别再对员工的几次失败耿耿于怀，再给他们一次机会。坐下来，与他们恳谈，帮助他们分析犯错误的原因，找到症结所在，恢复他们的自信心，在你的言谈举止中充分表现出你对他们的信赖。只要他们走出消极的误区，一样能为企业创造佳绩。

作为一个管理人员，你应该懂得，员工工作的好坏与他是否犯过错误，是否有过失败的经历并没有关系。失败和过失都是暂时的，不代表他一生都这样。你的任务是客观、正确地评价员工在各个阶段的工作业绩，并不断地使其能力得以提高。

如何收集考核的信息

考核是对员工业绩进行评价的主要手段。那么，管理者依据什么对员工进行考核呢？是考核信息。

假如，一名主管要对某一员工进行考核，但他却没有任何关于该员工的信息，即他对该员工平时的表现、跟同事的人际关系、对工作的投入度以及对公司的忠诚度都没有一个准确的认知，那么，他将无法准确判断该员工是否是一个好员工、是否适合公司的需要、是否能为公司的发展作出贡献。

也有一些管理者对员工的考核信息掌握不全面，常常以为自己看到的就是该员工的真实情况。在考核的时候，又往往忽略其他员工对该员工的看法，于是，对该员工做出了不符合事实的考核结果。这样做不仅得不到一个真正意义上的好员工，还有可能造成其他员工的怨言，对企业的凝聚力产生一定的影响，最终影响企业的发展。

那么，管理者应该如何收集考评信息，才能保证信息的全面呢？管理者可以通过以下3种方法对员工信息进行收集。

1. 资料统计法

这种方法是对员工的各种资料进行收集，是各种信息的主要来源，比如，工作记录、考勤记录等。这些信息主要分散在公司的各个职能部门，需要管理者进行人工收集和整理，通过这种信息的收集，管理者可以了解员工在日常工作中的表现。

2. 客户调查法

这种方法是通过企业有意识地对客户进行调查，来获取客户意见的一种方法。常用的调查方法有电话调查，填写调查问卷等。无论何种调查方法，对问题的设计都需要具有一定的技巧。只有那些经过精心设计并不断被完善的调查，才能获取到对管理者真正有价值的信息，同时还不会引起客户的厌烦。

3. 多向沟通法

这种方法是管理者与上下级或员工本人之间所进行的信息交流，可以分为横向沟通和纵向沟通两大类：横向沟通是来自平级同事之间的信息交流；纵向沟通是加强公司上下级与员工本人之间的信息交流。

（1）来自上级自上而下的反馈。

上级是最经常被作为绩效信息来源的人。人们通常认为管理者对于下属所从事的工作的要求具有全面的了解，并且他们有充分的机会对员工进行观察。也就是说，上级管理者有能力对他们的员工作出评价。一般来说，从上级那里收集到的主要是关于员工工作业绩的信息。

（2）来自下属的自下而上的反馈。

在对管理者进行评价的时候，员工是一种特别有价值的绩效信息来源。员工往往是最有权力来评价上级管理者是如何对待他们的。

（3）来自本人的反馈。

自我评价作为绩效评价信息的一个来源是很有价值的。员工是最有机会对自己的工作行为进行观察的人，而且他们通常也能够获得与他们的工作结果有关的信息。

但这种评价方法容易导致个人夸大对自己所作出的绩效评价，使评估失之偏颇。

（4）来自平级同事的反馈。

绩效信息的另外一个来源是被评价员工的同事。如果管理者无法有足够的机会观察员工的行为，那么，被评价员工的同事就是一个很好的绩效信息来源。被评价员工的同事不仅通晓工作的要求，而且也是和该员工最接近、最有机会观察该员工日常工作活动的人，他的评价较为客观。

要让三个和尚有水喝

人们经常说：一个和尚挑水喝，两个和尚抬水喝，三个和尚没水喝。有人说这是因为他们太懒惰了，才导致他们没水喝。其实并不是这么回事。首先可以肯定的是，这三个和尚并不懒惰，而是很勤快的，因为一个和尚可以挑水吃，两个和尚可以抬水吃，他们既然能够抬水，甚至能够挑水，就说明他们并不懒惰。但是三个和尚在一起，力量变大了，反而没水喝了，这是何道理呢？这是因为他们之间缺乏有效的合作与管理的缘故。

三个和尚没水喝，是因为他们没有制定明确的责任分工，导致了他们中间该由谁提水的不明确性，以至于他们认为反正别人肯定要喝水，因此他们肯定会去提水，而自己可以坐享其成，结果，他们谁也没喝到水。同时，由于缺乏有效的沟通，他们产生了一种“吃亏”的担心，即如果自己去提水了，那么他们会不会就不去提水了？而且，他们之间也没有进行良好的内部合作，即我们所说的团队合作精神，以至于三个和尚的力量加到一起不但没有得到增强，反而减小了，产生了 $1+1+1 < 1$ 的效果。还有一种可能就是水源离他们的住所太远，道路行走不便，困难加上担心吃亏的心理使他们把责任推给了对方。

要让三个和尚有水喝，应当制订明确的管理方案，即对这三个和尚进行有效的人力资源管理。如果方案进行顺利的话，不但三个和尚有水喝，而且还可以产生 $1+1+1 > 3$ 的效果。那么，该如何制订明确的方案，建立合理的体制呢？

将需要做的事情全部列举出来。如挑水、洗衣服、砍柴、做饭、扫地、接待客人、念经等，然后，规定值日制度，规定每人多长时间轮换一次挑水。这相当于进行目标管理。

规定每天必须挑水多少担。为了防止有人在挑水时投机取巧（比如说，用比原来更小的桶去挑水，或者每次只挑半担水），要对水桶的大小作出规定，并且为了在检查时不会发生争议，必须规定水桶中的水离桶沿最多不能超过多少厘米。（或者，也可以对这些不做规定，只要求满足当天的用水需求，但是，这样又可能出现另外的问题：如有人可能大量地浪费水……）这相当于作工作分析，写工作说明书。

用互锁的原理交叉地对所做的工作按照规定进行检查。这相当于进行绩效考核。

制定奖惩制度。对工作表现优秀者，可以提前去学武功。这相当于薪酬福利。

根据多次考核结果，实行奖惩。这相当于竞争淘汰。

如此一来，三个和尚有水喝就不是什么不可实现的任务了！

务必做好反馈工作

许多管理者都明白反馈的重要性，但是在实际工作中却很少有人能有效地执行。究其根源，是因为他们常常不知道该如何将考核结果有效地反馈给员工，因为在反馈过程中，员工很容易产生自我防卫的反抗情绪，甚至会与上司争辩，不仅不能达到预期的目标，还会影响双方的关系，从而导致绩效评估工作只能发挥"监督业绩达成程度的作用"，而忽略了"使员工得到成长和发展的作用"。

事实上，反馈是一种向员工传输别人对其评价的机制，向员工提供了评估其行为的机会，使他们可以考虑是否改变其行为，及对行为改变产生的结果进行反思，这样，双方都能从反馈的信息中受益。

反馈是绩效评估的最后一个环节，也是企业能否取得预期结果的一个关键环节。由于性格特征、文化背景、成长经历、智力水平、自我防卫机制、认知的需求和式样，以及成长的背景不同，在以同样的方式反馈得出相同评估结果面前，员工的反应各不相同。因此，为了达到积极的效果，在进行反馈之前，管理者有必要对员工进行研究，针对不同的员工，确定不同的反馈方式。

对员工的研究包括以下几个方面。

1. 与员工交往

在日常工作中，管理者要尽量亲近员工，与员工有更深层次的接触，增加了解员工的机会。通过这种直接交往，管理者能更加深入地了解员工，认识员工。

2. 观察员工

管理者要加强对员工的观察，通过对其行为举止、言谈习惯、在工作中的表现以及与其他员工之间的交往来确定其性格特征。

3. 间接了解员工

由于管理者很难从正面完全掌握员工的一些性格细节，因此管理者可以通过其他渠道增加对该员工的了解。比如，通过其他员工对该员工的评价、公司领导层对该员工的看法间接地获取该员工的信息，进一步加深对该员工的了解。

有了这些资料以后，再结合员工的文化背景、成长经历，以及成长环境，就可以深入了解员工了，知道他喜欢什么、讨厌什么、忌讳什么、有什么样的东西可以接受、对什么样的反馈方式不能接受。

当管理者对员工充分了解之后，接下来管理者要做的就是反馈方法的选择和运用了。反馈的过程实际也是一个沟通的过程。因此在反馈时可以采用正式反馈，也可以采用非正式反馈，即正式沟通方式或非正式的沟通方式。

1. 正式反馈

包括面谈式反馈、集体讨论式反馈和网络电子信函式反馈，其中以面谈式反馈为主。

管理者在运用正式反馈的时候应注意以下几点。

（1）尽量少批评。

显然，如果一位员工的绩效低于规定的标准，那么必然要对其进行某种批评。然而，一位有效的管理者则应当尽量减少批评。因为当一位员工面对个人所存在的绩效问题时，他往往是同意自己应当在某些方面有所变化的。所以如果这时管理者仍然再三地举出其绩效不良的例子来，那么无疑会令员工产生一种防卫心理。

（2）通过赞扬肯定员工的有效业绩。

反馈就是要帮员工找出他在工作中存在哪些需要改进的问题。当然，这并不是说管理者就要时时把焦点放在员工所存在的问题上。事实上，绩效反馈就包括查找不良绩效，但更重要的是对员工有效业绩的认可。赞扬员工的有效业绩会有助于强化员工的相应行为。此外，它还可以向员工传达一个讯息，那就是管理者并不仅仅是在寻找员工绩效的不足。

（3）管理者要注意自己的表达方式。

管理者在进行负面反馈时，需要注意自己的表达方式，应避免给员工造成不必要的心理负担。举个例子来说，如果管理者这样对员工说："你把事情搞得一团糟，你根本就没有用心去做！"那么就必然会导致员工产生抵触心理和强烈的反感，相反，如果管理者对员工说："你之所以没能按时完成这个项目，是因为你在其他项目上花的时间太多了。"结果可能好会好很多了。

（4）把重点放在解决问题上。

许多管理者在绩效反馈方面常会犯一个很"简单"的错误，那就是不就事论事。他们常喜欢在绩效反馈时对绩效不良的员工进行惩罚，因而导致在向员工传达信息的时候，总是反复强调他们的业绩是如何糟糕，应该受到怎样的惩罚。管理者的这种做法不仅不能令员工改善绩效，还会伤害员工的自尊，强化他们的抵触情绪。

2. 非正式反馈

对于一些特殊的员工，管理者仅仅通过正式反馈方式是很难达到既定的目的的。这时就需要管理者采用一些非正式的反馈方式，比如，可以请员工在休息的时间吃顿饭，在饭桌上和员工谈谈，也可以在休闲场所和员工闲聊，等等。由于采用的是朋友式的关心，而且也少了办公室中紧张压抑气氛的干扰，员工比较容易接受，也能心平气和地和管理者沟通。

另外，在对员工进行反馈的时候，还有一个管理者不能忽视的重要程序，那就是鼓励员工诉怨。由于不同的管理者对某项评估指标在认识上的差异，可能导致员工不能接受评估结果，进而产生不满情绪。这种情况，鼓励员工诉怨就成了缓解员工不满情绪的最佳方法。企业可以建立一个诉怨中心或诉怨办公室，鼓励员工去诉怨，并在这个过程中解决问题。良好的交流和诉怨是反馈的工具，是实现反馈目的的手段。管理者通过这种互动式的交流可以最大限度地实现反馈，使绩效评估工作圆满完成。

适当加压，促进业绩的提升

压力是促进员工提高业绩的有效方法之一。例如，微软公司内部实行的就是独树一帜的达尔文式管理风格："适者生存，不适者淘汰。"微软公司不以论资排辈的方式来决定员工的职位及薪水，员工的提拔升迁取决于员工的个人成就。这一点给员工带来了压力，也带来了很大的动力，促使他们更加努力地工作。

科学家验证，人的脑细胞利用率至少可开发到20%，但实际上，一般人终其一生也只能用掉10%的脑细胞。究其原因，就是因为缺少足够的压力，所以人们自然都不愿主动释放出更多的精力和能量。

于是，许多管理者都认为培养人才是一件非常困难的事情，然而事实并非如此。因为人才都是逼出来的，越多的挑战、越重的任务，就越是能够加速逼迫下属成为有用的人才。因此，不利的环境、繁重的任务反而是最佳的人才培育所。

在美国西海岸的一处山脚下有一家为军方及民间的飞行员制造氧气面罩及其他救生设备的小公司，全公司只有350名员工。商海沉浮，这家公司的营运突然间就陷入了困境，主要原因是它的工资较高，所有按钟点计酬的工作、加班费也比同行业多出一倍。但最大的问题还是在公司上下每个人全都用"平常心"做事。从经理到工人，各人做各人的事。如果公司有麻烦，那是别人的事，他们只要做好分内的工作，或者是他们自认为做好就是了。后来，公司陷入困境。没有了现金，也就无法生产，最后连薪水都发不出来，各种问题纷至沓来。这家公司的管理层到处找有这方面经验的能手，希望能使这家公司起死回生。但有谁愿意负这么大的责任？又有谁有这种高度的自信，敢保证在这种恶劣的条件下成功呢？最后，好不容易找到一位名叫艾隆·布鲁姆的年轻人。

布鲁姆接受了新的任务后，第一件事就是辞退300名员工，然后就是召集剩下的50名员工训话，他宣布："每天自上午8时至下午5时，各人做自己分内的事。你是秘书，就做秘书的事；你是经理，就做经理的事；你是设计工程师，就做设计的事。但在5点以后，从秘书到我自己，全都加入生产线，协助装配工作。你们和我都得听生产线领班的命令。没有加班费，只有一块三明治当晚餐。"

一些员工后来询问布鲁姆为什么会接受这样一个眼看就要破产的企业的邀请。布鲁姆说："我们的意愿是要使这家公司恢复正常，生产救生设备拯救生命，以合理的价钱销售良好品质的产品。另外，我们也需要我们的工作。我知道我们做得到，否则我也不会来了。"

仅过了两年的时间，这家小太空装备公司就又恢复了正常，甚至营运得比以往还要好，员工的士气为之大振，公司也开始赚钱了。

令人感兴趣的问题是，为什么在布鲁姆的领导下虽然没有加班费，每个人却都愿意辛勤加班？

另外一个更有趣的问题是：为什么在公司未走上破产之路以前，大家不会这样做？假如大家早这样做的话，公司也许就不会周转不灵了，为什么要等300名员工离开以后，让公司压力达到前所未有的严重时，他们才肯这样做？又为什么50个人能比以前350个人做更多的事？

这些问题很值得我们分析。因为之前的350名员工并不明白他们可以改变困境，同时他们也不在乎要不要改变。而布鲁姆来了之后，他让剩下来的50位员工明白了这一点，使他们在乎——如果不这么做，我们也必须像那300名员工一样离开。因此，他们完成了看似不可能完成的任务。

作为管理者，一定要善于运用自己所掌握的权力，对员工适当施加压力，从而使其充分发挥潜能，成长为出色的人才。一个管理者，应该有胆有识，不拘泥于条条框框的限制，敢于放手使用员工。这时他会发现，生产部的人一样也可以担当谈判大任，而秘书科的人也未必只会端茶倒水或者只是打打字而已。

如果管理者能让员工都有一试身手的机会，就可以从中择优而更好地达到人才利用效率的最大化。

不过，管理者通过施加压力来逼出人才的时候，应注意以下两点。

1. 善于选择施压的对象

并不是每个员工都有抗压能力。只有那些精力充沛，没有压力就会满足现状，不思进取，时间一长更会惰性大发，不但个人成绩平平，而且还会影响整个组织的工作效率和干劲的员工才有足够的抗压能力。对于这样的员工，管理者一定要给他们施加压力，用掉他们的过剩精力。

这样做一来可以提高公司效率，二来可以满足员工个人的成就感，堪称"一石二鸟，一箭双雕"。

2. 注意适度施压，适可而止

人毕竟不是机器，抗压能力再强的人也有一定的生理和心理承受力。如果只顾一味施压，却没有把握好适度的原则，那就会"过犹不及""欲速则不达"，既不能达到提高效率的目的，又会落一个"暴君"的恶名，不但搞臭了自己的名声，又压垮了一员大将，得不偿失。

古人曾说："蜀中无大将，廖化作先锋。"因此，要做一名成功的管理者，一定要记住适度施压，这是培养人才、建立大业的一大法宝。

不要让"猴子"跳上你的背

比尔·翁肯创造了一个有趣的理论——"背上的猴子",用来比喻责任和事务在管理者和下属之间的转移。身为管理者,难免会碰到以下的问题:有下属来找你,说自己有一个问题想和你谈一谈。如果你答应他,他就会花上半小时至一小时的时间把他的问题叙述一遍,结果不仅耽搁了你原本要做的事,而且你所得到的信息又还不足以让你作出任何决定。这时你就会对你的下属说:"让我考虑一下,回头再和你谈。"

于是,原本背在下属背上的猴子就在你听他述说开始,便不知不觉地爬到你的背上了。此时,你接下了下属的角色,下属反而成了监督者,他会常常跑来问你:"那件事考虑得如何?"如果他不满意你的解决方式,甚至会强迫你去做原本他该做的事。

管理者一旦让这些"猴子"跳上了自己的背,就会被下属认为是你自己要这些"猴子"的,因此,管理者接收的越多,他们给的就越多。于是,管理者每天就会被堆积如山、永远处理不完的问题所困扰,没有时间照顾自己的"猴子",工作效率自然就会大打折扣。

因此,作为一名睿智的管理者,不该让那些"猴子"跳上自己的背。管理者应该将时间放在最重要的问题上面,而不是帮助下属们照顾他们自己的"猴子"。身为管理者,必须有办法让员工们能够自己照顾自己的"猴子",让他们真正地管理自己的工作,解决属于自己职责范围内的问题。这样,管理者才有足够的时间去做规划、协调、创新等重要工作,让整个团队持续良好的运作。

一个背负着许多"猴子"的管理者,会造成以下几种不利的后果。

(1)不利于下属的成长。这会让员工养成一种有问题就依赖他人的习惯,同时也会占用管理者有限的时间。

(2)容易造成角色的错位。当管理者接下了下属的责任,下属就成了管理者,管理者反而成了处理这件事的执行者。

(3)容易造成责任的转移。在替下属解决问题的过程中,原本下属的责任也同时移转到管理者身上,因为这是按照管理者的意思去办理的,出了问题当然应该由管理者负责。

(4)会在一定程度上剥夺了员工工作的主动性,使他们认为分内的工作不做也可以，非常不利于日后工作的开展。

　　管理者要解决或者避免接收下属背上的"猴子"，最主要的是要有明确的分工。一个团队里的每一个成员应该有明确、具体的职责。每一个工作岗位应该有明确的要求，应对职务的性质、内容、责任、工作方法和任职者的条件作出具体的规定，要把猴子正确地分配到个人身上。充分发挥公司中每一个员工的积极性和创造力，放手让他们在各自的岗位上发挥才能，也就是让每个人都有发挥的空间。

　　当下属背着"猴子"来请示时，如果管理者不想推辞或推辞不掉，那么除非已经讨论出了下一步的明确行动，否则管理者和员工都不能离开。这样做可以得到三种好处：

　　第一，要让员工知道在提出适当的下一步骤之后才能结束谈话，这样员工就会在事前作更缜密的规划。

　　第二，可以促使员工采取行动。

　　第三，对"猴子"作描述，即把下一步骤说清楚，能提高员工的工作意愿，让他们跨出最具关键性的一步。

　　要想真的帮助员工，不是告诉他具体怎么做，而是要教他们思考的方法。剥夺他人的处分权，让他人的"猴子"跳上你的背，去看管他人喂养的"猴子"，并无助于帮助他们解决问题，而只是为对方做他自己可以做的事。

· 第六章 ·

降低内耗，促进组织和谐发展

管理其实就是一种博弈，对于博弈者而言，最佳战略就是最大限度地利用游戏规则，而对于管理者而言，最好的做法就是通过制定规则解决企业内部冲突，降低企业内耗。在一个运作正常的组织中，达到理想的管理质量和效率的一个重要因素就是要尽量减少管理中不必要的内耗，促使组织中的全部成员按照管理计划原则行事，集中智慧和能力完成各项管理任务要求，促进组织和谐发展。

左手"严刑重罚"，右手"法外施恩"

春秋时代郑国的著名政治家子产被推选为"春秋第一人"。他的政绩，备受封建时代统治者称道。清朝人王源说："子产当国，内则制服强宗，外则接应大国，二者乃其治国大端……子产为春秋第一人。"

子产是郑国宰相，当他将死的时候，对将成为自己接班人的游吉说："我死后，你一定会被重用，你一定要严格治理人民。火的外表猛烈，所以很少有人会被烫伤；水的外表很柔弱，但是往往会淹死人。所以你必须严格执行法制，而不能懦弱。"

子产死后，游吉到底是心有不忍，于是郑国出现了好多盗贼，都躲在郑国一个大泽里，成了郑国的祸害。游吉带兵和他们打了一天一夜才战胜。游吉感叹地说："如果早听从子产的教导，就不会有今天的后果。"

在历史上，这样的故事不断出现：

南宋理宗时，衢州江山县有一伙人想占山为王，且已经商量好了暴动的时间和地点。

不料，传递消息的人被官府抓住了。知州陈垍详细了解了这些人的情况后，便有了主意。

　　他按兵不动，派人送肉送酒给准备当草寇的人，并带口信说："你们不做良民而做草寇，不去耕田而舞刀弄枪。这样能有什么好处呢？现在送些酒肉，希望各自珍重，如果不听劝，本官就只好杀无赦了。"

　　这些准备举义的人得知密谋已经泄露，官府有了准备，只好纷纷前去自首。

　　接着，陈垍又下令：凡献出兵器的自首者一律重赏。于是，投奔官府的人越来越多。陈垍未发一兵一卒，便从容地平息了一场即将发动的暴动。

　　可见，管理者既应懂得运用"严刑重罚"的威吓手段，也应懂得"法外施恩"的笼络手段。也就是说，管理者要学会视情况而采取相应的措施，对于无法宽大处理的要"严刑重罚"，而对于那些可以挽救的事情，则"法外施恩"，给予对方改错的机会。如此一来，就能最大限度地消除内耗，把力量集中在解决关键问题上，促进企业发展。

识别员工冲突的来源

　　有人的地方就难免会有冲突，企业中亦是如此。造成企业内部冲突的原因有很多，有些是由个性差异引起的，有些则是由工作的方式甚至是利益分配引起的，有的矛盾则可能是多种原因共同作用的结果。

　　毫无疑问，处理冲突的能力是管理者需要掌握的多项技能中最重要的技能之一。美国管理协会对中层和高层经营管理人员进行的一项调查表明，管理者平均需要花费20%的时间处理冲突；在对于管理者认为在管理发展中什么方面最为重要的一项调查发现，冲突管理排在决策、领导或沟通技能之前，这进一步支持了冲突管理的重要性。

　　斯蒂芬·P.罗宾斯在其所著的《管理学》一书中写道："冲突是由于某种抵触或对立状况而感知到的不一致的差异。差异是否真实存在并没有关系。只要人们感觉到差异的存在，则冲突状态也就存在。"另外，在此定义中还包含了极端的情况，一端是微妙、间接、高度控制的抵触状况；另一端则是明显、公开的活动，如罢工。

多年来，人们对于组织的冲突大致有着以下 3 种不同的观点。

1. 传统观点

早期的看法认为，冲突是不利的，并且常会给组织造成消极影响，人们把冲突看作暴力、破坏和非理性的同义词。由于冲突是有害的，因此应该尽可能避免。管理者有责任在组织中清除冲突。

2. 人际关系观点

该观点认为冲突必然而不可避免地存在于所有组织之中。由于冲突是不可避免的，因此人们应该接纳冲突。这一观点使冲突的存在合理化；冲突不可能被消除，有时它甚至会为组织带来好处。

3. 相互作用观点

这是当今最流行的冲突理论。人际关系观点接纳冲突，而相互作用的观点则鼓励冲突。这一理论观点认为，和平、融洽、安宁、合作的组织容易对变革和革新产生静止、冷漠和迟钝的感觉。因此，它的主要贡献在于：鼓励管理者维持一种冲突的最低水平，它能使组织单位保持旺盛的生命力，善于自我批评和不断创新。

从总体上来说，企业内冲突的来源主要有以下 3 个方面。

（1）在企业，每个人都被迫必须每天与不同性格、不同主张、不同经历、不同教育程度的人来往。由于每个人个性不同，就难免会发生冲突。

（2）企业中也常出现因对工作的态度、与同事合作的意愿，以及工作技术上的不同而出现的冲突。这种冲突经常发生在当工作需要与他人密切合作的时候，当同事对于工作方式有不同的看法，或是对于完成工作的时限有不同的观点时，即便这是一点点的分歧，也会造成巨大的冲突。

（3）缺乏沟通也是造成员工间产生巨大冲突的原因。专业术语、表达不清楚、语言障碍等都可能导致冲突。例如，程序设计人员与技术人员所使用的专业术语总是让主管和业务员难以理解；而管理者常用的术语也经常让这些专业技术人员摸不着头脑。除此之外，也还有不同专业的人经常对同一种东西使用不同的术语，而对不同的东西却使用同一种术语的情况出现。如果员工们在这些方面存在差异，又没有进行有效的沟通，那么发生冲突也就难免了。

当同事之间、主管与员工之间，或不同部门的成员之间发生冲突时，介入冲突并寻求和平解决的人通常是管理者。解决冲突的办法并不是只雇用同一类型的员工，管理者应该想办法让不同类型的员工能够团结一致，完成工作。

及早拆散"小圈子"

"小圈子"一词中的"小"不是指其能量小、人数少，而是针对它只为少数人牟私利，在组织上排斥大部分人，只注重自己群体的利益，不管全局的利益而言的。有时候，"小"圈子实际上人数众多，其成员大多占据要位，活动能量很大。

企业中搞小圈子，结党营私，党同伐异往往形成这样的现象：一群人为了使自己的小圈子更壮大，就只选用自己的亲信，只选择"靠得住"的人，而排除"外人"。对于有德有能，又不是自己同党的人不但一律弃之不用，还要百般压制。他们用人的标准不是凭个人的才干，更不会通过"公平竞争"，他们看重的是对方是否是"自己人"，是否能认同小圈子中的信念，是否维护小圈子的利益。

企业常容易存在这种不正常的"小圈子"。而作为管理者最忌讳的就是组织里有这样的小圈子。因此，管理者唯有及早打破这种小圈子，才能冲开管理困境，让企业运行畅通。

英国的劳埃德保险公司历史悠久，人员众多，为"小圈子"的形成和发展提供了不少有利条件。20世纪70年代后，该公司的规模又扩大了3倍，内部的贪污和舞弊行为激增。

1982年，劳埃德公司遭遇豪顿事件，使公司内部的贪污事件公之于众。劳埃德公司声誉日下，令公司的高层领导极为震怒，当即下令辞掉豪顿经纪公司的5名主管，有关经理也受到相应处罚。同时，经过进一步追查，发现劳埃德的另几家联合体也牵涉在内。可见，劳埃德的"小圈子"弊病已经危及公司的生存。

总经理戴维森下定决心要彻底进行内部整治，强化财务规章制度。公司的第一项措施就是进行严明的分工，相应地建立具有革新意义的内部规章制度，并且严格制定保密制度、责任制度、偿付能力，以取代非正常的"小圈子"。劳埃德公司采用了现代化的经营管理方式，力图冲破内部的各种阻力，使公司摆脱内部"小圈子"的困扰和豪顿事件的负面影响，使公司庞大的保险业务获得生机。但是戴维森认为，这只是改革的第一阶段，下一步的任务是将小圈子的外围组织打破：起诉保险商和联合组织的一些经理人，让他们为其非法行为承担刑事责任。他强调，在公司内部想牟取私利，将是不能容忍的。经过戴维森的一番彻底"诊治"，劳埃德公司内部呈现出一种生机盎然的新气象。

劳埃德保险公司的转折让我们相信，打破"小圈子"是管理者拯救危险状态的组织的必然行为，管理者一旦纵容"小圈子"的发展，任其势力膨胀而不加干预的话，那它就会变大，或割据一方，搞独立王国，或藐视领导，或公然向最高领导挑战。这种尾大不掉之势一旦形成就很难处理了。有时管理者即使发现了"小圈子"的存在，由于气候已成，处理时也不免投鼠忌器，难以下手。

"小圈子"之于整个公司，就如肿瘤之于人体，一旦肿瘤恶性膨胀，就有吞噬整个机体的危险，就会形成癌症，威胁人的生命。所以管理者决不能容忍"小圈子"的存在。管理者不能纵容姑息，要坚持把它砸烂。具体做法就是要么去掉"小圈子"中的头目，要么把整个"小圈子"一并拔除。总之，决不能坐视不理，要及早发现，及早拆散。

让"横茬"变成"竖茬"

阮总手下有 8 名电脑程序开发员，他和他的部属相处得很愉快，唯独与柯易例外。柯易总是能够解决令大家头疼的难题，而且其工作业绩也很好，这使他在公司非常出名。

本来这是件值得庆幸的事情，因为大多数主管希望自己的下属能干。可问题在于柯易把迟到早退当作家常便饭，甚至还没有到下班时间就找不到人了。但是他又总能在有限的时间内将工作做完，而且还做得比别人好。

尽管如此，阮总仍然认为有必要改变柯易的行为方式，因为他的行为已经影响到了其他人的工作。于是阮总约他面谈，阮总首先肯定了柯易很强的工作能力及其出色的思维，接下来问他为什么总是迟到早退，并指出这样随意变动工作时间对大家来说是不公平的，因为这已经影响到了其他人和整个部门的工作。

但是自以为是的柯易认为既然别人跟他在能力上有差距导致了问题的产生，那么应该改变其他人的工作，或者是他自己换一份工作。他抛给阮总一个带有威胁意味的难题。

阮总并不想把事情搞得那么僵，并委婉地让柯易明白这家公司的电脑部门很有发展前途，而且他在这家公司刚做不久，离开这家公司未必会有他施展才能的舞台，频繁跳槽对他来说很不利，因此不是一种明智的选择。

于是柯易说出了自己内心的真实想法，他想得到提升，如果他的职位比现在高，那么别人就不会抱怨他的工作时间了。他认为自己的工作实际上已经合乎提升的条件，现在提升更加名正言顺。他认为阮总应该看到这一点，而且也有权力这样做。最后建议阮总不妨给自己一个不同于其他人的称呼。

阮总虽然感到很意外，但仔细一想觉得柯易的话也很有道理，因为事实上他的确是优于其他程序开发员。但阮总还是担心这是对柯易的放纵。更何况在企业中不仅仅是技术能力强就可以做企业领导，自己连按时上下班这些公司的基本规定都无法自觉遵守，怎么可能给其他员工起表率作用呢？

因此阮总认为，如果按照柯易的意思来改变他的工作职位或是予以晋升，这样做只会强化他恶劣的态度及行为，并鼓励其他同事起而效尤。但他还是必须对柯易的要求作出答复，因为处理不当很可能对他造成挫折，使事情变得更棘手。

阮总再一次找柯易谈话。这次，阮总更加仔细而又平静地倾听柯易所说的话，终于察觉到了他经常性迟到早退的不良工作行为之后的工作态度。

实际上柯易是那种需要上司额外关注的员工，原因很简单，因为柯易总是能够比其他员工更好地完成工作，他觉得自己没获得应有的权利，心里不公平，最后他的不满便以违纪的形式表现出来。因此，自认为不受上司特别的关注是柯易这种行为背后的原因。

为此，阮总向他保证，他对公司的贡献上司们都心中有数，并拿出他对柯易的工作记录证明自己所说的话是真实的，并一再强调柯易对公司的贡献是非常有价值的。同时再次提醒他，正因为他的工作有价值，所以他经常性的迟到对整个部门的运作产生的负面影响也是巨大的，会使其他员工仿效而导致效率降低，其后果是不利于全体部门的。这次谈话之后，柯易的行为便有了改变。此后，阮总继续不定期地跟他交流，以便巩固上次谈话的结果。最终柯易因卓著的工作业绩受到了公司的嘉奖。

像柯易这样的员工在许多公司中都存在，有人称之为"横茬"员工，他们有着自己的见解。以自己的想法工作时，冲劲儿十足。会遵从他认定有权威的人所说的话，但遇到某些场合时，他不会完全遵守，总会加入自己独特的想法。漠不关心同事与工作部门的状况，也不加入他们的行列，不擅长社交。简言之，在自己一人就足以完成深感兴趣的工作范围内，他是很出类拔萃的。但在与他人协力完成，或领导他人工作时，就变得很不合群，从而给企业的管理造成了一定的影响和障碍。这就要求管理者对这类员工采取一定的方法，进行适当的引导。

管理专家们认为，要将"横茬"变成"竖茬"，同时又不影响其特殊才能的发挥，可以从以下几个方面努力。

（1）研究他本人所具备的特征。"横茬"的特征未必皆如上所述，所以首先要仔细研究现实的"横茬"的特征，包括优点和缺点。接着，研究较易对他施展管理权的部分。如前所述，"横茬"会遵从他认定有权威的人说的话。所以，管理者要根据他的判断基准，研究如何才能使权威获得认可。

（2）经常和他谈话。谈话的重点如下：

首先，要坦白地褒奖他的业绩。适当的评价能使他的心向管理人员打开。其次，要求他遵照管理者的指示。他如果能了解组织应有的状态等基本常识，心中多少会觉得内疚。不要只采取正面迎击的突破方法，也要想出能应对各种状况的方法。就像在十字路口，车子如果不遵守警察指挥，应该要采取什么应变措施。

（3）建立系统。分派给对方必须获得同事协力的任务，或是必须留意整个部门的任务。让他体验无法获得成员的协力时，管理者是如何忧心忡忡。分派给他这些任务，即使心里不愿意，也不得不与管理者密切接触，于是就养成遵守管理者指示的习惯。

（4）以管理业务来提高实绩。"横茬"的价值基准大多为工作，管理者如能以管理业务来提高实绩，则能令对方刮目相看，自然能赢得对方的尊敬。

（5）管理者要严格地自我反省。某位职员会变成"横茬"，一定有其脉络可循。在演变成"横茬"的初期阶段，只要简单的对策就可使其恢复原状。"横茬"之所以会存在，不是管理者束手无策，就是没有实行有效的对策。因此，管理者必须严格反省与检讨自己的管理行动。如果管理者不能反省与检讨，改正自己的弱点，则无论什么对策，恐怕也无法产生太大的效果。

（6）变更负责的业务。"横茬"最大、最强的基盘，就是以负责的业务来提高实绩。只要他的这个最大据点没有崩溃，他也会安分守己的。变更"横茬"所负责的业务，也会导致其他员工负责的业务变更，暂时使得工作部门整个生产力降低。此时，包括"横茬"在内，员工的适应力会发生问题。因此，这个处置是最后的一张王牌。

不过，需要注意的是，管理者对于各种惩戒措施，如停职、停工或是解雇等各种处分方式即使是在职权之内，最好还是在这些惩戒方式施行前，能确定是否合乎公司的政策，并寻求公司上层的支持。如果是整个团体都涉及惩戒，管理者也还是有必要贯彻公司的规定。因此，不到非常时刻不要采取惩戒措施。开篇的案例显示，认真、充分的面谈是解决问题的好途径。因为成功的面谈可以给双方创造一个合适的环境。要使面谈成功，不但要作充分准备，还必须掌握一定的技巧。

管理者要有容才的肚量

管理者要容忍人才的缺点其实并不困难，很多管理者都能做到。尤其在中国处世哲学观点的影响下，管理者巴不得手下的人都有一些这样或那样的小毛病，这样自己的位置才会稳固，自己才会无可替代。

管理者要想做到不忌妒下属的才能，就比较困难了。

在企业，特别是大企业里面，总是不乏优秀的人才。有趣的是，那些表现得"锋芒毕露"的人，通常只有两条路可走：上位或者出局。除非碰到特别宽容的环境，否则多数锋芒毕露的人都难逃出局的结果。

为什么有才能的人职场之路会如此坎坷呢？就是因为心胸狭窄的管理者最耿耿于怀的并不是人才的缺点，而恰恰是人才的长处。这种管理者往往心里认定自己是所在部门或者公司的老大，下属的能力一定不能超过他。然而既是人才，必有自己的真知灼见，对自己的见解充满自信，不肯对管理者的意见唯唯诺诺，随声附和，自然为管理者不容。

还有一种情况就是人都好面子，管理者很容易把个人尊严看得比工作更重要。一个下属，业绩出色固然是好事，但能把与上司之间的关系处理好可能会更有用一点；反过来，如果一个下属给管理者留下了"骄傲自满""目无领导"的印象，即使他的工作成绩再好，也未必有用，管理者仍然看不上眼。

关于这一点，阿霖就有着切身的体会。35 岁的阿霖是一家信息技术公司的技术部经理，2002 年 5 月，他的部门新进了两个大学毕业生，小张和小李。小张毕业于某名牌大学，知识面比较全面，综合素质很高，当初面试的时候就给阿霖留下了深刻的印象。正式开始工作以后，小张的工作效率和效果更是出色，与同时加入公司的小李相比，就像是一个有过几年工作经验的人一般。同时，在公司的经营管理方面，小张也能提出一些很不错的提议。很快，小张不仅在部门内风光，就连公司老总都注意到了他，并且在部门经理会议上表露出重点培养小张的意思。

这下阿霖开始坐不住了。他也知道小张的确有点能力，但是这个下属平时那种自信的模样就让他感觉不爽，不就是一个名牌大学毕业生吗，有什么了不起的？阿霖更不能接受的是，现在老总竟然要培养他，天知道什么时候这家伙就把自己给顶走了。不行，得找个机会弄走他。反观那个小李，虽然能力一般，但是特别听话，还是他用起来省心一点。

怎么说也是职场老手了，阿霖知道这事不能着急，这个小张虽然没有背景，毕竟是在老总那里有备案的，再加上他的工作能力的确出色，想一下把他弄走，必须有一个很好的机会才行。一眨眼半年就过去了，到公司开年会的时候了。照例，每个员工都要在年会上作一个个人总结以及对公司或者部门第二年工作的计划和建议。会上小张的发言很长也很具体，看得出来费了不少心血，却让很多管理层听得有些恹恹欲睡，公司老总反而听得津津有味。

阿霖正听得昏昏欲睡，然而小张的一句发言却一下子让他精神起来了，那句话是这样的："我建议公司明文规定禁止办公室恋情，公司是做事的地方，同事之间就应该仅仅是同事关系，处理问题不能把私人感情色彩带上，恋人或夫妻也不应该在同一家公司工作。"

平心而论，阿霖也认为这句话有一定道理，但是这句话却恰恰戳中了老总的痛处。这个老总工作能力没话说，就是太风流，很喜欢和自己的秘书谈恋爱。现在小张提到了这一点，就算不是针对老总，老总心里大概也会很不舒服吧。果然，阿霖看到老总的脸色有点不自然，阿霖心里大叫一声：机会终于来了，这下我不把你搞死才怪。

果然，没过几天，阿霖就找了一个由头向老总申请重罚一下小张，老总问了事情的经过之后，便主动提出直接让小张走人。而那个和小张一起进入公司的小李，则因为服从管理，用着省心被阿霖提拔起来。看起来事情进行得很顺利，却没想到才过一年，这个平时看起来很听话的小李就闯了大祸，还把他的顶头上司阿霖也牵连了进去。阿霖想着自己还年轻，也不等降职命令，直接辞职，准备寻找个同行企业东山再起。很快，一家大型信息技术企业通知他去接受人力资源部经理和技术部经理的共同面试。"两位经理你们好，我是……"第二天，阿霖敲开这家公司人力资源经理办公室的门，刚刚拿出简历要递过去，忽然失声叫到："小张？怎么是你！"原来，他发现坐在桌子后边面试他的两个人中，竟然有一个是一年多以前被他扫地出门的小张。这可真是应了那句老话，三十年河东三十年河西。阿霖仿佛被人敲了一记闷棍，一下子就蒙了，大脑里一片空白，之后的面试究竟说了些什么都不知道，好在小张对他的做事能力比较清楚，录用了他。

阿霖的尴尬局面可谓给所有心胸不够宽阔的管理者敲响了一声警钟。嫉贤妒能，容不得能力比自己强的人，是管理者非常不专业的表现。俗话说："水涨船高。"管理者一定要有宽容的气量，要清楚领导不必在各方面都要胜过被管理者。要知道，真正高明的管理者正是那些善用比自己强的人才的人。

从容面对员工的不敬

手下拥有一帮有修养的员工固然可喜，但因为员工不断流动，管理者有时也会雇到一些行为不太检点的员工，他们很容易向管理者作出不敬的举动。一般而言，他们对管理者不敬的原因有以下几种。

（1）因为管理者是由公司提升的员工，昔日共事的同事，有些人认为管理者的才干不及他，所以投以敌对及不满的目光。

（2）有些人早已萌发"此地不留人，自有留人处"的心理，喜欢哗众取宠，当众人心目中的"英雄"。

（3）有些人欺善怕恶，管理者礼貌对待他们，使他们以为管理者可欺；管理者凡事以和为贵，遇事不敢张扬，于是他们存心为难管理者。

（4）有些人看准公司正是用人之际，态度嚣张，认为管理者不敢对他们怎么样，因为他们觉得管理者一时间雇不到这样的人才。

无论下属基于什么原因，只要管理者问心无愧，他们的不敬行为应该被予以惩戒。

面对第一种情况的员工，管理者起初可能会感到沮丧，继而敌视那些妒忌自己的同事，再加以整肃。然而这样做最终会使局面恶化，只有先去除掉本身的成见，了解他们的心理，用时间、耐性和友善的态度做好管理工作，既然没有深仇大恨，人际关系很快便会由紧张变得缓和进而融洽。

第二种情况的员工多是不负责任的人，也多数为刚毕业踏进社会工作的年轻人。他们从受保护的学校踏进办公室，难免感到丝丝失落。几年之内换数份工作者大有人在，往往还有与上司大吼一顿后走人的。和这些人讲道理几乎是对牛弹琴，唯有不与他们计较，抱着"何必跟他们一般见识"的心理，反倒好一些。他们在社会多待一两年，自然领略个中滋味，可能偶然会想起管理者的风度雅量来。

面对第三种情况的员工，管理者不要被他们的得寸进尺唬住。他们觉得只要跟管理者混熟了，就可以肆无忌惮。对于此类员工，管理者宜采用公事公办的方法，平日里尽管友好，但也要暗示他们公私分明。

第四种情况的员工无疑是最可恶的，他们乘公司正值用人之际，便肆意批评公司政策，每有新员工到任，立刻数落公司的坏处，让人被浇冷水般心凉半截。管理者对待此类下属，大刀阔斧是必要的，要警告嚣张的员工，声明随意毁坏公司名誉，后果自负；或是宁愿将事实向高层报告，将新员工的薪金增多，另聘人才。

总的来说，无论员工以何种方式对管理者不敬，作为管理者，都要本着以下原则处理：

（1）公事公办。

（2）耐心和友善。

（3）不与他们一般见识。

（4）不允许随意毁坏公司的名誉，警告其若不听劝则后果自负。

如何管理老资格员工

任何一家公司，都同时存在资深员工和新员工，而资深员工不一定都位居高位，如此一来，苦于无法对年长或资深的员工施展管理权的年轻管理者也为数不少。

某公司的一次人事变动中，某位主管从其他部门调到现在的部门，而全部员工的资历都比他深。其中，王先生是部门工作资历最深的人，而且年纪较长，所以对主管的反抗也最强。由于主管对他所负责的业务一无所知，便只好采取放任的态度。王先生对这位不太熟悉工作性质的主管抱着"我说什么你也不会懂"的态度，凡事都不向他报告。其他的员工虽然不像他那么露骨，但也大同小异。大为苦恼的主管接受了大学恩师的忠告，找王先生出去聊天。经过深谈，虽然王先生表现出比以前较为改进的态度，但是作风依然不改。因此，在本质上，主管的烦恼丝毫没有解决。

作为管理者，面对像这位主管这样的情况时该怎么应对呢？

管理者与员工的任务分工应该清清楚楚。一般员工都会被要求按照管理者的指令，完成分派给自己的工作。而管理者则需按照计划管理与监督负责部门的工作。这就要求管理者必须正确地认识自己与一般员工任务的差异点。公司之所以让年轻、经验不丰富的人成为资深员工的上级，那么公司并不是借重他的业务能力，而是期待他在管理与监督方面发挥实力，不了解这点，想在业务上与资深员工并驾齐驱，结果却心有余而力不足。管理者必须了解自己的职责，即使是面对资深员工，管理者也应将他视为一般员工，要求他确实完成所负责的业务。

根据上述的说法，可以采取以下几个具体对策。

（1）经常与员工谈话。谈话的目的之一，就是促进彼此的了解。另一方面，也是使员工愉快工作的必要条件。谈话的主要内容，一是把他所负责的业务全权委托给他，但要求他按照指示的方式与次数作汇报。二是拜托他指点自己有关他所负责业务的要点。这有助于管理者自身的学习。三是要明确地向资深员工表达，在工作时，视他为员工。按照规则行事是很重要的。四是从今以后，每当发现存在某些问题时，彼此务必要坦诚地交谈。管理者的这种率直态度，定能博得员工的好感。

（2）仔细研究员工的个性，如果能使员工发挥他的优点，克服他的缺点，那么他面对管理者的心理也能随之转换。抓住员工心的秘诀之一，就是管理者的体恤。

（3）管理者自身要认真学习。要尽可能早点儿掌握每位员工主要负责业务的要点。睿智的人，每到一个新部门，都会拼命地学习，尽快掌握工作部门的要点。管理者还要研究员工相互间的人际关系，以及与负责部门外部人的私人联系。经过以上的努力，管理者就能早日得到员工的信赖。

（4）离开工作岗位，要把资深员工当长者对待。在单位把他们当员工看待是天经地义的事。但是离开工作岗位后，就变成社会的人际关系，遇到较自己大的人要把他当长者对待，这是社会人应有的礼貌。所以，如能尊敬长者，他也会给予领导很高的评价。

酒与污水定律：及时清除团队中的"烂苹果"

酒与污水定律是指把一匙酒倒进一桶污水，得到的是一桶污水；如果把一匙污水倒进一桶酒里，得到的还是一桶污水。这跟中国一句俗话"一粒老鼠屎坏了一锅粥"很像。

在任何组织里，几乎都存在几个问题人物，他们存在的目的似乎是为了把事情弄糟。最糟糕的是，他们像果箱里的烂苹果，如果不及时处理掉，就会迅速传染，使果箱里的其他苹果也烂掉。"烂苹果"的可怕之处，就在于它那惊人的破坏传导力。

把一个正直能干的人放入一个混乱的部门，他可能会被吞没，而一个无德无才者能很快将一个高效的部门变成一盘散沙。破坏者能力非凡的另一个重要原因在于，破坏总比建设容易。一个能工巧匠费尽心力制作的陶瓷器，一头驴子可能在一秒钟之内就会将其毁掉。如果一个组织里有这样的一头驴子，即使拥有再多的能工巧匠，也不可能有多少像样的工作成果。因此如果你的组织里有这样的一头驴子，你应该马上把它清除掉；如果你无力这样做，至少也应该把它拴起来。

总之，企业要发展，就要把这些"烂苹果"淘汰掉。这时就必须要求企业管理者冲破感情的束缚，要有果断扔掉烂苹果的魄力和勇气。

日本伊藤洋货行董事长伊藤雅俊就是这样一个有魄力的管理者。

起初，伊藤洋货行是以衣料买卖起家的，后来进入食品业。由于公司内部没有食品管理方面的人才，伊藤洋货行的创始人伊藤雅俊花了不少代价才从东食公司挖来了岸信一雄。岸信一雄来到伊藤洋货行以后，重整了公司的食品部门，他的努力，让公司的业绩在10年间提高了数十倍，对公司可谓功勋卓著。但随着公司业绩的提高，岸信一雄开始居功自傲，无视公司制定的规章制度，更排斥公司的改革措施，公司的战略决策每次只要是执行到岸信一雄那里就一定止步不前。他不仅自己不再提高工作业绩，为公司创造价值，还对那些勤奋敬业的员工冷眼相看，嘲笑他们即使再干10年也休想获得成功。

在他的影响下，不少员工都开始消极地对待工作，整个部门的人工效率直线下降。董事长伊藤雅俊屡次对他进行批评教育，无奈他不但不改，还变本加厉，最后公司决定把他辞退。公司的这一决定在公司乃至日本商界引起了不小的震动。尽管公司内部的人都知道岸信一雄如何飞扬跋扈，但人们仍然认为辞退他是不公平的。

在面对舆论的尖锐质询时，伊藤雅俊却理直气壮："秩序和纪律是我们企业的生命，我们不能因他一个人而降低整个企业的战斗力！"今天，我们从企业的发展大局来看待这件事，伊藤雅俊的做法是正确的，严明的纪律的确不容漠视，团队中的"烂苹果"的确需要及时清除。

在一个企业，身为管理者，必须对那些实在难以管教的员工当机立断，该立即解雇！唯有如此，管理者才能降低组织内耗，促进组织和谐发展。

凡事让三分

一个公司，常见这样两种人：一种人无理也要争三分，得理一定不让人，小肚鸡肠；另一种人真理在握，却不吭不响，得理也让三分，显得卓越柔顺，君子风度。前者，往往是生活和工作中的不安定因素，后者则是一种天然的向心力。

一个活得叽叽喳喳，一个活得潇洒自然。争强好胜的人未必掌握真理，而谦虚的人，本就把出人头地看得异常平淡，更不屑于为了一点小事小非去争论。

管理者在与员工发生一些小摩擦时，往往也是考验他个人修养的关键时刻。有的管理者可以冷静地面对所发生的一切，事情往往会化险为夷，最后一切风平浪静；而如果不依不饶，得理不让人，往往会火上浇油，最终小事变成大祸，后果难以设想。管理者在处理企业内部人际关系时，要凡事让三分，得理也让人，才能不至于让别人尴尬，须知给别人一条路，同时也算是给自己留了一条路。

人非圣贤，孰能无过？得饶人处且饶人，给别人一片天，也让自己多条路！

美国曾有一位叫麦金莱的总统，因为用人问题，遭到一些人强烈反对。在一次国会会议上，有位议员当面粗野地讥骂他。他极力忍耐，没有发作。等对方骂完了，他才用温和的口吻道："你现在怒气应该平和了吧，照理你是没有权利这样责问我的，但是现在我仍然愿详细解释给你听……"他的这种让人姿态，使那位议员感到羞愧，矛盾立即缓和下来。

试想，如果麦金莱得理不让人，利用自己的职位和得理的优势，咄咄逼人进行反击的话，那对方一定不会服气。然而麦金莱得理让人，不与他人计较，让剑拔弩张的局势瞬间就缓和了下来。

在中国，廉颇和蔺相如的故事一直被人津津乐道。

廉颇和蔺相如都是战国时期赵国的大臣。廉颇是赵国的名将，而蔺相如由于在完璧归赵和渑池会上立了功，赵王封他做了上卿，官职在廉颇之上。

因为这件事，廉颇心里很不服气，扬言说："我见到蔺相如，一定要羞辱他。"蔺相如听说后，就一直刻意回避他，即便在街上远远看到他的车子过来，也都连忙躲避，甚至假装称病不上朝，以免与廉颇同列。蔺相如手下的人很不理解，蔺相如解释说："我连秦王都不怕，我会怕廉将军吗？但是大家知道，秦国之所以忌惮我们赵国，就是因武有廉将军，而文有我啊。如果我们之间起了争斗，秦国就会乘虚而入，我之所以避着廉将军，为的是赵国的利益。"廉颇听说了这件事以后，十分羞愧，到蔺相如府上负荆请罪，说道："我是个粗鄙浅陋的人，不料您宽容我、忍让我竟到了这等地步。"从此，赵国出现了将相和睦的大好局面。

一个人做错事时，往往会产生两种心理，一种是感到悔恨、抱歉，希望能给你补偿；另一种是认为和对方的交情已无法挽回，从此与之为敌。而最终选择走上哪条路，得看自己如何选择。当你记住别人与你的私怨，就等于向对方打出了战牌；而宽容和忘却则是一种召唤，是给予他人和自己一次重新开始的机会，与此同时，也是在给自己一个机会。

明朝洪应明著的《菜根谭》中说："处世让一步为高，待人宽一分是福。"古人还有"有理也要让三分""得饶人处且饶人"等不少名言警句。这些至理名言无疑告诫我们，得理也要让人，要讲礼让、谦让、退让和忍让。身为管理者，得理让三分，这才是最重要的。

如何处理员工的对抗

人与人之间的关系，有时是十分微妙的，尤其是在有利害冲突的员工之间，如果双方都年轻气盛，就很容易发生大大小小的对抗。

作为管理者，如何调解员工之间的纠纷，这实在是个棘手的问题。问题处理不当，一旦因公事变成私人恩怨，恐怕日后在工作上就会成为难解开的结。俗话说："明枪易躲，暗箭难防。"有人向你发一矢明箭，也足以叫你头痛的了。如果对员工间的矛盾处理不当的话，极有可能埋下一颗定时炸弹。

记住，在调解这些问题时一定要以公平为基本准则，不偏不倚，一碗水端平。要学会"和稀泥"，当个"好好先生"。没有必要去追查事情的来龙去脉，因为有些事情很可能是"公说公有理，婆说婆有理"，身为管理者，你所要做的只是把事情冷却，告诉双方"一切到此为止"。同时你还必须指出问题所在，例如某人的态度要改善，某人应该事事以公事为重。

同时作为管理者也应该懂得企业的内部竞争是必然的，只有竞争，员工才有危机感，才有进取意识，才有压力，才会保持毫不松懈的斗志。因此，管理者应该这样做：

（1）通过对抗考验员工的能力和品格。管理者常常需要物色一位接班人，这位接班人无疑要在自己得力的员工中选择。员工的考核，平常当然是以能力、绩效、品德等项目来评定。当员工之间发生对抗时，也可当作考核的机会。此时你可由双方所争论的问题、立场、见解或动机，去了解他们的修养、气度、眼光、忠诚等，据此作为你物色接班人的参考。

（2）有限度地鼓励对抗，来激发员工。竞争是促进进步的原动力。有限度地鼓励纷争，不一定要作出非常明白的表示，以暗示或默认的态度，即会让对抗的双方获得鼓励。不过这种获得上级鼓励的对抗，如果双方不知自制的话，后果也是相当严重的。

鼓励员工之间的对抗，应用于双方都有争胜的"野心"，欲求工作上的表现或建议。如果有"私人"介入的话，你应即刻出面澄清、调和，阻止对抗的范围扩大。否则，将会产生不利的影响。

（3）善于分析。中国有句古话，"偏信则暗，兼听则明"，是说只有同时听到两种不同意见，才能在分析比较的基础上，避免片面性，得出正确结论。有不同意见通过对抗，各抒己见，可以找出其中的缺点与瑕疵，加以弥补，可以肯定优势，加以发扬。在对立的冲突中，方案得到不断的修改、更新、完善，从而真正成为经得起推敲的最佳方案。

所以，没有反面意见时不宜草率作出决策。

（4）适当地调整职务。双方的对抗，有时很可能是本位主义在作祟，以致攻击对方所属的部门或所掌的职权，尽力维护自身的立场。本位主义的产生，一方面固然是人的本能，另一方面也可能是由于沟通不够。如果可能的话，将双方对调职务，也许对抗的情形就可以消解。不过，这也要看工作的性质及双方的特长而定，不可盲目调整，以致局面越搞越糟。

员工之间有对抗，管理者切忌在不明情况时就偏袒某一方。除非你已准备失去另一方的忠诚，否则，最好不要介入。这样，你才能处于客观，出以公正，使企业不因对抗而受到损害。

需要注意的是，管理者要引导好内部的竞争，如果造成尔虞我诈、钩心斗角的内部自相争斗，那就得不偿失了。

员工之间可能为了争权夺利而明争暗斗。如果管理者能够巧妙地加以利用和操纵，以"和事老"的身份出现，就能收到意想不到的效果。一个能够控制住局势的管理者，总是善于在派系林立、矛盾对抗的局面中寻求平衡，他往往以"和事老"的姿态出现来消除对抗，以利工作。

如何对待组织中的小道消息

所谓"小道消息"，就是通过非正式渠道传播的消息。在企业中，这类消息往往会在员工的交头接耳中传播，并以迅雷不及掩耳之势迅速在全公司范围内扩散，形成一种"群众舆论"。不论是哪个企业、哪个部门里都存在小道消息，在组织行为中可以叫作"葡萄藤"，指的是某个小道消息可能先是某甲团体成员得知，然后由 A 特别把消息透露给某乙团体的 B，而乙团体的同伴因 B 而获知新消息，再流传到其他团体。就这样像葡萄藤般一串串地串了起来。

在多数情况下，小道消息是人们茶余饭后的谈资，仅仅起消遣作用。但有时小道消息也会产生许多负面影响。

某公司是国内一家大型民营企业，这些年的发展可谓如日中天，业绩每年以80%的速度增长，产品的市场占有率也在 40% 以上。

但就在公司经营情况总体向好的情形下，公司总裁却时常觉得有点心烦。原因在于公司内小道消息满天飞，公司内一些非正式组织津津乐道于有关企业内似是而非的东西。比如：公司最近开除的那位经理是因为他拿了公司的贷款、公司在外面欠了许多钱，公司看上去发展挺好，但实际上隐藏的问题却一大堆等。这些满天飞的小道消息极大地影响了企业员工的士气与团队精神，更可怕的是，员工对企业的信心与向心力也因这些小道消息而减弱。

小道消息虽小，却特别容易被采信，因此对员工的士气、心理和行为很容易产生重大影响，甚至可能造成灾难性的后果。作为管理者，必须要采取有效的措施应对小道消息，减少对企业的影响。具体的办法如下。

1. 建立"官方"传播渠道

小道消息几乎每个企业都存在，很让人头痛，却难以消除。为什么它能大行其道，产生如此大的影响呢？其中一个重要原因在于：由于企业领导的忽视或是不重视，没有在企业内建立规范的信息传播渠道，是企业缺乏正常传播渠道造成的。企业没有给员工建立正常的信息沟通渠道，员工自然只能通过非正式组织及企业内部所谓"消息灵通人士"去获悉有关信息。另外还有两个方面的原因，一是每个员工所掌握的信息存在不对称的现象；二是一个企业中非正式组织的存在是在所难免的。每个人都可能因为未掌握事情的真实情况而产生猜疑，同时在自己的非正式组织中加以传播，于是就产生了"小道消息"。

管理实践证明，建立"官方"传播渠道应对小道消息很有效。建立"官方"传播渠道，疏堵结合。

怎样做到"疏"呢？管理者可以在企业内创办一份报刊，将相关信息传递给员工；建立管理层与员工定期沟通交流机制，及时消除员工的疑虑、误会；另外，针对企业内部有中央音响系统的状况，可开办内部电台，使信息能在第一时间传达给员工。建立了多层次、立体化的正常"官方"信息传播渠道，员工就有许多途径了解企业，小道消息自然大幅减少。

"疏"的同时，"堵"的工作也必不可少，要制定出一些禁止小道消息传播的制度。

2. 准确应用"金鱼缸"法则

金鱼缸是玻璃做的，透明度很高，不论从哪个角度观察，里面的情况都一清二楚。将"金鱼缸"法则运用到管理中，就是要求管理者增加单位各项工作的透明度。对员工关心的一些问题，如人事变动、薪资调整、公司转型、财务状况等进行定期发布，可借助企业内刊，也可借助内部网络，使员工对这些疑惑的问题能有一个清晰的解答。当企业的各项工作有了透明度，就会增强企业的向心力和凝聚力。

3. 针对小道消息的危害定期展开讨论

企业首先要做的是有关理念、态度方面的培训工作，同时针对培训内容与小道消息对企业、个人的危害展开大讨论。防止有害消息产生是最根本的问题，一般主要采取疏导的方法，另外在企业文化建设上，提倡诚信为本，公司领导言出必行，承诺一定兑现。

俗话说"无风不起浪"。在任何圈子里、有人群的地方，就有谣言，也包括"小道消息"。作为管理者，用罚款、扣发奖金等严厉的方法处理谣言，结果不仅不会把谣言扼杀在摇篮中，还会使你戴上"暴君"的帽子，并且员工也不会信服你。久而久之，你会发觉自己被困在"象牙塔"中，不知道办公室以外到底发生什么事，成为一个"名不副实"的管理者。

而事实上，如果你是一个开明的管理者，懂得把任何不利的机会都转化到有利于自己的方向，那么小道消息就同样也能为你的管理服务。

比如，当你决定对某件事进行重大改革时，你故意泄露一点消息，但不及时公布，让员工听到传言。这时，你可以观察他们对改革的反应，如果反应不佳，你就还有时间完善你的计划，而如果员工对这种改革比较满意，那你的改革就可以放心地实施了。

怎样应对员工的小报告

"小报告"古已有之。那时候人们一般习惯称之为"进谗"。所谓"谗"就是说别人的坏话。在企业中，如果这种风气蔓延，则员工将互相猜忌，人人自危，对企业员工之间的团结有着致命的破坏力。

《资治通鉴》记载，武则天自从徐敬业造反后，便怀疑天下人都想谋杀她。又因自己长期专擅国家事务，操行不正，知道皇族大臣心怀不满，心中不服，为了威慑他们，想大加诛杀。于是大开告密的渠道，有告密的人，臣下不得过问，并提供驿站的马匹，给予五品官标准的伙食，送往太后的住地。虽是农夫或打柴人，都被召见，由客栈供给食宿，所说的事如符合旨意，可破格授官，与事实不符，也不问罪。于是四方告密的人蜂拥而起，人人都畏惧不敢迈步，不敢出声。

无论何时何地，告密都是与阴暗、鬼祟、不道德紧紧连在一起的。喜欢干这行当的人与建设性活动无缘。他们热衷于用游移不定的目光八方窥探，用灵敏的鼻子四处搜寻，把思想、言论、行为举止异于某种标准的人一个个锁定在他们的视线之内，把种种所谓"异象"点点滴滴记录下来，拿到需要这些"情况"的地方去，或者等待时机以便拿它们派上用场。

在企业，这些人最喜欢把掌握的这些情况说给管理者听。面对员工送上门来的"小报告"，管理者千万要慎重对待，不可让其在组织内形成一种风气。所以，对管理者而言，这绝对是一个值得重视的问题。

1. 兼听更要明断

兼听是要求管理者听取不同的意见，以避免打"小报告"者一面之词的片面性。但在兼听的过程中，直言与谗言、规谏与拍马、真情与伪证都纷然杂陈。如果分不清是非真伪，谗言仍可在"兼听"的旗号下发挥作用。所以，在提出进贤、知人、兼听之后，人们又提出了另一条要诀：明断。

2. 理直气壮地加以反驳

采取针锋相对的对策防范和反击"小报告"，最为关键的是要选准目标，并且针对滋事生非的奸人的逆行，应采取公开论战的方法，对他所散播的流言蜚语进行大胆揭露和坚决批驳，贬斥其卑劣行为。这就要求管理者主动出击，把所发生的事情的原委详细客观地公布给大家，使人们对此都有一定知晓。接着，管理者还应让当事人与打"小报告"的奸人进行公然论战，把客观事实与那些偷偷摸摸上报的"黑材料"以及背后的各种不实之词等摆到桌面上来。之后再帮助和引导人们把正确的客观的事实与"黑材料"相互对比、推敲，进行参照。

这样一来，那些"小报告"的真假虚实也就真相大白了。

3. 利用第三者

如果管理者自己不方便直接面对"小报告"，可以利用第三者来对付，让一些比较超脱的旁观者勇敢地介入进来，这样既可以拆穿"小报告"的面纱，还可以给人们一种真实可靠的印象。

4. 公之于众法

"小报告"大多是偷偷摸摸干的。因为没有对质，所以能够蛊惑人心。如果管理者把事情的原委公之于众，而且当面辩论，让"小报告"变成公开材料，并且有事实与之参照，"小报告"的作用便大大被限制了。

作为管理者，手下难免会有爱打"小报告"的人，一些管理者却对他甚为偏爱，把他当作自己必不可少的得力助手，甚至作为单位的中流砥柱，大有舍此人又有何人能用的劲头。这些管理者了解的员工的情况大都来自这些人的"小报告"之中。并且他们认为，这种获知员工情况的途径实为一条便捷之道。殊不知，天长日久，他们已与其他员工之间出现了一道鸿沟，经"告密者"传递的信息通过"改编"已面目全非，因此，这些管理者得到的情况未必是真实的。

因此作为管理者，首先应当以自己的真知灼见客观中肯地评价事物，不被进谗者的雕虫小技所惑。这是管理者明辨是非的基础。而明辨是非对一个管理者而言又是一项重要的品质，况且，喜欢打"小报告"的人确实有点小聪明，会耍些花招，但在真正办事能力方面肯定不会突出，否则他就不会去做探子、博上司的欢心。并且管理者还应当明白，公司上下所有的人对这种人除讨厌唾弃外，再无其他的感情而言。

因此，爱打"小报告"的员工尽管在某些管理者面前是个"大红人"，深得宠爱和欢心，在单位里面也耀武扬威，媚上欺下，一副作威作福、迷惑"君王"的奸臣形象。但这样的员工在精明睿智的管理者面前却往往"绝招"失灵，耍尽花招也难讨上司的欢心。

即使爱打"小报告"的员工能充分博取管理者的欢心和信任，若管理者是一位精明能干的人，他是不会考虑提拔爱打"小报告"的员工成为自己的接班人的。如果管理者贸然地提拔告密型员工，除引起其他员工的反感外，也显示出这名管理者的无能。

精明的管理者不会重用爱打"小报告"的人，但发挥他的这种特长，把他安排在一个无关紧要的位置用劳动锻炼他，使他懂得"成功从来无捷径，甘洒血汗苦用功"，每一位管理者都应该牢牢记住：绝对不能提拔爱打"小报告"的员工，否则后患无穷。

·第七章·

有效地杜绝员工的违纪行为

正所谓："没有规矩，不成方圆。"一个企业，要想有效地杜绝员工的违纪行为，使自身健康有序地发展，没有严肃的纪律来保证，将是不可能实现的。一个团结协作、有战斗力和进取心的企业，必定是一个有纪律的企业。对企业而言，没有纪律，就没有了一切。

合理安排员工的工作时间

一些员工秉承"大错不犯，小错不断"的信条，在公司"率性"而为，于是公司内这样或那样的违纪行为便屡见不鲜了。虽然像经常性早退和迟到、不遵守安全工序等违纪行为一般不会造成重大损失，但如果任其发展不仅会影响工作效率，还有可能导致重大事故发生，因此必须妥善处理。避免这些问题的一个重要方法就是合理安排员工的工作时间。

现代社会中，许多员工觉得没有必要遵守严格的上班时间。因为可以利用现代电讯随时联系到他们。朝九晚五的制度已经不再像10年前那么有意义了。因为现代通信手段，如手机、传真机、个人电脑等，已经使许多人的工作时间和地点都扩大了。因此员工可以在家里甚至任何地方工作。

尽管各种新科技很神奇，但并不是人人都会使用，也并不是人人都乐于使用，当然还有一部分人难以承担使用这些新科技的费用。这样，尽管科技发展这么迅速、普及率如此之高；尽管有人喜欢在办公室以外的地方工作，认为随时可以和人联络上，但还是有人觉得这是负担。那么管理者应该采取什么态度呢？其实管理者不应该把时间定得很死，应使时间有弹性，以符合员工和公司的需要，尤其是在员工经常出现迟到现象时，弹性时间制度会更受欢迎。

如果希望员工上午9点即来上班，那么，管理者应该首先召开会议，简单明了地告诉他们公司规定，任何无法在9点到来的员工可在会后再进行讨论。否则，如果把时间定得很死，可能会深受迟到的困扰。

如果工作性质对上班时间有严格要求，那么管理者就要严格要求员工准时上班。如上所述，按时上下班是否重要取决于工作的性质和内容，尽管员工们通常认为迟到几分钟或半个钟头没什么关系。

然而，如果员工是因为一些必需因素而不是对于工作的态度不良才经常迟到，一般就应该对这类员工实施弹性时间制度，这是许多公司的做法。他们要求这类员工一定要达到工作量和工作时数。他们可以从上午8点工作到下午4点，或从上午9点半工作到下午5点半，或是更弹性的时间表。公司所能容忍的弹性依照公司的业务性质而定。

弹性时间制度在一些企业已经试用多年了，这当然不能完全满足所有员工的喜好。然而，实验证明，运用弹性时间让公司员工的生产力得到了提高，对工作的满意度得到了提升，因为他们不再需要每天忙于遵守既成的规定，从而使自己有了回旋的余地。

美国管理协会的专家们认为，弹性时间还有另外一个效益，那就是它可以缩短每天刚开始上班半个小时到一个小时的喝咖啡闲聊时间。如果员工的上班时间更自主，他们就不会同时到达公司，聚在一起喝咖啡、看报纸了。这个方法能让员工比以前更快进入工作状态。

弹性时间制度之所以广受欢迎，是因为它对公司和员工都有利。管理人员可以制定基本的规则，使公司在业务高峰时刻维持充裕的人手。另一方面，某些员工早点到公司或晚点下班，还可以延长工作时间而不必增加人员。总之，只要员工在弹性时间内对待工作能认真、负责，这就是一个很好的制度。

如何杜绝习惯性迟到的现象

在工作的过程中，迟到的现象会经常发生，如果偶尔因急事耽搁了，迟到一两次也无可厚非；但是如果迟到成了家常便饭，那就是比较严重的问题。

在王武的部门，几乎所有的同事都能按时坐到自己的位子上开始一天的新工作，这一切都与王武的以身作则分不开。每天，身为主管的王武总是很早就坐在办公室内，早早开始工作，王武这种行为在部门中起到了积极的示范作用。

但总有那么一个员工对王武的这种行为视而不见，迟到是常有的事，同事们都叫他"迟到大王"。这位"迟到大王"业绩很不错，人也很能干，所以对于他迟到的现象王武也就睁一只眼闭一只眼，偶尔给他来个口头警告就过去了，好在没有耽误正常的工作。

但有一次，这位"迟到大王"着实让王武生气了。

原来，有一个客户要和公司签一份购销合同，这个客户是"迟到大王"挖掘的。双方约好上午10点在公司签合同。10点钟到了，客户也到了，但客户却没有发现"迟到大王"的身影，于是就向王武询问，王武还没开口向客户解释，"迟到大王"就风风火火地推门进来说："不好意思，不好意思，路上有点堵车。"

"迟到大王"这一个堵车不要紧，客户的脸立刻拉得老长，说："我觉得我们的合同先暂时放一放吧，一个没有时间观念的员工，我不敢保证他们公司产品的质量。"说完，没等王武反应过来，该客户已经推门走出了会议室。

事后，"迟到大王"也感到自己的行为确实有些欠妥，于是一再向王武保证不会再迟到了，可到了第二天，他又迟到了。王武看到这种情况想，如果仅靠"迟到大王"的自觉性肯定不能起到什么作用，因为这已经成了他的习惯，要想改掉一种坏习惯可不是简单说说就能做到的。平常工作中，"迟到大王"在公司的人缘相当好，跟同事也都属于那种半朋友半同事的关系，于是，王武便利用这一关系想出了一个"旁门左道"的方法来矫正"迟到大王"的习惯性迟到。

第二天，正在酣睡中的"迟到大王"的手机从7点一直响到了7点半，直到"迟到大王"按下接听键。一看来电显示，竟有20个未接，一看全是部门同事的电话号码，这下"迟到大王"尴尬得恨不得找个地缝钻进去。因为这意味着部门所有同事都知道自己天天迟到了！

这一想，"迟到大王"的汗都被吓出来了，收拾收拾，赶紧冲向了公司……

这种习惯迟到的"迟到大王"几乎每个公司都有那么几个。有些员工通常主管只要给予一两次警告，就不会继续迟到。但是有些经常性迟到的个别员工即便是天天口头警告也完全无效。一般来说，习惯性迟到问题可能是由于管理者不重视、企业组织不规范、制度监控不力等多方面原因造成的，管理者可以从企业文化、制度建设和考核执行等几个方面同时入手来解决员工习惯性迟到的问题。

1. 加强员工的时间观念

首先，要提高企业内部所有人包括管理者直至最基层员工的时间意识。时间管理是企业在经营管理中一项重要的活动，是有效地管理和提高公司业绩的保证。

其次，要让员工都明白，没有时间观念的员工，是不会得到其他员工的尊重的。因此，管理者可以考虑将时间观念作为一项考核事项列入绩效考核体系。

2.建立相应的惩罚措施

建立相应的惩罚措施，如未准时到公司的员工要被罚款，罚款的数额为奖励每个准时到公司的员工10元人民币。假如，本部门有20个员工，只有一人迟到，那么就让他拿出190元，分给这些没有迟到的员工。

3.严格执行惩罚措施，别让它成为一纸空谈

首先，管理者一定要重视，制度面前人人平等，严格执行制度。

其次，执行制度时要人性化操作，如员工迟到确实有特殊情况，则可撤销对员工的处罚决定。总之，在执行制度的同时要注意不要因此削弱员工的积极性。

4.适当的时候，采用一些"软措施"

如果这些"硬方法"对经常迟到的员工没什么作用，而管理者也确实觉得这位员工是位难得的人才，那就给他来点"软措施"吧！比如例子中王武的做法。但在使用这种方法的时候，一定要保证该员工在单位的人缘是很不错的，并且不会因为主管这种开玩笑式的惩罚生气。这样，既不会让员工觉得尴尬，又不会让他们产生被"耍"的感觉。

员工经常"生病"，你该怎么办

李丛是主管的得力助手，能力很强。平时主管有什么事需要出差的话，就会把手头上的工作交给李丛负责。可最近，主管的这位得力助手的表现可真让他失望。

接近年底，公司的事情比较多，也比较累，主管被公司的事情弄得晕头转向，急得像热锅上的蚂蚁。偏偏这时候他的得力助手李丛找不着了。于是，主管问李丛的同事是否知道他去了哪里。同事说："哦，他说他不舒服，让我帮他请假。"

主管想，李丛的身体不是挺好的吗，怎么这段时间总是三天两头地生病啊？

这是管理者们经常碰到的一件事，当自己忙得不可开交的时候想找某个员工帮忙，却发现他又"生病请假"了。

虽然员工请假在所难免，但如果一个员工总是三天两头地以生病、有事情需要解决为由请假，那就不能不令人怀疑了。如果管理者对这种现象听之任之，那么请假事件就会越来越多。因此管理者在碰到这种现象时，必须及时采取有效措施。

1. 为员工营造舒适的工作环境

如果工作环境令人愉快和满意，员工的出勤率就高；反之，他们就会常请假甚至一去不回。因此，处理频繁请假的一个方法就是让工作环境更满意、舒适，更合乎人性的需要。

比如，员工都喜欢伴着轻音乐工作，那管理者可以适当地允许员工在工作的时候放一些轻音乐；再比如，有的员工喜欢轻松欢快的工作环境，不喜欢办公室的气氛像一潭死水，那管理者就要有点幽默感了，适时地在办公室说上一两句带有幽默感的话语，会令员工高度紧张的神经放松下来。

2. 向员工讲明白请假的规定

最好是在刚刚雇用员工的时候，管理者就向员工讲明白请假的规定，这样才有利于管理者以后的管理，千万不要等到出现问题时才采取措施。同时，在与员工讨论请假问题时，应该详细向员工解释每一点，并询问员工有没有不明白的地方。这样，可以防止日后员工在请假时要赖。

3. 给经常请假的员工一种危机感

如果员工总是三天两头地请假，但是看上去也不像生病，这就需要管理者适时地给员工一点危机感了。管理者可以问明白员工需要请几天假，然后告诉员工，在他没有回到工作岗位之前，公司会暂时安排其他人做他这份工作，以保证公司能够正常运转。

给员工一定的危机感并不是说管理者可以威胁员工，这样做的目的是向员工传达一种信息，"一个萝卜一个坑"，如果替代你的员工对你的工作相当熟悉了，那你的岗位就有人和你竞争，你的地位是不是也就因此受到威胁了呢？接下来的利弊，就交给员工自己分析吧！当然，这种危机感仅限于对待频繁请假，甚至请假目的不纯的员工身上。

4. 给员工提供工作的动力

黄赫是一位很有人情味的管理者。一次，黄赫看到本季度计划提前完成，于是便向员工承诺，大家可以多花点时间陪陪家人了，毕竟工作压力已经没有那么大了。

本来一片好心的黄赫，怎么也想不明白，为什么最近员工对工作变得很倦怠，光假条就多了不下20张，原因几乎相同，身体不舒服。

这种情况是因为员工没有了工作的动力，认为提前完成了任务，已经很厉害，就没有必要再那么拼命了，而管理者此时一句"大家可以多花点时间陪陪家人"更会让员工心里放松，最终对工作倦怠。

其实，这时候管理者更应该考虑如何对员工的表现进行奖励，之后再利用员工高涨的士气，激励他们去迎接下一个有挑战性的工作，给员工工作的动力，激起深藏在他们心中奋斗的热情。这样，有动力、有激情的员工又怎么会频繁地请假呢？

如何管理"老上级"

作为一个管理者，在刚升职的时候，也许都会遇到这种情况：刚如愿升职的你正意气风发地走进办公室，上司对你频频点头，同事们向你投来赞许的目光，你从容地走在人群中，自信地向别人展示着领导的魅力。这时第六感告诉你，人群中有一双异常的眼睛也在注视着你，你转过头，穿过簇拥环绕的人群，看到一抹熟悉的身影——那不是别人，正是曾经帮助过你、教育过你、提拔过你的老上级……

如何管理"老上级"是任何一个新上任的管理者都感觉比较棘手的问题。也许那个初来公司时手把手教自己的师傅，也许是曾经最为严厉而亲切的上级，也许是上个月才在部门会议上表彰过自己的领导，如今转而成了自己的部下。这的确会令人为难：曾经管过自己的人，现在又要他听命于自己，该如何开口？他们会对我心存嫉恨吗？会不会说我"翻旧账"？这一连串的问题都让新上任的管理者感到头疼。要管理这些员工的关键是要适当地协调情与理之间的比重。中国人自古就重感情，按道理来讲，如今既然身为管理者，那么就应该完全可以调动员工执行分配的任务；但是在感情上你曾经是他们的部下，所以应该对他们的意见格外尊重。如果和他们意见一致还好，倘若出现了隔阂，对同一问题的看法产生分歧的时候，是听你这个新上任的管理者的还是听他们的？这就是处理这类员工最令人头疼的问题。下面给新上任的管理者提供几条建议，帮助处理这类问题。

1. 尊重

无论如何，都要做到对他们足够的尊重，即使是在他们某些行为过激的情况下，也必须忍耐。尽量保持心平气和的态度与之交谈，不要因为一时按捺不住而使自己追悔莫及。他们毕竟是前辈，是老领导，即使出现特别严重的情况，也应该顾全对方的面子，用和善的方式给予提醒。比如说："您曾经是我的上级，您的意思我会仔细考虑，但是您也在我的职位上做过，您一定可以理解我的难处，体谅我工作中的失误。"

2. 要耐心地说服他们

既然要以一个主管的身份与老上级共事，尤其是在双方争论问题的时候，更要注意分寸，不要摆主管的架子。但这并不意味着管理者一定要遵从于他的意见，相反，管理者在充分掌握了正当理由之后，应该据理力争，对原则性问题丝毫不能让步，并要有耐心、有信心说服他们服从命令。因为毕竟管理者是最终的责任承担者，理应有权支配整个事态的发展而享有最终决定权。

3. 与他们保持一定的联系

正因为他们曾经是上级，才会让新上任的管理者有许多的经验可以借鉴。工作上，不妨多向他们请教，毕竟"姜还是老的辣"，对于他们的意见，千万要仔细斟酌。如果持否定态度，那也一定要拿出十分可信的理由来，否则固执的他们也绝对不会接受。生活中，也可以与他们保持一定的私交。周末陪着老上级出去钓钓鱼、聊聊天，也算是表示一下对他们的关心，同时联络一下感情，让他们感觉到这个"老下级"仍是一如既往地尊敬他们，会让他们感觉更加欣慰一些。

4. 以企业利益为根本出发点

美国一位大学教授做过一项调查，被调查的 75 家企业均为初创时相当成功而传到第二代的时候却没落了。原因有二：

其一，老一辈们在身心上都不能再担当重任的时候仍然不能主动退位，或即使退了位仍在公司中颐指气使。

其二，第二代年轻人怯于提出任何请他们让位的要求，恐怕受到打击和遭到别人的唾骂，而最终使企业倒闭。实际上，报答老上级的最好的方法是继承他的意志，发展公司业务；而对于他个人也可以用额外的手段来表示尊敬和重视。所以，在某些极端情况下，当新上任的管理者和老上级关系处理得十分不融洽，并已经严重地阻碍部门业务的时候，就要认真考虑一下，为了公司的利益，是否要采取些什么措施了。

如何处理缺勤率高的员工

企业常会有那么几个人总是喜欢拖拖拉拉，上班不是迟到就是干脆缺勤。这就需要管理者想方设法管理好这些人，以严肃纪律，提高整体的效率。管理者在处理这些缺勤率高的员工时，关键是要弄清楚他们缺勤的原因。伦敦大学的泰勤教授过去是英国壳牌有限公司的医学主任。他研究发现，有 60% 的缺勤者患有重病或慢性病，20% 的人患有急性病，如流行性感冒，10% 的人因患小病如受凉而感到不舒服，因他们对工作的态度不同而决定上班或不上班，另有 10% 的人根本没病，只是为休息一天假装生病。泰勒教授认为，最后 20% 的人是不可信赖的。专业心理学家称他们患有"蓄意缺勤的病毒"。并且多数情况下这种病毒是很难根除的。

对于这些人而言，工作本身只是获得薪水的一种方式，基本上不存在"快乐的工作"这种事情。他们觉得生活应该是松弛、自由、舒适的，因此宁肯满足现有的生活方式而不去加倍工作从而获得更高的生活质量。这种思想在年轻人中间十分流行，他们与前辈们勤勤恳恳、吃苦耐劳的生活态度形成了鲜明的对比。正是由于他们不能习惯这种日复一日的枯燥方式，不愿意参加那些毫无趣味的回忆，所以以短暂的休息来换得一日之闲。专家们一致认为，经常缺勤的员工精神上有问题，他们推理说，现实的工作一定是难以忍受以至于这些情感受困的人要通过缺勤来逃避现实。所以应该把这类员工归为一类，即受困扰员工。不管怎样，一般可以通过下列方法来减少缺勤：

（1）尽量找出员工缺勤的原因。

（2）加强关于考勤方面的规定。

（3）坚持惩罚制度。

（4）设立一些适当的奖励全勤的制度。

这里主要谈第一点。要知道这第一点往往是处理有心理问题的缺勤员工的关键。在管理者同员工讨论问题的时候，一定要给他们时间解释对工作、同事、工作条件、工具、设备和受到培训的反应。研究表明，影响出勤率最主要的原因是工作本身的吸引力和工作关系。

除前面提到了那种故意逃避工作的员工外，其他大部分员工故意缺勤是因为受不了工作的压力。他们很可能对枯燥的工作毫无兴趣，或是认为忙碌令他们疲惫不堪。还有一些员工是因为心理上对于复杂或不顺利的人际关系的反感而逃避工作，他们都需要管理者甚至专业人士提供有效的帮助。

总之，管理者可以对因以下问题而缺勤的人员进行帮助：

（1）对工作感到枯燥、无聊或无趣。

（2）一些意志不坚定的员工，易被不良作风带坏而无故缺勤。

（3）来自工作之外的压力太大，如家庭矛盾，削弱了员工上班的决心。

（4）上下班成问题，不论困难是真正存在的还是想象中的。

（5）因不适应复杂的工作关系或人际关系，而导致对工作产生厌倦。

（6）工作之外的实际困难，例如自己或家人生病。

（7）缺勤或迟到成了一种习惯。

以上这 7 种原因而缺勤率高的员工的确是需要管理者提供实质性的帮助或心理咨询，从而逾越困难的沟壑，但是以下 3 种人，管理者恐怕就无能为力了。

（1）工作或工资不具有吸引力。

（2）工作以外的乐趣大于工作。

（3）蓄意缺勤捣乱或给公司造成不便。

应该说，这 3 类人对工作根本没有责任心，他们的问题在于主观而非客观。对于这些人，管理者最好的帮助方式就是将他们推荐给专业心理医生予以诊治，否则只有以严厉的手段处理他们了。

如何应对有背景的下属

在公司里，也许在众多的员工中间有一两名特殊人物。他们与一般人的不同之处就在于，他们的背后还有一个甚至一串让管理者头痛的称谓：某某经理的爱子（或爱女），某某副总的侄子（侄女），某某上层人物的好友（或同学）……总之，他们与一些可能支配到管理者的管理权力的人物有着千丝万缕的联系，他们虽然是管理者的下属，但派头却大有想要压过管理者的势头，所以管理者的权力要在他们身上使用恐怕不会一帆风顺。

这些有背景的下属大多也有很强的自信心，这应该算得上是他们的一种自身优势。自信是一个人成功的基石，正因为他们或多或少都有高于他人的自信，所以只要管理者引导得当，让他们的自信更多地在工作岗位上展现出来，那么他们通常会取得比同等能力水平的人更高的成绩。当然，他们的骄横自大也有可能成为公司内部矛盾的导火索。所以用什么样的态度对待他们，用什么样的方法引导他们，管理者必须特别注意。

首先，在这位有背景的下属正式上岗之前，管理者有必要与他进行一次较深入的谈话。谈话的主要目的是对他有一个深入的了解，如他的个性、他的特长、他的缺点等。管理者要把这位特殊下属的特点进行抽象概括，以便日后能有效地驾驭他。同时不用回避有关他身份的一些问题，因为这对管理者来说不应该是一件难以启齿的事情。另外，不妨借这个机会试探一下他的口气，他是以此为荣还是无所谓；他是否愿意让周围的人知道他的这种身份；是否暗示管理者给予他一些特殊的照顾。这些信息对于以后管理者所持的态度是十分重要的，管理者必须在明确了这些信息之后才能决定在今后工作中如何对待。最后不要忘记以退为进地鼓励他一句："××经理早就名声在外，你身为他的儿子，相信一定不会令他失望，也一定不会给他丢脸，青出于蓝而胜于蓝。"

然后，就要开始相互适应地合作了。对于一般的有背景的下属，最好的指导原则就是若即若离，让他自动解除顶在自己头上的光环走到组织中来。表扬要适度、批评要公正，有时候让他感觉很亲切，似乎管理者在对他照顾有加；有时候又让他感觉好像你对每个员工都是这样，在管理者与他保持着这样一种若隐若现关系的同时，发扬部门一贯的团队优势，用各种形式的活动和互相关心、荣辱与共的精神逐渐吸引他，让他有一种想要加入组织中来的渴望，并不断激发他的这种渴望。要知道除非是特别孤僻的人，一般正常人都有一种加入集体的愿望。让他亲眼看到在该部门内具有绝对公正的竞争，每个人包括管理者都和其他人有同样的起点，不以自己是他的上级而盛气凌人，相反，当管理者遇到困难的时候，也会像其他下属一样向同伴们求助；犯错误的时候，会坦率地承认；工作出色的时候，也不会拒绝下属对你的称赞。如此一来，他逐渐便会知道，在这个团队中没有谁是有特权的，每个人都会得到平等对待。

当然，如果管理者遇上的这位有背景的下属总是和自己作对，而且他的背景又足以影响到你的前途，对这样的人适当施威是必要的，因为如果管理者一味姑息纵容，就难以维护你在众人面前的领导形象了；但是一定要讲究方法和分寸。盲目施威的，可能倒霉的不是他而是管理者自身。另外，管理者还可以通过与上司的沟通和协调，把他调入其他的部门，从而避免出现更大的矛盾。

面对不合情理的要求坚决说"不"

如果在全年最忙的几天里，有员工要请假，或者别的主管想来借一名员工用用，作为管理者，你会怎么回答？

一些平常可能同意的要求，在某些场合下却又不得不拒绝，虽然所有人都很想顺人意、讨人爱，但是在工作中又不能做到两全，难免要拒绝别人的一些要求——有的合情合理，而有些却可能是非分要求。

通常而言，遇到下面的情形，只能也必须采用一个简单的方法：坚决说不。

1. 员工不合理的请假

一种可能是员工知道请假的时机不对，没有遵守制度。这时管理者应该这么对他说："很抱歉，我们打算在那个星期盘点存货，一个人手也不能缺。你知道，正因为这样我们才规定每年的一月安排休假计划。"

另一种情况是员工的请假要求与别人预先计划好的休假有冲突。遇到这种情况，管理者首先要让他明白，批假的原则是"先申请先安排"，所以不能批准他的请求。不过，管理者可以准许他与已安排休假的那个员工协商调换休假日期。

2. 员工要求调到另一部门

如果是一个可有可无的员工向你请求调动，那就赶快批准吧！但如果是最得力的员工要求调动，而且是在工作最忙的时候，或在一时找不到人顶替的时候，那管理者千万不要断然拒绝，因为那样会使一个好员工消沉下去。

这时候，管理者应该跟他坐下来谈谈为什么要请调，而这可能会有意外的收获。因为管理者很可能发现促使他调动的原因根本与工作无关。可能是他与某位同事关系紧张，也可能是由于一些通过调整工作可以解决的问题，通过交谈才会发现问题在哪里。

如果谈话没有任何结果，并且没什么再能使他改变调动的想法了，那管理者就只好简单地拒绝。但要尽可能减少给他造成的消极影响，尽量给他一线希望。比如可以说："现在不能调，过一两个月再看看有没有机会。"

这样做，管理者不仅为自己赢得了考虑其他可能性的时间，而且在这段时间里，员工的想法也可能发生变化。但不管怎样，对员工的调动要求表现出关心，有助于减轻拒绝对员工造成的伤害。

3. 其他部门来借人

为了公司上下的团结，只要能腾出人手，这类请求一般都应该应允。但是要考虑下述问题：

会不会使你人才短缺？

你的上司会不会认为，既然你能腾出人手，你的部门是不是编制太大了？

以后在你忙得一团糟时，他会不会助你一臂之力？

被借调过去的员工本人会有什么想法？

其他员工会不会拒绝顶替把员工借出去产生的空当？

短期借用有没有可能演变成长期调任？

答应了这一次，有多大可能还会有下一次？要记住，答应了一次，那他很可能还会来找第二次、第三次。

如果出现了以上问题，那管理者恐怕只有说"不"了，不过怎样拒绝对方依然至关重要。因为：

首先，身为管理者，你并不希望别人认为你不合作，何况自己将来也有求人的时候。所以即使拒绝，也一定要让他知道你很想帮忙，只是受客观情况的限制你才爱莫能助的。

要是能给他出一些主意也会有帮助。例如建议他："何不要求雇个临时工？"他很可能已经这么想过了，但你提出了也就表明了你的关心，表现了你的合作精神。

4. 员工要求加薪或升职

遇到那些特别尽职尽力的员工请求加薪或升职时，要开口说"不行"实在是一件很为难的事。

特别是有些员工的职位、薪酬早该变了，但预算紧缩，生意清淡，或其他因素使管理者无法对他们的勤力予以奖励，要说"不行"更是难上加难。

这时，简单而又有效的处理方法是如实相告，说清楚为什么不能提职或加薪。

处理这类问题时，切忌作超出管理者职权的承诺。即便管理者表示承诺的事要视将来情况而定，如等生意出现转机，预算松动之后，等等。

处理员工违纪要保持一致

工作中，管理者经常会遇到"员工违纪"的现象，但在处理这些违纪现象的时候，有些管理者的处理方法却让人不敢恭维。

阿乐是公司的业绩"达人"，每次考核都是公司的前三甲。可最近不知怎么的，阿乐上班总是迟到，前两次，主管没说什么。可阿乐迟到现象并没有好转，第三次迟到，正好被主管逮个正着。于是主管就利用这个机会给了阿乐一次口头警告。阿乐迟到的问题总算得到了解决。

可这下，吴勇有怨言了。

原来，前两天，吴勇也迟到了，不但因此被主管罚了200块钱，还被扣发全勤奖。但主管对阿乐迟到的问题仅仅就给予了一次口头警告，为什么对自己就罚钱呢？吴勇心里很不服气，但碍于面子又不愿找主管谈话，于是这块大石头就堵在了吴勇心里，一直没得到解决。从那以后，吴勇就慢慢觉得公司主管做任何事都偏向阿乐，阿乐业绩优秀也是主管愿意把好的客户源分给他的缘故。吴勇心想：反正自己再怎么努力，也赶不上人家阿乐，就干脆给他当垫背的好了，谁让主管那么器重人家呢！

一个月后，吴勇的业绩明显下滑了，于是主管找吴勇谈话，询问原因。吴勇说："公司分给阿乐的都是质量好的客户，而分给我们的却是那些劣质的客户，所以业绩才会不如他。"听到吴勇的描述，主管很吃惊："你怎么会有这种想法呢？"

"难道不是吗？"吴勇不满地说，"公司连迟到处分都不能做到公平，还能谈在工作上的公平吗？"

这下，主管知道吴勇闹情绪是上次对两人迟到处分不一致造成的。主管恍然大悟，原来在对员工进行处分时的不一致会给员工心理造成这么大的影响！

俗话说：没有规矩，不成方圆。企业的规章制度既是对每位员工的要求，又是员工在企业工作过程中的行为准则，同时也是管理员工违纪处理问题的标准和依据。对违纪员工进行处罚本无可厚非，但如果出现这种不一致的情况就难免要使员工不服了。

现代企业，大多提倡人性化管理，而对员工最大的人性化管理就是公平公正地对待每一位员工。在处理员工违纪这一问题上也不例外。管理者要想做到"一致性"就要按照公平公正的原则处理。首先要区分"人"与"事"，即对事不对人。接下来，要在"事"上保持一致性。"一致性"不单是要对所有员工一视同仁，而且在每一件违纪事件的处理上保持一致。比如，例子中阿乐迟到3次就只给予警告，而吴勇迟到就被罚款200元，这就叫作"不一致"。"不一致"一则有失公平、公正；二则必然导致双方看法的分歧，而这种分歧必将产生矛盾；三则无论是阿乐迟到还是吴勇迟到，这些违纪现象企业中会有很多人知道，大家都睁大眼睛看着处理的结果，这也预示着你以后对同类问题的处理态度。如果管理者能够公平公正地处理问题，将在员工心中树立起良好的"榜样"，对以后的工作起到推进的作用；不能够公平公正地处理问题，将给员工留下晦暗的"身影"，不但有损自我的公众形象，更有损于企业的文化建设。

但是保持"一致性"并不是要求管理者没有人情味，对任何情况造成的违纪现象都"一视同仁"。

李慧近段时间以来每隔一天就迟到。王经理虽然注意到了这个情况，但他觉得虽然李慧迟到了，但并没有因此耽误工作，他认为李慧应该不会总是迟到的，所以不提也罢。直到两周后，李慧还是经常迟到。王经理认为，不能因李慧没有耽误工作，就不处理她迟到的问题。因为这对其他员工并不公平。她的许多同事都已经注意到她迟到，如果不加处置，他们也会如法炮制。鉴于此，王经理决定和她谈谈，问她为什么无法准时上班。

在谈到迟到的原因时，李慧的眼眶充满泪水，王经理也看得出她很难过。在表达了自己的歉意之后，王经理问李慧可不可以把事情告诉他，李慧被他的真诚打动，说出了事情的真实原因。

原来，李慧的母亲病情恶化，需要进行化疗，李慧必须早上送母亲到医院，由于家离医院比较远，很不方便，自己又不想麻烦任何人。所以，她便利用午餐时间赶工作，以保证当天的工作能够及时完成。李慧说："这种情况恐怕还得持续一段时间，因为我母亲的病还需要治疗。"

听完李慧的话，王经理安慰她不要担心，并告诉她在碰到问题时应立刻来找他，如果有特殊需要的话，公司可以允许有弹性工作时间。对于出色的员工，公司也不坚持一定要遵守规定。

这个例子说明，在某些特殊的情况下，是可以允许员工"稍稍"违规的。毕竟，规章制度是人制定的，如果员工真的有特殊情况，比如李慧的情况，如果管理者还要执意地保持"一致性"，就显然有些不近人情了。何况这种情况下保持"一致性"的行为不仅不会得到员工的支持，反而会为自己的管理设置不当的障碍。

员工经常酗酒怎么办

饮酒本属于员工的个人问题，这里之所以提出来，是因为一旦饮酒过度就变成了酗酒。而员工经常酗酒，将给公司和家庭带来极大的损失。据统计，美国每年因酗酒造成的损失大约为260亿美元，所以国外的一些大公司对酗酒是十分反感的。目前我国许多人还没有意识到员工酗酒对工作的严重危害，还信奉着"饭桌上谈生意，酒杯里交朋友"的"古训"。也许管理者手下的员工中就不乏这样的人。以下一些方法可以帮助判断所管理的部门是否有酗酒的员工。

美国康内尔大学的哈里森·M.特里斯教授建议管理者，首先应看看这名员工的缺勤记录，他认为缺勤率剧增几乎总是与饮酒问题相伴。特里斯教授还指出，在对一个公司200例酗酒情况的研究中，严重的酗酒者的缺勤一般有以下4种情况不同于正常的缺勤。

（1）一周中缺勤情况很散，既不是星期一也不是星期五（可能是酗酒者怕引起别人注意）。

（2）工作日中短时间缺勤很普遍，比如私自延长午休时间，工作表现每况愈下。

（3）部分缺勤很普遍，员工常常迟到或早退。

（4）迟到不是公司中酗酒者的一个显著特点。人们普遍认为不能证实酗酒者一定会迟到。

基于以上几个方面，管理者可以大概判断一下所管理的部门是否有酗酒的员工。一旦发现并证实存在酗酒者，需要立即对他提供帮助。一些资料表明，酗酒者需要特殊形式的帮助。对此，美国卫生教育福利部对这方面工作提出了9条建议：

（1）不要因为自己的部门有酗酒的员工而感到内疚，管理者的职责是保证所有员工保持良好的工作状态。

（2）鼓励员工对他的工作表现、行为或出勤率为什么会每况愈下作出解释，这样就可以有询问的机会。

（3）不要被贪杯人的借口——如夫妻关系恶劣、儿女问题或经济问题所迷惑。对管理者来说，问题不是员工是否好饮，而是其嗜酒对工作、行为和出勤率影响如何。

（4）不要被贪杯者肯定地承认自己已经去看了内科医生或心理医生所敷衍。员工可能说内科医生或心理医生并不认为其好饮是个麻烦事或想一旦出现了麻烦就会立即戒酒。治疗专家可能不会知道员工的工作因嗜酒而处于危险境地。

（5）不要与人讨论饮酒的权利，最好不要用道德说教。美国卫生教育福利部的人认为，嗜酒如命是使人日渐衰竭的慢性病，如果治疗不当最终会导致精神紊乱或死亡。

（6）不要建议员工节制或改变他的饮酒习惯，一个贪杯的人一开始是不会自动地戒酒的。

（7）切记：嗜酒者应该像其他病人一样有治疗和恢复的机会。

（8）强调身为管理者，最应关心的是员工的不良工作表现或工作行为，管理者可以明确地声明，如果不加以改进，就将对他们处罚，如停职或辞退。

（9）声明决定接受恢复性治疗是员工的责任。

请相信，这些建议曾经指导了无数位管理者去挽救他们酗酒的员工，效果有目共睹。认真地阅读并体会其中的意思——不要嫌它们冗长，毕竟拯救一名酗酒的员工不是一件容易的事。给每一名贪杯的员工一个治疗的机会，但同时也应该明确地要求他们必须配合治疗，否则将会失去工作，事实证明，这比失去亲友更有效。

采用"渐进式"纪律处分

惩罚的目的不是为惩罚而惩罚，而应当是教育、帮助员工，尤其是有些员工对自己的违纪行为不以为然，对于一些错误一犯再犯，不肯下定决心去改。对于此类情况的处理，最好以渐进的方式。惩罚这种经常性犯错的员工，给他一个心理适应期，实在不行也只能采取最后必要的手段——解雇。

一般而言，管理者都赞同如下这种渐进式的处理方式：

第一次违纪被发现的时候，管理者对其行为进行提醒，并教导他怎样做才是正确的，以及为什么不能像违纪行为那样行事。比方说员工在工作中没有穿工作服，管理者应该提醒他穿上。

第二次违纪行为被发现后，违反同一规定的违纪者被主管叫进办公室。主管告诉他，如果不改变违纪行为，就不可以继续工作。此时，主管拿出这名员工的事件记录，提醒他这是他第二次违反公司的规定，并提醒他，若下次再犯，恐怕就要遭受减薪的处分。

不久，这位员工第三次犯了同样的错误，于是主管告诉他，他将因此而被扣薪；下次如果再犯，就会遭到停职的处分。然后，主管便将其第三次违纪行为记录在员工事件记录上。

没几天，这位员工第四次违反了纪律，但是这次违反的纪律与前三次不同，但是主管认为他的纪律意识丝毫没有得到加强，于是决定给他停工两天的处分，并告诉他，如果下次再违反任何公司的规定，就会被解雇。主管人员也将这次的违纪行为作了记录。

然而，不到一周，这名员工就再次被主管发现违纪行为，而且所犯错误同前三次所犯的错误一样。于是主管决定解雇他，在同相关部门协商之后，这位屡次违纪的员工被解雇了。主管照旧做了记录。

在日常管理中，这一处理方式不但为大多数管理者所认同，即便是被解雇者也没觉得有什么不公平。因为并不是公司没有给他改进的机会，而是他自己不珍惜这些机会。因此即使员工被解雇，也是在他自己预料之中的事，因为前几次的告诫已经让他有了心理准备。

一般来说，惩罚应该是在沟通无效的情况下才采取的措施。不过与员工沟通应该是在刚刚聘用时就开始，在录用员工的时候首先就要让员工能确实知道公司的员工守则、常规及政策。在录用之后，也要定期地给予提醒，让他们不要忘记。

如果管理者没有事先告知员工公司对他的绩效在质、量方面的标准，那么以没有达到预期的业绩为理由惩罚员工是不公平的。即便是员工违反了纪律，但如果管理者没有对其进行纪律教育就惩罚他，那也是不公平的。因为此时他处在一种信息不对称的不利方。

如果以上工作管理者都已经做到了，那么就应该给员工机会，大胆放手让员工按照自己的思路工作，这样一方面表明了公司对他的信任，另一方面也让员工明白业绩的好坏，对公司规定的遵守程度都取决于他自己的努力程度。这样员工也将会愿意对自己行为的后果负责。

管理者对员工的工作，只能在总体上起指导和调控的作用，而不应对他的具体工作指手画脚，过多干涉，这样会使他不知所措，甚至自尊心受到伤害或自信心受到挫折。因为管理者这样做无疑是说他不行，或至少是说他做的没有合乎你的期望。大多数员工对这种严格的监视都持反感态度。如果管理者对员工的具体工作干涉过多，那么一旦出现问题，员工也就有了借口，因为他的行为是在你的具体指导下作出的，因此该负责任的应该是你而不是他。

由此可见，惩罚员工的确是一件很麻烦很棘手的事情，要处理好其中的种种困扰并不是一件轻松的事情。比如，如果被惩罚的对象是与你一起摸爬滚打一路走来的好友，或者是年龄和资历都比你深的元老，那就更增加了这个问题的复杂程度。如果实在是迫不得已，需要运用惩罚的手段，那也要尽力使彼此的不快降低到最小的程度。

如何对待屡教不改的员工

王东是某大型民营企业的元老级员工，曾与老板一起打天下，在公司创立初期立下过不少功劳。可是在公司成功上市之后，本以为可以"享享清福"的他却接到了总经理的解聘书。在王东看来，公司这种做法是小人手段，"过河拆桥"。接到解聘书的当天，王东在办公室大吵大闹，宣称自己受到了不公正的对待。

第二天，在公司的公示牌上，总经理留下了这样的话：员工朋友们，大家好！说实话，作为总经理，我并不愿看到王东离开公司。他曾是一位十分优秀的员工，在公司成立初期所作的贡献是有目共睹的。但现在，公司上市了，成为一家大型公众企业。大家都看到了公司的进步，可是王东却未能与公司共同成长。他不再是那个勤勤恳恳、努力奋斗的王东了，他变得居功自傲、脾气暴躁、自以为是，不遵守公司制度，迟到早退更是家常便饭，还常常不经上司的同意自作主张。更不可原谅的是，他不懂得企业服务人人有责，对待外部客户态度恶劣，致使公司失去了很多十分重要的客户；对待公司同人更是傲慢无礼，严重影响了公司同人的士气。王东的种种做法已经严重影响了公司的经营和管理，公司曾多次对他进行教育，他却屡教不改。最终，公司经过慎重考虑决定将其辞退。

为什么总是有那么多的员工时常重复犯错，却总是规劝无效？究竟是他们冥顽不灵，还是管理者的管理方法需要改进？管理就是博弈，而博弈的双方是管理者与员工，品质极其恶劣、不听劝告的员工是极少数的，对这样的员工，解除劳动合同是最好的管理方式，否则会严重影响企业的士气与纪律。而对于一般员工而言，他们的"屡教不改"往往是由管理者不恰当的处理方式造成的。如何对待屡教不改的员工，管理者可以参考以下3种方法。

1. 以纪律强制约束员工的行为

如果管理者针对员工的违纪行为采取了劝告、教育等措施之后，还是不能杜绝个别员工屡屡违纪的行为，这时候就要选择以纪律来强制约束员工的行为，采取相应的处罚或惩罚措施。

2. 对犯错的员工不要姑息

有些企业管理者过分强调人性化管理，对人性的假设以"善"为唯一标准，因此对所有员工都强调"宽容"之心，对员工的违纪现象采取姑息态度，期望能够感化犯错的员工。这样做的结果却使员工认为自己的行为并不是什么大错，不会给企业造成损失，于是放松了自己，以至于以后还会再犯同样的错误，到那时你再想纠正他就很难了。

3. 避免情绪化

面对屡教不改的员工，管理者难免会带有情绪，往往会在极度愤怒的情况下批评员工。然而，这样的做法只能让管理者失去焦点，问题非但不能解决，最后，留给员工的只能是满肚子怨气，对问题的解决百害而无一利。员工屡教不改固然可气，但要想真正教育员工，就必须要克制自己的情绪。管理者只有让自己保持平静，才能找到适当而有效的方法解决员工的问题。

·第八章·

防止跳槽，让员工"把根留住"

企业可以靠高薪吸引人才，却有可能靠高薪留不住人才，那么企业到底"拿什么留住人才"？这是摆在管理者面前的一项重大挑战。企业如何让人才"把根留住"？一方面，企业要建立"硬机制"；另一方面，也是最为重要的一方面，就是营造企业"软环境"，建造好人才停泊的"港湾"，用自己真诚的"心"把人才的"心"留住。

员工跳槽前的信号

毫无疑问，对任何企业而言，人都是其最重要的资源。员工跳槽，特别是优秀的员工跳槽，对企业，尤其是对中小企业的影响很大，有时甚至是致命的。

那么，怎样才能提前知道有哪些人准备跳槽呢？其实，对于想要跳槽的人，在这之前是有几点信号发出的。

1. 对工作的热情明显减少

与以往相比，工作劲头和工作效率大打折扣，他是在岗位上应付差事，虽然许多人心里也告诫自己要站好最后一班岗，而实际上却已心不在焉，也许热情已跑到即将上任的新岗位上去了。

2. 频繁请假

如果这个人一向都很遵守劳动纪律，不轻易请假，而现在突然开始频繁请假，那就要考虑此人是否准备跳槽了。请假无非是去联系新单位，或作一些应聘准备，还可能是处理私事。既然准备跳槽，就再也用不着像以往那样积极地表现了。

3. 开始整理文件和私人物品

办公桌前所未有的混乱或整洁，并陆续用一些手提袋将自己的东西分批拿回家，到时可以一走了之。

4. 和周围人的关系不再像以前那样

以前特别喜欢拍领导马屁的人突然不拍了；喜欢传闲话、打小报告的突然变得"懒散"了；原本热心"公益"活动的人也不再乱掺和了；即使以前为了搞好同事关系而抢着打开水倒茶的也罢工了……这样的转变，绝不表示这些人懂得做人，成熟了，而是因为他们马上要离开这里，用不着再让自己受委屈！他们在接电话时语言已开始暧昧，甚至会神神秘秘，往往会来上一句"到时再说吧"！

诸如此类，就说明此人已是"身在曹营心在汉"了，只等这月工资发下来。

但是，即使你所猜测的以上种种跳槽迹象是正确的，也知道确实有人要跳槽，又能如何呢？顶多是严加注意，预防他在业务、债务方面造成什么遗留问题；再有就是做好心理准备，不至于在收到辞职报告时还傻呼呼地来上一句"我们正要重用和提拔你，你怎么就……"就像某些被辞退的人正准备雄心勃勃地替上司卖力，却接到人事部的辞退令一样。

"人往高处走，水往低处流。"员工"跳槽"本身是无可厚非的。虽然对于"从一而终"和"不侍二主"的传统思想而言，跳槽可能是一个十分严重的道德问题，但在现代社会，跳槽就是一个很纯粹的经济问题，与道德无关。也许新的单位有更优厚的待遇，有更适合他发挥能力的职位，总而言之有他选择那里的理由，所以管理者也用不着对此忿忿不平。

在多数情况下，公司都比较偏重于雇用那些愿为公司奉献终身的员工，首先这种想法是很正常的。但现在随着对外开放的力度加大，西方企业中的一些新的思想开始在国内传播。比如许多外资企业都愿意招聘那些工作经验丰富的人。因为"跳槽"至少可以说是一种经验的累积。每到一个新环境，人的工作能力、与人相处的能力都会有不自觉的提高。所以，话说回来，倘若只许你雇用"跳"来的员工，而不许自己的员工"跳"走，也实在是有些不通情理！

员工跳槽的理由

现代企业常出现人才频繁流动的现象，员工之所以想跳槽，主要有以下3个原因。

1. 因人际关系不佳而跳槽

在所有跳槽的员工中，因人际关系不佳而跳槽的比率特别高。员工大多很重视人与人之间的和谐，祈求做到人人都满意，一旦与同事产生摩擦，工作效率就会直接受到影响。如果关系未能改善，一些人就宁愿另找新的环境。

与同事的感情不睦，尚且令人沮丧；与管理者的关系不好，也是员工跳槽的原因之一。在他们的心目中，认为得罪了主管就等于被判死刑，终究有一天会被排挤出门；与其被主管冠以"莫须有"的罪名加以整治，倒不如自行辞职的好。

2.工作压力太大

随着社会竞争日趋激烈，工作压力大也越来越困扰着企业员工。许多员工最终还是因为无法承受过大的工作压力而选择跳槽。

工作压力大最明显的体现就是工作太忙，需要频繁地加班，固定电话、手机、传真机不停地响，上洗手间都要用跑的；休息日不是在单位加班就是在家睡觉补充睡眠，所有的业余时间都被做不完的工作所占据，搞得人身心俱疲……于是便有员工大呼："宁可少要工资也要跳槽！"

面对这种情况，管理者一定要及时疏导员工的压力，组织员工参加一些放松、减压的活动。至少要让员工开心地忙、开心地累。

3.难以适应新上司

有些公司员工跳槽的现象往往出现在一位新上司上任之初，前任上司率众辞职，将残局留给新上司收拾。如果你是那位新上司，上任后即遭此打击，多少也会令你感到兴致索然。

或许因为其中一位具有领导才能的员工请辞，几个平日与他谈得拢的员工也要求辞职。一时间，你的部门人心惶惶，以为你存心铲除异己之念而纷纷意动。

面对这种情况，首先你应该在上任之初，即上任的当日，便提议与员工一起举行一个午餐聚会。你要秘书替你订好位子，在午餐之前先声明你很高兴能与他们共事，并说已翻看所有员工的资料，非常欣赏他们的工作成绩。在比较过外面的薪金后，发觉有薪金偏低的员工，你正在努力争取中。

在以后的工作中，你注意那些薪酬偏低的员工，看看他们的工作能力是否理想，然后再加以引导。

本来，新上司上任即有员工请辞，原因是有些人不喜欢改变现状。他们已经习惯了某上司的作风，当上司辞职后，他首先想到的是希望能带他一起投效另家公司，而不想怎样习惯新上司。实际上，他们心中那种抗拒改变的意识，也同样地不容易接受新公司的制度。如果管理者能及早让他们对你产生信心，员工的流失率会及早得到控制。

知道员工想跳槽后该怎么办

当管理者知道某位员工有跳槽意愿时，应采取以下步骤：

（1）在拿到员工的辞职信后，仔细了解他的辞职原因：通常书面所写比较婉转，却是一项永久记录，也可以给你一个初步了解。

（2）与辞职的员工交谈，事前拟好要问和要说的话，让他畅所欲言，有必要纠正他所误会的事。因为每一位去职员工，尤其是优秀人才，一旦成为同行业某公司的要员，就可能对你公司的业务造成长远的影响。

（3）当一位优秀人才辞职，其他员工纷纷求去时，往往会令你乱了阵脚，这不一定是你的错。良禽择木而栖，不管公司的制度多么健全，优秀的人才仍然会选择更好的机会，而一些平时表现较平庸的员工，如果你认为值得挽留的话，就加以挽留。向他们了解辞职的理由是否盲从附和，从中表明公司的立场，请他们再三考虑。

（4）对于一些不是因为犯了错而辞职的员工，在他离开前应表示欢迎他有机会再来效力。在以后的日子中，该员工在其他公司获得的经验，对你和公司均有好处。

给予员工晋升的希望

每个人都希望自己的工作能更上一个台阶，希望自己的未来有个奔头。然而管理者很多时候只顾着自己的前途，而忘记了员工的未来还握在自己手里。

其实管理者只要稍稍进行一下换位思考，就很容易想到这一点。普通员工职位不高，薪资也不高，同样缺乏安全感，因为外面还有一大堆人随时可以进来取代他们，如果管理者不为他们规划一条路，确定一个努力方向，给他们一些晋升的希望，他们怎么可能安心工作呢？

管理者给员工晋升的希望，并不是说员工能否晋升完全掌握在管理者手中，这是不太可能的，毕竟每个人的路都还要自己去走。这句话实际上有两层意思：管理者作为公司的骨干，首先要支撑起公司，让公司有很好的发展前途，这样才能让员工不用担心随时可能被裁掉；其次就是管理者作为员工的职业导师，要注意帮助其成长，让他们具备晋升的本事。两层意思中，第一层不言而喻。管理者也需要为自己的未来努力，最好的方法必然是让公司更上一层楼。关键是第二层，这正是考验管理者管理能力的地方。

从第二层意思上讲，给员工晋升的希望，最好的方法莫过于帮助员工制定职业规划，让他们看到自己未来可能的职业走向。不要以为这是个华而不实的形式，一份好的职业规划，甚至可以起到定心丸的作用。不但有利于企业人员稳定，还有利于企业效益增长，而且两个作用还能相辅相成。即使一个人有了稳定工作，他仍然重视着机会，因为机会就代表着提高。晋升到去做一项很有挑战性的工作会被员工看成是机会，也会挑起他们跃跃欲试的心思。

给员工晋升的希望也是留住员工的方式，是因为这正符合了用感情稳定人心的理念。管理者这么做，是很能收买人心的，因为这种做法体现的是他为员工着想的心思。当员工知道那个平时严肃的上司竟然如此帮助他的时候，怎么可能不感激管理者呢？再有一点，对管理者本身而言，帮助员工争取机会也是一件好事。一次一次的学习机会能让下属更快地成熟，员工和管理者一起进步带来的结果就是双方都得到晋升，管理者可能被调到更高的位置，而员工就被提拔起来接替他的空缺。

给员工晋升的希望，在实际工作当中要怎么表现呢？总不能直接和员工说"你不久可能会被晋升，你应该好好感谢我"这样的话吧。当然不能这样直接讨人情，因为这样反而容易让员工生厌，聪明的做法是在员工做的过程中让他意识到这一点。管理者可以通过下面四个步骤来达到让员工感觉自己有晋升机会的目的。

1. 把新的工作交给员工

让员工感到自己受重用的最佳方法是通过工作来进行。与其纸上谈兵，不如给予实际训练。因此在考虑、衡量员工的条件后，应放心大胆地交代工作。

交给员工他们未曾实践过的工作，可以让员工感觉自己受到了重视。不过，在此之前先要设法让他们树立真心实意、全力以赴去做好的思想。如果员工产生"这是领导指派的，不干不行"的消极心理，就很容易导致失败，更无从谈起掌握新技能了。

在员工认真从事未曾实践的工作时，管理者应仔细观察进展过程，并给予必要的指导。在工作过程中，员工一定会遇到许多困难和障碍，当他们本人无力克服，也无人给予支持时，势必导致失败，从而会失去信心，进而得出"没做过的工作做不好"的消极教训。就将直接影响员工提高能力的兴趣和信心。

因此，管理者要及时进行鼓励："我想你一定也很想提高自己的能力吧，我也常常怀有这种希望，而要想提高能力，就必须同自己未曾实践过的工作进行较量，敢于面对新问题。我认为你有完成这项工作的能力，正因为这样，我才提出让你去做。而且我会支持和帮助你，你先试试看，一定会成功的。"

2. 协助员工完成工作

在工作途中有时会发生取消员工工作资格，转而由其他人接替的情况，这多是由于交付的工作未能按照管理者所期待的方式完成。"你已尽了努力，但是似乎无论如何都无法完成工作。""对你来说工作或许太重，还是由 B 来做吧。"以组织整体来看，此种做法确实可以防止时间的浪费，却让员工丧失了信心、丧失了工作热情。在员工遇到挫折时，或许是因为管理者的指示与建议有不当之处。此时必须深入考察员工本人、周围情况，查出问题关键，讨论推动工作、超越障碍的方法。可能的话，与下属一起讨论、商议，听听员工的说法，支持员工坚持到底，完成工作。这绝不是对员工的无谓帮助，而是教导员工的一个方法。员工在此种教诲下，可以累积难得的经验，并且能够领悟到工作的诀窍及产生坚持到底的决心。更重要的是，提升员工的能力，为以后给他升职奠定基础。

3. 鼓励下属克服困难

在交付工作给员工时，完成是第一个要求。这也是员工经过一番辛苦努力所获得的宝贵经验。在员工工作的过程中，宜找一个合适的机会就工作内容与员工能力作适当的复核，暗示其正确方向与方法，这样可以防止员工中途受到挫折或过分拖延时间。

为了让员工达到最终目的，必须教导员工主动自发地报告其工作进展。尤其是对那些不能有效地推动工作的员工，必须强制其定期报告，再视情况予以适当支援，以完成工作。

员工的工作如果陷入停顿，或是半途而废，往往与能力无关，极可能是心情不好或是士气低落。在此时，充分运用赞赏、激励、暗示的做法，增加其自信，可使其充满信心对工作再度展开挑战。工作遇到障碍是无法避免的，唯有超越障碍才有可能成长。但是员工碰到严重困难无法超越时，管理者不妨代为除去障碍。这并非放纵员工，而是让员工享受完成工作的喜悦，增加他的自信心。

4. 建立公平合理的晋升机制

高素质的优秀人才是一群有能力、有理想、有抱负、既有理论指导又有实践经验的群体。他们渴望成功，希望有高度的成就感，希望自己在工作中能独当一面，能发挥自己的重要作用，他们希望被人认同，被人重视，被人尊重。所以他们工作努力、积极、认真负责、稳重踏实，有较强的事业心和进取心，他们做事讲求方式方法，追求效率和效益。他们努力工作就是为了有一天能晋升到一个举足轻重的位置，实现自己的价值。所以我们在密切关注他们的同时，也要给他们营造一个和谐的内部工作环境，提供一个公平合理的竞争机制，实行竞争上岗，不搞关系上岗，给他们一个发展空间，让他们在工作岗位上施展自己的才华；让他们在工作过程中，既能感受到工作环境的优越性，对企业有种高度的认同感和归属感，又能对自己的前途充满信心。

要让员工"把根留住"，就要给他晋升的希望。而上面的四点，可以让员工有更多的机会，也是在让员工获得晋升希望的最好方式。

让员工对工资满意

工资对员工极为重要，它不仅是员工的一种谋生手段，而且它还能满足员工的价值感。工资是社会衡量一个人价值的基础体现，因此，它在很大程度上影响着一个人的情绪、积极性和能力的发挥等。当一名员工在较低岗位时，他会积极表现，努力工作，一方面为了提高自己的岗位绩效，另一个方面为了争取更高的岗位级别。他会体验到由于晋升和加薪所带来的价值实现感和被尊重的喜悦，从而更加努力工作，这是任何企业应该尊重的客观事实，金钱在社会中具有重要的流通作用，通常金钱的多少是衡量一个人成功与否标志的重要组成部分。管理者应懂得用看得到、赚得到的金钱来激励员工工作的积极性。

因此，管理者必须在工资上为员工考虑。

（1）为员工提供有竞争力的薪酬，使他们一进公司便珍惜这份工作，竭尽全力，把自己的本领都使出来。支付最高工资的企业最能吸引并且留住人才，尤其是那些出类拔萃的员工。这对于行业内的领先公司尤其必要。较高的报酬会带来更高的满意度，随之而来的还有较低的离职率。一个结构合理、领导良好的绩效付酬制度，应能留住优秀的员工，淘汰表现较差的员工。

（2）把收入和技能挂钩，建立个人技能评估制度，以员工的能力为基础确定其薪水，工资标准由技能最低直到最高划分出不同级别。基于技能的制度能在调换岗位和引入新技术方面带来较大的灵活性，当员工证明自己能够胜任更高一级工作时，他们所获的报酬也会顺理成章地提高。此外，基于技能的薪资制度还改变了领导的导向，实行按技能付酬后，领导工作的重点变为指派任务使其与岗位级别一致。

（3）增强沟通交流。现在许多公司采用秘密工资制，提薪或奖金发放不公开，使得员工很难判断在报酬与绩效之间是否存在着联系。人们既看不到别人的报酬，也不了解自己对公司的贡献价值的倾向，这样自然会削弱制度的激励和满足功能，一种封闭式制度会伤害人们平等的感觉。而平等，是实现报酬制度满足与激励机制的重要成分之一。

（4）让员工参与报酬制度的设计与管理，与没有员工参加的绩效付酬制度相比，让员工参与报酬制度的设计与管理常令人满意且能长期有效。员工对报酬制度设计与管理更多地参与，无疑有助于一个更适合员工的需要和更符合实际的报酬制度的形成。

强化员工的主人翁意识

著名企业家山姆·托伊说："若能使员工留有归属之心，这种精神力量将胜于一切。只有靠整体作业人员的彻底向心力，以企业的盛衰为己任，才能使企业臻于成功之境。"这段话道出了企业成功的奥妙。那么这种"精神力量"究竟是什么呢？是主人翁意识。管理者要让员工安心做事，就要培养他们的主人翁精神。心理学告诉我们，对一个人最有效并持续不断的控制方法不是强制，而是触发他本人内在的自发控制。对管理者而言，这种现象的借鉴意义在于，与其用物质手段刺激员工努力工作，不如用感情手段激发员工的主人翁意识。努力工作的想法只有让员工在内心自动自发地产生，才会更持久，也更有激励作用。

然而一些从最下层职位慢慢升上来的管理者，最容易犯的毛病就是把员工的工作抢过来自己做。他们不仅主持会议，连记录也一手包办。虽命令员工拟订计划，却不甘示弱，暗中也在从事拟定工作，欲与员工一争长短。遇到这种"全权作业"的主管，员工内心会想："我们根本没有存在的必要，这些事就让他一个人去做好了。"员工因而失去了能动自发的精神，不但耽误了正常的作业，同时也影响到整个公司的大局。

管理者正确的做法是放手让员工自己去做，让他去享受独自完成一件事情的快乐和成就感。因为从员工本身的角度来看，主人翁感意味着他们有更大施展抱负的舞台，他们有权对自己的工作以及与之有关的其他事情做主。主人翁精神就是一种创造性的精神，它要求人们运用自己的判断力，去解决组织所面临的困难与问题，用自己的自豪感、自信心所焕发出的巨大热情去创造奇迹。

日本一家公司为了培育员工的主人翁意识和责任感，实行一种独特的管理制度，每周让员工轮流当"一日总裁"。每逢周一，担任"总裁"的员工上午9点上班，进入角色，听取各部门的简单汇报。然后，根据各主管部门汇报反映的问题，由真正的总裁提议先集中解决一两件事。带着问题，"一日总裁"陪同真总裁到各部门、车间去巡视工作情况。"一日总裁"拥有处理公文的权力，下班前要作详细的总裁值班日记，对当天碰到的一两桩较重大的问题提出处理意见，并传阅至全体员工。这样，这位员工就超脱出平日自己岗位的狭隘领域，大大扩展了视野，增强了全局意识，激发出自我潜能。

世界诸多知名公司及其管理者，无不重视对员工主人翁意识的培训。

在国际知名的IBM公司，组织内部就没有规定公司的工作程序。早在20世纪80年代初，他们便废止了那些沿袭已久的规章制度，废除了报告与在报告上画圈签字的做法，代之以相互信任、支持。

众所周知，IBM是一个无与伦比的组织，它没有工会组织，其内部充满着家庭的气息和民主的氛围。IBM虽然也面临着竞争的压力与市场的挑战，但它的员工都用团结互助的团队精神以及主人翁责任感始终如一支持着这架世界上最大的"商用机器"。

如何才能培养员工的主人翁意识呢？管理者不妨作以下尝试。

1. 制定宽松的政策

事实上，企业制定政策的目的在于表达组织、公司的意图，以概括的方式将部门的思想方针提供给员工。而员工只需彻底地了解部门的想法和理由，就可以在受到较少限制的宽松的政策中大刀阔斧地进行工作，充分发挥自己的创造性才能。

2. 从小事上让员工感到自豪

一位在IBM工作了20余年的老员工的名片是这样的：精致的名片上是一个蓝色镶金边的盾牌，上面写着"国际商用电器公司，25年的忠实服务"。

这并不是什么了不起的大事，但IBM公司却用这种方式对职员传递了对其25年辛勤工作的感激之情。

3. 培养人人都是"主管"的感觉

提到部门的领导者，人们总将其冠以"主管"的头衔。仿佛只有他们才是部门命运的驾驭者。这种思维方式不仅严重地限制了广大员工成为部门主人的意识，更让员工认为部门里的事与己无关，而是主管们的事。

然而，在美国著名的联合航空公司，每一名员工都有一种"人人都是企业家"的思想，他们了解这个公司，了解这个公司里任何一个细节。员工们从来没有局外人的感觉，他们认为既然公司是"自己的"，工作是"自己的"，那么他们没有理由不全身心地为公司的经营绩效而努力，没有理由不自觉地为公司承担义务。

4. 增强集体温暖

你可以每隔一段时间就举办一次部门的"会餐"，让全体员工和他们的家属自由参加。在活动中，大家都无拘无束，享受着彼此喜爱的食物，为各自所创造的业绩相互祝贺，培养出温暖的集体意识。

要记住，你的管理能力再强，如果员工表现冷漠，仍难推动工作，员工也不愿意受你的管理。要想把员工的"根"留住，你必须强化员工的归属感，使每个人都认为自己是负责人。

让员工有成就感

时下，跳槽现象纷繁，多方面的因素导致目前跳槽成为"流行时尚"。员工跳槽的主要动机是什么？专家陈功根据多年的观察总结了以下几个因素：薪水、工作兴趣、工作压力、职业前景及人际关系。其实，将以上因素综合起来考虑，跳槽者或者对所有员工而言，最终追求的核心价值在于职业成就感。

从另一个角度来说，如果企业能让员工有成就感，就能防止员工跳槽，把员工的"根"留住。

很多人常常喜欢问在微软工作的员工："你为什么要留在微软？"而他们得到的答案，最多的就是这句："因为微软有很多机会让它的员工有成就感。"

在微软工作的员工，会看到：作为个人，自己的聪明才智是如何融入产品并被全世界的人使用的，从而产生一种成就感。

微软令人吃惊不已的地方就在于：它竟然在新员工身上下赌注，它不要求你一进来就能工作，但它希望你能很快就成为最好的，而你也因此从一开始就在巨大的压力和兴奋中开始玩命干活儿。而且，这就像一种兴奋剂，一旦你体验到痛苦之后的快乐，以后你就会为寻找同样的兴奋而更加努力地工作。

微软在挑选人才时非常严格，想进入微软不容易，然而只要通过面试一关的考验，就立即能让人有一种成就感。

一位在微软已有3年工龄的员工说："进入微软不容易。这是我对微软的第一感受。"

来微软前，这位员工曾在出版社工作，主要从事电子及计算机类图书的约稿、审稿及编辑、出版工作。由于每天阅读的文字已经很多，工作之余他则通过电视或听听广播来获得信息。

一个偶然的机会，他在一份权威报纸上读到了微软公司北京代表处的招聘广告，其他细节大多记不清楚了，但有一句话他一直记得"有编辑工作经验者优先"。

正是冲着这一条，他寄出了自己的简历。

在出版社时，他就知道微软公司的名声，所以想象着进入微软的艰难，也琢磨着这可能是证实自己实力的最好机会了。

几天后他便接到了微软工作人员的电话，要他当天到微软面谈。

他当时很高兴：第一，简历没写砸；第二，微软确实需要人，而且还很急。

来到当时的微软公司北京测试中心，正赶上中心的人在从楼下往上搬设备。

说明来意后，他稍等了一会儿，这时从搬运工中走出一位先生接待了他。

后来才知道，这位先生就是当时微软公司北京代表处唯一的一位项目经理，进行中的汉化产品都归他管。

"跟大家一起干体力活儿的经理"给他留下了最初的良好印象。

走出经理的办公室后，他很快对整个谈话过程作了回味与总结：内容和方式远远不止与简历或专业相关的范围，招聘人既显随意，又目的明确；应聘者既感轻松，又不免紧张，因为你有足够的话题和空间来发挥和表现自己，却很难有把握不被一些尖锐的问题难住，因为与你相比，他才是专家。

回家后他就开始等待微软工作人员再来电话，等了很久很久，以致他开始感到失望："没有希望了，我不是最好的。"

然而一天中午，经理本人竟然亲自打电话给他："请问今天有时间吗？上级领导刚到北京，明天就要走。与你见面的时间可以是中午1点半或晚上8点。"

"有时间，我愿意1点半见面。"好像怕失去机会似的，他选择了马上见面。

真实而没有特意准备的他通过了严格而全面的考察，从众多的应聘者中"脱颖而出"。

得到微软的正式录用通知时，这位员工有了第一次成就感。

让员工有一种成就感，是充分调动员工积极性的有效手段。微软正是这么做的！这其实也为其他企业的管理者提供了很好的借鉴。

以情动人能有大收获

在现代管理中，有一种可以不用资金的投放就可以收获巨大回报的投资，不用金钱却可以取得比金钱更好的效果，这就是管理者对下属感情上的投资。在管理者和下属的人际交往过程中，感情是联系双方行为必不可少的纽带，它可以让上司和下属之间建立起良好的关系，让大家彼此相互理解和支持，让双方用真诚的心灵感动对方，进而共同努力，共同进步。情感是高情商的管理者应该十分注重的投资，一个小小的感动，也许就会带来不可估计的价值。

温州曙光鞋业公司总经理王明就十分注重情感的投资。他十几年如一日地关心职工的生活冷暖。1995年，一位员工的父亲患胃癌急需一笔医疗费。这对本来并不富裕的员工而言无疑是雪上加霜，这个员工哭着找到了王明。王明了解情况后，马上让财务支出了5万块钱给了员工，还嘱咐他救人要紧，别有思想包袱。虽然那位员工的父亲最终去世了，但他对王明却感恩戴德。几年后，王明的鞋业公司在激烈的竞争中呈现劣势，终致惨淡经营。这时，那个员工和他在国外的舅舅突然联系上了，对方还要来大陆投资办厂，听了那个员工的介绍后，他把钱投在了曙光鞋业公司上，并且还带来了国外的新技术和新式鞋样以及成套设备和许多订单。这样，王明的公司在外方的帮助下起死回生，并逐渐做强做大。

以情动人最有效，这样，下属与管理者之间的心会贴得更近。管理心理学研究表明：一个人生活在温馨友爱的集体环境里，就会懂得尊重、理解和容忍，产生愉悦、兴奋和上进的心情，工作热情和效率都会大大提高；相反，一个人生活在冷漠、争斗和尔虞我诈的气氛中，情绪就会低落、郁闷，工作热情就会大打折扣。所以，情感投资对于管理者而言，是不可忽视的事情。

对于情感投资，管理者必须有一个正确的认识，情感投资不是摆花架子，也不是做表面文章，更不能急功近利，而应该是自觉地坚持，真诚地投入，以情动人。"精诚所至，金石为开"，功夫到了自然就会有所成效。

不少日本知名企业管理在以情动人方面都颇有心得，如三洋电器公司就是其中之一。

三洋电器的创始人——井植岁男，就是一个优秀的管理者。井植岁男创立三洋电器时，条件非常艰苦，这也让他逐渐形成了强硬的管理风格。他经常会在下属面前大发雷霆，看到谁在工作上有不尽如人意的地方就忍不住大声斥责，久而久之，大家都对他敬而远之，甚至很多人都产生了离开公司的念头，三洋也因此陷入了危机。后来，一件事情改变了这种情况。井植岁男听下属们抱怨说宿舍里蟑螂和蚊子很多，于是就下手处理，但效果并不明显。一天晚上，正当大家睡得香甜的时候，忽然听见宿舍里有奇怪的声音，于是开灯察看，原来是井植岁男拿着电筒在捉蟑螂。看到头发花白的井植岁男卖力地捉蟑螂，大家都感动得哭了。从此，下属们放弃了离开的想法，努力地工作，在井植岁男的带领下，创建了巨大的电器王国。

情感投资讲究的是与下属平等相待，情感相通，讲究的是以心换心，以情动情。情感作为联系人际关系的纽带，是管理者与下属之间情感的互相影响。所以，作为一名管理者，一定要认识到对自己的下属以心换心、以情动情的必要。如果管理者做到了这点，那么肯定会得到下属的忠心拥护和大力支持。

巧妙挽留跳槽的关键员工

企业的关键员工通常是指那些在企业生产、经营和管理中起着不可缺少作用的一些员工。他们可以是中高层管理人员，也可以是掌握公司核心技术的科研人员以及掌握重要销售渠道和客户的一线销售人员，甚至也可以是蓝领岗位上的特殊技术人员等。关键员工的跳槽将对企业造成立即或潜在的影响，有时对企业的影响甚至是灾难性的。目前，在激烈的市场竞争作用下，公司的关键员工已成为众多企业特别是竞争企业争夺的对象。而面对激烈的市场竞争、企业间的购并、各种媒体的透明招聘广告、频频出击的猎头，许多原本稳定性较强的关键员工在各种诱惑下也纷纷跳槽。

对管理者而言，没有什么事情会比一位关键员工突然提出辞职更为震惊的事了。谁能代替他？工作如何进行？在感到慌乱之前，管理者首先应该了解员工辞职的原因。

通常，管理者在与关键员工沟通前，应进行充分准备。首先，要注意选择合适的人；其次，注意选择合适的时间和地点，这两点的选择以保密为首要原则，这样能给关键员工改变主意的余地。最后，要推断出关键员工辞职的几种可能，并且要针对推断的结果制定不同的谈话策略，以增强谈话的成功率。在与关键员工沟通时，管理者要与之推心置腹。初次沟通时，应侧重从关键员工的角度出发，以咨询为主，尽可能全面地掌握员工辞职的真实原因。

在二次沟通前，管理者要进行人才价值评估，衡量关键员工为单位带来的效益，以及外聘同类人才的成本，从而计算出公司为能留住该员工而愿意支付的成本；二次沟通时，管理者可从公司的角度出发，以陈述为主，尽可能地说明关键员工对公司的重要性及公司对员工的认可度，同时表明公司为留住他而愿意支付的成本。

在与关键员工沟通后，管理者应主动联系他，了解他的想法，同时也为公司制定下一步策略争取时间。在与想要离职的关键员工谈话之后，管理者就应该对谈话所获得的信息进行分析，想出一个说服员工留下来的办法。挽留方案应该有很强的针对性，击破他们的心理防线，而要做到这一点，管理者与他的谈话就很关键。管理者需根据关键员工所陈述的辞职理由，进行耐心的说服。要让关键员工认识到他对企业的看法是由误会而引起的，而且企业是造成这一误会的主要责任者，企业会很积极地纠正这一误会。这时，请一些重要的企业管理人员与他在一起进餐等方法会很有用，很能说明企业挽留他的诚意。

其实，在辞职的关键员工中，有的关键员工是容易挽留的，有的关键员工挽留起来非常困难。如果管理者能够判断出来哪些关键员工容易挽留，并有的放矢地进行重点挽留，就可以大大地降低企业的人才流失率。

挽留跳槽的关键员工的难易取决于两点，首先是关键员工自己的意图和价值取向，其次是引发辞职的具体事件。管理者可以根据上述两点，将离职的关键员工分为以下几种类型。其中某些类型的员工容易挽留，而另外一些类型的关键员工则不容易挽留。

不容易挽留的关键员工大概有以下几个特点。

（1）他们喜欢追求工作的成就感，独立性较强。他们非常渴望成功、晋升和物质的富有，他们喜欢开创自己的事业。企业的薪酬水平低、发展空间小、工作没有挑战性等都可能成为他们辞职的原因。

（2）他们个人主义色彩比较强烈。喜欢有难度的工作，同时喜欢冒险。他们会经常批评自己的上级，或者对上级及公司的管理不满。这类关键员工辞职往往是因为与上级关系不和谐，或者对公司管理现状失望。

（3）他们非常具有工作意识。他们对公司和工作都表现得非常忠诚，有强烈的团队认同感。他们能够经常为公司着想，遵守工作的规章制度和工作流程。他们也非常喜欢帮助其他员工完成工作。

而容易挽留的关键员工大概有以下几个特点。

（1）他们喜欢安稳的工作环境，不太喜欢频繁地跳槽。他们喜欢做例行的事务性工作，对薪酬、工作成绩、晋升等没有太高的要求，但是他们特别注意与同事的人际关系，渴望与同事们友好地相处。这类关键员工的辞职多半是因为在工作中受到了委屈。

（2）他们思想和行动的独立性都很强，能够坦诚直言。他们非常重视自己的学习或专业经验的积累，善于钻研本专业的知识，希望自己在行业中有所成就。这类关键员工辞职主要是因为他们在公司无法发挥自己的才能，或者没有机会得到更大的发展，或者他的上级对他的工作干涉过多。

（3）他们情感丰富，同时也比较情绪化。他们非常注意工作中的和谐、强调工作中的合作关系，比较容易感情用事。这类关键员工辞职也可能是因为在工作中受到了委屈。

辞职的关键员工到底是属于哪一类型，有时并不好判断。有时可能还要借助自己的一些经验和感觉。

但"亡羊补牢，未为晚也"，防患于未然最为重要。管理者要挽留关键员工，需坐下来，静下心，想一想员工，想一想下一个问题是什么，将会出在哪儿，怎样来避免等。企业如做好了防患于未然的工作，也无须再"补牢"了。

营造良好的工作环境

一个人即使找到了适合自己的工作，也还是需要有适合自己的环境和氛围，这样他才会心情愉悦，才能充分发挥自己的优势并取得成功。一份调查材料表明，大多数人在选择工作时，被问及首选条件是钱还是环境时，几乎所有的员工都把工作环境摆在第一位。因为一个良好的工作环境，和谐的人际关系，会有利于事业的发展从而达到自我实现。一些企业恰恰就忽视了这一点，在招聘急需人才时往往都打出这样的宣传语："位置加权力，高薪加福利，您还要什么？您还等什么？"言外之意给您高薪水、高福利，您就该满足了，知足了。然而这种承诺，或者诱惑，真正起到作用的却很有限。

著名的企业联想集团，之所以有今天的辉煌，就与联想拥有众多优秀人才分不开，而使这些人才能留在联想，坚信联想是有其重要原因的。

在旗帜的海洋里，一杆特大号的旗帜带领着一彪人马在铿锵而行。这杆大旗是民族工业的主流，是当今信息技术领域的主力军。加入这样的队伍自然会获得钦佩的目光；一个有着良好前景的公司，自然会吸引和激励着更多的人才投身其中。

联想总裁柳传志看到了这一点，因而对打造联想的品牌尤为重视，一有机会他就会在联想内外透露联想的"企图"：要进世界500强，要做中国的IBM。如此一来，自然会激励人才个个争先，奋勇向前，吸引更多的人才投身联想。

柳传志用精神鼓舞人才，给员工创造了一个不断追求卓越的工作氛围。员工在这样良好的环境中，形成了一股积极向上的风气，与企业一起为攀登一个又一个高峰而努力。

因此，为员工营造良好的环境是必要的。人对一定的工作环境会产生一定的心理状态，而心理状态决定着工作的竞技状态，并会直接影响到工作效率。

当然，企业管理者除了要在精神上为员工创造一个良好的软环境之外，还要在外部环境上多下功夫。对企业而言，一个良好的管理环境需要满足以下几个条件。

（1）合理的照明。企业要根据工作的性质选择最佳的照明度，工作场所的照明要均匀，以防炫目。要巧用颜色，从心理学角度看，不同的颜色会产生不同的心理效果，办公室适用冷色，以给人宁静的感觉，工作场所不宜过于明亮，也不要把墙壁刷成白色。

（2）风景化办公室。把一间间办公室组成一个大厅，使公司各级员工都在一起办公，各种办公家具组成一道亮丽的风景线。这种办公室，价低易修，有利于交际和工作流转，增强工作的透明度，提高工作效率，不过缺点是干扰太大。

（3）注意温度的影响。办公室和工作场所的温度要考虑人的承受能力，使身体感到舒适，否则就会对人的心理产生不良影响。

（4）消除噪声。噪声是我国城市的第二大公害，它会妨碍人们的学习、工作和休息，因此要尽量减少噪声的产生。此外，还可以利用背景音乐产生一定的心理作用，从而影响人的行为，不过在从事复杂的智力工作时则不能使用。

每一个员工都希望企业是一个自由开放的系统，能给予他们足够的支持与信任，给予他们丰富的工作生活内容。因此，管理者在企业中创造一种坦率自由的工作氛围，可以使所有的员工在这个大家庭里加深了解，相互提高。一个成功的管理者会为员工营造一个良好的工作环境。

利用培训，让员工和公司一起成长

要想留住人才，首先要树立现代的人力资源观念。现代的人才资源观认为，对人力的投入不是一项花费，而是一项投资，是对人力资源这一核心资源进行开发的投资。可以说，今天的教育培训，就是明天的生产力，就是企业长盛不衰的保障，也是留住人才、激励人才的重要方略。

员工培训是企业管理者的一项重要工作，必须转变轻视培训的观念。企业培训员工既要重"表"，又要重"本"。"表"就是专业知识和技能，"本"就是精神、理念、事业心、责任心、荣誉感、成就感和职业道德。只重"表"的训练，企业不过是培养出一些熟练工人而已，只有既重"表"又重"本"的训练，才能培育一支具有良好的精神素质、管理素质和技术素质，具有现代观念的一流员工队伍，才能塑造一个追求卓越的群体。

为了成为IBM所需要的人，IBM的新员工通常都要通过所谓的"魔鬼训练营"的培训，除了行政管理类人员，IBM所有销售、市场和服务部门的员工全部要经过3个月的"魔鬼"训练，内容包括：了解IBM内部工作方式，了解自己的部门职能；了解IBM的产品和服务；专注于销售和市场，以模拟实践的形式学习IBM怎样做生意，以及团队工作和沟通技能、表达技巧等。这期间，十多种考试像跨栏一样需要新员工跨越，包括：作讲演、笔试产品性能、练习扮演客户和销售市场角色等。全部考试合格，才可成为IBM的一名新员工，有自己正式的职务和责任。之后，负责市场和服务部门的人员还要接受6～9个月的业务学习。

事实上，在IBM培训从来都不会停止。从进入IBM的第一天起，IBM就给员工描绘了一个学习的蓝图。课堂上，工作中，经理和师傅的言传身教，员工自己通过公司内部的局域网络自学，总部的培训以及到别的国家工作和学习等，庞大而全面的培训系统一直是IBM的骄傲。鼓励员工学习和提高，是IBM培训文化的精髓。如果哪个员工要求涨薪，IBM可能会犹豫；如果哪个员工要求学习，IBM肯定会非常欢迎。

IBM深知，企业发展的动力来自企业内部，紧贴时代需求，培养好现有人才，充分挖掘他们的潜力，是保证企业持续发展、有效参与国际竞争的一条快捷、高效的途径。

当今世界，新技术日新月异，这就对人的素质要求越来越高，对人才的培养也变得越来越急迫。

许多短视的管理者从不对员工进行培训，他们认为把员工培训成才后，员工一旦跳槽，就会给企业造成损失，甚至为竞争对手提供了方便。但是，他们不知道，如果不对员工进行培训，员工们的价值就会逐渐贬值。因为在当今社会知识不断更新和发展的情况下，如果企业不给员工进行培训，让他们与企业一同成长，那么一段时间之后，他们的知识就会慢慢落伍，不能适应企业的需要。而届时企业将不得不聘用新的人才，支付更高的人力资源成本，这将会是一个恶性循环，非常不利于企业的可持续发展。

而那些追求长远发展的管理者，对员工的培训就十分重视了。他们知道，只有培训才能让人力资本的价值得到不断的提升。他们会尽可能地满足员工个人成长的需要，让他们不断学习新的知识和技能，从而把最优秀的员工永远留在自己的企业里，不断提高整个组织的工作绩效。因为只有员工不断成长，企业才能不断成长，才能实现可持续发展。

可见，企业要想留住员工，防止员工跳槽，进行员工培训确有其必要性。

1. 满足员工自我挑战和发展的需要

随着当今时代以企业为中心的契约方式逐渐开始打破，新的契约又以人才个人的知识承诺为中心形成。员工看重的不仅仅是更高的待遇，而是自身才能的发挥和价值的实现。

2. 扩展员工价值，提高企业绩效

留住员工的"根"，不是要直接把他们的腿绑在椅子上，而是要为他们插上腾飞的翅膀，要靠职业培训留人。培训与发展意味着企业通过有计划、有组织的学习过程，使员工的知识、技能、态度乃至行为得到改进，从而使其发挥最大的潜力，以提高工作绩效。企业通过培训，可以让员工承担起更多更重的工作与责任。

3. 培养员工的献身精神

企业培养员工的献身精神，让员工与企业一同成长，不是用各种严厉的纪律，如禁止迟到早退之类的规定来约束员工的行为，而是以共同的价值观、共同的追求来培训他们。

总的来说，培训的目的不仅在于使员工学会并掌握所从事的工作或更高的工作技能，还在于使员工真切地体会到企业对个人的关心，使他们接受组织的价值观，从而最终具有主人翁感和对企业的忠诚和献身精神。如果员工在一个可以不断获得提升的企业工作，那么他也就不会老想着要跳槽了。

必要时作出让步

一般而言，进取心强的员工是企业最富有价值的、积极的资产，这一类型的员工往往具有很强的自我表现欲，一旦组织无法满足他们实现自我价值的要求时，就会认为自己的价值取向和企业的价值取向之间存在较大的差异，并由此抱怨得不到企业充分的重视和支持，而有可能另寻能更好发挥才华的环境。所以，管理者要挽留这类人才，最简单的方法是作出适当让步，为其提供能够发挥其才华的条件。

杰克·韦尔奇获得博士学位后，便进入了通用电气公司。他主要负责一种新材料的研制工作，这种新型材料在所制定规格的颜色与延展性上有一些小问题存在，但韦尔奇依然热情地投入工作，努力去克服一个又一个的难题。

当韦尔奇成功地推出这一材料时，便被公认为通用电气公司塑胶部门的一颗脱颖而出的新星，成为众多化工公司关注的焦点，不少公司都希望能吸收这样的人才。就在韦尔奇雄心勃勃地要大展宏图之时，他发现通用电气公司存在严重的官僚主义，首先体现在薪酬管理问题上。年底时，公司给韦尔奇加了1000美元的薪水，他为此感到很高兴。但很快，韦尔奇发现无论员工表现好与坏，在工作的第一年终结时，每一个人都将获得1000美元的加薪。

生性要强的韦尔奇无法忍受通用电气公司对人才的偏见，他认为既然自己付出了努力，就应该得到等额的回报。而他相信自己的能力应该匹配更高的薪水，所以他毅然向通用电气公司塑胶部门主管提出了辞职。当时位于芝加哥的国际矿物化学公司十分欣赏韦尔奇的才华，他们向韦尔奇提出，只要他愿意加入公司做一名化学工程师，他就能获得25000美元的年薪，相当于韦尔奇在通用电气公司的两倍。韦尔奇稍作考虑，就接受了这个职位。

就在韦尔奇预备动身的这一天，正在麻州考察的通用电气公司副总裁鲁本·加托夫闻讯赶到了塑胶部门。他对这位年轻的化工博士早有耳闻，尤其是他研制出新材料以后，塑胶部门的业绩直线上升。加托夫意识到，通用电气公司如果不留住像韦尔奇这样的人才，对公司将是一个巨大的损失，同时也增加了竞争对手的锐气。

加托夫找到了韦尔奇，并极力劝他留在塑胶部门。他知道年轻人的脾气，于是许诺给他高于目前3倍的年薪，工作出色后还有奖励；并且答应只要他工作再出成绩，就委以更多的重任。

终于，加托夫使用更高的薪水和更高的职位成功地诱使韦尔奇重新回到了通用电气公司上班。这个来公司不到一年就想跳槽的青年在之后的40年里都一心一意地在通用电气公司工作。并在1981年成了公司的总裁，领导通用电气公司雄踞全球企业500强中的前列。

事实证明，通用电气公司副总裁不惜作出让步，竭力挽留韦尔奇的决定是英明无比的。而在企业中，类似韦尔奇的人才有很多，作为一个管理者要尽最大努力去留住这些进取心强的人才。下面是留住这些人才的几个简单方法，管理者可以加以借鉴。

（1）时常与员工交谈工作，使双方就有关问题达成一致。

（2）了解员工的思想活动。如果说一个管理者有责任对其员工的思想状况敏感地作出反应，那么虽然难以探测他们心中的秘密，起码应使员工能够接近自己，并暴露思想动态。

（3）给人才委以更多的责任，对能力突出的人才给予快速提拔。有时候，企业有幸得到一个能力极强、以致没有人会怀疑他一定会沿着台阶一直上升的员工。这时，管理者在提拔这个员工时需多动脑筋，如果处理得好，你不仅不会失去他，而且还会给公司带来许多价值与财富。

（4）大胆起用。在任何一个公司，新聘用的刚从大学毕业的优秀生最容易跳槽（一般在两年之内）。他们是公司花了很多心思争取到的人才，这样失去，会给公司带来许多损失。

（5）提供丰厚的报酬。较高的报酬当然是吸引人才跳槽的主要原因之一。在进取心强的员工看来，它至少是体现了公司对自己能力的重视，是区别于一般员工的一种有效方式。

总之，不管怎么说，管理者要想留住难得一见的优秀人才，有时必须采取些有悖常规的措施，而必要时作出让步就是其中之一。

·第九章·

落实要到位，关键看结果

比尔·盖茨说："做梦的价值为零，我的意思是说谁都可以做梦。"有梦固然是好事，但是如果仅仅停留在梦上，那这样的美梦就毫无价值。梦想就像是一颗幸福的种子，不播种何谈收获。在企业，只有梦没有行动是不行的，只有决策没有落实是没有意义的，看工作有没有落实到位，关键看结果是否达到预计的目标。

没有执行力，就没有竞争力

执行力是推动工作、落实制度的前提。制度制定、决策下达之后，关键是要执行，再好的制度和决策，如果没有人去执行或执行不到位也是没有用的。因此，作为企业的管理者，你的工作必须着眼在有效的执行上。

美国总统麦金莱要求安德鲁·罗文将信送给加西亚，安德鲁·罗文克服了种种难以想象的困难，最后终于圆满地完成了这项神圣使命。安德鲁·罗文因此而被世人所称颂。但是，如果安德鲁·罗文当时不能执行这项任务，那么这项任务的价值就等于零。

在企业同样如此，如果制定了制度而不去执行，作出了决策而不去实施，也同样是分文不值。要知道：没有执行力，就没有竞争力！

1. 立即执行，决不拖延

很多时候，员工执行不力的原因在于拖延。一个企业，当管理者制定了制度或作出了决策时，影响这些制度或决策实施的，往往是员工长期以来在不知不觉中养成的拖延的恶习。

这里不妨举个简单的例子：一个企业的考核制度是规定每个月的最后一天提交工作报表。但是拖延的恶习让很多员工拖到下个月，这一恶习导致的结果是直接影响了领导对于每个人工作进展的判断，不能很快制订出新的工作计划，导致了企业的整体工作安排向后顺延，直接耽误了企业发展。

因此我们说，立即落实制度规定的每一项工作细节，决不拖延上级布置的每一个工作任务，是卓越员工必须具备的执行素质之一。

《财富》全球最有影响力商业人士排行榜中，埃克森美孚石油公司董事会主席兼总裁李·R.雷蒙德的名字常名列前茅。

有人说，李·R.雷蒙德是工业史上绝顶聪明的总裁之一，是洛克菲勒之后最成功的石油公司总裁，因为没有人能够像他一样，令一家超级公司的股息连续21年不断攀升，并且成为世界上最赚钱的一台机器。

李·R.雷蒙德的人生信条就是：决不拖延！在他的影响下，这一信条已经成为他所在公司秉持的理念之一。埃克森美孚石油公司之所以能跃升为全球利润最高的公司，离不开埃克森公司和美孚公司的携手，更离不开一支决不拖延的员工队伍。李·R.雷蒙德的一位下属曾经这样解释这一理念：拖延时间常常是少数员工逃避现实、自欺欺人的表现。然而，无论我们是否在拖延时间，我们的工作都必须由我们自己去完成。通过暂时逃避现实，从暂时的遗忘中获得片刻的轻松，这并不是根本的解决之道。要知道，因为拖延或者其他因素而导致工作业绩下滑的员工，就是公司裁员的必然对象。必须记住的是，没有什么人会为我们承担拖延的损失，拖延的后果只有我们自己承担。如此一来，我们就可能在一个庞大的公司里，创造出每一个员工都不拖延哪怕半秒钟时间的奇迹。

须知，决不拖延，今天该做的事一定要在今天完成，这才是真正有效的执行！

如果你有遇事拖延的习惯，不妨作一个自我分析。具体有如下几个步骤：

第一步，记下一件你拖延的事情。既然你有拖延的习惯，那你拖延的事情肯定不止一件，你不妨先写下自己认为最重要的那件事情。

第二步，自己反问一下，假如继续拖延下去，不采取行动，会造成什么样的后果。

第三步，想一下，如果你现在采取行动，完成这件事情，会对你有什么好处。这和第二步正好相反，这些好处会给你采取行动增加动力。

第四步，马上行动！

千万不要认为这样做没有什么效果。事实上并不是所有人在拖延时都曾认真考虑过这样做的后果到底有多严重。从很多被降职或被辞退的人那里看到后悔的神情时就可以知道这一点：早知道会被降职或辞退，就不会拖延执行了。

因此，无论如何，最重要的一件事情是：你必须采取行动，不要把事情留到明天。

2. 百分之百地执行

没有执行力，就没有竞争力，因此执行力也是企业的生存力。一旦计划、制度已经出台，我们就要百分之百地执行到底。在执行制度完成工作时，除了追求速度之外，还要追求质量。速度和质量，是衡量员工执行能力的两大标准。只有每个员工都能百分之百地执行既定计划和制度，都能高效高质地完成工作，企业才能更快速地前进，每个员工也会因此受益匪浅。

下面是一位房地产老总的一次亲身经历：

"一个与我们合作的外资公司的工程师，为了拍合作项目的全景，本来在楼上就可以拍到，但他硬是徒步走了两千米爬到一座山上，连周围的景观都拍得很到位。

"当时我问他为什么要这么做，他只回答了一句：'回去董事会成员会向我提问，我要把这整个项目的情况告诉他们才算完成任务，不然就是工作没做到位'。"

这位工程师的个人信条就是：我要做的事情，不会让任何人操心。任何事情，只有做到100%才是合格，99%都是不合格。

百分之百执行的另一个表达方式是：结果决定一切。即使你在工作中付出了很多努力，但是最终没有完成任务，还是等于没有执行。所以你必须明白，自己需要做的事情不是向别人说明自己有多辛苦，而是要认真反思，看是不是有什么更好的方法可以完成任务。用结果来评判执行力，是对一个人执行力的最佳评价方法。

在许多著名的企业中，百事可乐就是这样一个以"结果决定员工成就"的公司。百事可乐推崇一种深入持久的"执行力"文化，强调员工"主动执行"公司的任务，百分之百地去完成它。那些业绩优秀的员工总是能得到公司的嘉奖，而那些业绩不佳的员工则会被淘汰。这种以"结果论成败"的企业文化塑造了一支有着坚强战斗力的员工队伍。在激烈的市场竞争中，百事可乐终于渐渐从市场中脱颖而出，并且成为唯一可以和可口可乐抗衡的对手。

要做到百分之百执行，你就必须从以下3个方面着手。

（1）要严格要求自己。如果你只是希望在一个公司里混，能够保住饭碗，而不求上进，那么你很难做到百分之百执行。一个人成功与否在于他是不是做什么都力求做到最好。成功者无论从事什么工作，他都绝对不会轻率疏忽。因此，在工作中你应该以最高的标准要求自己。能做到最好，就必须做到最好。

（2）要牢记使命。很多人之所以不能做到百分之百执行，一个很重要的原因就在于他常常忘记了自己肩负的任务。

（3）要做到尽力而为。在很多时候，你之所以没有做到百分之百执行，原因不在于你的专业能力不够，而是你没有竭尽全力。

责任心为执行撑起一片天

一个有责任心的人做一件事情就一定要做好才放手，绝不会半途而废。因此，企业要想提高执行力，问题不在于管理经验的高低，而在于每个人的责任心。

某县有位干部因业绩突出而被领导选中要调往省城，而他却自愿留守县城，虽然干得有声有色，却也辛苦至极。别人问他："值得吗？"他答道："既然留下来，就有责任干好。"这是责任的力量。有些部门，因职位高下、利益不均，有人就推三阻四、拖沓怠工；可也有人照样无利而往、披星戴月地工作，单位兴旺发达了，他们仍旧默默无闻，只是一个幕后英雄而已——可是他们的出发点很简单，"干这份事，就要为此负责"。由此可见，在企业发展阶段，企业员工的责任心更能影响企业的生存和发展。只有责任心有了，才会凡事严格要求，在执行中不打折扣，不玩虚招，做到令行禁止。

遗憾的是，现实生活中的情形并不完全如此乐观。有一家公司员工给一家有合作意向的公司的老板发送电子信函，连发几次都被退回，向那位老板的秘书查询时，秘书说邮箱满了。可是4天过去了，邮件还是发不过去，再去问，那位秘书还是说邮箱是满的！试想，不知这4天之内该有多少邮件遭到了被退回的厄运？而这众多被退回的邮件当中谁敢说没有重要的内容？如果那位秘书能考虑到这一点，恐怕就不会让邮箱一直满着。作为秘书，每日查看、清理邮箱，是最起码的职责，而这位秘书显然是责任心不够。

人们在企业各部门还常见到这样的员工：电话铃声持续地响起，他仍慢条斯理地处理自己的事，根本充耳不闻。一屋子人在聊天，投诉的电话铃声此起彼伏，可就是无人接听。若有人询问，他们的回答竟是："还没到上班时间。"其实，离上班时间仅差一两分钟，就看着表不接。有些客户服务部门的员工讲述自己部门的秘密："5点下班得赶紧跑，不然慢了，遇到顾客投诉就麻烦了——耽误回家。即使有电话也不要轻易接，接了就很可能成了烫手的山芋。"

不是上班时间就不做，看上去没什么大不了，却恰恰反映了员工的责任心。而正是这些体现员工责任心的细小之事不去执行，才影响到企业的信誉、效益、发展，甚至生存。那么，员工为什么会缺乏责任心呢？

首先，是因为管理者根本就缺少经验，缺乏智慧，不知道该如何体现和增强员工的责任心。

其次，是企业的管理者思想懈怠或疏于管理监督，员工自然跟着懈怠。正所谓"领导懈怠一，员工能松懈十"。

最后，是人的天性使然。人天生就有一定的惰性，企业的规章制度原本执行得很好，但时间一长就自然产生懈怠，思想上一放松，责任心就减弱，行为上自然就松懈，再体现到日常工作中就是执行力下降。

总的来说，责任心体现在三个阶段：一是执行之前，二是执行的过程中，三是执行后出了问题。那么如何才能提升人的责任心呢？首先，在执行之前就要想到后果；其次，要尽可能引导事物向好的方向发展，防止坏的结果出现；最后，出了问题敢于承担责任。勇于承担责任和积极承担责任不仅是一个人的勇气问题，而且也是执行力是否能到位的关键，因此，企业从上至下都应该增强责任心的训练，让责任心为执行撑起一片天！

让"尽力而为"从员工嘴中消失

如果说企业就是一个庞大的机器，那么每个员工就是机器上的零件，只有他们每个人都尽力而为，发挥出自己的作用，企业这个庞大的机器才能得以良性运转。企业是不断发展的，管理者就应根据实际动态情况对人员数量和分工作出有利的调整。如果企业中有人滥竽充数，对工作不尽心，那么给企业带来的不仅仅是工资的损失，而且会导致其他人员的心理不平衡，最终导致企业整体工作效率下降。

企业的管理者一定要把员工培养成为具有以下精神的员工，这样才能在工作中尽职、尽责、尽力，真正让"尽力而为"从员工嘴中消失。

1. 干工作就是干事业

管理者应该让员工做到把工作当成事业，如果能让员工从事业的角度看待职业和工作，就能少一些怨言和愤怒，多一些努力和忍耐；在一次次超越的过程中不断拓宽视野，从中领悟一些道理，增加一些本领和技能。

2. 奉献企业

作为一名管理者，要培养员工有一种奉献精神，让他们认识到自己和企业是一体的，要有"今天我以公司为荣，明天公司以我为荣""我是公司中的一员，我必须对公司负责"的思想。要让员工认识到，对工作负责就是对自己负责。

3. 把敬业当成一种习惯

管理者要培养员工把敬业当成一种习惯。如果员工没有敬业精神，就不可能把工作做好，这也阻碍他们潜力的发挥。一个人放弃了自己的职能，就意味着放弃了自身在这个社会中更好生存的机会，就等于在可以自由通行的路上自设路障，摔跤绊倒的也只能是自己。

4. 用热忱点燃工作激情

管理者要让员工正确地认识自身价值和能力，对工作产生激情。当员工对自己的工作产生激情时，就会产生一种肯定性的情感和积极态度，并产生一种巨大的精神动力。即使在各种条件比较差的情况下，也不会放松自己的要求，甚至会更加积极主动地提高自己的各种能力，创造性地完成自己的工作。

在商业竞争中，企业的发展需要全体员工尽力而为，在各自的岗位上尽职尽责、尽力做好每一件事情。只有这样，才能避免在企业内部出现比如互相扯皮、期望不一致、员工对自己的职责感到迷惑不解、运动式管理和推辞、怠工等问题。

战略再好，也要有人落实和执行

我们先看这样一个故事：

一个富人要去远方旅行。临行前，他把仆人召集起来，各给他们五千两银子，让他们去经商。

一年后，这个富人回来了，他把仆人叫到身边，了解他们经商的情况。第一个仆人说："主人，你交给我五千两银子，我已用它赚了一千两。"富人听了很高兴。

第二个仆人接着说："主人，你交给我五千两银子，我已用它赚了两千两。"富人听了也很高兴。

第三个仆人来到主人面前，打开包得整整齐齐的包袱说："尊敬的主人，您看，您给我的五千两银子还在这里。我把它埋在地里，听说您回来，我就把它掘出来了。"

富人听了勃然大怒，他一把夺过那五千两银子，骂道："你这个没用的家伙，浪费了我的钱。"然后，将这个仆人赶了出去。

钱能生钱，这三个仆人都有了创业的本钱，也有了创业的机会，可是为什么第三个仆人却没有成功呢？关键是他没有采取任何行动。没有行动，没有落实和执行，又怎么会成功呢？

这对于企业的管理来说，同样如此。即便有一个很好的发展机会，有一个宏大的目标，有一个伟大的战略决策，但是不去行动，不去做，成功也不会从天上掉下来的。

成功需要实力，需要机遇，更需要决策者的行动。德鲁克在《卓有成效管理者的实践》中非常明确地说："虽然考虑边界条件是决策过程中最难的一步，但最耗时的，往往是把决策转化为有效的行动。所以打从决策开始，我们就应该把行动的承诺纳入决策之中，否则便是纸上谈兵。事实上，一项决策如果没有一条一条的具体行动步骤，没有指派某某人承担任务和责任，那便不能算是一项决策，最多只是一种意愿而已。"

李嘉诚在总结自己成功经验时也说："决定一件事后，就快速行动，勇往直前去做，才会取得成功。"

美国麦当劳餐厅在1955年创办初期仅仅是一家经营汉堡包的小店，然而到了1985年，它已经在美国的50个州和世界30多个国家和地区开设了近万家分店，年营业额近100亿美元，被称为"麦当劳帝国"。它能有如此的成功，完全有赖于创始人雷蒙·克洛克的"一旦决定了就赶快行动"的准则。

1954年的一天，雷蒙·克洛克驾车去一个叫圣贝纳迪诺的地方，他看到许多人在一个简陋的麦当劳店排队，他也停下车排在后面。

人们买了满袋汉堡包，纷纷满足地笑着回到自己的汽车里。克洛克凭着好奇的心理上前看个究竟，原来是经销汉堡包和炸薯条的快餐店，生意非常红火。

当时年过50的克洛克还没有自己的事业，他一直在寻找自己事业的突破口。他知道，快节奏的生活方式就要到来，这种快餐的经营方式代表着时代的方向，大有可为。于是他毅然决定经营快餐店。他向经营这家快餐店的麦当劳兄弟买下了汉堡包摊子和汉堡、炸薯条的专利权。

克洛克搞快餐业的决策遭到了家人及朋友的一致反对，他们听到这一消息后纷纷惊呼："你疯了，都50多岁了还去冒这个险！"

但是，克洛克毫不退缩。在他看来，决定大事，应该考虑周全；可一旦决定了，就要一往无前，赶快去做。行与不行，结果会说明一切。最重要的是行动。

克洛克马上投资筹建他的第一家麦当劳快餐店。经过几十年的发展，克洛克取得了巨大的成功。人们把他与名震一时的石油大王洛克菲勒、汽车大王福特、钢铁大王卡内基相提并论。

这个故事足以证明：战略决策再好，也只有落实和执行才有效。

下达命令需因人而异

先说一个经典的故事：

有艘轮船在近海触礁，很快便开始下沉。船上来自几个不同国家的商人却对如此危急的情况毫不知情，仍在高枕无忧地谈论着生意。船长命令大副说："快去告诉那些商人，立刻穿上救生衣逃命！"

过了好一会儿，大副跑回来报告说："他们都坚持不往下跳。"

于是，船长只好亲自去解决这一问题，几分钟后他回来说："他们全都跳下去了。"

大副既佩服又吃惊，问船长用了什么办法。船长说："很简单，我对法国人说那是一种浪漫，于是他跳下去了；我对英国人说那就像是一种体育运动，于是他跳下去了；我对德国人说那是命令；对意大利人说那不是被基督教禁止的；对苏联人说，那是革命行动。"

可见，"千人不同面，二人难同心"。每个人不但长相各不相同，就连心里所思所想也各不相同。一个人一个头脑，一个人一种性格，一个人一种经历、学识和技能。管理就是一项让人心甘情愿去做事的艺术，就是设身处地地了解别人的需要，考虑别人的利益，以及如何撩起他们心中真正的渴望。因此，管理者在下达命令时也要因人而异。

1. 做事缺乏信心，不够大胆的员工

对这样的员工，管理者应该予以特别关照。在详细地说明了工作任务之后，

还要做一些鼓励他的动作，比如拍拍他的肩膀，让他的精神振作起来，然后对他说："这个任务，依你的实力来看，算不了什么，努力去做吧！你一定会给我们一个惊喜的。"话说完，再一次拍拍他的背部。这种鼓励是非常有必要的，这会让员工觉得：只要我加倍努力，必有所得，哪怕失败了，还有一个大集体在支持着我呢！

2. 好胜而自负、进取心极强的员工

在面对这样的员工时，管理者在下达了命令之后，最好用一句最简洁的话触动一下他那根"好战"的神经。管理者可以说："这个任务对你来说有困难吗？"在得到他带有轻蔑的回答之后，便可以收场了。对这类型的员工，管理者太多的叮咛只会引起他的烦躁，而且还会使他对任务的执行更加不屑一顾。

3. "唯利是图"的员工

谁都不愿意与这样的人打交道，但是在一个公司中，讲求实惠的员工大有人在，他们关心的可能并不是任务本身，而是那些任务背后的物质利益保障。对待这样的员工，管理者下达命令时可以适当地轻描淡写，但也一定要让他清楚地意识到出色地完成任务是论及其他东西的前提。在向他传达完了任务的主旨之后，就进入了他所关心的阶段。管理者故作神秘只能让他丧失对工作的兴趣，因此不妨向他挑明完成任务之后所能带来的丰厚的物质利益。最好在完成任务的过程中，再增设一定的物质刺激，并在委派之时，向他说明出色完成意味着什么，这显然对他漂亮地完成任务是大有益处的。

4. 年长的员工

倘若部门中有这类员工，那么管理者需格外注意。由于他们岁数偏大，精力有限，资历比较老，因此管理者在向他们下达命令时，就要特别尊重他们的感情与意见，体谅他们的难处。

谦虚的态度是与岁数较大的员工成功交往的关键。清楚、详细地说明任务的每个细节，并及时向他们询问任务执行的可行性以及他们的难处，这样能让管理者在委派任务的同时又获得许多宝贵的经验。

在下达命令时，管理者还要亲切地对他说："这个任务的完成最需要的就是您的丰富经验和聪明才智，如果在其他方面有什么问题或意见，希望您能及时地帮我们提出来，我们会立刻解决的。"

须知，管理者的几句谦逊、嘘寒问暖的话，会让这些年长员工的心得以足够慰藉，也许还会焕发出青年时的干劲儿与热情。

5.对工作抱有极大热情的员工

人最大的乐趣就在于做他们想做的事。对于那些本身对所委派的工作就抱有极大兴趣的员工来说，任务就是爱好，使他们乐而忘返，得到极大满足的事物，他们的创造力会在任务的完成过程中得到极大的发挥。

管理者对这样的员工肯定是赞赏不已。对他们不必将任务说得太细，因为他们或许会问得你都招架不住。任务解释清楚之后，管理者只需谦虚地说一句："对这种工作，你是专家，全看你的了。"留给他们充分的时间与空间去展示个人的创造才能。

总之，作为管理者，在下达命令时一定要因人而异，才能让员工的落实获得最大效益。

工作要简化，但不要简单化

现代企业普遍重视企业制度的建立，其中内部管理日益走上科学化、程式化。但是也还是有不少企业存在管理受到管理理性主义影响的情形，走到了另一个极端面上，造成组织机构设置过于庞大、复杂；规章制度的制定过于烦琐，单纯追求表面化；过分依赖流行的理论模型，决策、指挥过于追求系统化而陷入形而上学；等等，影响着企业管理的有效性，制约了企业的发展。

因此，企业管理工作有必要进行简化。通用汽车就是一个力求简化的企业。

多年以来，通用汽车一直在努力寻求简化信息技术程序，降低信息技术成本的途径，并且尽可能地采用标准化操作技术。自1996年对信息技术管理进行大的调整以来，通用汽车已在信息技术管理上缩减了10亿美元的费用，而信息技术资源管理人员也由过去的7000多人减少到现在的3000多人。

现在，通用汽车重整信息技术团队，试图把庞大而臃肿的通用巨人变成一个更加强大、行动迅速的机器，期望能使企业决策通畅运行，企业数据及时无误地传递，而不再为复杂的操作系统所困扰。

我们清楚地知道，企业的竞争集中体现在人力资源的配置上，而配置的优化都需要企业的组织结构来实现。一些企业的人才并不差，却受制于复杂的科层制结构。管理层次太多、效率低下的缺点使得人才优势大打折扣。

一个出色的企业，其正规的体制是一大亮点。当企业各部门达到一定规模的时候，就以某种方式把它拆开，分为比较小的、更容易管理的新分部。这样不但便于管理，更重要的是能够激发企业成员的责任感。因为组织规模小，而占主导地位的核心业务又只有一项，管理者才能真正了解它并负起责任来。

对于企业而言，没有简化的管理就会让企业陷入混乱。因此企业制度必须简洁、明了，使员工能够方便获得、理解一致、记忆深刻，进而转化为行动。但是，企业管理的简化并不是简单化，相反，简化是以精细化管理为前提而实施的简化管理。必须做好精细化管理，才能合理有效地使管理简化。

现代企业追求的是更高效益和更快速度，并能让企业做大做强做久。在这种情况下，简化管理就显得尤其必要，在实际操作中也能使企业的经营活动具有更高的效率。简化管理是一种管理方法，更是一种管理思想，也是一种企业文化，深刻理解并能在实践中广泛应用的企业也必能在市场竞争中立于不败之地。

把任务落实到个人

把任务与人员结合起来，才能使目标落到实处，并提高整个组织的执行力。总的来说，把任务落实到个人有以下几个重要步骤。

1. 仔细考虑任命的核心问题

任命之前，至少要先搞清楚任命的原因和目标，并物色出适合的人选。

比如，当管理者要挑选一个新的地区的营销人员时，首先应该弄清楚这项任命的核心：要录用并培训新的营销员，是因为现在的营销员都已接近退休年龄，还是因为公司虽然在固有行业一直干得不错，但是还没有渗透到正在发展的新市场，因而打算开辟新的市场。根据任命目标的不同，管理者需要寻找不同类型的人才。

2. 初步设定一定数目的备选人才

这一步骤的关键是企业要有相当充足的人才储备以供挑选。正式的合格者是备选对象中的极少数，如果没有一定数目的备选对象，那选择的范围就小，确定适宜的人选难度就大。要作出有效的人员配置，管理者就至少应着眼于3~5名合格的候选人。

3. 以寻找备选人的长处为出发点

备选人能做什么，他有哪些长处，是否与目标相切合是关键。核心的问题是："每个人所拥有的长处是什么？这些长处是否适合于这项任命？"短处是一种局限，它当然可以将备选人排除出去。例如，某人干技术工作可能是一把好手，但任命所需的人选首先必须具有建立团队的落实能力，如果这种能力正是他所缺乏的，那么他就不是合适的人选。德鲁克曾经对这两种用人思维方法进行了详细分析，他认为一种是只问人的长处而用之；一种是注意人的短处，用人求全。前者能使组织取得绩效，后者却只会使组织弱化。

如果管理者只能见人之短而不能见人之长，因而刻意于避其短而不着眼于用其长，那么这位管理者本身就是一位不注重落实的人。他会觉得他人的才干可能会构成对他本身的威胁。

4. 把广泛的讨论作为选拔程序中一个正式的步骤

管理者的独自判断往往是毫无价值的。因为我们每个人都会有第一印象，有偏见，有亲疏好恶。因此我们需要倾听别人的看法。在许多成功的企业里，这种广泛的讨论都作为选拔程序中一个正式的步骤。能干的管理者则应该正式地从事这项工作。

5. 确保任命的人才了解职位

被任命的人在新的职位上工作了一段时间后，应将精力集中到职位的更高要求上。管理者有责任告诉他："你当地区营销员（或别的什么职务）已有3个月了。为了使自己在新的职位上取得成功，你必须做些什么呢？好好考虑一下吧，一个礼拜或10天后再来见我，并将你的计划、打算以书面形式交给我。"同时，还应指出他可能已做错了什么。

如果你身为管理者，却没有做这一步，那就不要埋怨你任命的人成绩不佳。应该责怪你自己，因为你自己没关注落实，没尽到一个管理者应尽的责任。

6. 根据员工的特性分配工作

公司之所以会出现不当的工作分配，一方面或许由于对员工的投资不对；另一方面则是因为组织中许多的工作分配都是以现有的空缺和员工是否能立刻称职为依据。像这种不考虑人员个别的特性，而随机分配的做法，往往会使工作缺乏效率。

一些公司的政策，甚至排除了正常分配应有的过程。例如，公司可能要求调职的员工，从他们现在所属部门的基层重新做起。工作分配的决定，可以由各部门管理者作自由选择，所以，基本上并不一定是组织上的问题。然而，随着传统的人事或团体在最终分配决定上所扮演的角色日趋重要，许多大公司中，分派工作已形成一个特殊的行政参谋机能。许多小公司，也正朝着这个方向渐渐改变。所以分配工作在本质上，应该是有组织性的。

公司经理分配给员工的工作，不能配合其能力的情形有很多。例如，缺乏专业知识、员工的健康或性情不能承担其工作、劳心与劳力者工作的错误配置等。此外，工作分配的错误，也包括了某些社会因素。例如，员工可能被派遣到外地工作而远离亲人，或许由于员工的离乡背井，而产生了家庭问题，使其不利。

如同管理者分配一批员工到新工作的情形一样，有时候，其他因素的重要性，甚至超过分派工作本身，所以管理者并不是总有足够的时间去实现分派的决定。例如，机械设备汰旧换新时，生产线上的空缺，就需要大量的员工去支援。在更新设备之前，将冒着低效率的风险。迅速地调职使员工没有充分的时间去学习，因而缺乏效率。但是，如果能提供员工足够的培训和相当的自由，那么就能减少大部分的调职冲突，而且对于提高工作效率也会有很大帮助。

总之，"不患无策，只怕无心"。在实际工作中，之所以会出现一些重要决策没有很好地落实到位，究其原因往往是方向不明、责任不清、用心不够。因此，管理者要在任务细化分解的基础上，做到责任主体明确、进度要求明确、完成时限明确、考核追究明确，把任务落实到个人，使其各司其职、各负其责。

科学委派任务的技巧

要下属把工作落实到位，关键就是要掌握科学委派的技巧。松下幸之助说："不论是企业或团体的领导者，要使属下高高兴兴，自动自发地做事，我认为最重要的，要在用人和被用人之间，建立双向的，也就是精神与精神，心与心的契合、沟通。"他看到了管理者与下属沟通的重要性，因而在实际中身体力行，终于取得了成功。

一些管理者喜欢颐指气使，有事就大嗓门地命令下属去干。他们认为只有雷厉风行才能产生最佳效果，命令别人去干事的时候也不看人家的意见如何，反正一句话："做了再说！"一般来说这样的管理者个人能力较强，在下达命令之前大多是经过一番深思熟虑的。如果久而久之，下属对上司产生了信任，就会什么都不问，照他说的去做，渐渐失去了积极性和创造性，成为一件只会办事的机器。而有些下属呢，面对上司铺天盖地的命令，连问一句为什么的机会都没有，自己想不通当然就不愿去做了。不愿做的事要被迫去做自然也就很难做好了。

要委派下属工作任务，命令的方式是不可少的，但更多的时候，最好还是要掌握科学的技巧。我们只需仔细观察就会发现，有些公司的管理者并不一定会自然产生正确委派工作给别人的能力。事实上，许多公司的高级管理者常常都是非常拙劣的委派者。他们常常把工作分配给不适当的人去做，自然会落实不到位，结果当然也不会好。等到浪费了很多时间以后，他们便又卷起袖子亲自去做。这样一来，不仅浪费了时间和金钱，而且打击了下属的积极性。要知道，现代管理者的一个非常重要的职责就是要把工作分配给别人去做。怎样做到有效的分配呢？美国作家约翰·皮尔斯提出了有效委派系统的5个步骤。如果管理者能够认真地遵守这些步骤，就能大大提高自己的管理能力，改进部门的工作，提高企业的效率，把自己从具体事务活动中解放出来。

1. 选定需要委派他人去做的工作

原则上来说，你可以把任何一件其他人可以处理的工作委派给他人去做。为了做到这一点，首先要对下属的能力有所了解，对工作和员工的评价是获得这种了解的途径。

2. 认真考查要做的各种工作，并让员工也清楚地了解

确保自己了解这些工作的具体步骤、特殊性及复杂性。在自己还没有完全了解这些情况和工作的预期结果之前，不要轻易委派工作。另外，还要向处理这件工作的下属说明工作的性质和目标；要保证下属通过完成工作获得新的知识或经验。

3. 工作委派之后，还要确定自己对工作的控制程度

如果一旦把工作委派出去，自己又无法控制和了解工作的进展情况，那就要亲自处理这件工作，而不要再把它委派出去了。管理者首先要了解工作和下属完成工作的速度。要通过这种形式掌握下属对他自己的工作究竟了解多深。如果发现有的下属对自己的工作了解很深，并且远远超出原来的预料，那么这些人就有可以担负重要工作任务的才能和智慧。其次要了解下属完成工作的速度。管理者一旦掌握了每个工作人员对其工作了解的程度和完成工作的速度等情况，就可以估计出每个人能够处理什么样的工作，也就可以回到委派工作的分析上来，决定把工作委派给可以达到目标要求的人。

4. 切记不要把必须由你决定的工作委派出去

那些处于最优先地位并要求管理者马上亲自处理的特殊工作，例如，你的领导非常感兴趣和重视的某件具体工作，你最好亲自去做。另外，需要保密的工作也不要委派给别人去做。如果某项工作涉及只有你才应该了解的特殊信息，就不要委派出去。

5. 当一件挑战性工作出现时，管理者应将它迅速委派给员工

选定了可以委派的工作后，就要选定能够胜任工作的人。管理者可以花几天时间让每个下属用书面形式写出他们对自己职责的评论。要求每位工作人员诚实、坦率地阐述自己喜欢做什么工作，还能做些什么新工作，然后，管理者可以召开一个会议，让每个下属介绍自己的看法，并请其他人给予评论。不过管理者要特别注意两个下属互相交叉的一些工作。如果某下属对另一下属有意见，表示强烈的反对或提出尖锐的批评，你就要花些时间与他们私下谈谈。

总之，管理者不能一个人大包大揽，必须把任务分派出去，让下属帮助完成。但有一点也要记住，那就是管理者要尽量避免把所有的工作都交给一个人去做的倾向。

落实执行力关键在于责任到位

实际工作中，一些企业之所以会出现一些重大决策没有很好地落实到位，一些重要政策在落实过程中打了折扣，一些重大工程在实施过程中进展缓慢等现象，往往不是因为方向不明、道理不清、招数不对，而是由于责任划分不清。

一个家电制造有限责任公司曾经发生过这样一起"事故"：3 号车间有一台机器出了故障，经过技术人员的检查，发现原来是一个配套的螺丝钉掉了，怎么找也找不到，于是只好去重新买。

采购过程波折重重。先是发现市内好几家五金商店都没有那种螺丝钉，又发现就连市内几家著名的商场也没有。

几天时间很快就过去了，采购员还在寻寻觅觅地找那种螺丝钉，可是工厂却因为机器不能运转而停产。于是，公司的管理者不得不介入此事，认真打听事故的前因后果，并且想方设法地寻找修复的方法。

在这种"全民总动员"的情况下，技术科才想起拿出机器生产商的电话号码。打电话过去询问，得到的答案却是："你们那个城市就有我们的分公司啊。你联系那里看看，肯定有。"

联系后仅过了半个小时，那家分公司就派人送货来了。问题解决的时间就那么短，可是寻找哪里有螺丝钉，就用了一个星期，而这一个星期，公司已经损失了上百万元。

很快，工厂又恢复了正常的生产运营。在当月的总结大会上，采购科长特别提出了这件事情。他说："从技术科提交采购申请，再经过各级审批，到最后采购员采购，这一切都没有错误，都符合公司要求，可是结果却造成这么重大的损失，问题竟然是因为技术科的工作人员没有写上机器生产商的联系方式，而其他各部门竟然也没有人问。之所以会出现这样的问题，是由于公司责任划分不清，才导致了需要负的责任没有人负！"

可见，企业组织的岗位与岗位之间、员工与员工之间，都是责任与责任的关系，他们之间就犹如一台高速运转的机器中一个个相互啮合的齿轮，每一个齿轮的运转，都对整个机器的运转担负着重要的作用。很可能一个齿轮的缺失，将导致整个机器停止运行；小螺钉缺失，产生机器运营的缓慢和危险。责任不落实到位，一点点小问题就可能酿成大祸，使企业蒙受巨大的损失！

最宝贵的精神是落实的精神，而最关键的落实是责任的落实！落实任务，先要将责任落实到位，因为责任不清则无人负责，无人负责则无人落实，无人落实则无功而返。责任落实是否到位，是抓好工作落实的重要保证。

只有责任落实到位，才是落实任务、对结果产生作用的真正力量。只有将责任落实到位，我们的单位和企业才能更加欣欣向荣；只有将责任落实到位，战略才能隆隆推进，崭新的未来才能扑面而来；只有将责任落实到位，个人的潜力才能得到无限的开发，个人才能一步步走向成功。

落实贵在坚持到底

我们在公司时常会遇到这样的情况：上班第一天，公司召开全体员工动员大会，老板在会上苦口婆心地说："各位同人，去年销售业绩下滑6个百分点，如果今年不迎头赶上，那就……咱们得像刘翔一样奔跑。"

每当这时，不少员工就会在下面窃窃私语："谁都知道，百米冲刺的速度只能玩上十几秒，要玩365天，谁受得了？"

而在另外一家企业，一位一向以严著称的老板态度却截然相反。他说："我为什么对员工要求那么严格，就是因为气可鼓不可泄，管人就得像拧螺丝钉一样，一圈一圈地往里拧，千万不能松了。"

工作是一种漫长而又艰辛的事情，它充满了变数，任谁也不能预知未来工作中会出现什么问题。我们所要做的，并不是像刘翔那样在缺氧的状况下奔跑，而是要做好计划，知道何处应该跑起来，何处又应该放慢脚步。

举个简单的例子：在长跑的时候，最终获得胜利的那些人是开始的几圈就拼尽全力，还是保持自己的速度一直跑到终点的呢？显然是后者。因为，他们懂得坚持才是最重要的，而不是一口吃个胖子。

工作的过程有时候很像骡子推磨。每天都重复着同样的动作，枯燥而又繁重。聪明的主人会在骡子面前吊一把青草，骡子想吃到那把青草，便不得不一圈又一圈地走着。职场中的人们最重要的事情并不是你某个时候能跑得快，而是面对繁重的工作，能够像骡子一样一步一步地坚持走下去。

如果让一匹马来推磨，它确实可以飞奔，但是想象一下，它在疯狂地跑完了几圈之后，会怎么样？

《华尔街日报》对通用公司前首席执行官杰克·韦尔奇有这样一句评价："韦尔奇可以花一天时间参观一家工厂，跳上一架飞机，小睡几个钟头，然后再重新开始工作；在这段时间里，他也许会停在爱达荷，或者在某个风景优美的地方滑雪。"

韦尔奇认为，成功并不是跑得快或是工作更努力。每一个人都可以一天工作16个小时甚至更长的时间，但是为了工作置健康和家庭于不顾的人，还能算得上是成功吗？这份工作还能坚持下去吗？

韦尔奇用他自身的经历告诉我们：成功的道路，没有捷径。只有坚持，你才能成为下一个收获成功的人。

以营销为例。如果管理者在推销时仅仅跑了两三趟，就因客户的拒绝而悲观、失望，消极地认为"算了，别去了"的话，那你根本就没有机会获得成功。

美国一家兵工厂曾经进行过一次很有意思的实验：实验者在兵工厂的大梁上绑了一条粗大的钢索，使其垂直固定在地面上，然后在离钢索一米处用一根很细的尼龙绳垂直地绑了一个软木塞，他们用软木塞很有规律地反复撞击这根粗大的钢索。

软木塞不断地撞击着钢索，时间一分一分过去了，大家耐心地等着，第29分钟、30分钟，钢索竟然颤抖了两下，然后又静止了，接着又开始不规则地颤动。40分钟后，钢索开始随着软木塞有韵律地摆动起来。

这时，实验者们终于露出了满意的笑容。他们取下软木塞，看到了令人惊讶的一幕：钢索依然不停地反复摆动，历久不绝。

我们从这个实验中可以得出一个结论：成功是属于按自己的意志和步调坚持

走下去的人。就像那个软木塞一样，如果它一开始就认为钢索那么粗，撞击它根本没用，那么它就会被自己打垮。所以，软木塞的成功归于"按自己的意志和步调，坚持下去"的耐心，它每一次撞击都在改变对方，一次又一次地积累，一次又一次地储蓄力量，终于改变了对方。

每个人都有自己的优势，尽管可能并不明显，但那又怎样？

也许，一次的落实结果并不理想，甚至被碰得头破血流。但这正是积蓄能力的时候。聪明的人会选择不屈不挠，继续战斗；普通的人选择退缩和保守。所以，坚持本身即是落实能力的一部分。

其实，落实跟其他的过程一样，都是充满挑战的。没有耐性的人在面对挫折时会选择逃避，因为他不知道挫折之后就是成功。

阿里巴巴总裁马云曾说："我不知道该怎么样定义成功，但我知道怎么样定义失败。那就是放弃，如果你放弃了，你就失败了；如果你有梦想，你不放弃，你永远有希望和机会。""坚持到底就是胜利，如果所有的网络公司都要死的话，我们希望我们是最后一个死的。"

在麦当劳总部的办公室里悬挂着克洛克的座右铭——在世界上，毅力是无可替代的……只有毅力和决心才是无所不能的。

积沙成塔，集腋成裘。生命不是百米赛跑，不是靠冲刺就能一夕成功，它就像野地里的百合花不会提前绽放。如果你能深谋远虑，从容不迫，气定神闲，坚持到底，那就没有什么是不能成功落实的。

执行的过程要重视细节

落实在于细节，落实的成效在于对细节的关注。这样说起来也许有些笼统，我们以上海地铁为例，来看看细节的差别对于落实的影响。

上海地铁一号线是德国人设计的，二号线是我们中国人自己设计的。从表面看来，两条地铁几乎没有什么差别。但是投入运营后，却出现了二号线亏损，一号线赢利的现状。仔细一比较，才发现原来是因为我们忽略了几个小事情：

（1）进出站口的三级台阶。一号线每一个室外进出口都比地面高，有三级台阶。下雨时可以阻挡雨水倒灌，从而减轻地铁防洪压力；而二号线没有这三级台阶，一下雨就要防洪，浪费了大量人力物力。

（2）进出站口的一个转弯。一号线每一个室外进出口都设有一个转弯，这大大减少了站台和外面的热量交换，从而减轻了空调压力，节省了电费；而二号线从外面到里面都是直的通道，没有转弯，热量直接进入地铁，导致电费居高不下。

（3）站台外的装饰线。一号线在安全距离处用黑色大理石嵌了一道边，里外地砖颜色不同，给乘客较强的心理暗示。乘客总能很自觉地站在安全线以外；而二号线的地砖颜色都一样，乘客稍不注意就会过于靠近轨道，很不安全，公司不得不安排专人在站口提醒乘客注意安全。

（4）站台宽度。一号线站台比较宽，上下车比较方便。二号线站台较窄，一到客流高峰时就会拥挤不堪，也使乘客在车厢里看不清楚外面的站牌，特别容易坐过站。结果不得不用不同的颜色重新装饰站台的柱子，方便乘客辨认。代价是损失了在柱子上的广告收入。

虽然这四点都是很小的事情，但对最终的结果却产生了很大的影响。

一个地铁就有如此多的细节需要掌握，那么落实到一项耗资更高的建设工程，落实一项苦心论证的项目方案，落实一个规定呢？又有多少细节需要掌握，又有多少人真正努力去研究和思考这些细节呢？

贝聿铭是一位著名的华裔建筑师，他认为自己设计最失败的一件作品是北京香山宾馆。因为他在这座宾馆建成后一直没有去督促过。

实际上，在香山宾馆的建筑设计中，贝聿铭对宾馆里里外外每条水流的流向、水流大小、弯曲程度都有精确的规划，对每块石头的重量、体积的选择以及什么样的石头叠放在何处最合适等都有周详的安排，对宾馆中不同类型鲜花的数量、摆放位置，随季节、天气变化需要调整不同颜色的鲜花等都有明确的说明，可谓匠心独具。

但是工人们在建筑施工的时候却对这些"细节"毫不在乎，根本没有意识到正是这些"细节"方能体现出建筑大师的独到之处，随意"创新"，改变水流的线路和大小，搬运石头时不分轻重，在不经意中"调整"了石头的重量甚至形状，石头的摆放位置也是随随便便。看到自己的精心设计被无端演化成这个样子，难怪贝聿铭要痛心疾首了。

因此，香山宾馆建筑的失败不能归咎于贝聿铭，而在于落实中对细节的忽视。

一个计划的成败不仅仅取决于设计，更在于落实。如果落实得不好，那么再好的设计，也只能是纸上蓝图。唯有落实得好，才能完美地体现设计的精妙，而落实过程中最重要的在于细节。

中国人绝不缺乏聪明才智，也绝不缺少雄韬伟略的战略家，缺少的是精益求精的落实者；绝不缺少各类规章、管理制度，缺少的是对规章制度不折不扣的落实。好的战略只有落实到每个细节上，才能发挥作用，也就是前面所说的"各适其位"。

海尔、联想为什么可以成为中国传统产业和科技产业的领头羊，就是因为他们的管理者、员工对公司的战略落实到位。

如果我们每个人能把自己岗位上的事情做细、做到位，那么企业也就能不断发展了。

执行力也是一种文化

很多管理者都有这样的苦恼：为什么一件简简单单的事情交代下去之后在实施的过程中就变味了，而且往往与预想的结果偏差很大？很多人简单地把发生这种事情的原因归结为执行者的执行力不足。而事实又是如何呢？不妨先看一个例子。

主管让小张去买两本笔记本，小张匆匆买了回来，主管却说要厚点的，小张买了厚的回来，主管又说要硬面的，于是小张来回跑了5趟终于买到主管想要的笔记本，主管却对满头大汗的小张说："你执行力真差。"大家看了可能会对此一笑，怎么会有这样的事情发生呢？然而这却是在不少企业中时常发生的现象。

小张买笔记本的例子，有人会说难道小张不会问清楚吗？要什么样子的，多少纸张的，什么颜色的，软面硬面的……是呀，小张可以问，但他为什么没有问呢？也许有人会说那个主管难道不会交代清楚吗？对，他可以交代清楚，但他却没有做，为什么呢？这体现了企业内部执行文化的一种缺失。

要想改变企业内部这种执行文化缺失的现象，可以从以下三个方面着重培养。

1. 从文化的核心层面构建执行力文化

（1）管理者要提炼出有利于提高企业执行力的企业核心价值观，没有核心文化就谈不上企业精神，没有企业精神，就不可能有企业凝聚力。核心价值观提炼要简短有力，富有鼓动性。而且要成为企业员工都认知、认同的理念。

（2）基于这样的理念，管理者还必须将其拓展为企业各个层面的理想和方法。这样才能使企业文化理念体系完整起来。

（3）企业理念不能停留在口头上，要得到员工的认同。必须在企业的各个沟通渠道进行宣传和阐释。要让员工深刻理解公司的文化是什么，怎么做才符合公司的文化。

2. 从文化的制度层面入手构建执行力文化

构建执行力文化，需要企业建立起相对完善的制度支持系统，比如企业的各项有效管理制度的有效支持系统等。很多企业执行力匮乏的原因主要有以下三点。

（1）有效制度建设相对落后，没有制度支持的执行，只能靠执行主体的主观能动性。无法保证不出现偏差。

（2）一些虽有完善的有效管理制度，但制度仅仅是束之高阁的摆设，没有有效得到落实。这是一种执行意识的问题。

（3）一些企业的制度建设存在众多不合理的地方，将制度建设与实际工作本末倒置，工作围绕制度去做，而不是制度服务和规范工作。因此企业的管理者不仅要强化员工的执行意识，还要建立配套的管理制度。

3. 从营造氛围层面入手构建执行力文化

良好的执行力文化的形成需要长期熏陶和潜移默化。氛围的强弱，与培育人才的好坏呈正相关的关系。企业员工进入企业组织，参与企业组织的各种活动，受到外界环境的强烈影响，就会自然产生归属和依附。营造适合企业组织要求的执行力文化，必须从两个方面努力。

（1）领导垂范。管理者的行为是企业行为的标杆。管理者自身行为的方式，以及对企业内部行为的态度为广大员工所关注。企业管理者的行为是形成企业执行力文化的根本。在实际工作中，企业管理者自觉增强的执行意识、改变执行方式，积极影响着企业员工。

（2）情景干预。企业执行力文化的理念都有一定的物质表现，比如口号、标识等。在员工生活的空间和时间范围内，要设置各种标语牌，组织各种主题活动，使员工时刻处于执行力文化的熏陶之下，并有意识地进行强化。

4. 从创新激励机制层面入手构建执行力文化

科学合理的激励制度和完善的福利项目，对员工有着最直接的作用，打造企业的执行力，营造企业执行力文化，必须依靠物质手段来实现和促进。

（1）管理者要用企业执行力价值观引导员工。要引导员工认识到自己的发展期望与组织目标一致，认识到良好的执行能力既是促进企业发展的关键，也是发展自己职业生涯的要求，从而对贯彻执行力有高度的认同，对企业合作群体有强烈的归属感。

（2）管理者要用企业执行力标准和要求灌输员工。对执行效率和执行结果的考评，必须成为员工能力测评的重要方面。要将规章制度纳入企业培训之中。将企业活动的程序方法和行为边界传达给员工，使员工清楚如何正确有效地做、如何做得正确有效，从而形成执行意识和规范。

只有管理者懂得了执行力的构成和提升的方式，并在工作实践中严格运用，将其向着一种文化的方向去打造，管理者才能逐渐摆脱因执行力不足而带来的烦恼。当执行力的观念渗透到每个员工内心深处时，就会爆发出企业文化独有的能力，不但可以减少工作中的损耗，更能够影响后来者，让其迅速融入这种文化中来，这也是企业文化所具有的独特魅力。

·第十章·

给员工内心注入企业文化的基因

文化是企业的灵魂，企业文化会让管理事半功倍。对于一个企业的成长而言，企业文化虽然看起来不是最直接的因素，却是贯穿企业各项工作的生命线，因此，企业要想长足发展，就需要给员工内心注入企业文化的基因。

建立核心价值观

核心价值观指的是企业在经营过程中坚持不懈，努力使全体员工都必须信奉的信条。核心价值观是企业哲学的重要组成部分，它是解决企业在发展中如何处理内外矛盾的一系列准则。一个企业选择什么样的核心价值观是创造企业文化的首要问题。

中国地域广阔，人文背景差异性较大，中国企业真正按照企业性质运作的时间很短，能够建立起并恪守其核心价值观的企业就更是寥寥可数，反观西方企业，虽然只有一百多年的历史，在企业文化这个名词出来之前还没有叫作企业文化或核心价值观，但它们已经有一套比较成熟的企业文化运作体系，并且企业家对企业文化的重视以及执着足以令中国大多数企业家汗颜。正如惠普公司共同创始人威廉·休利特所说的那样："回顾一生的辛劳，我最自豪的，很可能是协助创设一家以价值观、做事方法和成就，对世界各地企业管理方式产生深远影响的公司。"

由此可见，西方企业家对如何建立企业的核心观深有体会，特别是对核心价值观给企业造成的影响更是有着深刻的认识。与此相反，中国许多企业家对什么是核心价值观却不甚了解，以为核心价值观不过就是将一些时尚流行的管理哲理或警世名言贴在墙上或写在纸上，要不然就是罗列出一大堆管理书籍的理论或套路，使企业核心价值观成为挂在嘴上、写在墙上的"绣花枕头"。

其实，真正的企业核心价值观必须符合以下几个标准：

（1）核心价值观必须是真正影响企业运作的精神准则，是经得起时间考验的，因此它一旦确定下来就不会轻易改变。

（2）核心价值观必须是企业核心团队或者是企业家本人发自内心的肺腑之言，是企业家在企业经营过程中身体力行并坚守的理念，如有些企业的核心价值观中有"诚信"的字眼，但在实际经营过程中却并没有真正以诚信为准则，那么它就不是这家企业的核心价值观。从这个角度说，核心价值观不能够跟风、去追求时尚，世界五百强企业的核心价值观不一定就是你的核心价值观，如创新、以人为本或追求卓越等，它可以是你价值体系的一部分，但并不一定是你的"核心"价值观。

（3）所谓核心，指的是最重要的关键理念，数量不会太多，通常有五六条。有些企业在建立核心价值观时常常会有一些错误的理解，喜欢大而全，于是请一些所谓的专业人士撰写出一本本理念手册，殊不知这些理念可能只是哗众取宠的漂亮文字而已，结果是误导了员工又难于形成价值观体系。

一般而言，中国企业建立核心价值观可以参照以下方法。

1. 立足长远，坚持基本商业信条

目前中国正处于过渡时期，机会比机遇多，很多投机行为或不规范操作都可以使人一夜暴富，因此有许多鱼目混杂的人混入其中，各个都称自己是企业家，但他们的经营理念却都是赚钱而不是事业。伟大的企业需要伟大的企业家——一个懂得无论在什么时候都会遵守基本的商业伦理，懂得权衡长远利益与短期利益的利弊，知道为了获取更多的钱而如何放弃钱的人。这样的企业家会在当前中国没有正式形成诚信制度的情况下自觉恪守诚信的理念，甚至为此作出许多别的企业家觉得"傻"的行为，而这恰好是未来中国企业如何区分优秀企业与一般企业的最大区别。因此，恪守商业伦理，坚持基本的商业信条，从长远出发，甚至为此不惜成本，这才是未来中国企业核心价值观的代表。

2. 你倡导的，就必须你去推崇

很多中国企业家都认识到企业核心价值观的作用，他们将企业核心价值观经常挂在嘴边，要求各层管理人员要重视核心价值观的建设，但他自己本人却依然高高在上，说的和做的不一致或者要求员工做到而自己却漫不经心，这是绝对的错误。作为企业家，其主要的管理职能应该是战略、人力资源和企业文化，也就是说他要做好战略的决策工作、建立吸引人才的平台，当好企业核心价值观的牧师。"你所倡导的，就必须你去推崇！"如果一家企业的核心价值观不是由企业家本人坚持不懈地宣导，并身体力行，那么你又有什么资格要求员工去信奉这所谓的核心价值观，并在行动中体现呢？

3. 与本土文化相结合

中国企业正处于高速发展阶段，中国式管理模式尚未形成，各种各样的管理思维和方法充斥着管理界，到底什么才是适合中国企业的核心价值观，各有各的说法。我们认为，在核心价值观的建立上，必须采取"博采众长，以我为主"的做法，不能盲目去模仿所谓世界级公司的核心价值理念，但也不能不顾商业法则，违背公理而单一强调"合适才是最好的"。须知，企业文化是根植于民族文化的土壤之中的，如果核心价值观与民族文化相违背，那它根本就无法生存。这就让我们很容易理解，为什么跨国公司重视跨文化管理的问题。一个跨国公司的总裁，必然是一个跨文化管理的专家，因为无论是哪一个国家企业的好的核心价值观，如果不能与国家的本土文化相融，那它就会失去生存的土壤。因此中国企业不能好高骛远地盲目追求缩短与世界企业的差距而建立所谓的世界级的理念，而应该塑造一种基于民族文化和商业伦理，又是企业家内心追求的真正核心价值观，唯有如此，中国企业才能建立适合中国国情的价值观体系。

由此可见，各个企业建立自己的核心价值观在方法上并没有什么太大的差异，关键在于理解核心价值观上的观念存在差异。就是说企业用什么方法去提炼和表达公司的核心价值观并不是最重要的，只要自己公司的员工可以理解就行了，关键在于你所推崇的理念是不是你的"核心"理念，你能不能恪守这些理念才是最关键的。

塑造良好的企业文化

为什么有的企业能历经数十年、数百年而屹立不倒，有的却只是昙花一现便被湮灭在市场经济的浪潮中，它们的企业大厦会倾倒，都是缺乏企业文化导致的。任何一个成功的企业、行业、体制，认真分析研究他们的成功之道，有一个共同点，就是都注重企业文化的塑造。所以，企业要想在激烈的市场竞争中立于不败之地，塑造企业文化不容忽视。

如何塑造良好的企业文化，管理者可以从以下两方面着手考虑。

1. 内部途径

通过企业内部的各种活动，完善企业自身机制，在企业中形成有利于文化"生长点"的土壤。

（1）培育团队意识。

团队意识也就是集体意识、集体观念。比如日本企业的团队意识就比较强，在他们的观念中，对自己所属集团的忠诚是一个人最应该具备的品德。这种道德观念是他们"集团意识"存在的重要文化根源之一。

塑造良好的企业文化，团队意识是很重要的一个方面。因为，企业文化就其本身而言，是一种命运共同体文化，它具有整合性、共生性和献身意识3个方面的特点。团队意识，对于企业来说是至关重要的，没有团队意识，就谈不上群体成员之间的协同合作，更谈不上作为他们各个能力总和的"集体力"。

（2）提高员工的素质。

在任何企业，员工都是主体，企业的经营行为是员工活动的反映，企业文化建设是由员工行为体现出来的。可以说，员工素质的高低，决定着企业的经营成果，因此我们说，提高员工素质是搞好企业文化建设的根基。提高员工素质可以从提高员工道德素质、文化素质和技术素质方面入手。

提高道德素质，是企业树立良好形象的关键，是企业绵延不衰、自强不息的精神动力。可以通过积极开展各种健康向上的文化活动，让员工从中受到激励，进一步增强员工积极向上、追求真善美的意识，帮助他们进一步辨别是非，抵制假恶丑，塑造美好的心灵。通过道德素质的培养让员工懂得应提倡什么，反对什么，什么应该做，什么不应该做，从而树立正确的思想道德观念。

提高文化素质，是推动企业发展的根本保证。良好的企业文化需要全体员工的认同，需要全体员工的文化素质与企业文化建设要求保持一致。创建学习型组织、打造学习型企业是提高全员文化素质的有效途径。企业应该通过制定未来发展战略规划，把学习纳入工作，真正构建一种人人潜心学习、共同追求进步的良好氛围，使学习成为企业文化建设的一个重要组成部分。

提高技术素质，是推动企业发展的动力。现代经济的市场竞争，离不开科技创新。科技创新离不开员工智慧的充分发挥。先进的技术和设备都需要员工来掌握运用，因此，要提高员工的技术素质。

（3）树立企业精神。

企业文化的核心是企业精神，企业精神是企业文化的集中反映。企业精神是企业全体员工现代意识与企业个性相结合而形成的一种群体意识。它既是企业现状的客观反映，是全体员工共同拥有、普遍掌握的理念，是稳定性与动态性的统一，又具有独创性、创新性、时代性，还要求企业务实、求实、求精。

企业只有把企业精神灌输给每个员工，并使之成为支配其言行的自觉意识，使员工恪守诚信、遵守诺言、不欺不诈，增强对自己行为负责的责任感、道德感，才能为企业带来巨大的经济效益，形成企业强大的生存、发展动力。

树立企业精神的方法和途径很多，但万变不离其宗，目的都在于让企业精神植根于员工心中。比如，管理者可以利用事件树立企业精神。

多米诺比萨饼公司的企业信条是"30分钟内将货送到任何地方"。为了实现这一诺言，该公司不惜包租飞机将货物按时送到。但是，有一次，还是因供应不及时而使一家商店停止了营业。事后，公司买来1000多个黑袖章，让公司员工戴上，表示哀伤。黑纱给这个公司带来的震撼是非常强烈的。这次事件，使员工永远也不会忘记公司的信念和他们所信奉的精神。

还有英国航空公司，有一次因乘客不足，就让乘客改乘另一公司的飞机。几乎所有乘客都同意并乘上另外公司的飞机，只有一位日本老太太，无论怎么说都不肯。于是英国航空公司就专门为这一位乘客飞越了这一航线。这一事件无论是对社会、对公司本身都影响巨大。英航公司失去的是物质利益，得到的是震撼企业员工心灵的企业精神的树立。

2. 外部途径

塑造良好的企业文化，还需要良好的外部环境。通过企业对外的传播活动，向社会辐射企业的影响，让社会通过企业形象来了解企业，为创立企业文化提供条件。

（1）创造良好的外部环境。

企业的外部环境包括民族文化环境、政治经济环境和市场环境。企业可以通过了解市场环境，对这些环境中的各种因素进行分析，再利用有利的因素，摒弃或改造不利因素。例如，企业的竞争对手及他们的优势有哪些，自己的劣势又在哪里，如何处理与对手的关系，市场中的积极因素有哪些，等等。通过了解外部环境，采取措施，改造外部环境，为企业文化的创立提供良好的外部环境条件。

（2）塑造企业形象。

众所周知，良好的企业形象是企业文化的外在表现形式，在激烈的市场竞争中，良好的企业形象对扩大企业的影响、增强企业的竞争实力具有重要作用。企业形象就是公众和企业人对企业的整体评价和印象。企业形象塑造表现在两方面：一方面，在于公众对企业的认同感上，包括企业的标志、注册商标、产品设计、产品质量、装潢和广告，以及各种附属印刷品的设计。所有这些，都可以使公众对企业产生一种可以信赖的印象。另一方面，在于员工是否与企业荣辱与共、关心企业的经营和效益、珍视企业的信誉。也就是说，企业必须使员工在工作中产生和企业同命运的信念，并且能够在统一价值观念的基础上团结一致，创造出宽松舒畅的工作环境，发挥每一个员工的创新意识和才能，不断推出新产品，扩大企业的社会影响。

营造企业文化氛围

企业文化作为人的精神需求，是一块肥沃的土地。在这片土地上，管理者可以尽情播下希望和鼓舞的种子，这是员工被激励时最需要的精神养料。企业管理者要想让这块土地变得肥沃，就需要在对内的各种规章制度和福利待遇、为员工提供的各种工作、生活的舞台以及企业对外的形象等方面作出努力，从而确立企业在员工、在社会大环境下一种独特的人文氛围。良好的文化氛围是让员工快速融入企业的催化剂，是滋生员工积极快乐工作情绪的无形养料，更是减轻企业管理者管理难度的助推器。那么，如何才能营造有助企业管理发展的文化氛围呢？在工作实践中可以通过以下几种途径营造企业文化氛围。

1. 营造企业大家庭氛围

企业在特定的环境下也是一个大家庭。企业的家庭氛围所产生的行为科学，使人与人之间有了亲情和向心力，从而促进企业生产力的发展；同时，也使员工得到精神与物质上的收获。因此，要让员工感到企业的家庭氛围，首先要从思想上、事业上关心员工。关心员工政治思想上的进步，文化、技术水平的提高，在工作上给予支持和帮助等，使员工感受到企业的重视与尊重，感觉到事业上有发展前途，从而促进上下级之间感情的融合。其次要从生活上关心员工，尽力为其办实事，解决实际困难。当员工在工作上和生活上遇到困难的时候，鼓励其他人伸出双手来帮助他，让他在这个集体中不感到孤独无助。最后要尊重每个员工的人格独立性。企业的员工来自不同地方，有着不同的文化和社会背景，企业应尊重每个员工的人格独立性，给每个员工营造一个宽松自由的空间，消除各种障碍，疏通人与人之间的沟通渠道，建立简单、直接、充满热情的沟通方式，让每个人都能最大限度地发挥自己的想象力和创造力。

2. 确立员工的"主人翁"意识

让每个员工都成为企业的主人，这样员工就会意识到他们的命运与本企业的前途息息相关，他们会把自己的喜怒哀乐与企业的发展紧密联系在一起。一旦企业有困难，大家也就不会是想着尽快逃避、各奔前程，也不会袖手旁观，更不会幸灾乐祸，而是集思广益、齐心协力、共渡难关。因此，管理者要通过宣传教育，使企业全员有一个趋向一致的价值观，并确立"企兴为荣、企衰我耻"的思想观念和敬业精神，激发员工的主观能动性。

3. 创造良好的学习环境，建立学习型组织

大力倡导学习型组织的文化氛围，鼓励企业成员求知上进，使企业内部形成浓厚的学习气氛。企业要以员工岗位学习、岗位竞赛活动为载体，激发广大员工学文化、学知识、学技术的热情，变"要我学"为"我要学"，营造浓厚的学习氛围。营造相互教育、共同提高的学习气氛。让每一个员工都乐于把自己学到的东西与他人分享，甚至可以定期开展小型的讨论会，促进大家共同进步。

4. 丰富企业文化生活，协调相互关系，增进员工间的情谊

利用各种文化活动，沟通员工个体与个体之间、个体与群体之间、群体与群众之间的感情，协调相互之间的关系，增进彼此间的情谊。企业还可以以生产经营为中心，把文化活动与劳动竞赛、技术比武及合理化建议相结合，以文化活动促进生产活动。寓教于乐，适应员工的爱好和需求，通过建立娱乐室、举办文艺演唱会等活动，加强对员工的思想、文化的熏陶，从而使员工形成对企业的向心力和凝聚力。

5. 从小事做起，从自身做起

管理者希望倡导什么样的文化氛围，就应该身体力行，从自身做起，让自己成为这种文化的第一个实践者。营造企业文化氛围的重点是营造企业文化的感情氛围。在积极营造物质氛围和制度氛围的基础上，要把营造良好的企业感情氛围作为重点。用许多小的事情综合形成企业中无所不在的氛围，企业文化的氛围就会一天比一天更浓。

可以说，没有企业文化氛围的企业是没有灵魂的企业，没有灵魂的企业自然也无法期待它会对员工产生强大的凝聚力。因此，营造真实的企业文化氛围正是企业启动凝聚力的核心要素。

以人为本

按照马斯洛的"需要层次理论"，人的需要由低到高依次为生理需要、安全需要、社交需要、尊重需要和自我实现需要。企业文化理论在一定程度上反映了这一客观要求和发展趋势，体现了人的需求是从物质基础上向追求精神文化层次递进的。因此现代企业，尤其是聚集了大批人才的高新技术企业，更应重视员工各个层次需求的满足，构建尊重知识、尊重人才的企业文化，充分开发人的潜能，使企业和员工融为一体，进而形成企业的整体实力。

现代企业不仅是由经济、技术、规章制度、组织机构等因素组成的生产、销售系统，而且是由企业精神、价值观念、文化氛围等要素组成的文化系统；企业的生产经营活动不仅有经济意义，而且具有文化意义。具有优秀文化的企业，向社会展示了企业良好的管理风格和精神风貌，赢得了社会的肯定和支持，树立起良好的企业形象，这无疑是一笔巨大的无形财富。优秀的企业文化不会自发形成，需要管理者有意识地去培养，去建设。而要想建设一个优秀而有凝聚力的企业，就应强化以人为本的意识，使企业成为全体员工都具有使命感和责任感的共同体。

1. 形成以人为本的氛围

现实中不乏这样的例子，一个企业长期陷于困境，厂长、经理换了一任又一任，但是每一任管理者往往都只从技术制度层面上下功夫，忽视了人和文化层面的重要性，没有形成以人为本的文化氛围，致使人才流失、人心涣散，企业难以从根本上摆脱困境。一些知名学者曾对中、日、美三国的企业文化进行比较，认为美国的企业文化突出的是利润为先，日本的企业文化突出的是团队精神，而中国的企业文化突出的则是"安人"。"安人"是中国式企业管理的最大特色。关于如何做到"安人"，学者们列举了适当的关怀、真诚的服务、相当的尊重、安定的保障等办法。由此可见，所谓"安人"其实就是要求坚持以人为本。只有通过加强企业文化建设、强化以人为本的管理理念，把人放在核心位置，才能最充分地释放出蕴藏在员工中对事业追求和个人价值实现的能量，从而增强企业对人才的吸引力，增强人才对企业的归属感，继而全面提高企业的核心竞争力。

2. 强化唯才是举的导向

我们常说的一句话是：用好一个人才等于树立一面旗帜。如果企业选拔的人确实才华出众，品行端正，又被群众所公认，大家就会感到组织是公正的，企业是可以信赖的。反之，如果企业用人时大搞拉关系、耍手腕、拉山头、讲宗派等不正之风，员工就会对组织产生蔑视心理。所以，用好人才是企业以人为本最好的表现。

3. 构建人才成长的平台

我们一直说要事业留人，事业留人的核心是要使人才对个人的前途有好的预期。研究表明，人才对个人前途的预期越好，则他对组织的归属感也越强。人才对个人前途预期取决于企业本身发展的前景，也取决于人才自身发展的潜质。企业应当形成一个使"想干事的人有机会、能干事的人有舞台、干成事的人有地位"的氛围，帮助人才把他对个人前途的预测一步步地变为现实，而不应当用古板而陈旧的机制限制人才的成长发挥。因此，企业要切实解放思想，拓宽思路，创造条件，为人才成长构建发展的平台。

松下幸之助曾说过，管理的目标是达到企业的最大绩效，而实现这一目标的核心就是——人。同样的，企业如果不能以人为本，不能让员工有归属感，让员工形成共同追求的价值观，也就是没有自己的企业文化，再好的规章制度也是摆设。那么一旦企业效益不佳，自然树倒猢狲散，人才远走高飞。这些，都是企业所面临的人力资源危机，如果不尽快改革僵化体制，拿出行之有效的措施，以人为本，其最终的结果就会把企业带到失败的边缘。

引导员工认同企业的价值观

费了不少心血引进的人才"跳槽"了；悉心培养出来的骨干员工辞职了；委以重任的心腹"叛变"了，还带走了手下优秀的团队；大批客户资源甚至商业机密……诸如此类因核心员工的"不忠"而给企业造成巨大损失，引发企业经营震荡的事情，在许多企业都上演过。

如何才能赢得员工的忠诚，至今仍令很多管理者大伤脑筋。

其实，真正让员工忠于企业的，不是金钱，也不是升迁，而是认同。这个道理很简单：人的欲望是无限的，企业不可能满足员工们对金钱与升迁的所有欲望，管理者要做的就是让员工认同你的企业文化。因为任何一家企业的文化都是独一无二、无法模仿的，只要他认同了企业文化，在接受另一种企业文化的时候就难免会有排斥心理。从另一个方面讲，认同的本质又是员工和企业价值观相融的表现，价值观又决定了员工的忠诚，唯有建立在价值观认同基础上的忠诚，才是持续且难以改变的，才是一种发自内心的精神追随。

所以，企业如果想成功留住员工，管理者其实无须给他们无止境的金钱和升迁诱惑，只需引导他们认同企业的价值观即可。要想让员工认同企业的价值观，管理者可考虑从以下 4 个方面入手。

1. 目标引导

一个明确、清晰，与员工追求结合很紧密的企业目标，对引导员工认同企业价值发挥着重要的作用。

共同的目标与追求是维系员工与企业的唯一纽带，也是员工与企业合作的唯一原因。没有什么比一个明确、清晰的目标更能吸引人的了，特别是当一个企业正在实践其目标的时候。如果员工相信他们所做的事是值得的，相信能够通过自己在企业中的工作完成他们值得花费时间和精力去做的事情，那么，他们就会认同企业的价值观，追随企业目标，积极努力地去行动。

2. 通过培训，培养认同感

这种培训，并不是企业平常针对员工进行的技术或技能方面的，而是对价值观方面的培训，目的是系统地向员工灌输企业价值观，有针对性地培养他们对企业价值观的认同感。

培训的方式很多，如管理者的演讲。杰克·韦尔奇在任期间的工作重心之一，就是在通用电气总部及遍布世界各地的分支机构进行价值观方面的巡回演讲。这种方式取得了非凡的效果，不仅使通用成为全球最受尊敬的企业之一，也使杰克·韦尔奇为自己赢得了"世界头号经理人"的殊荣。此外，企业还可以通过一些专题教育、拓展训练及一系列相关活动对员工进行培训，其中，讲故事是最有效的方式。通过把企业价值理念故事化，并配合有效宣传，对培养员工的认同感会起到极好的效果。

3. 良好工作氛围的渲染

良好的工作氛围对员工认同企业价值观发挥的作用也不可小觑。因为，如果一个企业没有良好的工作氛围，那么员工之间将无法进行正常、充分的沟通，也就很难建立信任，这就使员工之间相互交流与学习产生障碍，不利于共享价值观的形成。实践证明，良好的工作氛围是一种强力"黏合剂"，可以使员工在愉快的环境中工作，使员工彼此间相互信任与合作。这种氛围越是浓烈和长久，对员工的"黏合"效应就越强大、越长久。员工在这种氛围中潜移默化的结果，必定是对企业价值观的持久认同。

4. 管理者的魅力"辐射"

美国军事家克里奇曾经说过：没有不好的组织，只有不好的管理，好的管理者是好组织的塑造者。管理者是企业的灵魂，是企业与员工之间的纽带，其价值观又是企业价值观的核心。因此，与其说是员工对企业价值观的认同，不如说是员工对管理者价值观的认同。但要让员工认同管理者的价值观，只靠"权威"是绝对不行的。

一只老鼠爬到佛像头上，看到下面有许多人在向它跪拜，十分得意，以为自己就是神了。一只野猫扑过来要吃掉它。老鼠说："你不能吃我。"野猫问为什么，老鼠说："我是神，你没看见下面的人都在向我跪拜吗？"野猫冷笑一声："人们向你跪拜，不是因为你，而是因为你所处的位置！"

可见，权力与地位并不能使员工真正对管理者心悦诚服。要真正让员工心甘情愿地认同你，就必须靠自身的一些"软要素"，比如，能力、人格、对员工的关怀等。

（1）卓越的能力。

管理者最重要的使命是要带领企业追求卓越，这就需要管理者具备成就大业的能力和潜质，并且也确实取得了一些令人刮目相看的成就，这样的管理者自然能让员工在心悦诚服中言听计从，觉得追随这样的管理者是有前途的，与这样的管理者合作自己是能进步的，进而产生由衷的认同感和信任感。

（2）超凡的人格魅力。

人格魅力从来都是非常具有吸引力和感召力的。超凡的人格魅力正是管理者感召力的精神基础，而管理者也正是凭借其超凡的人格魅力成为整个组织的精神领袖的。所谓"其身正，不令而行；其身不正，虽令不行"，这些都是在说明作为企业管理者，首先要"自正其心""自省其身""自修其行"，然后才有资格也才有可能"正人之心""省人之身""修人之行"，才能"聚人之气""合人之力"，领袖群伦，所向披靡，达到"令民与上同意，上下同欲者胜"的效果。

（3）心系员工，为员工着想。

管理者卓越的能力与超凡的人格魅力如果不能与员工的个人需要联系起来，就无法对员工形成持续的吸引力。因为，不管何时，个人的需要与实现需要的动机永远都是人们行为的第一动力和指向。就比如说，员工工作是为挣钱，挣钱是为吃饭，如果管理者给员工的工资薪金根本维持不了员工的基本生活，那么管理者即便是有着卓越的能力和超凡的人格魅力，也只能令员工敬而远之，员工更不会与你产生共鸣了。因此，心系员工、时时为员工着想是获得员工认同的第一前提。

坚持自己文化的独特性

在一个企业中，文化作为一种理念，与企业的兴衰成败息息相关，是企业与生俱来的。在追求精神状态最佳化、物质财富最大化上，所有企业的文化建设目标都是一致的，这就是其共性。但是，由于各企业所在行业不同、性质不同、所处的地域不同、价值取向不同、追求的方式不同，为了使自身具有持续的生命力和旺盛的竞争力，在技术层面上，其运作方式又不一样，这就是企业文化的独特性。

索尼公司在阐述其信念的公司纲领《索尼之魂》中，第一句话便是"索尼是开拓者"，表示出敢为人先，绝不跟风的意志。紧接着又写道："永远向着那未知的世界探索"，申明其远大目标。在这一远大目标之下，"开拓者索尼把最大限度发掘人才、信任人才、鼓励人才不断前进视为自己唯一的生命"，以人为中心开展一切工作。

松下电器产业公司，它的企业文化内涵也十分丰富，但其中最具特色、给人留下最深刻印象的，莫过于"自来水哲学"。早在松下电器产业公司创建之初，其创始人松下幸之助就用自来水供给的例子，生动地阐述了他创办企业的宗旨及经营信念。

他认为，松下公司所生产的产品，首先要价格便宜，让广大消费者都能买得起，其次要货源充足，保证市场的大量需求，就好比日常生活中不可缺少的自来水一样，既价格便宜又源源不断。按照松下的企业哲学，那就是社会培育了企业，企业应该满足社会的需要，而与此同时，企业也将得到社会的酬劳。

独特的企业文化往往会给企业增添独特魅力和勃勃生机，促进企业又好又快地发展。坚持文化的独特性，企业可以参考以下3个方面。

1. 经营理念和企业制度的独特性

战后日本在短短30年时间里就使自己从一个被战争摧毁的战败国一跃而成为经济大国，令世界惊叹。人们不禁要问，日本究竟靠什么手段实现了经济的腾飞？在诸多因素中，最为引人注目的就属日本独特的企业文化了。而日本企业文化的独特之处首先表现在它独特的经营理念和独特的企业制度上。

（1）独特的经营理念。

比如，松下电器的"产业报国"；丰田公司的"上下同心协力，以至诚从事业务的开拓，以产业的成果报效国家"；京瓷社的"追求全体员工物质与精神两方面幸福的同时，为人类和社会的进步与发展作出贡献"；等等。

（2）终身雇佣、年功序列、企业内工会等。

每年大企业通过对应届大学毕业生进行面试，选择录用综合能力较强的人。最初几年，他们受到全面培训，或担负各种工作，增加他们关于公司的知识。最有前途的人可能被授予最有挑战性的职务。被认为无能的人，通常也不会被解雇，因为公司要严格遵守终身雇佣的原则。年功序列和终身雇佣密切相关。它是根据职员在本企业连续工作的年数、学历等确定其工资和职务的制度。企业内工会指企业内部的工会，它只限于企业内部，不分工种。成员只限于科长以下的员工。企业内工会成为员工与雇主之间交涉的主要角色，它缓和了雇主与员工的矛盾，有利于企业的经营管理。

正是这种独特的理念使日本经济从战后的萎靡状态一跃而起，用30年的时间创造了日本企业的神话。

2. 企业精神的独特性

企业文化是以企业精神为核心的独特的思维方式、行为方式和企业形象，同时它又是企业在长期生产经营过程中形成的，并为全体人员遵守和奉行的价值观念行为准则和审美理念的综合反映。因此，企业文化应该与本企业的产品一样，具有鲜明的个性和独特的风格。

由于每个企业的情况各不相同，因而表现出来的企业精神也具有其独特性。然而，现在有很多企业在建设企业文化时，仅仅模拟其他企业文化的语言文字，提出几句口号或标语，都是团结、进取、拼搏、求实、开拓、创新等不同组合。众多企业都用同一面目去描绘企业的精神，而不讲究企业的具体特点，造成雷同，使企业文化失去独特性。

如惠普的企业精神是"创新精神与团队精神"；日立公司的社训为"诚将优良产品贡献给社会；开拓精神，积极进取，独立自主；尊重个人意见，广与谈话，但以和为本"。这些企业精神、价值观都是每个企业根据自身情况制定出来的，不仅个性鲜明，且言之有物，比起许多企业一概笼统地提出"求实""拼搏"等口号，内容显然要丰富得多。当然，企业的目标精神制定之后，更重要的还是要采用切实可行的措施加以落实，如果只是口号，而不采取行动去实现，那么用企业文化管理企业只能成为美好的愿望。

3. 人文理念的独特性

每个企业还会因它所处的发展阶段不同、生产技术难度不同、经营观念不同、欲达到的目的不一致，而对人才应具备的条件要求也不一致。比如，海尔的人才观是"人人是人才，赛马不相马"；西安杨森追求的则是"鹰雁精神"，倡导员工做搏击长空的雄鹰。企业只有根据自身的特点创建适合企业的人文理念，才能让每一个员工在不同的岗位、不同的工作情境下，充分发挥各自的才能，群策群力，协作共进，解决研发以及生产过程中的技术难题，完成各项工作任务。

文化的独特性就像一张标签，装点着企业的门面，使企业能够有自己的特点，所以企业在发展过程中，不要迷失方向，要借鉴其他企业优秀的文化，同时结合自身企业的特点，创造出适合自己独特的企业文化。

为员工树立远大的愿景

每一个企业管理者的脑海中，几乎都装着企业未来的壮丽景象。对于企业而言，这幅壮丽的景象就是企业的使命，这一使命揭示了企业存在的理由、揭示了企业前进的方向、揭示了企业伟大的目标。其本质在于揭示企业发展的目的，指引企业成长方向，是企业持续成长的主要推动力之一。

日本经济大萧条时期，国内有许多公司都倒闭了。松下电器公司也只能苟延残喘地维持着。当时，松下的每一个员工都很担心公司也会出现危机，而使自己失去工作。这时，松下幸之助适时地把全体员工集合起来，告诉他们：

"松下电器就像无尽的宝藏一样，会不断地开发新产品，我们担负着开拓创业的使命。为了完成这项使命，要经过250年的时间。我将这250年分成10个节。第一节为25年，这25年又分为三期，第一期的10年间是专门建设的时期，第二期的10年间是持续建设时期，更是专业活动的时期，最后的5年则是持续建设和活动，有了这些措施，我们就能给社会作贡献了。我们现在所处的时期就是第一节，第二节以后就由我们的下一代来完成。从此以后，每一代人都必须就就业业，按照共同的目标前进，到了第10节，也就是250年以后，这个世界就会是一个充满物质、富庶繁荣的乐土。"

每一个员工在听到这篇《松下电器250年的计划》后都目瞪口呆，但等稍微恢复过来后，就像吃了定心丸，安下心来。因为他们认为"社长都这样有干劲，公司应该没有问题"。

靠着松下为员工树立的远大愿景，松下电器成功度过了那段最艰难的日子，在日本创下了一个奇迹。

有很多企业领导，都是讲故事的高手，他们会把自己脑中美丽的梦想，绘声绘色地向大家讲述，例如，张瑞敏会讲海尔将成为世界500强的目标、马云会在员工会议上讲阿里巴巴的网商构想、宁高宁会讲他的中粮之梦……

作为一个有目标有远见的管理者，要想引导员工为企业的前景共同奋斗，就要勾画出企业的长远发展目标，并通过有效的沟通，使它成为所有员工共同的愿景与事业。这样，才能引导员工与自己步调一致，共同前进。那么，管理者具体应该怎么做呢？

1.要有行动的蓝图

没有魅力的管理者，会因为唯恐目标不能实现，而不能展示出令员工心动的愿景。员工对这样的管理者，必然不会抱有信心。如果大家都没有高昂的斗志，就算是微不足道的理想也无法实现。

当然，即使有伟大的愿景，如果没有清楚地规划出实现过程，也不能使员工产生信心。因此，为员工树立远大愿景的同时，还必须规划出实现愿景的过程。这是一个必经的过程，指的就是从现在到实现愿景所采取的方法、手段及必经之路。

2.让员工和企业有一个共同目标

《孙子兵法·谋攻》曰："上下同欲者胜。"《黄石公三略·上略》说："与众同好靡不成，与众同恶靡不倾。"这些讲的都是只要上下一心，士气旺盛，众志成城，打仗时每个人都奋力向前，军队就会攻无不克，无坚不摧。这种"上下同欲"的原则，就是告诉企业管理者在树立目标的时候要让员工和企业有一个共同的目标。

塑造一个共同的目标，创建共同的价值立场和相同的价值理念，是引发员工积极性和工作动力的重要手段。因为如果员工认同企业，同时企业也认同员工，那么价值观就会成为激励员工非常有效的手段。

3.让目标充满乐趣

大多数人乐意付出更多的尝试去玩一场游戏，其投入程度远胜过他们所干的工作，这其实很容易理解，因为在游戏中，每个人都可以扮演自己喜欢的角色，都知道该怎样去做才会赢，游戏中，人们大多都表现得异常激动并精力充沛。

这种法则，对于一个企业挖掘员工的潜力而言，是一种非常可行的方法。

目前，很多企业都在使用这种方法。为了使企业的整体工作水平得到提高，很多企业运用图表法、游戏法和竞争法使目标更富有趣味，从而使企业的行为充满个性，与之相应的回报也必然会是高效率产出及不断增长的利润。

一般情况下，目标的价值越大，社会意义就越大，目标激励作用也就越强。所以，管理者要善于给员工树立远大的愿景以激发他们的工作热情和积极性。为了使目标的树立与管理更为科学、合理，管理者应该遵循以下几条原则。

1. 目标要有长短之分

或许有人会说，理想越是远大就越是空洞，越不容易实现，也越不利于大家付诸行动。其实恰恰相反，理想、目标越微不足道，就越不能激发众人的高昂斗志。

这就需要管理者在树立目标的时候要注意目标的长短期之分。

因为要达到最终的目标并不容易，所以要树立达成最终目标的前置目标（以此为第一目标）。同时，达成第二目标也不容易，所以要设定达成第二目标的前置目标（第三目标）。要达成第三目标也不容易……就这样一步一步地设定次要目标，连接到当下。

这样，为了达到最后的目标，就必须从最下位的目标开始，一步一步地向前位目标迈进，依次完成每个目标。这一步一步展开前置目标的过程，就称为"目标功能的进展"。

在"目标功能的进展"中，最下位目标的设定必须最接近目前的状况，而且应尽可能地详细、现实。也就是说，最下位的目标必须是可行的。达成最下位的目标后，再以高层的目标为目的。

2. 目标要具体明确

树立目标的目的是使所有人的行动能够尽量统一，让员工具有共同的方向，从而使行动的效果达到最大化。这就要求目标的树立必须明确。假如目标不明确，就很容易造成员工对目标的理解产生分歧，从而影响目标的执行效果。

大量的研究结果都证明：具体、明确的目标要比笼统、空泛的目标产生的绩效要高得多。比如，在制定每月要达到的销售目标时，用具体的数字往往比用含糊其辞的"尽最大努力""争取有所提高"等词语要有效得多。

3. 目标要有期限性

一般而言，人们对期限要求明确的事情会全身心投入，以期在期限内完成，而对没有确切期限的事情则会无限期地拖延下去，甚至会遗忘。所以，管理者一旦制定一个目标，就应给出一个具体的、明确的期限，没有期限的目标，在很多时候是不会有结果的。

在管理学中，帕金森有一条定律："工作会展延到填满所有的空间。"所以，在用目标激励员工时，必须对工作目标设定一个期限，没有期限目标就永远完成不了。

另外，目标还应该具有阶梯性，从企业的管理层到执行层都必须有一个清晰的目标，每个层次的目标都是为组织的总目标服务的，这样的目标管理系统才能起到激发整个公司员工积极性的作用。

让员工有一种使命感

一些管理者谈到使命感这个词时，直觉上会觉得太过言重了。其实使命感才是促使员工们勤奋工作的最强的动力。如果有的员工对公司没有一种使命感，那么在公司面临困境的时候，又如何能指望他们与企业同舟共济、共渡难关呢？

就目前的社会经济发展状况而言，大多数人已无须再为温饱而苦恼，他们的生理需求已基本得到满足，随之对于精神方面的需求就提高了，这为培养使命感创造了条件。

韩国精密机械株式会社实行着一种独特的管理制度，即让职工轮流当厂长管理厂务。一日厂长和真正的厂长一样，拥有处理公务的权力。当一日厂长对工人有批评意见时，要详细记录在工作日记上，并让各部门的员工收阅。各部门、各车间的主管，得依据批评意见随时核正自己的工作。这个工厂实行"一日厂长制"后，大部分员工都坐过"厂长"的职位，工厂的向心力增强。工厂管理成效显著，开展的第一年就节约生产成本300多万美元。

企业管理者要相信，员工是否有使命感，是员工仅仅作为打工者或者从心里觉得自己是企业的一员的重要区别。如果员工关心企业的发展，但管理者不给予他参与的机会，他自然会疏远企业，企业对他而言只是个打工赚钱的地方。因此，作为公司的管理者，你应该关心、体贴员工，尽力为他们做一些实实在在的事情，让员工能感受到公司对他的关心，使他感到自己是公司这个大家庭中的一员，使员工看到自己在企业中的地位和作用，这样的员工才能更多地投入工作中去，更主动地关心公司的发展情况，使员工产生归属感。这样员工就会把公司的事情看作自己分内的事，就会觉得自己应该负起一定的责任，而使命感也就在这潜移默化中悄悄地植根于员工的心中了。

走出企业文化的误区

"文化"正日益成为企业管理的一股重要力量，企业文化建设工作越来越受到企业管理者的重视，不少企业开始了"以文化管企业"的实践。但是，很多企业在文化建设方面存在认识误区。

1. 建立之时盲目移植

企业文化是一种客观存在，任何企业都有。但是这种文化是否有利于竞争，却要打个问号。当自身的企业文化对企业发展没有帮助时，复制优秀公司的文化便成为一种流行的做法。

这的确是一种最简单的做法，但也是一种最没有成效的做法。在国内，海尔的企业文化很有名，但是"虽然天天有人到海尔来参观，却没有一个人能做成第二个海尔"。张瑞敏的这句话也说明，企业文化是不能简单复制的。

因为文化是有其独特性的，它与企业本身的状况、企业所处的环境息息相关。一种文化在一家公司有推动力，在另一家公司却未必有，移植过来可能没有效果，甚至产生负面作用。

比如冒险创新对高科技行业来说是一种有利的企业文化，对银行业就不适合。哪怕是同种行业的企业，因为专业化分工或者发展阶段的不同，也会产生不同的文化。比如，同为医药公司，辉瑞公司则热衷于创造发明最奇特的药物，所以它的文化则有助于发挥员工创造性思维，而罗氏追求的是把化学合成药做到最尖端，那它在文化中就重视对专业性的要求。

阿伦·肯尼迪和特伦斯·迪尔合著的《企业文化》一书中提出："每家公司由于其产品、顾客、竞争者、技术、政府关系和其他条件的不同，在市场上所面临的状况也不相同。公司环境是塑造公司文化最重要的一个因素，不同的公司环境会产生不同的公司文化。"

所以说，只是看到某种文化在某个企业很有效果，就想全盘照搬，而不考虑自身的情况，是无法对公司的发展产生积极的推动作用的。管理者必须综合考虑企业的现有状况、目标和宗旨、市场竞争状况等方面，以营造适合自己的企业文化。

学习优秀公司的文化并没有错，但是对于优秀的企业文化，只能借鉴，不可全搬。在学习之后还要思考和判断，它是否能引起员工的认同和共鸣，是否有利于企业的竞争，是否能促进企业的发展，是否有相应的配套管理措施等。

2.认为企业文化就是全员文化

企业文化最终应该成为被全体员工共同接受和遵守的价值理念、行为机制和行为模式。然而，对企业文化的形成起决定性作用的并不是全体员工，而是企业的核心领导人。可以说，企业文化便是企业家的文化，优秀的企业文化背后总有一位或几位优秀的企业领导人。

张瑞敏、王石、柳传志、李东生在各自的行业被看作教父级人物，海尔、万科、联想、TCL 的企业文化也都被深深刻上各自领导人的印记。张瑞敏的"球体爬坡论""出海理论""赛马机制"等哲理性思考成为海尔独具特色的经营管理文化；王石的"职业经理人"理念造就了万科令业界瞩目的职业经理人文化；柳传志的"拐弯理论""屋体理论"等成为联想文化的精髓；李东生的"大道无术"成为 TCL 不事张扬之中节节取胜的法宝。

大量的案例告诉我们，企业文化的核心价值理念和行为模式在很大程度上代表了核心领导人的价值理念和行为模式，而且企业文化的形成是由核心领导人向核心管理层、中坚力量、普通员工逐层推进的。

3.将企业文化孤立于战略、组织、团队之外

一个公司从优秀到伟大，其核心竞争力最重要的组成要素就是企业文化，而使企业文化能有效发挥价值的关键则在于企业战略、组织、团队的有效支持。联想集团总裁柳传志将管理的核心要素归纳为"建班子、定战略、带队伍"。

成功的企业无不是战略、组织、团队、文化四个要素的有机融合与互动。其中，文化是企业价值的核心和理念精髓，是制定企业战略、构建企业架构、指导团队建设的理念基础。文化必须落地，而文化落地需要一整套的战略和制度支持，需要被团队真正地理解、接受、认同和实践。战略、组织、团队、文化形成企业的 4 个支点，它们构建起企业生存发展的基础，而且相互之间必须相互适应、相互匹配。孤立地谈论企业文化，离开战略、组织、团队 3 个支点的有效支持与协同，文化只能成为空中楼阁。

4.企业文化的"唯变论"与"不变论"

在企业文化的发展中，很多人认为企业文化是一成不变的，还有很多人认为企业文化需要经常改变，然而这两种看法都过于极端。对于企业文化的变与不变，美国当代著名畅销书作家吉姆·柯林斯在其所著的《基业长青》中认为，企业文化要"保存核心，刺激进步"。惠普核心理念中的"尊重和关心每个员工"、沃尔玛核心理念中的"超出顾客的期望"、波音核心理念中的"领导航空工业，永为先驱"、默克核心理念中"我们从事保存和改善生命的事业"等均是这些企业恒久不变的部分，但是所有这些基于核心理念指导下的非核心文化却是不断改变的。

由此，我们可以得出这样一个结论：企业要保持它的核心理念，在稳保核心理念之余，其他的一切都是可变并必须改变的。

在现代企业中，企业文化是管理的生命线。因此，企业只有正确认识企业文化的内容，避免陷入认识误区，才能发挥出企业文化对企业管理的重要作用。

要从科学管理到文化管理

现代管理学中往往把"科学管理"作为企业管理的核心，即运用理性和科学的方式来处理企业的一切，重视战略、计划、组织和流程等方面的管理，以达到提高效率的最终目的。但是，随着企业以及企业文化的向前发展，企业管理的核心也随之转变，逐渐形成一个由科学管理向文化管理转变的过程。20世纪80年代以来，文化管理的理论逐渐在企业中兴起，并以企业文化建设为龙头，以人的尊重为文化管理的核心，把人假设成社会人为前提，重视感情和价值在管理中的运用，通过将企业的价值灌输到每个员工的思想意识中，为他们提供宽松的发展空间，激发他们的主观能动性、对工作的热情和创造力，来实现超越制度管理的飞跃。

杰克·韦尔奇自1981年至2001年担任通用电气公司总裁，不仅在通用电气公司拥有至高无上的个人魅力，更是商界风靡一时的传奇人物。1981年，韦尔奇担任了该公司历史上最年轻的董事长兼首席执行官，在随后的20年中，他无时无刻不在进行改革，他不仅为通用的股东创造了巨大财富，使通用成为全球第一大公司，还塑造了一个最优秀的企业文化，把一个历史悠久的工业帝国转变成为一个富有朝气与活力，善于变中求胜，发展潜力无穷的公司楷模。他的成就重新定义了现代企业管理，在20世纪结束的时候，他因此获得了"世纪经理"的美誉，成为几乎所有首席执行官效仿的典范。韦尔奇对通用乃至世界所作出的最大贡献之一就是用自己的管理实践为人们诠释了一种全新的企业管理和领导艺术——文化管理。

现代管理最早出现在西方，就是科学管理的思潮。科学管理的出现适应了机器大工业时代的发展，并成功解决了企业生产效率的问题。后来，随着社会生产的发展，工人地位逐渐上升，工会的力量大增，工人们这才开始逐渐注重维护自身的权益，以组织的力量来与资方谈判协商。在这种形势下，科学管理那种只把人视为"经济人"，企业管理者只把员工视为谋利工具而忽视员工各种心灵需求的思想已经行不通了。于是出现了行为学派，他们强调工作环境、人际关系对工人行为的重要影响。

20世纪80年代，日本经济表现出强劲的发展势头，与之相伴的是日本企业的管理模式和思想。它与西方管理注重组织、规章、技术等相比，更关注企业价值、目标、仪式等文化因素，这种管理模式使日本企业表现出极强的稳定性和竞争力。日本企业的这种管理模式引起了西方企业的关注，刺激了西方管理思想的转变，他们开始研究文化在管理中的作用。

文化理论的奠基人和管理大师埃德加·沙因一贯强调：一个企业应当致力于鼓励人人全力以赴，以赞美和金钱奖励员工的成就，创造一个充满挑战、令人满意又有趣的工作环境。文化研究专家理查德·巴雷特认为，有效的组织文化不是领导者主观意识的体现，过去和当前领导者的个人特征仅构成组织文化的原始雏形，所以，要建设有效的企业文化就必须围绕组织目标予以改造和提炼。

作为一名企业管理者，深知企业基业长青的背后是企业多年传承下来的相对稳定的优秀企业文化的道理。但在很多企业实践中，企业文化受到的重视远远不够，很多企业雷声大雨点小，并没有真正认识到企业文化的含义和其对企业经营管理的作用，更没有在实践中加强企业文化管理。而综观基业长青的企业管理者，他们有一个共同的特点——文化管理在其企业管理中起着主导作用。

文化管理是企业的高级管理，它超越了科学管理机械式的理性，但吸收其合理性成分，又融合了经验管理的长处，上升为管理学艺术，使企业管理真正实现了科学性和艺术性的有机结合。但在实行文化管理的时候，也要切记不能片面强调文化的重要性，也不能"纯管理"，必须文化与管理、理性与艺术性双管齐下。企业文化归根结底是为了提升企业管理。

随着时间的推移，历史的不断向前发展，以往那种以科学管理为核心的管理模式逐渐被文化管理所替代，文化管理必将成为企业发展最适用的管理模式。

·第十一章·

管理的终极考验：把"危"变成"机"

俗话说："天有不测风云，人有旦夕祸福。"在市场竞争如此激烈的今天，诸多因素导致危机无时无刻不在威胁着企业的生存和发展。作为企业管理者，要居安思危，时刻保持警惕，努力做好危机防范，建立完善有效的危机管理体系，为企业铸就最坚固的堤坝。而且最为重要的是，在面对危机时，管理者要能沉着冷静，紧抓关键，把"危"变成"机"。

任何企业都有可能遇到危机

在企业的经营过程中，随时有可能出现危机。有资料显示，在整个20世纪80年代，《财富》500强中有230家企业（占总数的46%）消失了。而19世纪最大的100家公司，到20世纪结束的时候，只有16家仍然存在。在美国，新创立的公司有20%完全失败，60%受到挫折，只有20%能够成功。在日本，《调查日报》也曾对新创公司进行过统计，成功率也只占11%～12%。《中国企业家》杂志的一篇文章说，中国78%的企业倒闭都是危机带来的。

上述数据直接体现出新生企业的脆弱，更反映出商海莫测，危机四伏。被危机缠身的不只是脆弱的小企业，有时候连大企业也无法避免。

古人云：智者千虑，必有一失。在市场经济体制下，每一家企业都力图追求效益最大化，没有一家企业愿意陷入危机。然而，事情的变化往往不以人们的主观意志为转移。以下的事例不能不让人咋舌。曾为美国最大的电力、天然气销售和交易商——安然公司，在全美乃至全球能源商品交易市场上举足轻重，因为危机事件几乎一夜之间垮台，同时牵连了在咨询业中占据着重要地位的安达信公司，安达信从此在全球会计师事务所排行榜上消失，退出舞台。遭遇危机而破产的国际著名企业远不止一两家，美国两大汽车制造商克莱斯勒和通用汽车在2008

年先后宣布破产、美国第四大投资银行雷曼兄弟公司破产、拥有一百多年历史的美国商业贷款机构 CIT 集团申请破产保护。

市场经济的发展决定了企业在任何阶段都要面临突发的新形势、新问题，若处理不当，轻则给企业带来损失，破坏企业公众形象，重则使企业陷入困境不能自拔。

现实不断证明，危机无处不在，无时不在。如何防范危机，如何化解危机，将会成为每个企业领导者必要的研究课题。

必须具备一定的应变能力

出色的应变能力是优秀企业管理者的重要特质之一。一旦企业遭遇危机，面对各种不利的局面，不同的管理者会有不同的表现，有的可能惊慌失措，不知如何是好；有的可能会直接借鉴历史案例；有的则可能照搬预定的危机管理方案而不考虑实际情况。但最后的效果可能打折或者更不乐观。危机事件的处理是严肃的管理问题，管理者作为企业运营的中心，更要注重具体问题具体分析。现实社会中，一切都处在"变"的状态下，管理者更要学会山崩于前而面不改色，以"不变"应"万变"。管理者具备良好的应变素质，不仅是个人领导魅力的体现，而且会给企业带来直接的经济效益。

麦考梅克公司是美国的一家企业，由 W. 麦考梅克先生创办。W. 麦考梅克先生个性豪放、重义气，公司成立之初，发展速度很快，但是后来，业绩下降，他吸取很多大型公司裁员减薪的经验，企图使公司重获生机，然而努力失效，企业面临破产倒闭的严重情形。

W. 麦考梅克先生不久因病去世，由 C. 麦考梅克担当总裁。新总裁下定决心使企业重振雄风，他深入研究后发现，公司之所以陷入危机，是因为员工缺乏积极性，他们对公司的前途缺乏信心，他们认为无论自己如何努力，公司也是要破产的。这种失败感被裁员减薪的做法所强化。C. 麦考梅克认为当下最重要的工作就是让员工振作起来，为自己和公司的前途奋斗。

于是，他向全体员工宣布：自本月起，每位员工的薪金都增加 10%，并且缩短工时。这个决定让员工觉得既惊喜又不可思议。新总裁解释道，现在公司的生死存亡都落到诸位肩上了，希望大家协力渡过难关。一年后，公司扭亏为盈，成为国际有名的大公司。

在危机面前，面不改色，镇定从容，认清形势，是一个管理者应具备的基本品质。认清形势，才能作出正确的计划和应变措施，这对接下来的情形逆转都有着不可估量的作用。良好的应变能力包括以下几点。

1. 敏锐的洞察能力

正确地发现和提出问题，是成功解决问题的一半。管理者要拥有高于常人的洞察力，看到别人看不到的地方。

2. 准确的判断能力

准确的判断能力是应变能力的基础，需要管理者掌握大量的信息、丰富的知识积累，在准确理解问题的基础上，把握事件发展的趋势。

3. 敏捷的反应能力

敏捷的反应能力是指人在思维过程中，当机立断和及时解决问题的能力，这种能力是应变的基本功。敏捷的反应不仅讲时间，也要讲适时和时机。多数情况下，解决问题不只由速度决定，还要看"适时"和"时机"。

4. 科学的思维能力

科学的思维能力是指管理者运用现代科学思维方法和手段，正确认识领导活动的特点和规律，形成科学的领导决策，合理高效地实现领导目标的过程。

5. 超强的决断能力

优柔寡断、患得患失、瞻前顾后、举棋不定这些都会导致决策的失误，而超前的决断能力意味着杜绝这些现象的发生。

6. 巧妙地借"势"能力

顺应时势，就是管理者依据客观情况的发展和变化，顺乎客观规律和时代的发展趋势。认清现实中的有利条件和不利条件，明确企业位置、机会和威胁等要素，顺势导利。

7. 超常的镇定能力

管理者的临危不惊来自其良好的心理品质，如果在紧要关头表现得惊慌失措，那么理智的思考、正确的判断和合理的布施就将无法进行。

通常，管理者山崩于前而面不改色的能力可以通过以下途径获得：

（1）提高自身素质。包括社会适应能力、社会认知能力和心理承受能力。素质好，应变能力才会强。知识渊博、经验丰富、智慧过人，才能对突发事件作出迅速而灵敏的反应，妥善处理事件。

（2）学习各种应变的方法和技巧，并根据问题、情况的不同，灵活运用应变方法和技巧。

（3）勇于实践。对管理者来说，只有拥有应变能力，才能妥善处理危机。应变能力的获得，不会一蹴而就。这需要管理者重视日常经验的学习和累积，勤于修炼，只有这样的管理者才能让面临危难的企业转危为安。

居安思危，防患于未然

企业产生危机的原因往往是多种多样的，并具有很大的偶然性和随机性，它可能在某一天因某件事或某个人引发。但是，危机的产生却有一个从"准备期"到"爆发期"的变化过程。也就是说，任何危机的发生都有预兆性。正所谓"冰冻三尺，非一日之寒"，如果管理者有敏锐的洞察力，能根据日常收集到的各方面信息，预测到可能面临的危机，并及时做好预警工作，采取有效的防范措施，就完全可以避免危机的发生或降低危机的损害和影响。因此，预防危机是危机管理的起点。管理者要想防患于未然，就必须做到以下几点。

1.树立积极的危机意识

对于管理者而言，妥善处理危机，首先要对企业危机有透彻而深入的认识，然后树立起危机意识。比尔·盖茨的警言"微软离破产永远只有18个月"；张瑞敏说"我每天的心情都是如履薄冰，如临深渊"；任正非说"华为总会有冬天，准备好棉衣，比不准备好"……这些优秀企业领袖的危机观点，都传达出一个信息：危机意识的树立绝对不容忽视。

2.预防是解决危机最有效的方法

对于企业而言，预防危机的难度在于危机的先兆可能很细小，不容易被人们忽略，也可能由于其出现的频率很高，以致麻痹了决策者的神经，还可能是危机从出现先兆到爆发相隔的时间极短，令企业无暇顾及。预防危机要从企业创办的那一天起就着手进行，伴随企业的经营而长期坚持。倘若等到危机出现时才想应对之策，或把应对危机当作一种临时性措施和权宜之计，就太不明智了。当代管理革命已经公认，有效的组织现在已不强调"有反应能力"，而强调"超前管理"。

3.成立专门的危机管理小组

小组需包括企业主要管理者、公关、安全、生产、后勤、人事、销售等部门的人员，因为这些人对企业具有控制能力，可以很快作出决策并使其有效执行。危机管理小组应该成为企业的常设机构。小组的管理者必须由企业资深人士担任，并且能够控制和带动整个小组，但这个人不一定是总裁。同时，危机小组成员中最好包括法律顾问和与政府、新闻界关系良好的成员。

4. 找出潜在危机并评估其可能造成的风险和影响

在企业内部定期进行运营危机与风险分析，针对目前企业运营的各层面，包括生产、制造、服务、品牌、销售、投融资等各个环节进行分门别类的危机分析。风险和影响的评估应从每个单独的对象群体来考虑，包括对内对外。

5. 依据潜在危机拟订危机管理计划

针对每一个对象群可能引发的每一种潜在危机拟定不同的计划，并提炼为一本《危机处理手册》。当然，手册中所有指导方案都应在法律范围之内，并有相当的运作弹性。

6. 对计划进行模拟训练

企业需不定期举行针对不同危机爆发的模拟训练。一个企业是否能真正具有快速危机处理的能力，实践是最好的检验方式。成熟的企业之所以能有良好的危机处理能力，与其平时进行的危机模拟训练是分不开的。逼真的演练可以测试和检验所拟订的危机处理计划是否可行。

7. 为处理危机广结善缘

在分析完各种可能带来危机的环节和对象后，管理者可能已经发现谁会是你的潜在敌人，你需要什么样的朋友和后盾。所以，分析出特定对象群之后，就应该开始和他们建立关系。把握时机，从现在就开始广结善缘。这些单位包括政府、司法机构、新闻媒体、同行、相关科研机构、银行、保险公司、医院等。

8. 作好危机传播方案，控制不利报道可能引发的风险

首先，确定公司的发言人（包括总裁）接受过专业训练。发言人必须有在任何情况下与任何媒体打交道的心理准备，因此他们必须接受训练，了解媒体的运作和属性。

其次，正确地对待和利用媒体。公关专家帕金森认为，危机中传播失误所造成的真空，会很快被颠倒黑白、胡说八道的流言所占据，"无可奉告"的答复尤其会产生此类问题。因此，有效的传播管理也是对危机进行有效管理的基础。

企业为以防万一而建立各种未雨绸缪的措施，绝对不是一朝一夕的事情。居安思危，防患于未然，体现的不仅仅是管理者经营理念的完善，更是企业对自身奋斗成果的一种应尽责任。聪明的管理者总会在春风得意的时候，不忘备足过冬的棉衣，防患于未然。拿一个比喻来形容，居安思危的措施如同守着金币的保险柜，发挥着重要的作用，但是现实中却依然存在一些企业预防措施空白的现象，一旦危机来临，企业管理者又疲于应对，结果只能是给企业造成重大损失。

创建危机的"警报器"

UPS公司堪称世界上最大的快递承运商与包裹递送公司。2002年9月11日纽约世贸大厦被袭击时，其总裁琼·李安纳正在皇后公园打高尔夫球。李安纳顿时想起他有27个手下在那里工作。这位在UPS供职已超过30年的公司元老级人物立刻扔下球杆，火速赶往位于哈得逊河畔43号大街的公司所在地。一赶到那里，他立即命令手下立刻给所有司机的电脑化界面发送无线信息，通知他们立刻集结。

3个小时之后他终于稍稍松了一口气，UPS在这场灾难中总共只损失了4辆被倒塌建筑物压坏的卡车。随后，他将所有员工都召集到43号大街。由于空中运输已经被中断，地面上许多街道也已被关闭或无法通行，4000名员工在成千上万的包裹中挑选出医疗类供应品。然后将其中的200多份送到各家医院、医生和药房那里。

由于UPS对航空投递的依赖较少，它比竞争对手联邦快递要幸运得多。仅仅一天之内公司就恢复了正常运转，包裹又开始投递到家庭和公司手中。

UPS采取了明智的危机处理措施并为此付出了艰辛的努力，这个全球最大的私营投递商在关键时刻所作的一系列重要调整，保证了它的投送队伍正常运转。UPS每年收入高达270亿美元，它每天运送的货物价值相当于国内生产总值的7%。UPS出色的应变能力既源自若干年前创建了危机"警报器"，形成了成熟的危机应对制度，也得益于领导面临危机作出的迅速反应。

这场危机彻底检验了UPS的应变能力。航空部总经理罗伯特·乐吉特透露，尽管该公司的大多数航空投递业务都在夜间开展，但是当关闭所有机场的时候，UPS的620架飞机中仍有56架正在飞行之中。开往原停泊地点的飞机，必须转到北美的范库弗峰着陆，这样飞机上的包裹就得改变为地面的卡车运送。为避免地面运输队伍因为额外的任务而不堪重负，UPS启动了应急机制，他们的飞机重新起飞，优选送达那些能在3天内到达目的地的包裹。其包裹运送并没有被延误，UPS因此获得了客户的信任。

UPS 对紧急事件的处理，之所以如此从容不迫，不仅是因为企业领导的反应迅速，最重要的是它有一套成熟的危机应对制度，创建了危机"警报器"，面对突发情况时，又及时启动了应急机制，对原有的运营计划作出了调整，确保了公司能在非常时期的正常运转。试问，如果不是早就创建了危机"警报器"，它的运转还能在紧急状态下那么有序吗？答案当然是否定的。所以要想有效应对危机，建立科学全面的应对制度是必须的，制度中要拟订现实中可能发生的各种危机警告信号，以及与其相应的对策。危机是否发生可以根据各种各样的警告信号来判断：

（1）员工有不满情绪，工作地点发生暴力。

（2）没有充分考虑员工的工作计划、严重的质量问题、事故。

（3）研究和投资的减少、丢失市场份额、糟糕的财务表现、声誉受损。

（4）不健全的环保过程罚款或处罚、昂贵的诉讼、丧失信用。

（5）令人失望的财务结果、消极的媒体报道、员工流失、士气问题。

（6）顾客抱怨、产品回收、失去业务、产品可靠性诉讼。

（7）年龄过大的首席执行官或高层决策者突然或严重的伤害。

（8）代理人、会计师或税务罚款或处罚。

（9）顾问的建议丧失信用、信任。

（10）没有持续的计划，工作业绩不佳，过多集中于组织内部和责任。

（11）没有经营计划，由于缺乏战略、战术和长期计划，使得工作业绩不佳。

（12）没有危机管理计划，危机管理不当。

纷杂的警告信号构成了危机"警报器"中重要的基本点，然而在现实中，各个企业的主客观情况不同，往往决定了各个危机"警报器"有所侧重和不同。建立起成熟可靠的危机"警报器"系统，需要一个不断实践的过程：制订——实践——更改。操之过急的系统建立，往往造成企业管理者判断的偏差。所以，反复论证，是最终建立可靠敏感的危机"警报器"系统的原则。

建立有效的危机管理系统

对于企业而言，危机"警报器"仅仅是管理系统网络中的一个点，企业成功处理危机，单凭可靠的警报系统，是远远不够的。科学应对各种危机就需要建立一个有效的危机管理系统，设置一系列的对应机制，发挥各个要点的作用，来全面抵制危机的负面影响。

科学的危机管理系统是企业应对危机的强大支持，其中危机管理计划是最重要的组成部分，尽管根据各公司的特点，危机管理计划在内容、格式和风格上会有所不同，但国际优秀公司的危机管理计划一般都具备以下要素：

（1）对组织的危机管理哲学和危机重要性的表述——也许是在计划前言中的首席执行官的备录或信中表述。

（2）对公司认为是"危机"并引起危机计划实施的事件、事情或问题进行明确的定义。

（3）列出会影响公司的潜在危机情形，公司在未来可能会面对的潜在危机种类。

（4）公司的整体目标和危机管理目标。

（5）危机报告和协调的汇报结构及危机管理团队成员的名单，要附有电话、传真和手机号。

（6）紧急情况下的工作程序——包括同警察、消防和其他社区官员打交道，并附上电话号码。

（7）紧急情况下需要接触的新闻媒体，包括最新的名字、标题、电话和传真。

（8）公司第一和第二发言人的名单以及严禁其他人同新闻媒体或其他公司讨论此事的严正声明。

（9）在危机中需要首先采取的步骤，例如需要接触的人和危机管理团队应该碰面的地方。

（10）在危机发生期间和危机发生后所需要的有关公司和其他方面的信息事实、背景材料。

①最新的员工名单（如果太长，就写一些经过挑选的经理名单）；主要联系的顾客；供应商或经销商；股票交易所（如果你是一家股票公开上市公司）；地方政府、市政、商业领导者——所有的都要有地址和电话。

②同公司及其事件相适应的社区、社会、少数民族和行业活动者组织的名单。

③主要市场和行业分析家的名单。

成功制订出一个合理可行的危机管理计划，不仅要囊括以上要素，还需要考虑到以下6个原则。这6个原则不但适用于危机管理计划的制订，还适用于整个危机管理系统的建立。

1. 全面

全面化可归纳为3个"确保"，即首先应确保企业危机管理目标与业务发展目标相一致；其次是确保企业危机管理能够涵盖所有业务和所有环节中的一切危机，即所有危机都有专门的、对应的岗位来负责；最后是确保危机管理能够识别企业面临的一切危机。

2. 关联

企业危机管理的有效与否，除了取决于危机管理体系本身，在很大程度上还取决于它所包含的各个子系统是否能够健全和有效地运作。任何一个子系统的失灵都有可能导致整个危机管理体系的失效。

3. 互通

互通指企业内部是否有一个充分的信息沟通渠道。如果信息传达渠道不畅通，执行部门很可能会曲解上面的意图，进而作出与危机战略背道而驰的行为。

4. 价值观的一致性

企业的价值观与社会公民整体价值观同步，即要求企业具有社会责任感。

5. 集权化

集权化的实质就是要在企业内部建立起一个职责清晰、权责明确的危机管理机构，因为清晰的职责划分是确保危机管理体系有效运作的前提。

6. 创新

创新要求企业能随时根据实际变化进行系统调整。尤其是借助新技术、新信息、新思维，进行大胆创新，不可墨守成规、故步自封。

需要注意的是，企业最终形成的危机管理体系，还需要囊括以下子体系——信息系统、沟通系统、决策系统、指挥系统、后勤保障系统、财物支持系统，各个子体系相辅相成，缺一不可。建立科学的危机管理体系之后，并不代表危机管理系统的建立到此为止，还需要进行以下两个方面的行动才算完整：

（1）管理者要将危机基本知识与全体员工进行交流，使全体员工熟悉危机预防的常识与程序，同时集思广益，完善危机管理机制，将危机管理推向企业文化管理高度，使危机管理成为企业文化的一部分。

（2）进行培训和模拟训练。培训和模拟训练是企业进行危机交流的有效方式，危机模拟训练能够提高员工应对危机的技能，加深员工对危机的认识，同时可以检验危机预答系统的有效性。

总之，建立一个有效的危机管理系统是企业成功转"危"为"机"的重要条件，需要企业管理者充分重视起来。

巧妙地向员工传达坏消息

危机发生时，管理者首先要在企业内部进行沟通，巧妙地将坏消息传达给员工。作为一个管理者，总是希望把对员工和企业的伤害降到最低，在告诉员工坏消息时，有必要掌握下面的技巧。

1. 树立全员危机管理意识

危机管理并不只是企业最高管理层或某些职能部门的事情，而应成为企业每个部门和每个员工共同面临的问题。企业要让员工明白，任何企业在成长过程中都不可避免地会遇到各种危机，这些危机是破坏企业健康成长的罪魁祸首，然而企业最大的危机是没有危机意识。因此在管理者们具备危机意识的基础上，还要让所有员工都具备这种危机意识，使每位员工都具备居安思危的思想，时刻提防危机的危害性，在工作中尽量避免不当行为，以消除引发危机的各种诱因；善于发现危机发生的征兆，防患于未然；做到即使发生危机，也可以临危不乱，及时采取应对措施，防止危机进一步恶化和扩散。只有全体员工都树立起强烈的危机意识，才能大大减少危机发生的可能性和危机发生的危害性。

2. 把企业遭遇危机的具体内容告知员工

在一个企业，保持信息的畅通具有非同寻常的意义。当危机发生的时候，更应该告知员工，企业目前到底面临什么样的危机，会对企业产生怎样的影响，竞争对手可能会趁机给我们什么样的打击。要确保员工最先从企业管理者口中直接知晓有关危机的情况，以免被谣言所误导。

3. 告知员工下一步该怎么做

当危机来临的时候，企业内部的思想和步调必须保持绝对统一，必须步调一致。因此，生产该怎么继续，外界咨询该怎么回答，着装和神态该如何表现等，都应该有一个标准。管理者要设身处地地为员工着想，为员工提供提问的机会，解释企业是如何作出有争论或困难的决策的。管理者还要感谢员工的支持，不要认为任何事情都是理所当然的。

每个员工都是企业的支撑点，正是由他们组成了企业的体系。企业员工与企业的客户一样，他们也是潜在的企业财富。企业出现危机时，管理者巧妙地向员工传达坏消息，可以激发员工对企业处境的同情，并通过危机增强企业的责任感，展示企业抗击风险、坚强不屈的现象；有效地避免不真实、不完整的谣言和猜测由内向外传播；保持企业的有效运转，使员工不因猜测而疏于日常的工作，减少危机的破坏程度。

紧抓危机的转折点

对企业而言，危机既可以为企业建立富有竞争力的声誉，也可能让企业的声誉在几天甚至几小时内丧失殆尽，全部毁灭。这完全取决于企业在面对危机时所作出的反应。优秀的企业管理者往往能在危机到来时准确判断形势，富有远见地预知事态的发展，从而抓住有利的一面乘势追击，迅速使颓势发生转机。

法国的矿泉水产量居全球首位，碧绿液作为矿泉水企业中的佼佼者，有"水中香槟"之美誉。在美国、日本和西欧等国，碧绿液是法国矿泉水的象征。碧绿液年产超过 10 亿瓶，其中 60% 销往国外。在 1990 年 2 月初，美国食品及药物管理署宣布，经抽样调查发现，碧绿液中含有超过规定 2 ~ 3 倍的化学成分——苯，长期饮用可能致癌。

此消息的传出，无疑是对碧绿液声誉的当头一棒！在此危急关头，董事长勒万非常镇静，经过慎重考虑，他决定抓住此次危机将其变成对碧绿液的宣传，变害为利，并要好好利用此机会大赚一把。

在记者招待会上，勒万宣布：就地销毁已经销往世界各地的 1.6 亿瓶矿泉水，用新产品加以抵偿。

如果说，发现苯含量过高还算不上什么大新闻的话，但"回收和销毁全部产品"这件事倒成了当天的头号轰动新闻。果然，此壮举使公司股票在跌价 16.5% 之后，一下子回升了 2.5%。

接着，公司公布造成事故的原因：系人为技术造成的。差错在于滤水装置没有按期更换，而不是水源被污染，从而安定了人心。首战告捷，接下来的第二招便是一场恢复信誉、巩固市场的宣传攻势。

碧绿液重新上市的那天，巴黎几乎所有的报刊杂志都用整版刊登标有"新产品"字样的碧绿液广告。

同一天，法国驻纽约总领事馆举行了新产品重新投放市场的新闻发布会。第二天，碧绿液美国分公司总经理仰首痛饮碧绿液的照片登上了各大报刊的头版。

不久，碧绿液广告在电视屏幕上出现。一只小绿瓶，一滴水从瓶口沿着瓶身流淌，犹如眼泪一般。画外音是，碧绿液像是一个受委屈的小姑娘在呜咽低泣，一个如同父亲般的声音娓娓地劝慰她不要哭："我们仍旧喜欢你。"

"碧绿液"的牌子顷刻间家喻户晓，甚至有些以前不知道它的人也都知道了。谁都期待着新产品上市后去品尝一下。碧绿液高层步步为营、转危为安的策略大获成功。碧绿液矿泉水不仅没有退出市场，反倒因更受消费者青睐而大放异彩。

与人们日常生活息息相关的食品饮料出现问题，这是所有消费者都不能容忍的事情。企业发生这样敏感的食品危机，毫不夸张地说，可能一夜之间就使"碧绿液"这个品牌销声匿迹。这样的爆炸性新闻一出，立即弄得人心惶惶、股票大跌、媒体声讨，种种迹象表明公司所处的危险境地。在这种情势下，董事长勒万审时度势，作出了惊人的决定：就地销毁1.6亿瓶矿泉水！此举马上使形势发生了转折，促使股票立即回升了2.5%，随后，公司立即对事故进行了详细的公开解释，事情开始往好的方向发展。如果不是这个决定，这次危机事件就很难有转机和回旋的余地了。管理者传达出了一个思想：我不否认，我可以改正，我依然是最安全的。勒万的成功在于抓住了问题的关键，使危机转危为安、转危为机。

勒万的危机决策提醒管理者，在一系列补救措施进行之后，还要密切关注措施的有效性和效用，围绕产生正面影响的举措乘胜追击，全面展开行动，不放过任何一个转机的机会。通常，管理者可以借鉴以下几种策略，找准危机的转折点。

1. 中止策略

企业要主动承担危机造成的损失，如停止销售、收回产品、关闭有关工厂等。

2. 排除策略

需要企业根据既定的危机处理措施，利用危机中的正面材料迅速有效地消除危机带来的负面影响。

3. 隔离策略

危机的发生往往具有连锁效应，一场危机的爆发常常引发另一场危机。为此，企业在发生危机时，应设法把危机的负面影响控制在最小范围内，避免殃及其他部门。

需要注意的是，管理者在危机处理过程中要特别重视媒体的危机化解作用，一定要建立畅通及时的信息渠道，利用电视、网络、报纸等媒介，为企业洗脱冤情，加快危机事件转危为安的速度。

管理者只有结合以上策略和企业预先制定的危机管理机制，方能在纷乱的危机表象下迅速抓住转折点引导企业走上平稳的大道。

诚实：解决危机的唯一态度

诚实是解决危机的唯一态度，"说真话，并在第一时间说"，这句话一直是成功解决危机的金科玉律，也数次成就了历史上危机处理的经典案例，然而，金浩茶油对危机事件的处理却与这一危机处理原则背道而驰，这也是金浩茶油"致癌门"危机事件不断扩大的原因之一。

"金浩茶油"是国内知名山茶油品牌，然而却被曝致癌物苯并芘超标。2010年9月1日，金浩公司在其官方网站挂出《致广大消费者的致歉信》，承认曾有9批次纯茶油产品存在苯并芘超标，并表示已在3月和4月就曾进行过两次全面排查和召回。

我们回顾金浩茶油对致癌物超标这一事件的整个处理过程可以看出，这完全是一个典型的弄巧成拙的危机公关案例。早在2010年初，金浩茶油的质量问题就已经被质监部门查出，然而公司在没有进行任何公告的情况下，分两次秘密召回了部分产品。直到8月中旬网上传出金浩茶油若干批次产品苯并芘含量超标的消息，金浩公司才在几天后发表《郑重声明》辟谣，在8月30日有媒体正式披露了金浩茶油致癌物超标的问题，国内各家媒体纷纷跟进之后，人们才听到金浩公司这一声迫于无奈的道歉。

在危机面前，诚实以对才是解决问题的唯一态度。一个企业出现危机，尤其是出现产品质量问题这样严重的危机，在第一时间迅速告知消费者，并采取必要措施避免危害的发生和扩大，是其法定的责任，也是最佳的危机处理策略。反观金浩公司的种种做法，从秘密召回、郑重辟谣到动用某些部门为自己遮盖，无一不是在反其道而行之，竭尽所能不让消费者知道自己产品出现的质量问题。在当今这个资讯发达、网络普及的信息社会，这样做犹如以纸包火，不只是徒劳无功，反而会助长负面信息的传播。

根据金浩茶油《致广大消费者的致歉信》的说法，金浩公司2010年初被查出问题的产品均采用了浸出工艺生产，而且这种产品仅占了该公司产量的1.08%。如果金浩公司在一开始就坦荡公开相关信息，并召回出现问题的产品，那时需要承担的损失是相当有限的。一个诚实的企业，一个敢于承担责任的管理者，不管他做错了什么，都表明他有诚意为自己的行为负责任，这种真诚的态度说不定还能为他赢得更多的客户，弥补公开召回需要付出的代价。而现在，在使用了种种越描越黑的处理方式后，消费者的不满和怀疑不仅是对于茶油这种产品，也蔓延至"金浩"整个品牌。这样的结果，恐怕是相关经营者之前万万没有想到的。

在市场经济条件下，危机对于任何企业而言，都既是风险又是机会。在应对危机的时候，只要稍有差池，就可能导致企业的灭顶之灾。反之，如果能采取恰当的公关措施，它也可以成为提高产品质量、提升企业形象，唤起消费者更大关注和认可的契机。而所有恰当的危机处理措施，说到底，都必须以诚实为基础。离开了诚实这一应有的唯一态度，再花哨的处理措施都只会损人不利己，既损害了广大消费者的切身利益，最终也对企业的形象造成莫大的伤害。金浩公司处理产品致癌物超标事件的教训，值得所有需要解决危机的企业吸取。

世界餐饮企业巨头麦当劳就曾在中国发生过几次消费危机。面对每一次危机，麦当劳都能尽快搜索一切与危机有关的信息并挑选一个可靠、有经验的发言人，将有关情况告知社会公众。如举办新闻发布会或记者招待会，向公众介绍真相以及正在进行补救的措施，做好与新闻媒介的联系使其及时准确报道，以此去影响公众、引导舆论，使不正确的、消极的公众反映和社会舆论转化为正确的、积极的公众反映和社会舆论，并使观望怀疑者消除疑虑，成为企业的忠实支持者。而当企业与当事者出现分歧、矛盾、误解甚至对立时，麦当劳也能够本着以诚相待、先利他人的原则，运用协商对话的方式，认真倾听和考虑对方意见，化解积怨、消除隔阂。

可见，企业不能避免工作中可能产生的失误，出现危机并不可怕，但要敢于诚实面对自身的失误，分析原因、寻找差距并及时改进，这是企业最基本的经营理念。

当机立断，迅速控制事态

企业遭遇危机属于非常情况，此时的企业处于一个非常时期，这对企业决策以及付诸实践的速度都提出了更高的要求，因为赢得时间本身就意味着给企业赢得了更多的回旋余地。危机中的每一个企业都像在与时间赛跑，他们需要比拼的不仅是智慧、实力，还有一个重要的因素——速度。

有一天，一位名叫基泰斯的美国女记者在东京奥达克余百货公司买了一台电唱机。回家后她发现电唱机内没有任何器件，根本无法使用。顿时，她火冒三丈，立即写了一篇批评该公司的新闻稿，准备第二天早上发出。

当天下午，售货员在清点货物时发现，自己错将一个空心电唱机货样卖给了一位顾客，售货员立刻将此事报告了公司领导。公司领导接到报告后，没有按常规等待这位顾客前来退货，而是立即采取了一系列措施迅速找寻这位顾客。

经过核对，他们从顾客留下的一张"美国快递公司"的名片这一线索出发，当晚便连续打了35次紧急电话向东京四周的旅馆询问联系，另外还派专人向"美国快递公司"总部打听。得到了这位顾客在纽约父母家中的电话，从其父母那里了解到她东京婆家的电话。第二天清早，当基泰斯正要去奥达克余百货公司交涉时，就收到了奥达克余百货公司打来的紧急电话。负责人一连串的道歉声之后，告之公司副总经理将马上送来一台全新的电唱机。仅50分钟之后，公司副总经理和一名职员就匆匆赶来，向她送上新电唱机，并外加蛋糕1盒、毛巾1条和著名唱片1张，谢过罪并得到基泰斯的谅解后方才离去。这件事令基泰斯深为感动，她立即重新写了一篇题目叫《35次紧急电话》的新闻稿，发表于《亚洲华尔街日报》上，高度赞扬了奥达克余百货公司的行为。这件事不仅没使公司的形象受损，反而大大地提高了公司的商誉。

正是奥达克余百货公司管理者良好的危机意识，才能使其在可能要爆发的商誉危机面前作出迅速的判断和行动，及时制止了负面报道的发生。如果公司在遭遇这样的服务危机时，只是被动地等待消费者前来指责，被动地接受负面报道的公开，届时将有更多消费者对其服务质量产生疑虑。因此，想及时控制危机，就要求管理者当机立断，迅速扼制事态的发展。那么如何控制危机的事态呢，根据不同的情况，有以下几种方法可供选择。

1. 心理控制法

事实证明，不论哪类突发事件发生，都会对公众心理产生相当大的冲击和压力，使绝大多数人心绪不稳、思维混乱、不知所措。一旦处理不好，人们的心理和行为就可能朝不利于事件妥善处理的方向发展。所以，管理者要以"冷"对"热"，以"静"制"动"，减轻公众的心理压力。

2. 釜底抽薪法

参与突发事件或被卷入突发事件的公众，大都事出有因，情绪会比较激动。

因此，管理者和在现场工作的人员绝对不能火上浇油，绝对不能激化矛盾，这才是标本兼治之道。

3. 组织控制法

组织控制有两个方面的内容：

第一，对于一般性的突发事件，要严密组织，双管齐下，既要防止事件扩大，以免波及其他地区，又要控制受影响地区，不使负面影响加深。

第二，对群体性的突发事件，一要在组织内部和广大公众中迅速进行正面引导。二要迅速查清突发事件的主要人物，进行重点控制。

能在危急时刻作出果断又正确决定的人，绝对是一个睿智的人；能在危急时候当机立断，力挽狂澜的企业管理者，必定有稳当的前途。

让媒体成为"正推手"，而不要成为"负推手"

在现代社会中，媒体是社会大众信息的主要来源，深深影响着社会大众的认知、态度与信念。在危机处理过程中，媒体的作用不容忽视。媒体是一把双刃剑，既能成为企业的"正推手"，帮助企业解决危机，也可能成为企业的"副推手"，把企业推入深渊。如果企业能够成功地进行媒体沟通，就能收到良好的效果：媒体可以为危机管理者提供有关危机的预警信息，帮助企业更好地做好危机预防工作；可以帮助企业传递危机的真实信息，避免和消减各种谣言与猜测的传播；帮助企业管理者从外围了解公众对危机的态度，使他们能及时作出有效的危机管理决策；媒体客观、公正的报道和评论还能有助于企业重新树立良好的形象。

因此，当企业遇到危机时，管理者应该立即做好以下几点。

1. 尽快、主动、全面地向媒体披露信息

危机发生后，企业应该主动向媒体披露信息，而且应该成为社会上信息来源的主渠道。一般情况，危机相关人可以分为两类，一类是当事人，另一类是旁观者。当事人对待危机的信息的选择有两种：公开和隐蔽。旁观者对于危机的真实情况也有两种可能：知情和不知情。

当旁观者毫不知情或者并不完全知情时，如果当事人选择继续隐藏有关危机的信息，则带有很大的侥幸心理，其基本假设就是信息是可以被控制的。如果旁观者已经知情，当事人依然进行隐藏，那就是在进行全盘否认了。如果当事人

在旁观者知情的情况下才将危机相关信息披露出来，就会给人一种被迫承认的感觉。反之，如果当事人在旁观者尚不完全知情的情况下就披露信息，则是主动披露的策略，也是化被动为主动的策略。

在网络空前发达的今天，所有信息都有可能在最短的时间内达到任何一个角落，任何秘密随时都有可能被暴露出来，试图隐藏秘密非常困难，企业出现危机时，管理者选择全盘否认或者无可奉告的策略也越来越难以奏效。如果企业选择披露一部分信息而隐藏大部分信息，那么所有有关的信息最终还是会被披露出来，结果损失的是企业的可信度。同时，由于公众无法通过正常渠道得到全部信息，那么他们就可能被那些来自非正常渠道的有偏差的信息所误导，从而在信息不完整的情况下对谣言作出过度反应，这样对企业的信誉度可能会有更大的杀伤力。

当企业出现危机时，管理者应该迅速而准确地进行处理。一般在危机出现的 24 小时内是应对危机的最佳时机。不仅是因为媒体会在这个时间里涌现出许多猜测，而且因为拖延时间会使企业的损失迅速加大。因此，一旦危机发生，企业管理者就必须快速应急，作出自己的判断，给危机定性，确定企业公关的原则立场、方案与程序，并在最快的时间内向新闻媒体告知企业已经掌握的危机概况和企业危机管理举措，阐明企业的立场与态度，争取媒体的信任与支持，并将危机事件真相公布于众。企业管理者要避免走向一个误区：在真相出来之前，尽量避免与媒体接触。许多危机风波的升级正是因为没有及时控制不利消息传播的结果。企业要注意及时地把最新的情况和进展通报给媒体，也可以设立专门的信息沟通渠道，方便新闻媒体和社会公众的探询，为真相大白作铺垫。而当危机来龙去脉全部搞清楚之后，企业最好召开一次大规模的新闻发布会，将其真相和处理结果公布于众，为危机管理画上圆满的句点。

2. 与媒体保持紧密联系

企业管理者在平时要一贯注意保持与媒体建立永久的良好关系。正是由于媒介的重要作用，要求管理者必须能与媒介进行有效的协调和沟通。这就要求管理者能够积极主动地在媒介宣传自己，使自己所带领的组织能更多地为人所熟知，以扩大自身的正面影响。比如，企业可以经常安排主要管理者接受一些媒体的访问，及时将企业的信息动态传递给媒体，企业的周刊、简报等及时邮寄给媒体，有重大科技发明、新产品上市等及时邀请媒体现场观摩等，让媒体及时报道。逢年过节及时送去问候和祝福，必要的时候，直接召开媒体见面会，借此宣传自己的企业。还可以向媒体公布企业定期的媒体接待时间，表示企业愿意与媒体沟通的愿望。

企业在危机中要时刻注意与媒体的联系，可采用的方式如下。

（1）新闻发布会。新闻发布会是危机管理的一个重要手段和渠道。新闻发布会具有隆重、公开、慎重的特点，更重要的是记者可以在会上就自己感兴趣的问题和自认为最佳的角度进行采访，也可以促使企业与新闻媒体更加紧密和默契地联系和合作。如果企业危机不是很严重，或者关注的媒体不是很多，则与个别媒体进行沟通即可。新闻发布会只有在危机事件已经达到一定的关注度的时候才召开，而且往往可能需要进行多场新闻发布会，以告知危机的真实情况、进展情况、最终的解决方案等。总之，企业管理者要根据危机事态的进展决定是否要召开新闻发布会、何时召开、如何召开以及在哪里召开的问题。

（2）当面采访。当面采访一般是由专题节目主持人进行运作。媒体和主持人想尽量获取最真实的第一手资料，而不是被采访人预先准备好的回答。企业管理者如果运用得当的话，就能把自己的消息如实地传达给观众。不过，在进行当面采访时，采访的管理者要有备无患：要准备些具体、翔实的话题，着装除了要和预定的采访场景协调，还要符合所要讨论的情景的气氛，还要能够为媒体带来观众，所以要放松、自信。

（3）及时传递最新消息和进展，尤其是正面积极的消息，企业管理者要及时通过传真、电话、邮件等形式向前面所邀请的媒体进行持续性传递，以保持信息的畅通。同时，企业管理者还要重视自身网站的建设，因为这是企业自己可以完全能够掌控的，而且必将是新闻媒体和企业员工，乃至社会大众获取信息的重要渠道。企业管理者要随时将企业对危机的观点、处理的态度和方法、具体的执行步骤和相关声明同步在自身网站上及时刊登出来，也是通过媒体与社会各方面沟通的重要途径。

把"危机"变成"机遇"

从前，有这样一个强盗，他非常重视对孙子的培养。当他孙子成年的那天，他开始给孙子上课了。他上的第一课是去参观绞刑架。他对孙子说："你要是不小心失手就要被绞死。"孙子说："谁要敢绞死我，我就把绞刑架砍了！"他摇头说："可不能砍啊！如果没有绞刑架，大家都成强盗了，我们做什么？"这个玩笑似的故事说明了天下之事的一个共同之处，那就是机会与风险同在，如果风险没了，机会也就没了。

长虹彩电号称是中国彩电第一品牌，但是1998年2月21日，却出现了山东济南市7家国有商场联合拒售长虹彩电的事件。

济南市银座商城、省华联商厦、市联商厦、大观园商场、百货大楼、人民商场和中兴商厦7个大商场召开座谈会，他们以长虹彩电存在大量质量问题、服务投诉而厂家不予配合为由，拒售长虹彩电。消息一出，有如晴天霹雳。《中国证券报》等国家、地方媒体纷纷发文报道。这个彩电巨子突然被"曝光"出现质量事故的事件，立即引起了政府、新闻媒体、广大消费者的极大关注。随后，"四川长虹"股票受到冲击直线下跌10%以上，为当时低迷的股市雪上加霜。

在如此十万火急的情况下，长虹集团总部迅速作出反应，并派遣一名副总经理和部分工程技术人员乘飞机从四川火速赶赴事发地点济南市。长虹公司一行人员到达济南后立即举办了新闻发布会，声称将对本次拒售事件进行认真调查。

7大商场在"罢售行动"中宣称：长虹彩电虽有中国彩电"第一品牌"之名，但由于其售后服务跟不上，商家在厂家和消费者之间受夹板气，屡次找长虹协调未果，故被迫采取统一行动。已到达济南的长虹公司人员迅速与7大商家取得联系，刚开始，拒售商家不愿意配合，经过多次努力，双方终于坐下展开谈判。经谈判和调查了解，虽然拒售的商家拿不出具有说服力的质量问题证据，但公司在售后服务方面存在不配套现象倒是事实。

长虹公司与当地商界接触后，发现一个十分有利于自己的事实：济南市最大的商家并没有参与到联合拒售的行列中，这似乎大大降低了"联合拒售"的代表性和广泛性。长虹同时与济南市政府和新闻媒体进行了广泛的接触。最后，调查结果公布于众：质量事故由于没有说服力的证据不能成立。关于售后服务的投诉，长虹诚恳表示将加大售后服务的配套工作。与此同时，长虹集团总部请出四川省省长，公开肯定长虹的快速成长、品牌信誉和对四川省、国家所作的突出、重大的贡献。

经管理者的妥善处理，"济南拒售风波"终于平息，长虹彩电较之以前更为畅销，长虹股票当即迅速强劲反弹。长虹在这起事件中反而"因祸得福"，消费者对长虹电器的品质更加信赖，其品牌知名度被大大提高。

　　长虹集团的典型事例正如老子所言："祸兮，福之所倚。"世界上没有绝对的祸，也自然没有绝对的福。祸总是相对于一定的参照物来说的。当企业出现某方面的危机时，除积极采取补救措施应对外，如何将坏的情形扭转过来，将危机转化为商机更是管理者应做的。因为危机往往不仅带来麻烦，同时也蕴藏着无限商机。通过负责、漂亮的危机战役，公众将会对企业有更深的了解，企业在危机过后也能树立更优秀的形象。

　　《孙子兵法》有一句话叫作："善战者，求之于势，不责于人。"善于指挥作战的将帅，在战争中总是依靠有利形势，去造就最佳的态势，夺取战争的胜利。危机虽然会对企业造成不必要的损失，但危机如果处理妥当，必然会给企业发展带来强大的正面推动。卓越的管理者们勇于并善于挑战危机，将危机转化为利于企业发展的机遇，是所有经营智慧的高度总结，也是市场对企业发展的最高要求。

下篇
每天读点领导学

·第一章·

领导的方与圆：江山之固，在德不在险

清朝康熙皇帝曾说："江山之固，在德不在险。"作为领导者，无论官大小，你必须清楚：下属无法信任那些品格有明显瑕疵的领导，更不会长久追随这样的领导。没有下属一起打拼，就算你有全世界最伟大的理想和最完美的计划，也是孤掌难鸣。

小胜凭智，大胜靠德

《菜根谭》中有句名言："德者事业之基，未有基不固而栋宇坚久者。"意思是说，一个人有高尚品德是其事业的基础，如同建楼，不打牢地基就不能坚固长久。人格低下、品德不端的人，即使一时作出一些成绩，获得一些名利，也不会长久。优秀的领导者需要具备高洁的品德。就像蒙牛集团的开创者牛根生，他是靠德取胜的典范。

"小胜凭智，大胜靠德"，这是牛根生常挂在嘴边的话，因为"德"是制服人心的最佳利器。"想赢两三个回合，赢三年五年，有点智商就行；要想一辈子赢，没有'德商'绝对不行。"

当初牛根生被迫离开伊利，卖掉伊利股票成立蒙牛时，原来跟随牛根生的兄弟便一起投奔到了牛根生的麾下。

牛根生在和林格尔竖起的蒙牛大旗之所以有这样的号召力，这与牛根生的"德商"有着最为直接的联系。

在伊利工作期间，牛根生曾因业绩突出而受到公司嘉奖。公司奖励给他一笔足够买一部好车的钱，而他却用这笔钱买了4辆面包车——让自己的直接下属一人有了一部车。

据与牛根生关系很"铁"的人介绍,当时牛根生还曾将自己的108万元年薪分给了大家。

2000年,和林格尔政府奖励牛根生一台凌志车,价值104万元,而当时比牛根生大8岁的副董事长获得的奖励是一辆捷达车。但是,此时的牛根生并没有打算享受这部豪华轿车,而是提出了与这位副董事长换车。

换车之后,牛根生的女儿很不理解父亲的作为,在很长时间内都用一种怀疑的口吻问牛根生:"这部车是不是真的给了邓大爷?"

这正是牛根生所追求的"德",他想通过这样的行为来向人们传递出一个信息——"牛根生做企业不是为了个人赚钱和享乐"。

据牛根生介绍,在物质方面,自己的各项条件都要比身边的副手差。"我们有两位副总坐的都是奔驰350,我的副董事长坐的是凌志430,雷副总坐的是沃尔沃,而我是一辆小排量的奥迪。"

2005年1月12日,牛根生再次将自己的"德商"发挥到了极致。牛根生宣布将自己个人所得股息的51%捐给"老牛基金会",49%留作个人支配。在他百年之后,将其所持股份全部捐给"老牛基金会"。并将这部分股份的表决权授予后任的集团董事长,家人不能继承任何股权,每人只可领取不低于北京、上海、广州3地平均工资的月生活费。

对此,有记者问牛根生,在很多人希望将原本不属于自己的东西占为己有的情况下,为什么要将原本就属于自己的财富散尽,难道你的理想就是要建立一个乌托邦吗?

牛根生的答案仍是那老套的4个字:大胜靠德。

不错,"小胜凭智,大胜靠德",要想获得大的胜利,还需靠"德"!德即道德、德行。细化起来,各行各业都有其道德遵循。德是一种境界,是一种追求,是一种力量,是一种震慑邪恶、净化环境、提升思维、积累学业财源的动力,德能使自己内功强劲,无往而不胜。

管出"先进",自己先当"先进"

领导者只有带好头、做好榜样,才能赢得下属的信任与追随,这是任何法定权力都无法比拟的一种强大的影响力和号召力。

美国西点军校因为培养出麦克阿瑟、艾森豪威尔、巴顿、格兰特等人而被誉为将军和总统的摇篮，成为全球最著名的军事院校，在政治界与经济界极富盛名。西点军校还先后培养出了许多优秀的经济界人才——在世界 500 强企业中任职的 1000 多位董事长、2000 多位副董事长和 5000 多位总经理。

然而，西点军校与哈佛、沃顿、麻省理工、斯坦福、耶鲁这些全球知名商学院相比，并没有开设财务管理、市场营销等专业工商学科，为什么成就却还比这些学校牛呢？这主要是因为西点军校培养出来的学生都具有强大的领导力！这些学生的领导力又来自哪里呢？这主要得益于西点军校对于领导力的与众不同的观念。

在许多人看来，只要当上了官，特别是当了一把手，自己说的话就成红头文件了，就自然而然具有不可撼动的领导力。但西点军校对领导力的界定却并非如此。他们认为：领导力并不是什么法定的权力，而是一个过程，在这个过程中，领导者的行为、能力、品位、风格必须影响追随者的需求、价值、追求、渴望，这样才能在下属面前塑造形象、树立威信，产生强烈的凝聚力和感召力，从而激发出下属的敬佩感、信赖感和服从感，领导者就像磁石一样吸引着部下，成为他们学习的榜样。

巴顿，堪称美军历史上最骁勇善战的装甲部队指挥官，他如此能打仗的原因成了很多人争相研究的问题。为巴顿写传记的作家埃德加精辟地道出了其中的奥秘："巴顿作为统帅人物，其最大的特点是以他本人的尚武精神去激励部下。他用自己的个性成功地影响了整个部队。尽管部属们有时恨他，但仍然能够仿效他的言行，像他那样思索和战斗。"

《论语》中有"其身正，不令而行；其身不正，虽令不从"的话，其实也是对领导力的一种注解。意思是，只要自己的行为端正，就算不下任何命令，部下也会遵从执行；如果自己的行为不端正，那么无论制定什么政策规章，部下也不会遵从执行。

要想管出"先进"，自己就要先当"先进"！这自古以来都是为政、为将、为教者的准则及其号召力之所在。因为领导者的一言一行，无时无刻不处于下属的关注之下，领导者只有时时刻刻、事事处处为下属带好头、树好样，做到严于律己，率先垂范，这样才有威信，才能赢得下属的信任，这是做一个领导最起码的前提。

作为当今世界上最牛女企业家之一的玫琳凯，同样非常重视领导者在员工中的榜样作用。她说："一个部门的负责人，其行为受到整个工作部门员工的关注。人们往往模仿经理的工作习惯和修养，而不管其工作习惯和修养的好坏。假如一个经理常常迟到，吃完午饭后迟迟不回办公室，打起私人电话来没完没了，不时因喝咖啡而中断工作，一天到晚眼睛直盯着墙上的挂钟，那么，他的下属大概也会如法炮制。不过，下属们也会模仿一个经理的好习惯。例如，我习惯在下班前把办公桌清理一下，把没干完的工作装进包里带回家，坚持当天的事当天做完。尽管我从未要求过我的助手和秘书也这样做，但是她们现在每天下班时，也常提着包回家。作为一个经理，重任在肩，职位越高，就越应重视给人留下好的印象。因为经理总是处于众目睽睽之下，所以你在做任何事情时都务必要考虑到这一点。以身作则的好处是，过不了多久，你的下属就会照着你的样子去做。"

正人先正己，做事先做人！管理之道亦是如此，职权只能使下属服权而不服人，口服而心不服，即便能产生威信也是极其脆弱的。所谓上行下效，领导者无论职务多高、权力多大、资历多深，都应该要求别人做到的自己先做到，这样才能树立起威望，增强执行力，提高管理效率。

学会吃亏

身为领导者，很有必要学会吃亏。一个人的位置越高，意味着付出越多。做下属，只要管好自己的那一摊业务就足够了。而作为领导就不一样，需要承受上司的压力，需要做好自己的工作，还要解决下属的麻烦。如果一个领导者一遇到问题就斤斤计较，这是你的事，那是他的事，自己一点亏都不能吃，凭什么让下属死心塌地，又凭什么让上司心悦诚服？

现实中，这样的领导者却屡见不鲜：明明是下属们共同努力换来的成果，甚至某些成员还贡献了比领导更大的力量，起到了比领导更大的作用，在上司面前，领导者却对那些人只字不提，俨然所有功劳都是在他一个人的正确领导下取得的；等到犯了错误上司把他叫去批评的时候，他就有了这样或那样的理由：这件事情出了问题完全是因为某人执行不力，某人经验不足，某人假公济私等，反正无论如何就是和他一点关系都没有。

换位思考一下，假如我们现在是下属的身份，遇到这样自私的顶头上司，会不会有心里很凉的感觉？自己辛辛苦苦忙活了半天，到头来全都是为他人做嫁衣裳；明明是按照上司的指示行事，出了错又全是自己的问题，怎能不让人萌生去意？

关于这样的领导，著名职业经理人余世维的一句话说得好："假如我手下的经理或者主管和我说这样的话，我只问他一句话，如果这些事情都是别人出的问题，那么我请你来做什么，这个公司还需要你做什么？"余世维先生通古博今，学贯中西，对管理有其独到的看法。尽管身为职业经理人，也算是一个打工者，他却能站在另一个角度发问，尖锐却又直逼人心，在所有领导者的头上将警钟骤然敲响。

很多人都会拿"做事先做人"这句话来标榜自己。但其实这只是一句空话，做什么样的人，怎么做到，里面完全没有答案，远不如另外一句话来得实在：做了领导，就不要怕吃亏。道理很简单，领导既要让上司放心，也要让下属舒心。这就要求领导能承担责任，要在很多方面考虑自己的做法。总结起来无非12个字：敬以向上，宽以对下，严以律己。"敬以向上"是需要我们尊敬自己的上司，但不是阿谀奉承溜须拍马；"宽以对下"是需要我们对自己的下属宽容，但不是听之任之放任自流；"严以律己"是需要我们对自己要求严格，多讲奉献，少讲回报，给你回报是老板和下属的事情。事实上，如果一个领导能做到这3点，老板自然会给你加薪，员工自然会给你成绩，到那时还何愁没有回报？

这与境界也有很大的关系。有些领导，最先考虑的总是自己的个人得失，这样的领导不是称职的领导，也不是"明智"的领导。作为领导，需要有一种高尚的"思想境界"，要多替公司、兄弟部门和下属着想，少为一己之私利着想。当部门利益与公司利益有冲突时（不是在原则上伤害了部门利益），我们需要优先考虑公司的利益；当兄弟部门有困难时，我们需要主动地予以支持，因为"助人实际上就是助己"；当个人利益与下属利益有冲突时，我们需要优先考虑下属的利益。

领导者的付出，更多还是体现在和下属的工作中。时至今日，中国人仍然是个等级观念深厚的民族，人人平等虽然一直在提，但几千年的传统不是说抛就能抛开的。太多的人在面对上司的时候会自然地产生一种敬畏感；同样，也有太多的领导在面对下属的时候会本能地表现出自己的威严。这种威严怎么表现？当然是通过说话的称谓和语气等方式。

有些领导，习惯于采用命令的方式安排下属的工作，习惯于采用斥责的方式批评下属的工作。"杰森，今天必须弄好这份报表，明天早上我要在我的办公桌上见到它。""杰森，我不管你想什么办法，这一单必须拿下，这是死命令。""安安，你是怎么搞的，这个月的业绩这么差，每天都忙活些什么呢？"类似的话在领导口中经常出现，可能很多人觉得没什么，上级这样和下级说话很正常呀。但不要忘记，人都有一种被尊重的需要，即使是下属，也同样如此。作为领导，命令和斥责都是不得人心的，只有先学会吃亏和付出，才能让下属觉出领导对他的重视，继而才能让下属一心一意做好工作。

用仁义得人心

"仁者爱人"，一个人如果有仁义之心，就能爱人，而爱人者就能得人心。这是千古不变的道理。领导者要征服人心，最重要的是要征服对方的心。比如：给地位卑贱者以尊重，给贫穷者以财物，给落难者以援力，给求职者以机会等。在这众多的方法中，用仁义获得人心不失为一个好办法。

惠普公司的创始人戴夫·帕尔德年轻时酷爱体育运动，体育教练曾经对他讲，当两个争夺冠军的球队水平旗鼓相当时，默契配合就会变得极为重要，特别是在那些瞬息万变的比赛中。这个道理似乎谁都懂，但是只有真正在运动场上实践过的人才会真正理解这一原则有多重要。

帕尔德一直把这些话铭记在心，并在以后的工作生活中努力去促成人与人之间互相信任，互相关心和密切配合。他心里明白，想要达到这样的效果，就不能仅仅用制度一类的东西，还要用仁义的手段来获得人心。

惠普公司因为在第二次世界大战期间发展迅速，当时就已经成为拥有200万美元资产和200名工人的公司。但是战争一结束，许多军事项目迅速停建，电子设备在军用市场上的总销售量迅速下降。由军事工业带动的日用品市场迅速萎缩，惠普公司的业务一落千丈。

面对市场的衰退，帕尔德不得不辞退了100多个工人。看到许多曾经一起创业的朋友马上就要沦为失业者，帕尔德心里很难受。他深深地懂得了失业对工人意味着生活水平的迅速下降和自尊心的巨大伤害。眼看着人们陆续地默默离去，帕尔德心中发誓：一定要渡过难关，把公司搞上去，把这些工人重新请回惠普公司。

这次解雇工人给帕尔德留下了终生难忘的印象。从这之后，惠普公司即使在最困难的时候也坚持不辞退员工，这在硅谷绝无仅有。

随着美国经济的复苏，惠普公司又恢复了往日的辉煌。公司又重新拥有200

名员工。到 20 世纪 40 年代末，惠普公司资产已接近千万美元，成了硅谷中的明星企业。

1959 年，正当惠普的业绩蒸蒸日上时，帕尔德却注意到公司员工的热情似乎不高，这是为什么呢？

惠普公司的股票 1957 年上市以来，股价节节攀升，成为华尔街的宠儿，难道在这样的公司还有什么怨言吗？

当帕尔德婉转地问公司一名检测人员时，这位员工告诉他："是的，我为在这样一个大公司工作感到自豪。但是，作为一名员工我却没有感到是企业的主人。工薪的确在上升，但老板还是老板，伙计还是伙计。"

听了这一席话，帕尔德陷入了沉思。"没错，应该让大家成为公司的主人，这样工作起来才会齐心协力，才会一心把公司搞好。"帕尔德想。

第二天，帕尔德就在公司主持的记者招待会上正式宣布，惠普公司为调动员工的积极性，为把公司发展的巨大利益也分配到辛勤工作的员工那里，将推行职工持股计划。

这就是后来风靡美国的职工持股计划，他把公司股票分阶段按工作时间分给职工。职工成为公司主人，立时面貌一新，惠普公司销售、生产各方面均呈现出一片新的气象。

人们都是有感情的，身为领导者，只要用仁义之心去对待下属，为下属着想，站在下属的立场上看问题，帮助下属解决实际困难，下属也一定会用心回报你。领导者懂得了这些，就要在实际工作中注意这些问题，尽力做到用仁义获得人心。

不要总想一个人独占所有的好处

鹿和马都被公认是跑得最快的动物，只不过鹿生活在森林中，马生活在草原上，它们对彼此都有亲切感，但是关系却仅限于碰面时打个招呼而已。既然双方都有成为朋友的意愿，何不进一步促进彼此的关系呢？于是，鹿就邀请马到家里来玩，马欣然同意了。

一个春日的午后，马踏入森林准备去拜访鹿，然而，马才走进森林不久，就后悔了。森林和草原是完全不同的世界，它起初还不觉得有什么不同，可是越往森林里面走，树木就越高壮，繁盛的枝叶遮蔽了天空，甚至高挂在天空的太阳，也渐渐地看不见了。

怀着不安情绪的马，突然对住在森林里的鹿感到害怕，它不得不承认，只有灵敏的鹿才适合这座密林。不过，一想到鹿能灵巧地在林木间穿梭，马的心中不禁生起一股嫉妒的感觉，当下就掉头回家了。

后来，人类邀请马与他们合作，马被人类的智慧和无尽的粮草所诱惑，于是答应了人类的要求。

有一次，马不经意地谈起鹿和它生活的森林，聪明的人类听出了马的嫉妒之心，便对马说："其实你才是世界上跑得最快的动物，如果你能依照我们的方法去做，我们可以提供你更加丰盛的食物，这么一来，即使是在森林里，你也一定能够跑赢它。"听到人类的这番话，马觉得自己确实跑得赢鹿，于是答应依照人类的方法行事。

人类利用可以让马吃饱的条件，骑到了它的背上，并且一起进入森林追赶、猎捕鹿，被追得走投无路的鹿满怀悲伤，对马露出悲哀和疑惑的神情。它怎么也想不出马为什么会带着人类来捕杀自己，而此时的马早已被缰绳和鞭子弄得疼痛不堪，根本没有多余的精力去察觉鹿的变化。

从那次狩猎结束之后，人类便把马的缰绳紧紧抓在手中了。人们喂马、养马，把它们绑在专门建造的马厩里，当人类需要的时候，马就必须为人类服务，再也不能在草原上自由驰骋了。

天下好事，不可能由一个人独占。马有这样的图谋，既想在草原上驰骋，又想在森林中穿梭，结果被人驯服，就连草原也再不可能任意驰骋了。

汉朝人张汤出身为长安小吏，却平步青云登上御史大夫的宝座，且深得汉武帝信任。这得益于他独特的行为方式。每当有政事呈上，武帝不满，提出指责，张汤立刻谢罪遵办，并说："圣上极是，我的属下也提出此意见，我却未采纳，一切都是我的错。"反之，若武帝夸奖他，他则大肆宣扬属下某某点子好、某某办事利落。如此得到了手下人的爱戴。

在荣誉到来之前，有些领导者常常利用自己的领导地位挺身而出，当仁不让，似乎这样才能表现出自己的高大形象，才能说明自己的成功。殊不知，一个领导者是否真正成功，得看他手下的人是不是成功了，只有下属成功了，才表明领导者也成功了。领导者应该记住：不要既想当裁判，又想当进球的那个人。

领导者如果心中只为私利，私自窃取下属的功劳，下属自然不会为你卖命效力。老子所谓："长而不宰，为而不待，功成弗民。"这就是劝诫领导要能容人，共享繁荣。

然而，最难做到的是对下属让功，或公开表扬下属的才华功劳。领导者如果有这样高的涵养，下属自会感恩图报。同样，当下属犯错，能挺身而出，承担责任，势必会得到下属的敬佩与爱戴。这是最高境界的领导方法。

坦然承认自己的错误

领导者要有豁达和宽容的胸襟，要对员工的错误比较宽容，不要太过苛刻，给员工过多的责难。同时，如果领导本人犯了错误，就应该有敢于认错的勇气。勇于认错不仅是一个领导者应有的素质，也是一种难得的品德。

承认错误是件痛苦的事情，承认错误意味着自己有过失，影响一个人的素质，但是承认错误最终还是会赢得谅解。

如果不承认错误的话，一旦被人发现了错误，就会授人以柄，成为受制于人的因素。对此，唯一正确的做法就是承认错误，改正错误，并及时超越错误。错误所造成的不良影响，只有在公开承认错误，自觉改正之后才能消除。承认了改正了，员工也就谅解了。别有用心的人也就不能再利用这一错误来攻击你了。

作为领导，难免会犯错。但没有人愿意犯错误，犯错并不可怕，关键在于犯错后的态度。承认错误，是明智的做法。如果你想成为一个优秀的领导者，你就得这么做。如果你做到了这一点，就会赢得员工的信任，他们乐于追随勇于承认错误、勇于承担责任的人。英特尔前总裁安迪·格鲁夫就曾说过："我们所有处于管理岗位的人，无论男女老少，都担心一旦承认错误，就会毁掉自己千辛万苦赢来的尊敬。但事实上，承认错误的确是力量、成熟和正直的标志。"

现代企业的许多领导都具备这样的优良品德。美国的戴尔电脑公司效益一直令同行称羡，其秘诀之一就是迈克尔·戴尔能坦然地承认自己的错误。

戴尔公司在2001年曾搞过一次调查，调查显示，有高达半数的员工表示一有机会就将跳槽，因为，员工认为戴尔不近人情、感情疏远，对他没有强烈的忠诚感。不过，大部分员工还是留了下来，一年又一年地咬着牙推着公司快速成长。这般惊人的成就与内在的矛盾并存，令人不得不思索——迈克尔·戴尔除了以"直销"赢得盛名之外，他还有什么过人之处？其实，戴尔并没有什么高招，只是坦然承认自己的错误并加以改进。

戴尔在2001年就曾对手下20名高级经理认错：承认自己过于腼腆，有时显得冷淡、难以接近，承诺将和他们建立更紧密的联系。员工对"极度内向"的戴尔公开反省非常震惊——如果戴尔都可以改变自己，其他人有什么理由不效仿呢？戴尔以员工为镜，照出都是腼腆惹的祸，腼腆是错误吗？戴尔的回答是："如果员工说是，那就是。""认错要认员工眼中的错，不是认自己脑中的错。"

管理者也是凡人，不可能不犯错。重要的是在犯错之后能迅速而坦诚地承认。

有一次，松下幸之助勃然大怒，在大会上狠狠地批评了一位员工。

等到自己气消之后，他为自己的过激行为深感不安。因为在那笔货款发放单上自己也签了字，员工只是没把好审核关而已，因此自己也应负一定的责任，确实不应该那么严厉地批评员工。

他想通之后，马上打电话给那位员工，诚恳地道歉。恰巧那天员工乔迁新居，松下幸之助便登门祝贺，还亲自为员工搬家具，忙得满头大汗，令员工深受感动。

然而，事情并未就此结束。一年后的这一天，这位员工又收到了松下幸之助的一张明信片，上面留下了一行亲笔字：让我们忘掉这可恶的一天吧，重新迎接新一天的到来。看了松下幸之助的亲笔信，该员工感动得热泪盈眶。从此以后，他再也没有犯过错，对公司也忠心耿耿。松下幸之助向员工真诚认错成为整个日本企业界的一段佳话。

领导承认错误是勇敢、诚实的表现，不但能融洽人际关系，创造平和氛围，而且能提高领导的威望，增进员工的信任。只有那些自尊心特别脆弱的管理者，才不敢在犯了错误以后向员工认错。这种领导者是很难得到员工信服的。员工信服的领导都是敢作敢当，绝不推卸责任的领导。

没有必要憎恨自己的对手

日本北海道出产一种味道鲜美的鳗鱼，它的生命力非常脆弱，只要一离开深海区，不久就会死亡。奇怪的是，有一位老渔民每天捕捞回岸的鳗鱼总是活蹦乱跳。

原来，老渔民让鳗鱼不死的秘诀就是：在整篓的鳗鱼中放进几条狗鱼。狗鱼是鳗鱼的死"对头"，二者势不两立，几条势单力薄的狗鱼遇到成篓的对手，便惊慌失措地往鳗鱼堆里钻来蹿去，这样一来，反而倒把整篓死气沉沉的鳗鱼给"激"活了。

　　没有天敌的动物往往最先灭绝，有天敌的动物则会逐步繁衍壮大。大自然中的这一现象在人类社会也同样存在。

　　对手的力量会让一个人发挥出巨大的潜能，创造出惊人的成绩。尤其是当对手强大到足以威胁自己生命的时候，敌人就在身后，只要一刻不努力，就会有万分的惊险和困难。

　　工作中，每一个领导者都一定会遇到各种各样的对手，但这无须过多担心。因为对手是一把双刃剑，可能对领导者造成威胁，但也可能成为领导者进取的动力。

　　面对对手，领导者首先要心存感激，因为对手可以帮领导者找到自身的不足。在工作中，领导者不必在意有谁和自己作对，因为没有对手就成不了强者。

　　作为领导者，在感激对手的同时还要积极挑战对手。在工作中，领导者要为自己遇到的艰难境遇而庆幸。因为困境是人生的必然，只要领导者能超越它，就能取得自己梦想中的胜利。因此，拥有一个强大的对手时，应是一件让人感到欣慰的事。它正是一个让人脱颖而出的机会。

　　因此，在现实生活中，领导者完全没有必要憎恨自己的对手，因为生命中有时需要一些竞争、坎坷，甚至是挫折来振奋斗志，太多的安逸则会消蚀领导者的奋斗意志。所以，真正能使领导者走向成功并使其不敢懈怠、坚持到底的，不是顺境和优裕的生活，而是那些常常可以置人于死地的打击、挫折，甚至是死神。

　　在日常工作中，许多领导者都犯了这样一个致命的错误：总在诅咒憎恨自己的对手，或者因为自己遇到了对手而失魂落魄。这恰恰错了，领导者应该为自己有一个敌人或者是强大的对手而庆幸，为自己遇到的艰难境遇而庆幸，因为这正是提升自我，带领下属获得更大成功的机会。

无论什么时候，都不要显得比别人聪明

　　从前有一只蚂蚁，它的力气大得出奇，从古至今都没有任何一只蚂蚁比它的力气还大——它能毫不费力地背上两颗麦粒。如果论勇敢，它的勇气也是前所未有的——它能像老虎钳似的一口咬住蛆虫，而且常常单枪匹马地和一只蜘蛛作

战。很快，它就在蚁穴之内声名大噪，蚂蚁们的话题几乎都离不了这位大力士。

后来，这只蚂蚁大力士的脑子里都塞满了同类们颂扬的话，因此它一心想到城市里去一显身手，博得更响亮的名声。有一天，它爬上最大的干草车，坐在赶车人的身旁，像个大王似的进城去了。

然而，满腔热情的蚂蚁大力士在城里碰了一鼻子的灰！它本以为人们会从四面八方赶来追捧它，可是不然！它发觉根本就没有任何人来理会它一下：城里人个个忙着自己的事情。蚂蚁大力士找到一片树叶，在地上把树叶拖呀拖的，它机灵地翻筋斗，敏捷地跳跃，可是没有人来围观，甚至没有引起任何一个人的注意。所以，当它尽其所能地耍过了武艺却无人关注后，便怨天尤人地说道："我觉得城里人都是糊涂和盲目的，难道是我不可理喻吗？我表现了种种武艺，怎么没有人给我以应得的重视呢？如果你上我们这儿来，我想你就会知道，我在全蚁穴是赫赫有名的。"

蚂蚁大力士就是这样没有自知之明，自以为名满天下，可最后才知道自己的名声仅仅限于蚁穴的范围而已。

许多领导者都犯了蚂蚁一样的错误：妄自尊大，自以为了不起。如此想法实在难以得到别人的尊敬，它的悲剧在于：阻止人们达到完美和正直的高度。因此，在任何时候，都要适时地表现得不比别人聪明。

本杰明·富兰克林是美国著名的科学家和政治家，他在自传中叙述了自己如何克服好辩的习惯，不在任何时候都表现得比别人聪明，使自己成为美国历史上最能干、最和善、最老练的外交家的。

当富兰克林还是个毛躁的年轻人时，有一天，一位教会的老朋友把他叫到一旁，尖刻地训斥他："本，你真是无可救药。你已经打击了每一位和你意见不同的人。你的意见变得太珍贵了，没有人承受得起。你的朋友发觉，如果你在场，他们会很不自在。你知道的太多了，没有人再能教你什么，也没有人打算告诉你些什么，因为那样会吃力不讨好的，而且又弄得不愉快。因此，你不能再吸收新知识了，但你的旧知识又很有限。"

富兰克林的优点之一，就是他接受那次的教训。他已经能成熟、明智地领悟到他的确是那样，也发觉他正面临失败和社交悲剧的命运。他立刻改掉了傲慢、自以为是的习惯。

富兰克林表示："我立下一条规矩，决不准自己太武断。我甚至不准自己在文字或语言上有太肯定的意见表达，比如，'当然''无疑'等，而改用'我想''我假设''我想象一件事该这样或那样'或'目前，我看来是如此'。当别人陈述一件事而我不以为然时，我决不立刻驳斥他或立即指正他的错误。我会在回答的时候，表示在某些条件和情况下，他的意见没有错，但在目前这件事上，看来好像稍有两样，等等。我很快就领会到我这种改变态度的收获：凡是我参与的谈话，气氛都融洽得多了。我以谦虚的态度来表达自己的意见，不但容易被接受，更减少了一些冲突。我发现自己有错时，我没有什么难堪的场面。而我自己碰巧是对的时候，更能使对方不固执己见而赞同我。

"我最初采用这种方法时，确实和我的本性相冲突，但久而久之就逐渐习惯了。也许50年来，没有人听我讲过些什么太武断的话，这是我提交新法案或修改旧条文能得到同胞的重视，而且在成为民众协会的一员后具有相当影响力的重要原因。我不善辞令，更谈不上雄辩，遣词用字也很迟疑，还会说错话，但一般来说，我的意见还是能得到广泛的支持。"

可见，虚心的态度无论在何时、何地都能让人受益匪浅，使他获得生意上、名声上、人品上及人际关系等诸多收益。领导者亦是如此。

不要总是摆架子，以老大自居

很多人都有一个弱点，一朝当了领导，无论官大官小，都希望自己能给人以与以前"不同"的感觉，喜欢以强势的形象出现在下属面前。在这些自以为高明的人看来，领导是下属的统治者，下属是被管理的对象，是"兵"，领导是"老大"，二者有着根本的区别。这样的领导，他们崇尚领导地位的至高无上，认为领导就要有领导的派头，是下属的"头儿"，高高在上，下属只能敬畏他们，在他们面前下属只能乖乖地努力工作，决不能捣乱生事。

如果一个领导者认为自己的下属就应该任由自己驱使，每个下属在自己面前就应该卑躬屈膝，那么这个领导永远也不会有什么成绩，更不会赢得下属的真正尊敬。即使他每天看到的下属都是一个个点头哈腰，他也无法体会到做领导者的快乐。因为在下属眼里，他是一个独裁者，少了真诚的交流与合作，当然也就不会有真正的快乐可言。

所以，真正高明的领导者绝不会在下属面前摆架子，以老大自居。即使他们真的有着可以炫耀的资本，他们也不会因此而就摆架子，更不会以"老大"的心态对下属发号施令。

谦虚使人进步，骄傲使人落后。一个在下属面前摆架子，时刻以"老大"自居的领导，绝对不会听取下属的意见，也就不可能作出最佳的决策。而下属也会因为领导的"老大"作风而感到不适，不愿与他相处，时间久了，这样的领导只会被下属孤立。须知，一个被孤立的领导者是不可能获得成功的，因为事业的成功不只是个人能力的体现，更要依赖下属的全力支持。一个平易近人的领导者很容易就能做到这一点，而那些靠耍威风、摆架子的领导者，最终只会让自己成为一个光杆"老大"。

IBM公司享誉全球。它们的生产和销售份额在全球市场上都占有相当大的比例，而IBM之所以有今天的地位和成就，能够发展成今天这样的庞大规模，不得不提到一个以生活理念经营IBM的人——董事长汤姆斯·华德逊。华德逊家教很严，从小就受到父亲严格的教育：生活举止要中规中矩，平日待人接物要有敬老尊贤之念，为人处世要诚实谦逊，工作要全力以赴……华德逊把父亲的教诲奉为自己工作和生活的准则，终生信守不渝，"其实不是下属们在为我工作，而是我和下属共同为所有的人工作"，并用这样的信念为IBM公司的崛起奠定了良好的基础。

谦逊做人，用个人魅力去影响自己的下属努力工作，而不是靠权术和地位以及"老大"的权威来镇压下属，这不仅仅是一种精神上的顿悟，更是领导者应该具有的行为准则。一个动辄以自己的头衔和地位压人的领导者，不仅不会达到对下属施加影响的目的，反而会把自己与下属分割开来，让自己陷入孤立的局面。因此，只有不摆架子、不以"老大"自居的领导，才能充分发挥自己的领导影响力，保证自己的廉洁和自律的品质，最终赢得下属的认可。

多用建议的方式下达命令

说到命令，人们可能会想到在战争故事中"军令如山"，领导下了命令，下级不得不赶紧执行，于是认为以命令方式去指挥下属办事效率最高。但在实际工作中却不尽如此。

下属不仅是被领导，还是领导者事业上不可或缺的伙伴。为此，在交代下属工作时，应尽量采用建议的口吻，而不是命令的口气。

例如，领导在命令员工去做事时，千万不要以为只要下了命令，事情就可以达成。作指示、下命令，当然是必要的，然而，同时必须仔细观察考虑，对方在接受指示、命令时有什么反应，他是在什么样的状态下、怎样接受命令的。

一些领导者总是喜欢颐指气使，有事就大嗓门地命令下属去干。他们认为只有雷厉风行才能产生最佳效果，命令别人去干事的时候也不看人家的意见如何，不是说："小刘，把这份材料赶出来，你必须尽你最快的速度，如果明天早上我来到办公室在我的办公桌上没有看到它，我将……"就是说："你怎么可以这样做？我说过多少次了，可你总是记不住！现在，把你手中的活停下来，马上给我重做！"

结果总是让下属面色冰冷、极不情愿地接过任务，去完成它，而不是做好它。

可是等工作交上来后，领导者就会大为失望，不禁有些生气："好了！看来你只是个平平庸庸、毫无创新的人而已！我对你期望很高，可你总是表现得令人失望！就凭你这个样子，永远也别想升职……"

如此情形，说明领导者与下属的关系完完全全地进入了一种"恶性循环"。这是怎么回事？毛病出在哪里呢？就出在领导下达命令的方式上！

自以为自己是领导，就有权在别人面前指手画脚，发号施令；就可以对别人颐指气使，呼来喝去；就可以靠在软绵绵的椅子里，指挥别人去干这个，去干那个？不！没有人喜欢这样的领导。因为身为领导必须有这样的自知，即便只是一名下属，与你不同的只有分工、职务，在人格上都一样是平等的，根本不存在什么高低贵贱之分。

所以，领导者想让下属用什么样的态度去完成工作，就用什么样的口气和方式去下达任务。

著名的人际关系学家卡耐基曾与美国最著名的传记作家伊达·塔贝尔小姐一起吃饭，她告诉卡耐基，在她为欧文·杨罗写传记的时候，访问了与杨罗先生在同一间办公室工作了3年的助手，这个人宣称，他从未听到过杨罗先生向下属下过一次命令。

例如，欧文·杨罗从来不说："你做这个或做那个"或"不要做这个，不要做那个"。他总是说"你可以考虑这个"或"你认为，这样做可以吗？"

他在口授一封信之后，经常说："你认为这封信如何？"在检查某位助手所写的信时，他总是说："也许我们把这句话改成这样，可能会比较好一点。"

他总是给人自己动手的机会，他从不告诉他的助手如何做事，他让他们自己去做，让他们从自己的错误中学习成功的经验。

这种方法，不仅维持了下属的自尊，使下属以为自己很重要，同时还让下属希望与这样英明的领导者合作。

约翰·居克是一家小厂的主管，有一次，一位商人送来一张大订单。可是，他的工厂的活已经安排满了，而订单上要求的完成时间，短得使他不太可能去接受它。

可是这是一笔大生意，机会太难得了。

他没有下达命令要工人们加班加点地干活来赶这张订单，他只召集了全体员工，对他们解释了具体的情况，并且向他们说明，假如能准时赶出这张订单，对他们的公司会有多大的意义。

"我们有什么办法来完成这张订单？"

"有没有人有别的办法来处理它，使我们能接这张订单？"

"有没有别的办法来调整我们的工作时间和工作的分配，来帮助整个公司？"

工人们提供了许多意见，并坚持接下这张订单。他们用一种"我们可以办到"的态度来得到这张订单，并且如期出货。

所以，身为领导者，如果要向下属下达命令，让他做你想要他做的事或是要他改正错误，那就避免使用"命令"的口吻，不妨试试"建议"的方法。

斤斤计较，难成大事

《盐铁论·毁学》中有这样一句话："君子怀德，小人怀土；贤士殉名，贪夫死利。"意思是说作为君子，不要像小人一样太贪恋那点蝇头小利，用通俗点的话来说，就是不要斤斤计较。

在人与人的交往中，谁都不喜欢那些将什么都分得清清楚楚、不让自己吃一点亏的人。因为这种人让别人觉得，与他交往非常累，自身什么亏也不吃，做事太过计较。

同样，工作中，一些领导对下属要求十分苛刻，总是尽量想对自己有好处。

一旦他人有困难，却不关心和帮助，甚至避而不见，这是典型的世俗习气，是不足取的。因为下属在这样的领导手下工作会觉得毫无乐趣，甚至避之唯恐不及。

所以对领导者来说，不论是不是学富五车，也不论是不是风华正茂，但是至少要是一个正大光明、行事磊落的人。无论什么事情，当面锣对面鼓地说清楚，即使有矛盾也要当面提出自己的看法，千万不能成为一个"算计家"，在背后给下属"穿小鞋"，这样做只能是自食恶果。

因为群众的眼睛是雪亮的，一个总喜欢斤斤计较、"算计"下属的领导者，即使手段再高明、后台再硬，也不可能永远欺骗大家；就算凭借着某种利害关系一时得逞，也不过只是下属眼中的"得势小人"，根本不会得到下属的承认。下属也许会"怕"这样的领导，但绝对不会尊敬这样的领导。

奇虎网的董事长周鸿祎就是一个光明磊落赢得下属尊敬的好领导。他曾说过："在日常工作中，领导和下属之间的冲突是难免的，一个合格的领导者，会以客观的态度对待每一件事情，而不是针对哪个人来进行评判和决策。一个聪明的领导绝不会为了自己的'面子'而对下属寻衅滋事，更不会口蜜腹剑地对待下属中的任何人……我和下属相处的原则是：光明正大、对事不对人。"

早在 2000 年，周鸿祎就被《中国青年报》推选为"IT（information technology，信息技术）新生代十佳青年"。当他入围"2001 年度中国软件企业十大领军人物"时，他的下属曾经对媒体说："我们都真诚地恭喜他，不仅是因为我们对他的爱戴，更是因为他给了我们安全的工作环境，让自己的才华得以发挥。""他是一个难得的好领导，在他的手下工作，不用担心自己犯错，因为光明磊落的领导就是错误的克星。"周鸿祎的行事作风赢得了 IT 界的好评，也为奇虎网的成功奠定了基础。

一个受下属尊敬和爱戴的领导，从来不会对下属说一句刻薄的话，哪怕是下属犯了错误，他们也只会心平气和地与下属一起解决问题，而不是去抓下属的"小辫子"，趁机威胁下属以后要好好地听话，更不会利用一切机会算计自己的下属，从中获得那些"可观"的利益。在那些受人尊敬的好领导面前，下属可以直接发表自己的意见，毫不掩饰地表达自己的想法。

那些善于算计下属的领导者，表面上看起来威严无比，但他在得到下属畏惧的同时也得到了下属的怨怒。而那些真正为下属着想、从不算计下属的领导者，得到的不只是下属回报给自己的真诚的感激之情，还有工作中下属众志成城的拥护。所以，一个高明的领导者不会与下属斤斤计较，因为一时的小利而放弃自己的将来，更不会因为私人的恩怨而算计自己的下属。他们只会用光明磊落的行为来证明自己的领导能力和领导风度。只有这样的领导，才能让下属真正地折服在自己的领导魅力之下。

谦虚也要掌握好一定的分寸

谦虚是一种美德，这一点对每个人来说都是如此。一个领导者如果拥有这样的优良品格，必然能做出非凡的成就，也更能赢得上级和下属的喜欢和拥戴。然而，究其实际，谦虚稍一过头，就会成为虚伪。

在世界文明古国中，中国是最早提倡谦虚的国家。在中国古老的经典的《尚书》中就已经有了"满招损，谦受益，时（是）乃天道"这样的教导，把自满与谦虚提高到"天道"的水平，可谓高矣。从那以后，历代的圣贤无不张皇谦虚，贬抑自满。一直到今天，我们常用的词汇中仍然有一大批与"谦"字有联系的词，比如"谦卑""谦恭""谦和""谦谦君子""谦让""谦顺""谦虚""谦逊"等，可见"谦"字之深入人心，久而愈彰。

然而有的领导面对别人的称赞时，有意把自己说得一无是处，这不但起不到谦虚的作用，反倒给人一种傲慢的感觉。不实事求是的"谦虚"，只会给人一种虚伪的感觉。

清朝李鸿章的"谦虚"就在西方遇到了一次麻烦。当年他访问美国，在一家相当豪华的酒店招待美国官员，席间说了几句口不对心的客套话，诸如"略备粗馔，没什么好吃的东西，请诸位包涵……"不料这番虚伪的客套话引起酒店老板的极大不满，他认为李鸿章的话损害了酒店的声誉，向李鸿章提出严正抗议，并要求他当众道歉。

由此看出，谦虚要掌握好一定的分寸。

有一天，人们对丹麦物理学家玻尔说："你创建了世界第一流的物理学派，有什么秘诀吗？"玻尔幽默而含蓄地说："也许是因为我不怕在学生面前显露自己的愚蠢。"

面对别人的赞扬，玻尔没有自我炫耀，但也没有完全自我否定。而是相对地肯定了自己"不怕在学生面前显露自己的愚蠢"的优点。他把自己的成绩归结为人人可以做到，又很难做到的优点，用来说明自己与别人并没有什么不同，也没有什么秘诀，既表现了自己的谦虚，又给人一种鼓舞的力量。

鲁迅先生说："哪有什么天才，我不过是把别人喝咖啡说闲话的时间都用在工作上罢了。"

鲁迅先生否认自己是天才，却肯定自己珍惜时间这一优点，给人一种实实在在的感觉。

面对别人的称赞，如果把自己说得一无是处，不但起不到谦虚的作用，反倒给人一种虚伪、傲慢的感觉。领导者也应向玻尔和鲁迅先生学习，掌握好谦虚的分寸。

·第二章·

领导者不能只埋头拉车，重要的是要抬头看路

领导者在企业管理中不能只顾"埋头拉车"，忘记"抬头看路"。只顾"埋头拉车"，就会失去目标，迷失方向，不知自己所为何事。只有不停地"抬头看路"，不断去更正自己做事的方式，才会让自己去思考，修正路线，使得目标一致，获得最终的成功。

走出"盲人摸象"的误区

美国哥伦比亚大学教授默顿在《社会伦理与架构》一书中说："一件事情的发生，若由于错误的定义，则可促成一个错误行为变成事实。"只凭主观意识，看到事情的某一方面，最终必定会像"盲人摸象"一般，导致错误的结论。作为领导者，只有统筹兼顾，从全局着手，才能在复杂的情况下作出正确的决策。

日本协和发酵会社的社长加藤辨三郎就曾因轻率决策而导致经营决策出现了重大的失误。

当时，日本啤酒界广为人知的怪杰朝日啤酒社长山本为三郎对加藤说，用地瓜制造啤酒是一个新创举，你有没有兴趣？而且他介绍这个构想源自东京农业大学教授助江金元，他已经研究了多年。这一专利权属于一家叫东洋啤酒公司的企业，东洋啤酒公司曾经打算把这个创意实行产业化，但不知什么原因而终告失败了。

山本为三郎社长进一步说，这项专利不见天日，实在可惜。他称自己曾想让朝日啤酒株式会社买入这项专利，然后投入生产，但遇到一些股东的反对，未能形成统一的决议，只好被拖延了下来。为此，他就向加藤推荐，并许诺如果加藤真的开发该项目，他的公司会提供支持。

听了山本为三郎这位啤酒行家的介绍，加藤觉得很有道理，认为他的构想非常不错：第一，以地瓜作为原料制造啤酒，成本低廉；第二，由于制造成本低，售价当然也低，这样竞争优势就强；第三，售价低和竞争力强，销路必然就好，那么效益必定也不错。

这3个结论，从理论上似乎都站得住脚。加藤认为用地瓜制造啤酒，根据日本酒税的规定，因为没有麦芽含量而税收大减，至于味道问题，加藤觉得日本各家啤酒公司的产品，味道大同小异，而德国生产的啤酒，群雄割据，各种牌子的啤酒都有其独特之处，它们都畅销无阻，这地瓜制造的啤酒自然也就不在话下了。

加藤经过上述的理论分析，再加上迷信老行家的说法，作出了决策，从东洋啤酒公司买下了专利权，接着投入生产。为了推出"地瓜啤酒"，加藤第一件事是为产品命名，经过反复思考后，他决定命名为"拉比"，"拉比"是法语，是"生命之泉"的意思，加藤觉得很好，既有意思，又易记。第二件事，就是全力投入生产，第一年生产了300万吨，第二年生产了近1000万吨。

经过两年的投资生产后，加藤发现问题严重了。第一，生产成本并没有设想的那么低廉，各方面的成本加起来，每瓶成本为75日元，比预计的每瓶50日元高了25日元。第二，由于成本不低，所以售价也没有多大的竞争力。当时其他名牌啤酒每瓶售价仅125日元，如果地瓜啤酒每瓶售价100日元，那么既没有竞争力，而且也没有多少利润可言。第三，命名"拉比"并没有加藤预想的那般好，当它在市场出现后，一些消费者指出"拉比"的语音很像英文的"某种寄生虫"，所以众多人对"拉比"敬而远之。第四，尽管作了声势浩大的广告宣传和促销，但是销量却很小。据酒吧、餐馆的反映，从来没有主动提出要喝"拉比"啤酒的。

加藤从筹划到生产经营地瓜啤酒，最后到损失惨重而停止生产经营，共经历了3年多的时间，最后加藤不得不宣告失败了。这一决策导致加藤损失了设备投资费5亿日元，损失促销宣传费7.8亿日元，再加上其他一些费用，共失去了13亿日元，它使加藤20多年的资金积累损失殆尽。

加藤的决策失败，在很大程度上就是因为他对获取的信息没有认真分析甄别，没有进行调查研究和去伪存真，就片面地作出了决策。加藤从失败中吸取教训，在其日后的经营中注意在全面地了解信息之后再作出决策，使企业获得了"春风吹又生"的机会，并逐步发展成为日本最大的啤酒公司之一。

领导者的决策直接影响到企业的发展，因此，领导者必须做到审时度势，纵观整体，即便是在执行决策的过程中，也要从全局看问题，一定要避免"盲人摸象"的现象出现。

找准自己的"位置"

俗话说：人贵自知。作为一个领导者，必须找准自己的位置，进而真正了解自己的责任。

正副职、上下级，位置不同，具体责任也有区别，但是基本责任是一致的，一是出主意，二是用干部。在企业内部，所谓"出主意"，就是出谋划策，在吃透企业文化和上级指示精神的前提下，在吃透本部门工作的基础上，广泛发扬民主，虚心听取各方面意见，集中下属的正确意见，就涉及企业全局的重大问题和关系下属切身利益的大事作出正确决策，提出实施决策的切实可行的方案和办法。决策时需避免某个领导个人拍脑袋和少数领导说了算的现象，避免以口号落实口号、以会议落实会议、以文件落实文件。所谓"用干部"，就是搞好企业内部管理人才的培养、选拔和使用工作，做到提拔使用管理人才时不求全责备，看实绩、主流和本质，玉有小瑕而不舍，木有微朽而不弃，支持实干的，处理捣乱的，教育混饭的，鼓励转变的。领导者要有容人的雅量。须知大凡人才或致力于学问，或潜心于事业的人，往往拙于玲珑处世，不肯投机钻营。他们有真知灼见，说话处世不那么"随和"，用起来似乎不那么顺手。

作为领导者，要从事业出发，从大处着眼，切不可以亲疏和个人好恶为标准。领导者在用人上要注意下属的优势互补和性格互补。对每个领导者而言，出主意和用干部两者缺一不可。只注意前者而忽视后者，再好的主意也是一纸空文；只强调后者而放松前者，下属就会方向不明，再能干的人也有劲无处使。所以认清自己的位置、明确自己的责任，是每个领导者做好领导工作必备的思想基础。

把准大势，放眼长远

一个领导者的发展是否有潜力，关键要看领导者自己有没有眼光。所有行业的领导都有一个共性，就是用深邃的眼光找到成功的捷径，然后带领部属向着胜利的方向顺利前进。

克劳塞维茨在《战争论》中有一句非常著名的话："要在茫茫的黑暗中看到微

光，带领着队伍走向胜利。战争打到一塌糊涂的时候，将领的作用是什么？就是要在茫茫黑暗中，用自己发出的微光带领队伍前进。"这段话说的就是优秀的将领必须具有深邃的战略眼光。其实，不仅仅是军队，任何行业的领导都是如此，必须眼光长远，能看清成功的道路该怎么走，然后带领下属向着胜利的方向前进。

杨元庆还在联想集团担任微机事业部负责人的时候，就已经表现出了不同于常人的战略眼光。当时的市场情况非常不好，国产微机大都溃不成军，然而在巨大的压力下，杨元庆没有丝毫慌乱，而是以一个指挥家应有的从容镇定，在"茫茫的黑暗中寻找微光"。

杨元庆对整个家用电脑市场进行详细分析之后，看出电脑市场正在向家庭渗透，越来越多的人希望能够把电脑搬回家，但当时中国老百姓的收入水平不高，而一些高档电脑的价格却出奇地昂贵。于是，杨元庆立志要做物美价廉的电脑，他将联想电脑定位为经济型电脑，以适应中国百姓的购买能力。为了尽可能地降低电脑成本，以达到廉价的目的，杨元庆不惜改变元件的供应链。他对供应商说："如果你给我的货不能又好又快又便宜，我就找别人。"后来他果然把价格昂贵的供应元件退回去不少，然后，杨元庆和技术人员想方设法降低成本，他让技术主将刘军再接再厉地缩减成本，刘军说所有的油水都挤得差不多了。杨元庆回答："不！还有！还有机箱！还有包装箱！还有包装箱里那些泡沫塑料！"最后出来的新机箱造价只有进口机箱的1/8。就这样，在这场不见硝烟的战争中，联想成为最后的赢家。

"时势造英雄"，时势给每个人的机会都是相同的，但为什么最后总是只有极少数的几个人才能成为英雄呢？那是因为并不是每一个人都有长远的眼光，只有英雄才能识别时势。在领着下属做的同时，还能注意往前看。杨元庆就是凭着出色的战略眼光一举成为联想的功臣，这也为其后来掌管联想的帅印奠定了坚实的基础。

1366年5月，朱元璋受到陈友谅和张士诚对应天（今南京）的两面夹攻。双方血战之时，江北形势骤变。小明王韩林儿和刘福通派出的三支北伐军遭到元军反击而惨败。小明王退兵安丰后，张士诚却派大将吕珍围攻安丰，情况十分危急。小明王多次派人向朱元璋征兵解围。为此，朱元璋召开军事会议，讨论派兵解围问题，会上众将一致反对派兵救援，就连军师刘伯温也坚决不同意。但朱元璋却力排众议，毅然派兵去救小明王。

朱元璋为什么愿冒这样的风险？因为他认为安丰是应天的屏障，安丰失守，自己的应天就暴露在敌方的攻击之下，救安丰就是保应天；至于小明王，他在红巾军和劳苦群众中影响最大，最有号召力，是一面旗帜。朱元璋尊小明王为主，打他的旗号，一来是利用小明王的影响，争取人心，二来是将元朝打击的矛头引向小明王，以便实现他的更大图谋。

事实证明朱元璋的这一步棋走对了，他利用小明王的力量遮风挡雨，自己则在江南迅速发展势力。后来等到羽翼丰满的时候，朱元璋又面临着先打张士诚还是先打陈友谅的选择。

当时张士诚和陈友谅的势力都与朱元璋旗鼓相当，究竟先攻灭哪一方势力呢？朱元璋的许多下属看到张士诚的军事实力低于陈友谅，就建议先攻张后打陈，但朱元璋却作出了与他们相反的判断。他认为张士诚缺乏进取心，陈友谅却习惯进攻，如果先攻打张士诚，陈友谅必然会全力来攻打自己，使自己腹背受敌，而如果先攻打陈友谅，依照张士诚的性格，肯定会犹豫不决，不会参与他们的战争。于是，朱元璋果断决定先打陈友谅。后来的形势发展果然与朱元璋所料不差，部下们都对他的判断佩服不已。

后来，朱元璋又根据不断变化的天下大势，制定出了"先取山东，撤其屏蔽；旋师河南，断其羽翼；拔潼关而守之，据其户槛……然后进兵元都"的一系列正确的战略决策。长远眼光是正确决策的保证，正确决策是事业成功的保证，朱元璋一路顺水顺风，在短短十六年的时间里，从社会最底层奋斗成为开国皇帝。

眼光决定成败，领导者的"看"永远比"作"要重要。领导者应该学朱元璋，在作决策之前别忘了先把准大势，先看到事物未来的发展方向，再指挥下属一起低头拉车，坚定不移地走下去，成功也就为时不远了。

好的领导总有新的目标

鸟无翅不能飞，人无志不成才。一个人必须为自己树立远大的理想，确立能够为之努力的目标，才会有所成就。但凡成功的人，没有一个是没有目标而盲目努力就能成功的。一个好的领导者，时刻都有为之努力的目标，当一个目标实现之后，另一个新的目标又出现了，就这样循序渐进，最终达到人生的成功境界。

一个领导者设立的目标要明确，不仅要将长期目标和短期目标相结合，还要懂得确立每一个工作阶段的目标，这是极其重要的。因为梦想要通过行动来完成，而行动需要目标作指引。好的领导不会忽略任何一个小目标，也不会让自己在某个阶段没有目标，在他们的工作日程上，永远都会有激励下属前行的希望——目标。

星巴克总裁霍华德·舒尔茨在《寻找美国最优秀的商业领袖》一书中指出："一个优秀的领袖应该对自己企业的未来有一个图景。领导者需要学会将心中对于未来发展的图景和那些希望与你共事的人分享，越具体越吸引人。当你工作时，公司未来发展的图景应该每天都在你的脑海里，而且随着时间的变换而发展。一个优秀的领导者会时时更新这个图景。这样，员工们才会感觉到他们与企业的未来休戚与共。"

没有伟大志向的人是不可能成功的。身为领导如果不能确定自己的工作目标，没有工作志向，那么必定会被眼前鸡毛蒜皮的事情弄得头昏眼花，也必定会成为下属的笑柄。所以领导者要树立明确的目标，这是使团队沿着正确的方向稳步前进的必要条件。但目标定得要适当，必须是经过努力才能达到的，否则它不但无法起到相应的作用，还会对下属造成负面的打击，使他们失去信心。

孔子说："吾十有五而志于学，三十而立，四十而不惑，五十而知天命，六十而耳顺，七十而从心所欲，不逾矩。"孔子正是为自己人生的不同阶段都立下了不同的目标，并为之努力，终于成为我国知名的教育家、思想家，也成就了自己在弟子眼中好老师的完美形象。

在今天，孔子的学说和理论早已传到了世界各地，并为一些优秀的领导者奉之为管理经典，运用于管理工作之中。一个领导者也应像孔子一样，对自己工作的每一个阶段立下一个目标，让自己的领导生涯中总有新的目标，这样才不会在工作中迷失方向，才不会带领下属误入歧途，才会向既定的方向稳步前行。

网易领导人丁磊是个言出必行的人。他曾说过："其实当你的成果受到市场欢迎的时候，就说明你快要被别人超越了，而且别人怎样超越你，你永远也不会知道。既然如此，从成果出来的那一天起，你就只有自己否定自己，开发一个更新更好的产品，永远战战兢兢，永远如履薄冰。网易之所以有今天，就是不断地在实现了一个目标以后又开始了新的征程。"他也用事实证明了：在网易，没有目标和计划的人是不会有立足之地的。

目标，是指引人不断前行的灯塔，它不但指引了前进的方向，还为努力着的人增添了前进的动力。世界上没有哪一个成功的领导者不是从树立目标开始，通过努力实现它，然后又开始一个新目标的跋涉的。有目标才有动力，有了目标，下属才能尽力工作，领导者才能带领下属成就大业。

要能"走一步看三步"

只顾眼下不顾后路的领导者，迟早会出问题。走一步能看三步，看清三步再走下一步，这是一种使未来了然于胸的高瞻远瞩的眼界，也是一种成熟睿智的领导艺术。

美国前总统理查德·尼克松曾在《领导者》一书中写道："成功者一定要能够看到凡人所看不到的眼前利害以外的事情，需要有站在高山之巅极目远眺的眼力。"这句话非常清楚地指出了高明领导与平庸领导的区别在于看问题时的眼光上。

平庸的领导者由于性格狭隘、学识肤浅等原因，看问题时视野有限，只看到眼前的事物，或者只看见事物的表象。工作的时候，总是边走边看，得过且过，唯上级的命令是从，缺乏主动性；处理问题时，也只能是头痛医头，脚痛医脚，只管解决眼前的问题，却不知从根本上解决问题。不仅劳心劳力，还总让自己陷入困境走不出去，最终被淘汰出局。而高明的领导者则能高瞻远瞩，放眼未来，放眼世界，能看透事物的本质，准确把握时代脉搏，预测事物的发展方向。这样的领导者工作起来就会游刃有余，如鱼得水。

鲁肃最初投奔孙权时，孙权在与之交谈后，对鲁肃的为人及见识颇为满意，当其他宾客告退时，孙权又单独留下鲁肃，同他对饮，并秘密商议时局大事。密谈中，鲁肃为孙权提出了未来发展的对策，这就是著名的《榻上策》。鲁肃说："汉室是没有希望复兴的了，曹操也是一时半会儿除不掉的，因此，作为将军的您只有立足于江东来观察天下局势的变化。目前要趁北方混战多事的良机，向西进军，消灭黄祖，攻打刘表，将整个长江流域都据为己有。到那时，将军就可以建立国号称帝，然后力图夺取天下。这正是当年汉高帝缔造的大业啊！"

现在很多人都对《隆中对》几乎顶礼膜拜，然而事实上《隆中对》不过是《榻上策》的修订版而已："曹操不可卒除"与"此诚不可与争锋"；"以观天下之衅"与"若天下有变"；"鼎足江东"与"保其岩阻"；"建号帝王以图天下，此高帝之业也"与"霸业可成，汉室可兴矣"，后者无一不是对前者换一种方式的再诠释。

《榻上策》比《隆中对》高明之处在于，它明确地看到了"汉室不可复兴"的发展趋势。要知道，这一论断是在汉室当时仍有一定影响力的建安六年（201年）说出来的，再看八年之后诸葛亮还信心百倍地在说"汉室可兴"，鲁肃的战略眼光由此可见一斑。后来东吴政权的建立和扩大，正是执行了这一正确的战略决策的结果。

领导者作为团队的指引者，应该开阔视野，放远眼光，如果鼠目寸光，工作起来就会头痛医头、脚痛医脚，缺乏系统性与可持续性，难以将工作做好。领导干工作之所以顺水顺风，就在于他们能完全预见未来的发展趋势，能一眼洞察事物的本来面目，能准确辨别团队的前进方向，高瞻远瞩、审时度势，在着眼全局、着眼未来的大背景下去思考问题、谋划策略、领导下属、开展工作。

坐在指挥的位置上，如果什么也看不见，就不能叫领导；坐在指挥的位置上，只看见地平线上已经出现的东西，那是平庸的领导；只有当清晨第一缕阳光刚刚露出海平线的时候，就能看出未来会出现的大趋势，才是好领导。走一步能看清三步，看清三步再走下一步，这是一种使未来了然于胸的高瞻远瞩的眼界，也是一种成熟睿智的领导艺术。有如此战略眼光的领导者才是企业最需要的领导。

化整为零地落实目标

任何远大的目标都要建立在实践的基础上，都必须靠一步一步的努力才能得以实现。再辉煌、再宏大的野心和理想，剥去美丽的外衣之后，留下的也只是一些小而具体的目标和不懈的努力。

从某个角度而言，这并不意味我们每件事都会做得很好，也并不意味着一切事就此马上改观。因为最成功的人必然是那些懂得分寸的人，他们不会一口气承担下能力所不及的事，总能把一个大目标分割成数个可以达成的小目标，最终累积成所期望的成功。

我们都知道人类是在1969年首次登上月球的。但并不是所有人都知道整个计划——阿波罗登月计划有多么复杂，其总体设计有多么庞大。

这是美国有史以来最鼓舞人心的计划之一。有120所大学实验室、200多家公司从事研制，至少有42万人参与其中。这项计划所面临的问题的复杂程度可想而知，遇到的困难不言自明。但是，该项计划通过化整为零，分解工作，然后把各部分再分配到有关单位，这样就使复杂的问题简单化，于是问题也就解决了。这听起来让人难以相信。可是，它却已经成功了。

领导者在工作中，会遇到很多既复杂又麻烦，有时甚至令人找不到头绪的问题。几个人，几十个人，甚至许多人也无法解决，在面临此类问题时，领导者可以尝试运用化整为零的方法，将问题进行分解。然后就会发现，问题竟然迎刃而解了。

化整为零其实就是对整体加以分解，一般有两种办法。第一，对于一项重大的任务，将其分解成较小的局部任务。比如大指标分解成分指标，分指标再分解，直到最终落实到有关部门或个人头上为止。第二，对于在一定时间内需要完成的重要工作，将其分解为几个阶段，再落实到有关部门或个人分阶段加以完成。经过分解之后的任务，即使失败了，也容易找到失败的原因，容易更正。因为在这种分解任务下的失败通常不是全盘皆错，而是在某个或某些环节出了差错，只要有针对性地加以更正，就能将存在的问题加以解决而不必将整件工作推倒重来。

领导者在运用"化整为零"的方法研究和解决企业面临的问题时，可以先把所面临的问题看作一个整体或是一个系统，弄清楚它的内涵是什么，它本身所处的大系统是什么样的，有什么性质和整体目标；弄清楚问题在大系统中具有什么样的地位和作用，它与大系统中其他各因素之间有什么样的关系等，然后才能对面临的问题作出正确的判断。

比如，领导者首先将全公司的目标和任务进行分解，具体落实到每一个部门。然后是部门再次进行分解，具体落实到每一小组直至员工个人。至此，整个企业的总目标、总任务都明确地划分了职责和职权，企业目标和任务的完成也就有了充分的保证。

譬如一家销售公司要销售一种产品，目标是今年要达到6000万元的利润。那么，如何来分解这个任务呢？不是把这6000万元平均分担到每个销售人员身上，这种方法不是团队的做法，也不适应现代商业运作的要求。

首先，领导者要知道这6000万元的利润是如何出来的，它由多少个区域市场的业务组成，大市场有多少，小市场有多少，中等市场有多少。

其次，领导者要了解这些市场都分布在哪些区域，都由哪些部门或者单位管理，获取这些业务的方式是竞标，团购，还是零散销售。

再次，要获得这些业务，领导者应该做多少前期市场调查工作，领导者又要做出多少个竞标方案或广告投入，等等。

只有把这些工作都做好了，才有可能获得业务，从而达成利润指标。

这就要求领导者把业务划分、市场调研、方案制作、广告投入等工作分解到不同的工作小组之中去，再由这些工作小组把每一件事情分配到相关人员手中。这样做的目的只有一个，就是确保每一个环节的专业度，确保业务目标的完成。术业有专攻，每一人都有自己的专长，领导者要充分利用每个人的优势，而不是要求一个人去完成一项系统工作的所有环节，让他去做他擅长的那部分就足够了。这就是"化整为零"的核心所在。这样一来就能让一些在某些人看来是极大困难的事能在另一些人那里轻而易举地完成，这也是化整为零地落实目标的优势所在。

不满现状，给予自己更大的挑战

不满是向上的车轮。人生之路上只有永不满足，才能不断拼搏进取，才能最终获得成功。对于领导者，同样如此。骄傲使人退步，自满是扼杀前进步伐的刽子手。领导者切不可有"自己已经是领导，在事业上也是'小有成就'"这种想法。如果一个领导者有这样的想法，那么他永远就只能停留在"小有成就"上，永远不会看到更美丽的风景，永远不会得到更大的、真正的成功。

一个好的领导者一定是一个对现状抱着审视眼光的人，他不会被眼前的一点成绩迷惑，也不会因为下属对自己的拥护就停止前进的脚步。对这样的领导而言，只有攀登更高的山峰，获得更好的成绩，带领下属走向更宽广的成功之路才是接下来要做的事。

下面是李开复在他的《给青年人的一封信》中所写的一段话：

"我在苹果公司工作的时候，有一天，老板突然问我什么时候可以接替他的工作？我非常吃惊，表示自己缺乏像他那样的管理经验和能力。但是他却说，这些经验是可以培养和积累的，而且他希望我在两年之后就可以做到。有了这样的提示和鼓励，我开始有意识地加强自己在这方面的学习和实践。果然，我真的在两年之后接替了他的工作。我个人认为：一个人的领导素质对于他将来的治学、经商或从政都是十分重要的。在任何时候、任何环境里，我们都应该有意识地培养自己的领导才能。同时，我建议你给自己一些机会展示这方面的能力，或许像我一样，你会惊讶自己在这一方面的潜力远远超过了想象中那样。"

这段话字里行间都表达出了李开复不断进取、自我提高的意志和努力，这也正是李开复能在苹果公司获得成功的重要因素。当我们羡慕李开复的成就和地位，被他的成功理念影响的同时，是否也看到他自我超越的那种信念和努力？作为领导者，尤其是一个希望自己成为一个优秀领导的人，也许可以从中得到一定的启示。

一个人最宝贵的东西是生命，生命属于我们只有一次。因此人只有选择不满足的自我奋斗之路，才能让自己的一生过得精彩和充实。

一个优秀的领导者与一个平庸的领导者在一般的问题上，看法和做法也许没有太大的差别，但是在那些有难度的、挑战性很大的问题上，这种差异就会表现出来。有时候甚至差距大得令人难以想象。美国作家威廉·福克纳说过："不要竭尽全力去和你的同僚竞争。你更需要关心的事情应该是：下一分钟的你要比现在的你更强。"

是的，领导者应该给自己更具有挑战性的任务和计划，让自己不满足于现状，有更多的时间和动力追求那些更有意义的东西。不要让自己对眼前的一点成就感到满足，而是要给自己更大的挑战，激发自己内在的潜力和进取精神，让自己永远处在永不停歇的前进之中，只有抱着永不满足现状的信念，才能一路遥遥领先。

勇于挑战才能收获成功

身为领导，就意味着要远离安逸、舒适的生活状态，要让自己的大多数时间在忍受"不痛快"和挑战的威胁中度过。而事实也一再证明，正是这种能够咬牙坚持的勇气和义无反顾地向工作中的一个又一个挑战努力，才成就了一个又一个好领导。

美国克莱斯勒汽车公司的领导人艾科卡，就是这样一个勇于向工作中的"最高峰"挑战的人。在艾科卡刚接任克莱斯勒公司的领导职位的时候，公司效益非常惨淡，所有人对公司的未来都毫无希望。但是艾科卡并没有放弃，而是勇敢地向这些困难发出了挑战。艾科卡坚信自己可以让已经奄奄一息的克莱斯勒东山再起！他很快开始在企业内部实施一系列的改革措施：寻找支持者，挑选强有力的工作团队，革新技术，整顿财务……在他的不懈努力下，克莱斯勒获得了政府的高额贷款，克莱斯勒看到了希望的曙光。

之后，艾科卡又将眼光瞄准了耗油量少的迷你型轿车，并让公司以此为发展方向。于是掀起了20世纪80年代一场交通工具的革命。艾科卡勇于挑战的精神不仅使克莱斯勒起死回生，成为世界一流的汽车公司，而且也为自己赢得了下属的尊敬和爱戴。"没有他就没有我们的房子和汽车。""他是我们的恩人。""我们爱戴他，他是我们见过的最棒的领导。"这些都是艾科卡的下属给他的评价。

困难总是存在的，那些成功的领导者不是因为从未遇到过困难，而是他们鼓起自己的勇气，向困难挑战，他们用自己的勇气和努力战胜了困难。

要想成为优秀的领导者，就要创造出这样一种气氛和环境：让下属鼓足勇气针对困难作出自己的决定，并努力渡过难关。领导者不仅是一个勇于向困难挑战的人，更应该是把下属都培养成勇于挑战困难和那些看起来无比强大的人。领导者应该是那个给下属信心，推动下属发挥出自己潜在的勇气和力量的人。

中星微电子有限公司董事长邓中翰成功地开发出了"中国芯"而获得了万人瞩目的成就。面对如此成就，邓中翰的评价只有"很艰难也很幸福"这样一句简短的话。"今天的中星微绝对不能说已经到达了成功的彼岸。"邓中翰说，"所有中星微人都把中星微视为自己的孩子，这种感情就是珍视生命的诞生和成长，还有一点需要强调，中星微还没有资格说已经成功，面对科学和市场的日新月异，没有任何企业敢说已经成功，中星微仅仅是没有被科学落下太远，也仅仅是在市场中'生存'下来，未来的路还很长，还有很多的'最高峰'等待我们去攀登。"

当领导者抛开因一时的失败而勇敢地面对困难时，自己的言行也教会了下属如何去应对。一位勇于挑战的领导，所领导的下属就会对他马首是瞻，充分发挥出自己的勇气和力量。所以，领导者千万不要深陷于眼前的困难而不自拔，在困难面前要做知难而上的"领头羊"，要知道，一个遭受困难就满胸积怨、自卑膨胀的领导者，是会被下属小瞧、被下属喝倒彩和讥笑甚至是轻蔑的。只有遇到问题敢于面对、敢于应对并克服困难，勇于向难做的工作发起挑战的领导者，才会赢得大家的拥护。只有正视自我的领导，才能最终扭转局势。

正视失败才能超越自我

举世闻名的电学家和发明家爱迪生曾经说过，"失败也是我需要的，它和成功对我一样有价值"。失败是一种"强刺激"，对于心中存有大志向的人而言，失败并不总是坏事，也没有什么可以让人害怕的。面对失败，重要的不是哀伤哭泣，而是立即收拾心情，从失败中获得经验，然后再用不同的方法去尝试。在面临失败的时候，重要的不是悲观失望，而是以不达目的决不罢休的精神重新来过，这样，失败就成了磨炼自己、超越自己的最好方法。这也是一个好领导必须具备的素质之一。

所有卓有成就的领导者都有一个共同的特点：不惧怕失败，能够经得起失败的磨炼。正如一位伟人说过的那样："人类学会走路，也得学会摔跤，而且只有经过摔跤他才能学会走路。"面对人生的许多挑战，许多坎坷和陷阱，有谁能保证不输？跌倒了输了都不可怕，可怕的是没有站起来的勇气。能够真正成为卓越领导的人总是那些能够正视失败、超越自我的人。

"亚洲的洛克菲勒"——林绍良在总结自己的个人成功时说过："勤俭奋发是华人的美德，方向、意志和策略是第一要素，不怕失败、奋斗不懈、运筹帷幄、出奇制胜和深思熟虑是成功的必备条件。"

也正是在这样的精神下，林绍良经过几十年的苦心经营，到1988年，年逾古稀的他终于构建起了自己的"林氏王国"，其企业在东南亚举足轻重，对东南亚的经济发展起着至关重要的作用。林绍良也因其雄厚的财力和庞大的势力称雄印尼，富甲东南亚。

在这个世界上，成功永远属于那些不会被困难打垮的强者。一味同情自己，一味舔舐伤口的人永远不可能取得成功。如果把工作比作一场战争的话，领导者就是在战场上冲锋陷阵、一马当先的人，工作中的各种挑战就是"敌人"，下属的要求和希望也都是"敌人"，各种各样的磨炼都是"敌人"，而要成为这场战争的胜利者，就要具备正视失败、超越自我的奋斗精神。

海尔公司今日的成就，与领导者敢于勇于正视错误的态度是分不开的。海尔员工对产品质量的重视，始于当年砸70多台劣质冰箱开始。在海尔发展初期，许多员工对产品质量并不重视，生产的冰箱不是门不合缝，就是边角未成90度，或某一个螺钉松动……董事长张瑞敏面对一台台有问题的冰箱，不是包容和掩盖错误，任其流入市场，收取短期利益，而是清醒地认识到劣质产品卖给消费者，就等于自毁形象，自己把自己送进监狱。必须在全体员工中倡导"质量第一"的理念，并让他们深刻体悟"质量是企业的生命"的真实含义。

张瑞敏让生产劣质冰箱的员工抡起大锤砸自己生产的冰箱，让他们在大锤砸向冰箱的瞬间，经受一次次良心的谴责，让全体员工目睹这一令人震撼的场景，让大家在一声声沉闷的撞击声中，体悟"心痛"的感觉，使全体员工受到了一次极为特别的质量洗礼，并在狼藉满地的破损冰箱中反思自己的果实，在警醒中端正对质量的看法，从而自觉地树立起"质量第一"的理念，并在工作中认真履行这一思想。至此，海尔才有了质量过硬和广受用户信赖的产品，也为其走上国际化道路奠定了基础。

毫无疑问，领导者对失败的态度和处理办法，会直接影响每个员工对失败的看法及行为表现。一次失败不可怕，发明家爱迪生的每一项创作，都是多次失败后的产品。从失败中学习教训，这是大家在默默奉行的准则。唯有正视失败，才能超越失败，超越自我。因此，一个想要成为卓越领导的人，就应该学会正视失败，用自己坚定的信念战胜一切困难，超越自我，这样才能成为一个让人敬佩的领导者。

不管大局，最终只有"出局"

领导者工作过程中最忌讳的就是鲁莽行事、只顾眼前而不顾未来。正所谓"运筹帷幄之中，决胜千里之外"。做任何事情之前，都应从全局出发，考虑到方方面面和所有可能出现的后果，然后把计划和步骤全都考虑清楚，再去执行，这样才能避免失败的发生。置身于领导者的位子上，个人的失误不仅会给自己造成不良影响，还会给自己的下属甚至整个企业带来损失。所以领导者一定要从大处着眼，从全局出发看待问题，才不会被判"出局"。

领导者要顾全大局，有总揽全局的能力，遇事冷静，不要一有问题就自己先乱了阵脚，这样只会给下属造成更大的压力，让他们感到不安。

领导学家查尔斯·汉迪认为，所谓把握全局，指的是领导者有计划、有步骤、妥善而又完整地把握工作的全过程，并运用灵活机动和切实有效的领导方法，带领下属去完成计划的一种能力。对于领导者而言，把握全局既是他最重要的工作方法之一，也是他工作的灵魂和核心，更是他必须具备的职业素质。

一个领导者，想要带好一个团队确实不容易，因为团队本身就是由各种性格的下属组成的，大家的经历、年龄、爱好和性别等存在很大的差异，而且下属在不同的任务和工作岗位上又会产生不同的需求。在这种特定的环境中，如果领导者没有清醒的头脑和灵活机动的处世方法，以及丰富的经验和把握全局的能力，是很难将领导工作做好的。

查尔斯·汉迪在他的著作中明确指出："作为一名领导者，总是希望下属能够在他的带领下步调一致，但却往往事与愿违。这是因为在一个团队中，所有的人各有所需，虽然大家彼此认识，而且同属一个组织工作，但毕竟存在经历、层次和修养等不同的特点，再加上家庭背景的不同和生活条件的不一致，因此，在工作的过程中，难免会出现下属之间的利益冲突。领导者应该努力使下属在完成任务的前提下尽量满足他们合理而又可能的要求，而不应该有意或无意地去伤害一些下属的自尊心。防止矛盾冲突发生，最为恰当的办法莫过于事先把工作做得尽善尽美。"

"其办法是尽量使整个团队始终保持在一定的范围内工作，使得既能管住'面'，又能抓住'点'，既管大又抓小，有机结合。所谓'管大抓小'，是指领导者正确处理下属间的利益关系，同时又要把两者关系尽量圆满解决。比如，从全局的角度出发，把问题想清楚。"

可见，作为一个组织的核心人物，领导者把握全局的能力是否恰当、充实，都会影响下属的情绪和心理活动，继而影响工作成绩。领导者只有在做任何事情之前，都从全局出发，才能稳定人心、带好团队。

时刻把危机意识放在心头

我国古代伟大的思想家孟子曾说：生于忧患，死于安乐。企业管理也是如此，领导者只有时刻保持危机意识，才能实现企业的长盛不衰。

青蛙法则其实就是对危机意识最好的诠释。话说把一只青蛙放在一个盛满凉水的容器里，然后慢慢地给容器加热，控制在每两天升温 1℃的状态。水温不断上升，当水温到了 90℃——虽然这时青蛙几乎已经被煮熟了，它也不会主动从容器中跳出来。其实，这并不是因为青蛙本身的迟钝，事实上，如果将一只青蛙突然扔进热水中，青蛙会马上一跃而起，逃离危险。青蛙对眼前的危险看得一清二楚，但对还没有到来的危机却置之不理。

其实在团队领导管理中也是如此，如果一个企业、一个领导者失去了必要的刺激，处在一种安逸的工作氛围中而不自觉，那么他就会失去工作活力。等危机真正到来时，就会像温水里的那只青蛙一样，只有眼睁睁等死了。

那些优秀的领导者都明白这个道理：只有时刻保持危机意识才能不断成长。海尔集团董事局主席张瑞敏在谈到海尔的发展和未来时说："市场竞争太残酷了，只有居安思危的人才能在竞争中获胜。"英特尔公司的缔造者格鲁夫在谈到其取得辉煌业绩时也说："只有那些恐惧感强烈、危机感强烈的人才能生存下去。"

在世界著名的大企业中，随着全球经济竞争的发展，它们面对的挑战会越来越激烈，要是沉醉于自己的优势地位，就可能会遭到淘汰。为改变这种状况，很多企业都非常重视推行"危机式"生产管理。百事可乐公司就是其中的一例。

百事可乐公司作为世界软饮料行业的"大哥大"级公司，可谓春风得意，每年有几百亿美元的营业额，几十亿美元的纯利润。但是，展望公司的未来发展前景，公司的领导者们看到汽水业会趋于不景气，竞争也会更加激烈。为避免被市场打败的命运，他们认为应该让自己的员工们相信公司在时刻面临着危机。但百事公司一路凯歌高奏，让员工相信危机这回事谈何容易？

公司总裁韦瑟鲁普决定要制造一种危机感。他找到了公司的销售部经理，重新设定了一项工作方法，将以前的工作任务大大提高，要求员工的销售额要比上年增长15%以上。他向员工们强调，这是经过客观的市场调查后作出的调整。因为市场调查表明，不能达到这个增长率，公司的经营就会失败。这种人为制造出来的危机感马上化为了百事公司员工的奋斗动力，使公司永远都保证处于一种紧张有序的竞争状态中。正是这些，保证了百事公司欣欣向荣地走向未来。

在国内，很多企业也渐渐认识到了危机意识的重要性，开始在实践中推行这种管理模式。

当华为2000年销售额达220亿元、利润以29亿元人民币位居全国电子百强首位的时候，华为总裁任正非却大谈危机："华为的危机以及萎缩、破产一定会到来。"他在内部讲话中颇有感触地说："10年来我天天思考的都是失败，对成功视而不见，也没有什么荣誉感、自豪感，而是危机感。或许是这样才存活了10年。我们大家要一起来想怎样才能活下去，也许才能存活得久一些。失败这一天一定会到来，大家要准备迎接，这是我从不动摇的看法，这是历史规律。"

任正非为什么总在兴盛中提醒危机？因为他看到华为的冬天一定会到来，到时候"也会像它热得让人不可理解一样冷得出奇。没有预见，没有预防，就会冻死。谁有棉衣，谁就能活下来"。"创业难，守业更难，知难不难……唯有惶者才能生存！"华为的奋进与崛起，就归因于这种深重的危机意识与苦心经营！

无数的事例告诉我们，成功的企业都具有强烈的危机意识。他们通常是"怀抱炸弹"，进行着"末日管理"。然而正是这种深深的忧患意识和一系列的"预警"措施，使他们安然度过一个又一个"暗礁"，实现了持续的成功。

巴尔扎克那句耐人寻味的名言：一个商人不想到破产，如同一个将军永远不准备吃败仗，只能算"半个商人"，是不成功的商人。怎样才能成为"一个商人"即成功的商人呢？巴尔扎克给出的答案是："要想到破产。"日头正午，是最辉煌的时候，也是西下的开始。虽然说的是自然现象，不能与企业生存发展进行简单的类比，但是企业要时刻想到"日落西山"的时候，这是生存法则。

把"商人要想到破产"放到现代商业领域来理解，就是领导者在经营过程中应时刻怀有一种高度的危机感，警惕企业末日（破产）的到来。如果从未有过这种警惕，一旦遭遇事关企业未来巨大危机的突然袭击，必然缺乏应对之策，在无准备之仗中毁掉自己和企业的未来。因此，企业经营者和所有员工面对市场和竞争，要时刻保持危机感，不要陶醉在一度的"卓越"里。记住，今天的成功并不意味着明天的成功，企业最好的时候往往是没落的开始。

·第三章·

增强影响力，维护你的权威

权威是领导者非常宝贵的资源，也是领导者影响力必不可少的重要组成部分。它是靠领导者的品德和能力获得被领导者的信任来确立的。一个优秀的领导者，应当充分认识权威的重要性，在日常工作中，根据主客观条件和实际现状努力建树，作出业绩，逐步形成权威，成为能力强、威信高、有职有权的领导者，更好地在团队以及社会上树立起自己的崇高威望，不断增加对他人的影响力。

领导的威望要靠自身提高

领导者之所以能服人，就是因为他们声望高，有影响力、感召力、说服力，能做到振臂一呼，应者云集。

望文生义，威望其实就是"威"与"望"的合称。"威"指的是一个人在才华、能力、气质、业绩等方面所表现出来的霸气，代表人物有汉朝的汉武帝刘彻；"望"则指的是一个人由其自身品德、修养、资历、人缘等魅力所聚集起来的人气。

汉武帝睿智、果敢，他遇到诸侯独霸、权力纷争、制度异化、匈奴侵扰等问题时总能以绝对权威解决，他征匈奴，伐朝鲜，讨西南，开西域，占河套，灭南越，收东瓯，交乌孙，诛大宛，拓宽了疆域，勾勒出了今天中国的基本轮廓。他"罢黜百家，独尊儒术"，对后世产生了极其深远的影响。汉武帝之所以能成为"功越百王"的历史英雄，就是依靠自身足够的威信，才保证了下属忠实、坚决地执行他的命令。

而汉光武帝刘秀则不同，他年轻时是一位老实、憨厚、勤劳的庄稼汉，性情柔和，后来远赴长安，拜中大夫许子威为师。这期间，刘秀非常刻苦，学习了《尚书》等许多优秀的著作，让自己有了渊博的学识和过人的智慧，加上他温和谦虚、机智果断的性格，成了一位极富魅力和感召力的人物。在后来反对王莽、恢复汉室的斗争中，刘秀更是充分发挥了自己敏锐的政治眼光，释放奴婢、刑徒，减免赋税刑法等一系列利民举措，不仅成功瓦解了敌军，壮大了自己的势力，也进一步提高了他的人格魅力，让他深孚众望。25年，刘秀在部属的簇拥下足登金殿，成为东汉的开国皇帝。

作为领导者，必须具备一定的威望。威望是领导者实现领导意图、实施有效管理的无形资产和基本素质，是提高领导力的不二法门。然而威望并不是上级能任命的，也不是花钱就能买到的，它必须靠日积月累的努力才能赢得。建立和提高领导威望，领导者需要在以下几个方面不断努力、不断提高。

1. 以德立威

以德为先，德包括道德、品行、作风等，优秀的思想品质和良好的道德情操是领导者受人敬仰的基本条件。领导者要想树立良好的威望，做到"德可以服众，威可以慑顽"，首先必须强化道德修养，陶冶情操，净化心灵，树立正确的价值观、地位观、金钱观，不为名所累，不为权所缚，不为利所驱，不为欲所惑，做到严于律己、宽以待人，吃苦在前、享受在后，这样才能达到"不言而信，不怒而威"的境界。

2. 以廉生威

"公生明，廉生威"，自古以来就是只有廉洁奉公、两袖清风的官才能受到人民群众的拥戴。"己身不正，何以正人？"领导者要常修为官之德，常思贪欲之害，常怀律己之心，常弃非分之想，常省己身之过；要耐得住寂寞，抗得住诱惑，正确行使手中的权力，做到堂堂正正、光明正大。

3. 以才增威

作为一个领导者，知识的多少、能力的强弱对其威望的高低也有直接的影响。一个不学无术、说话破绽百出、遇事束手无策的领导者，自身品德再好，也不过是一个老好人，而无法成为一个优秀的领导者。因此，领导者要不断学习业务技术，努力优化自身的知识结构和能力结构，增强自己的才干，才可增加威望。

4. 以绩树威

骄人的业绩是领导者树立良好威望的又一"撒手锏"。领导者所具有的渊博的业务知识、丰富的管理经验、高超的工作能力等，最终都必须通过业绩才能得以检验。如果领导者能带领下属干出实实在在的业绩来，肯定会赢得下属的拥护和信赖，提高自己威望的含金量。

5. 以勤补威

勤就是要身先士卒、率先垂范，就是要在工作上尽职尽责、兢兢业业。勤奋是成功之本，实干是成事之基。无数的事实说明，空谈误国，实干兴邦，坐而论道不行，纸上谈兵也不行。身教重于言传，只有苦干实干再加巧干，才能让下属争先恐后地追随。应注意的是，领导者不是大事小事都抓，而是要做到三勤：一是脑勤——多思考、多谋划；二是嘴勤——多了解、多请教；三是手勤——多做事、多干事。

6. 以诚取威

诚就是诚实与守信。诚实就是实话实说，不欺瞒，不假打；守信就是说到做到，不失言，不爽约。人无诚信不立，家无诚信不和，业无诚信不兴，国无诚信不宁。领导者要提高自己的公信力，就要做到为人厚道、做事诚信、表里如一，工作要胸怀坦荡，承诺要一诺千金，唯有如此，领导者才能在下属心中树立较高的威望。

7. 以公助威

领导者做事要公开、公平、公正、公道。领导者能公道处世，就能聚人、聚心、聚财、聚威；反之就会导致离心、消极、涣散、丧威。因此，领导者对待下属务必要一视同仁，不能厚此薄彼，不能分亲疏、拉帮派，要将一碗水端平，坚持公平公正，按制度、按程序办事。

8. 以和养威

领导者在管理中要平易近人，不能用官压人，不摆架子，要与下属在平等的基础上谈心、交流。如果领导者装腔作势，高高在上，下属就会敬而远之，领导者就没有办法与下属进行思想感情方面的沟通。即使是批评下属，也要对事不对人，把握分寸，不要伤害下属的自尊心。只有做到这些，才能使整个团队琴瑟调和，上下和衷共济，领导者才能赢得下属的尊敬和爱戴。

9. 以情育威

无数的管理经验都证明了这样一件事：不讲原则就没有战斗力，不讲感情就没有凝聚力。领导者威望的建立过程其实就是一个情感沟通的过程，除了要做好以上几点之外，领导者还要有情有义，要体现出浓郁的人情味，对下属要多沟通、多交流、多关心、多支持，多作换位思考，设身处地地为下属着想，及时解决下属在生活和工作中的实际困难，使他们由衷地对领导产生亲近之情，继而与领导成为工作上相互支持的同事，生活上亲密无间的挚友。

总之，一个人威望的提高靠任何外力都没有用，只有自己才能提高。因此，领导者要想有威望，就必须靠自己的努力，用自己的行动去树立。

命令下达后就决不妥协

领导者要做到成功地管好人、用好人，首先得保证政令畅通。如果下属能够依照命令完成所赋予的任务，就没有问题。但是在现实生活中，并不是一切都能如此顺利。相信不少领导者都遇到过诸如无法达到预期的营业额、经费超出预算、拿不到预约的原料、无法在约定期限内交货、无法回收成本等各种阻碍而无法达成工作目标的经历。

或许领导者还不时会听到下属埋怨说："这很难办呢！""请再多宽限几天。""我已经尽力了。"

面对这样的状况，领导者该如何处理呢？

领导者处理的基本原则是，命令下达后就决不妥协。虽然达成目标并不容易，然而如果每次都延迟进度而重新修正，最后任务的内容就会变得含混不清。就像下面这个例子一样。

王总认为，为帅者管大事不管小事。于是，每次下达一个命令之后，他就认为自己的工作做完了，把所有的工作一并交由总裁秘书小李去办。

但是公司的几位副总与李秘书又互不服气，执行命令的具体过程中有些什么问题副总们也不愿意向李秘书请示，找王总，王总也只是敷衍几句罢了，于是工作中的问题越积越多。

问题积多了，工作的进展自然就慢下来了，李秘书就想协调一下，但是当他指出一个部门的缺点，负责该部门工作的副总又极力否认，并推脱责任。口舌官司打得不可开交，公司内部搞得人心惶惶，于是工期越拖越长，而且问题越来越多。

这时王总才察觉到不对劲儿，于是召集相关人员商讨对策，结果就拿出了一个修正案。

这个修正案刚开始执行，王总又以为万事大吉了，又忙其他的事去了，对这件事又不闻不问。

于是类似的问题又冒出来了，中层干部相互扯皮打架，工作进度又停顿下来，新的问题又冒出许多。

王总又不得不来过问这件事，又再开一个讨论会，重新商讨一个修订案……

王总的失策之处就在于他对于命令的执行情况监控不严。

下达命令其实只是成功的一半，更重要的事情是要严格地将相关命令付诸实施。

如果命令不能很好地执行，不能迅速地产生结果，那就没有下达命令的必要了。

领导者在下达命令之前，可以充分发扬民主，调动群体的智慧，积极提意见，但是命令下达之后，就要实行强制手段。

领导者在执行命令时最好做到以下几点：

（1）明确员工在执行命令过程中的权利和责任。每个人都要有明确的任务分工，组织协调要由专人负责，力争做到组织内部的所有人都各司其职。

（2）领导者要在执行过程中进行监控，具体的组织工作可以让助手做，但是主要问题一定要由自己把握。一旦实施过程中出现问题和偏差，领导者应立即出面予以解决和纠正。

（3）领导者在监督中要赏罚分明，对于工作积极，任务完成得好的员工要奖赏；对消极怠工，相互扯皮的员工要惩罚。

领导者只有做到以上三条，才能保证决议顺利地执行，保证工作完满地完成，也才能维护领导的权威！

提升魅力，让下属自愿跟随

在现实世界里，众所皆知的一流领导者无一例外地都具有一种罕见的人格特质，他们处处展现出魅力领袖的风范。他们不但能够激发下属们的工作意愿，又具有高超的沟通能力，能够动之以情，晓之以理，浑身散发出吸引人的力量，尤其重要的是，他能带领团队屡创佳绩，拥有一连串骄人的辉煌成就。运用奖励与强制力来领导，也许会有效，但是如果要提高自己的领导魅力，让员工自愿跟随，就必须尽最大的努力以影响和争取下属的心。谁能够做到这一点，谁就能成为一位成功的领导者，而且能完成许多不可能完成的任务。

可见，从领导效能的观点看，我们不得不承认：魅力远胜过权力。优秀的领导才能，特别是个人的魅力或影响力，才能促进下属发挥最大潜力，让下属自愿跟随。

那么，提升魅力，领导者要从哪里入手，要注意哪些基本原则呢？

如果我们希望成为一位更具魅力的领导者，现在第一件要做的事情，就是赶紧培养一项吸引下属追随的超凡特质。要使下属追随，必须先懂得如何激发他们的追随动机。领导者做到下面四件事情，就会具有激发下属追随动机的魅力。

首先，领导者要让下属感到自己对领导而言是重要的。每个人都希望能受到重视，要设法让下属感到自身很重要，并竭尽所能满足他们的这种心理要求。

其次，领导者要推动自己的远见、目标，并说服下属相信你的目标是值得全心投入的。

再次，领导者还要记住：想要别人怎样待你，你就必须怎样对待别人。你想让别人追随你，你就要关心他们，公平地对待他们，将他们的福利放在你的眼前。

最后，领导者要为自己的行为负责，也要为下属的行为负责，千万不要将责任推给别人。领导者要随时提醒自己："这是我的错，不能怪任何人。"

另外，培养和提升领导魅力是要讲究方法和技巧的。当领导者激发了下属的追随动机后，还必须确实做到下面三点，才能进一步展现令人慑服的魅力，有效吸引下属为之赴汤蹈火，永远跟随。这3件事就是：

（1）扬善惩恶，是非分明。

（2）做一个前后一致的人。

（3）注意别人，也让别人注意你。

不过，提升魅力并不能一蹴而就，它需要一点一点地建立。因此，领导者塑造个人魅力，需要一步一个脚印。

距离产生威严

再伟大的人其实都是凡人，都有平庸琐碎的一面，要让人对你保持敬畏，最稳妥的办法就是只让人看到应该看到的。

所以领导绝不会和下属真正打成一片，上级也不会和下级整天称兄道弟。规矩一旦坏了，局面就难以收拾。

"近则庸，疏则威。"作为一名领导者，要善于把握与员工之间的远近亲疏，维护自己的权威，让自己的领导职能得以充分发挥其应有的作用。

作为领导，对员工应采取民主的方式，随时与他们交流、沟通，倾听他们的意见。也许你会非常器重某一位员工，但你们之间的关系应严格局限于良好的上下级关系中，不可超越等级距离。

从员工角度来看，每一名你所了解的员工，自身都会有别人不可跨越的界限。这种界限，是人们只有向最亲近的知己才会流露的隐私、内在的看法和感受。

作为一名领导，不太可能成为员工的亲信。让员工信任固然重要，但是不能发展成为过于亲密的关系。为此，领导者要掌握识别界限而不逾越的技巧。

每个人都有自己喜欢的人和不喜欢的人，但作为公正的领导者，不能掺入过度的感情到自己喜爱的员工身上。如果你在这些员工身上所花费的时间要多于自己不太喜欢的员工，就会对公司中的员工造成不良影响，员工间的相互倾轧、诋毁将不可避免。

如果领导过于疏远不喜欢的员工，会使他们丧失必要的信心与工作动力，严重损害他们的人格。长此以往，只会使员工丧失责任感和主动担当任务的精神，整个企业中会出现一种员工间相互推卸责任、相互倾轧的恶性循环。

关键点在于，领导者要学会保持距离的尺度，让大家都感到领导对待每个人都是一样的。

这种尺度不是由领导一个人决定的，它取决于员工们的反映及认可程度。如果领导和员工的关系过于密切，员工们很容易有恃无恐，不把领导放在眼里；如果领导和员工的关系过于疏远，员工们很容易害怕沟通，把你远隔他们的世界。

因此，作为一名优秀的领导者，应该细致地观察自己与员工之间关系的细小变化，与员工保持适度的距离，更好地对员工进行管理。

权威不等于职权

《伊索寓言》中有这样一则小故事：

一只山羊爬到一个农家的高屋顶上，下面有只狼走过。山羊以为自己处在高位，野狼也拿它没有办法，便骂道："你这傻狼、笨狼。"狼于是停下来说："你这胆小鬼，骂我的并不是你，而是你现在所在的位置啊。"

山羊自以为很厉害，却不知这不过是位居高位的原因。没错，一个人所处的职位不等于已经具有了可以指挥别人的权威。企业中领导者同样应该认识这一道理。

企业生命周期理论认为，领导者权威的源泉来自职权、势力和影响力。

（1）职权。职权是指因职位而带来的制定决策的权力，即"是"和"否"的权力，这是正式的权力。

（2）势力。势力是指进行奖惩的能力。工作中如果某人只是通过拒绝而不合作的话语就可以阻碍进程，那么他就拥有势力。

（3）影响力。影响力是指不用求诸职权或势力就能让人行动，即说服别人按照自己所想而行动的能力。

领导者的权威，也就是领导所拥有的绝对的控制力，不单单来自职权，而应该是职权、势力和影响力的总和。职权，就是一个人把自己的意志强加到另外一个人行为之上的能力，即一种强制力。而权威的力量则是来自人们发自内心的自愿服从。如果一个人意识到自己应当遵循权威的意愿去行事，那权威者就没有必要对其施加强制性措施。一般情况下，即便是维护社会秩序也不可能对人们每一个行动都采取强制性的权力措施，而必须靠人们自动服从才能得以维持。因此，当某一事件需要动用强制性的权力才能解决时，就意味着这已经是不得已的、最后的办法了。这和法国伟大的启蒙思想家卢梭说的"除非把权力变成法律、把强制变成义务，否则最强者也无法进行统治"是一个道理。

但是，在现实企业中仍有不少领导并不是靠"实力"，而是靠"头衔"来工作。比如某位领导"在位"时，经常可以听到员工奉承的话，但当他即将退休时，却发现员工们一反常态，不再听指挥了。

"原来他是我的领导，即使他讲了些没道理的话，我也没办法，只能忍耐。现在他要调走了，这真是太好了，以后再也不用对他忍气吞声了！""他已经辞职不干了？太棒了！这下没什么好生气的了。"如果听到员工如此评价他的领导，那么领导者就该好好警醒一下了。为了不让员工在背后也如此说你，聪明的领导者会做到不靠"头衔"工作，而是用权威征服下属。

在现实生活中，一个人也许并没有什么职权，但如果他具有高尚的品德、卓越的才能，并且掌握着真理，那么这种人肯定就拥有权威，人们也乐意自觉地去服从他。相反，一个人倘若没有渊博的知识、模范的行为和优良的素质，即便他位高权重，那也只是拥有职位给他带来的权力，而未必就有权威。

职权其实是一个社会意义上的术语，即一个个体是相对于其他个体而拥有职权，一个团体也是相对于其他团体而拥有职权。可见，职权这一概念最突出的特征就是人们之间的相互作用。而且，职权也不是绝对的或不变的。它是一个随着情景和个体的变化而改变的动态关系。

而权威则指的是一种以领导者自身因素决定的、自然的、内在的影响力，是由品格因素、能力因素、知识因素和感情因素等构成的，其核心是德和才。在这种因素的影响下，员工的行为常常表现出信任、自觉、顺从和追随的特征。与职权的影响力不同，权威对别人的影响不带有强迫性，它是建立在员工对领导者崇敬信服的基础之上的。这种影响力即便与"职权"脱钩，效果也不会有明显的改变。

领导不应靠权力，而应靠威信、毅力、丰富的经验、多方面的工作及卓越的才能。领导者能否取信于下属，让下属跟随，关键在于如何发挥和运用自己的权威，也就是领导影响力中的品格因素。也就是说，领导者本人的觉悟、道德、品德、人格、责任感、事业心等对全部下属所产生的影响力，才是非权力性影响因素的关键。

由此可见，职权与权威虽只有一字之差，意义却截然不同。职权把当官当成职业，权威则把当官当成职责；职权把当官当成荣耀，权威则把当官当成使命；职权把当官当成享乐，权威则把当官当成奉献。如果领导者把权威当作职权，再好的上下级关系也会被拖垮。权威者则不然，他们把职权当成工作平台，以服务为职业，处处展示人格魅力。其威信、威望远远超出职权本身。

当然，由于职权与权威都以"权"为基础，因此它们虽有区别，也有联系，在一定条件下可相互转化。一个优秀的领导者，在工作中应该做到有职权却不凭职权，不靠资格，而是依靠自己掌握的真理，靠正确地处理问题，靠自己的真实行动，赢得尊严，获得权威。

从形象上增强自己的外表威慑力

形象是鉴别一个人最为直观的方法。一位成功的领导者，大多被赋予了能量与活力，会自然而然地由内在散发出一种光辉。简单地说，我们可以从以下几个方面看出领导的威慑力。

1. 重视面部表情

面部表情总是能最好地反映一个人的情绪。从孩童时代起，我们就知道微笑和噘嘴有着不同的含义。如果一个领导微笑着说出有关同事的一条坏消息，那么下属至少会觉得他很奇怪；如果一个领导汇报一项工程的进展时皱着眉头不停地说"一切都好"，那与给人的信息就会是互相矛盾的。

但凡做事有成效的领导者，都会面带微笑并点头以示理解，其表情略显兴奋以表现出有兴趣。他们有时也会迫于形势的需要，掩饰真实的感情，比如恐惧、嫉妒和失望等。

眼睛是心灵的窗户，眼神坚定往往意味着他内心坚定，拥有坚定眼神的领导者往往更能增强自己的威信。尤其在西方，目光交流是极其重要的：人们不会真正信任不愿正面直视他们眼睛的人。

应尽可能使自己的目光与对方保持在同一高度。"俯视某人"和"仰视某人"这两个词充分表明了视线高度差的重要性。

2. 姿态要有力

姿态是无声的语言，它在人开口说话之前就传递出了信息，姿态能表明是否对他人有兴趣，是否在意他人的看法，而这种态度对于仪态优雅和事业成功也是至关重要的。

一位自以为乐观活泼的女士却惊讶地发现同事经常问她"你又哪儿不舒服？"或建议她"打起精神来"。后来她意识到，是她松弛无力的姿态使她看上去无精打采。于是，她开始注意随时随地都抬起下巴，这让她拥有了自信。

萎靡不振、漫不经心或者冷漠，是领导者的大忌，精气神是领导者增强威慑力的法宝。

（1）站立时，保持两脚分开约 10~20 厘米，与髋同宽，和肩膀平行，将全身重量落在脚趾上，肩膀保持放松，两臂自然下垂。

一般双臂抱于胸前表示戒备甚至敌对。领导者不要把手插在口袋里，从而分散他人的注意力。而应该把双手放于身体两侧。

（2）坐时，注意不要贪图舒服。许多领导者养成了瘫坐的习惯，之后就很难改正。还有，如果坐着时脚不停地抖动，或者身体扭来扭去，坐不稳当，都是不耐烦的表现，是很没有形象的行为。

（3）弯腰时应屈膝，这不仅是有礼貌的行为（后背不会露出来），而且对保护背部有好处。

3. 要有自信的走姿

一个人走路的姿态从很大程度上表明了他处理问题的能力。有专家表明，街头罪犯经常选择那些步履迟缓、行动犹疑不定的人作为袭击对象。因为罪犯认为，抢这些人的钱包或公文包和抢步伐坚定有力的人相比，逃跑的机会要多得多。

政界候选人强烈地意识到走姿的重要性。比如说，一位候选人迈着坚定的步伐，以开朗的姿态走向讲台，或者热切地走向人群去和他们握手，人们会认为他自信又放松。投票人、观众及同事都会下意识地受到步履稳健的人的影响。

4. 要有充满力度的手势

一个人的手势就像语言一样，受个性形成时期的影响很深。而且手势也是一个人文化与个性的表现。

（1）手势要自然得体。

领导者要注意动作自然，使手势与讲话内容一致（不要在讨论第四点时伸出三个手指）。五指合拢，摊开手掌表明开诚布公；握紧拳头则意义相反，有时甚至意味着威胁。

使用手势时手的动作要在腰部以上。当领导者在面对一大群听众时，手势的动作幅度要大些，面对少量听众时，这样的手势可能有些过于强烈。同时，还要注意变换手势，以免重复。

（2）避免使用令人不快的手势。

双手背在身后，挥动拳头或双臂抱胸表示生气，而用手指点则意味着指责。手插在口袋中玩弄小物件是不礼貌的，也是分散注意力和粗鲁烦躁的表现。绞动双手是人紧张心情的表现。这些手势都有其隐含的意义，但大多数人并不能意识到他们正在做这些手势。建议领导者给自己的行为录像，然后仔细观察，继而改正不好的行为。要知道，手势是信号语言的一种形式。尽管未发一言，但仍能有效、有礼貌地与人交流。

总之，一个领导者如果拥有良好的领导气质，就能更好地发挥出领导和表率作用。

用强有力的语言增强影响力

在一些适当的场合使用某些词语可以强调所说的话，这些词语如果使用得自然、诚恳，可以增强领导力。下面是一些强有力的语言的例子。

（1）告诉下属说你想让他们"释放出创造性潜能"，而不要只是简单地提出建议。

（2）解释说我们共同拥有一个"需要为之奋斗的明确前景"，而不要只简单地说出制定的几个奋斗目标。

（3）说自己参加了一次"有影响"的贸易展销会，而不是简单地说一次贸易展销会。

（4）只要开始进行某个项目，就要说"接近"完成某一项目，而不是具体说差得有多远。

（5）要求团队"一次就做对"，而不是简单地说避免错误。

（6）当领导的部门赢得了一次部门间的小争论或胜过了竞争对手，就说你们"战胜"了他们。

使用有影响力的语言是体现领导艺术的重要方法，但如果对语言修饰得太离谱或太频繁，也还是会显得靠不住。

此外，领导还可以频繁地使用类比和比喻。类比能使人们注意到两件事物各方面的相似之处以便作出比较。"我们公司很像微软公司的早期"，这是很多小型高科技公司创始者想激励员工时所使用的一个类比。比喻也是一种比较，但它没有类比明显。它是两件互不相关的事物之间的比较。譬如把一个小型的高科技公司比作美洲幼狮等。

其实，领导者的比较是比喻还是类比并不重要，重要的是这种比较是否能吸引住人们，人们能否被与自己所面临的挑战相关的类比和比喻所鼓舞。

关键时刻为下属出头

中国人自古以来就讲究"仁义"，可以说这是评价一个人"好"与"坏"的重要标准。孔子也曾说："仁者人也，亲亲为大；义者宜也，尊贤为大。"可见"义"的核心地位。自古以来，"义"已经成了英雄豪杰的标志，那么究竟什么是义呢？

职场专家孙虹钢说："义者，人字出头，加一点。在别人有难时出手出头，帮人一把，即为义。古字义，离不开我，在别人需要时，用我身上的力量及时出手，帮助他们，就是义。"

一位管理大师说过："领导力不是命令与控制，它是关于内在的'怎样为人'，而不是外在的'怎样做事'，它决定了'我是谁，我为什么要做这项工作，我信仰什么'。"好领导的信仰之中应该有一项是为下属服务的，那就是肯牺牲个人的利益为下属谋取福利。以义为质，把义作为做领导的根本，设身处地为下属着想，必要的时候，可以为下属的利益牺牲个人利益，甚至甘愿为了更多人的利益冒个人的风险，这些都是好领导身上的浩然之气，也是下属眼中义薄云天的英雄风范，是真正好领导的表现。因此，领导不仅要跟下属一起工作，还要在关键时刻能为下属"出头"，也就是说，在一些特殊的情况下，领导要肯为下属牺牲自己，肯为下属谋取利益——精神的和物质的。

一个肯为下属出头的领导，肯定会有一批忠实的下属愿意为他出力。一个领导者要有义薄云天的气魄和精神，也就是要有正义之气、为正义而斗争的精神。

比如说，身为一个领导，你的上司做了一项不符合实际情况的决定，而这个决定又关系到下属的直接利益，那么这个时候，你就有必要挺身而出，敢于替下属出头，去跟领导交流，告诉他真实的情况是什么样的，把利害关系说清楚，让上司明白他的决定是不符合目前形势的。当然，做这项工作的时候要讲究一定的方式方法，而且最终的目的是要在保护集体利益的前提下满足下属的需求。如果一个领导者做到了这一点，那么他就肯定能得到下属的拥戴。

某知名联合收割机厂发生过这样一件事。1997年，该厂与美国一家知名度很高的公司合资。当时有一位中方女工程师长期驻厂工作，一次她在酸洗车间，看到车间周围的树木因为受腐蚀已经枯死，而工人们却都只是戴着简易的口罩进行有毒作业，于是她就要求将工人的口罩改为防毒面具。当时由于管理人员对酸腐蚀的认识还不够充分，就没有答应，而是随口应付她说，现在国内还没有那玩意儿，只有国外才有，不好买。可女工程师碰了个软钉子并没有放弃劝说，而是直接告诉他说外国使用的防毒面具正是国内某家企业生产的，而且她还马上命人给每位员工购买了防毒面具。正是她这种为下属着想的"出头"精神赢得了员工的尊敬，而使这个长年亏损的企业在第二年就赢利3000多万元。

女工程师在看到工人的健康受到威胁时，敢为下属出头，替下属争取应有的权益。这就是领导者身上应该具有的"义"。

在下属的眼里，领导者肯为自己"出头"才是值得信赖和尊敬的。而遇到一个能在特殊的情况下，肯为大家谋取利益的领导，则会被下属看作自己工作生涯中最大的幸事。

喜怒哀乐深藏不露

领导者不能毫无理智地放纵自己的情绪，喜怒无常，这样，下属往往会觉得无所适从。高明的领导者应该学会将喜怒哀乐深藏不露。

瑞希在美国中部一个大制造公司做了4年的人事官员。他自称适度自信，性格外向，工作顺利，婚姻幸福，生活整体称得上乐观。然而他却常常陷入一种莫名的不快中。他承认："我总觉得自己失去了什么。我在工作中并不很受欢迎，因为我对同事们从没有真正的亲密感。或许在内心深处我不相信任何人。即便跟妻子琼在一起，我大多数时候也是小心谨慎。当有人直截了当地问有关我自己的问题时，我通常闪烁其词。作为人事官员，我需要人们的支持和信任。但我感觉他们有点儿躲着我，甚至提防我。或许他们是在回报平日里我对他们的喜怒无常和神经质吧。"

瑞希的想法没有错，恰恰是因为他不善于控制自己的情绪，喜怒哀乐毫不掩藏，才让人觉得他有神经质，同事们才躲着他。

还有这样一个故事：

胡茜是一个办公室的管理人员，具有丰富的工作经验，为其组织中相当数量的办公室成员承担着广泛的责任。她同丈夫离婚后一直与十多岁的儿子和女儿住在一起。她觉得自己有很多烦恼。"我总是无法克制地经常向别人发脾气，虽然事后常常后悔，但又总也控制不了自己的恶劣情绪。我们办公室的职员流动相当快，所以对大多数的人很难有真正的了解，而我周期性地与这样或那样的人发生口角。我试图强硬些，也试图亲切愉快些，可什么都不管用。如果我粗暴强硬，他们就怨恨不满并予以回击。而如果我态度可亲，他们又觉得我软弱可欺，想趁机利用我……

瑞希与胡茜显然都是成功的职业人员，他们的工作涉及操纵其他同事却又离不开他们的支持和拥护。他们要么有不错的学位和职位，要么有长期的工作经验，可显然他们都感觉自己对工作不能驾轻就熟。他们的共同症结就在于不能信任同事，尊重同事，无法良好地管理、控制自己的情绪，结果既伤害了自己，又得罪了他人。

尽管遇喜则兴奋，遇悲则哀伤不已，这都是人正常的情绪表现，但作为一名领导者却不能纵情悲喜，单独一人的时候或许尚可发泄感情，但是面对下属时，却得时时维持着稳重的形象。历来聪明的领导者一般都喜欢把自己的思想感情隐藏起来，不让别人窥视自己的底细和实力，这样部下会觉得领导者神秘莫测，从而产生畏惧感，就难以钻空子了。

喜怒哀乐深藏不露，以冷静客观的态度来应付事情，这种性格的人才配做一位优秀的领导者。

这种性格至少有两大优点：

（1）当组织内部遭遇困难时，如果领导者露出不安的表情或慌乱的态度，便会影响到全体员工，一旦根基动摇，就会带来崩溃。这种情形下，如果能保持冷静、若无其事的态度，最能安抚民心。

（2）在领导员工时，具有从容镇定、成竹在胸的泱泱大风。如果把持不住露出感情，或狂喜或暴怒，不但有损领导者形象，也容易被下属窥见弱点，而屈居下风。

在生活中，领导者会遇到各种情况，有的让自己火冒三丈，有的让自己喜上眉梢。但无论遇到哪种情况，都应当做到从容不迫，泰然处之。

现实中我们常看到，有些领导由于脾气暴躁，情绪容易失去控制，在自己的一亩三分地里，更是滋生出专横跋扈的作风，动不动便因为下属的言谈举止不合领导的意而大发雷霆，把下属批评得一无是处。

这种做法极为不智，不仅会对领导形象有损，还会造成更深的其他不利影响。领导者应该提高控制愤怒情绪的能力，时时提醒自己，有意识地控制自己的情绪波动。当然，这是长期修炼才能形成的真正的领导艺术，需要领导者在日常工作中用心揣摩。

自己的秘密决不轻易示人

向他人过度公开自己的秘密，无疑是将自己的软肋放在他人的面前。他人随时随地都会向你发起攻击，而你却全无还手之力。法国总统戴高乐说过一句发人深省的话："仆人眼里无伟人。"正因如此，他把保持"神秘感"作为自己担当领袖必须遵循的一个信条，而且竭尽全力地做到这一点。

事实上，如果一个人能被人一眼看穿，不仅难以受到别人的尊重，而且还会因此使别人更加小心防范，甚至陷自己于危险的境地。因此，自己的秘密不要轻易示人，守住自己的秘密是对自己的一种尊重，是对自己负责的一种行为。

王新是一个公司的职员，他与他的好朋友卢琦无话不谈。一次，借着酒兴，向卢琦说出他不为人知的秘密。王新年轻时，打群架砍伤了别人，结果被判了两年刑。从监狱出来后，改过自新，重新做人，考上了大学，进了现在的这家公司工作。

不久后公司准备从他们部门挑选一个担任部门主管的职务。王新和卢琦从事同一工作，但论实力，王新比卢琦要略胜一筹。

不久，公司就传开了，大家都知道王新是坐过牢的"劳改犯"，大家对他的印象大大削弱了。谁愿意让一个劳改犯做自己的上司呢？结果王新不但没有升职，还被公司找借口裁掉了，卢琦则成功地被公司选上，并被任命为部门主管。

每个人都有自己的过去，都存在一些不为人知的秘密。朋友之间，同事之间，哪怕感情再好，也不要随便把你过去的事情、你的秘密告诉对方。因为很有可能在关键时刻，他会跟卢琦一样，拿出你的秘密作为武器回击你，使你在竞争中失败。他将你不光彩的秘密说出来，你的竞争力就会大大削弱了。

自己的秘密不要轻易示人，守住自己的秘密是对自己的一种尊重，是对自己负责的一种行为。

罗曼·罗兰说："每个人的心底，都有一座埋藏记忆的小岛，永不向人打开。"马克·吐温说："每个人像一轮明月，他呈现光明的一面，但另有黑暗的一面从来不会给别人看到。"

在企业中，不要把自己过去的事全都告诉他人，特别是对那些不宜让他人知道的秘密，要做到有所保留。

向他人过度公开自己秘密的人，往往会因此而吃大亏。因为世界上的事情没有固定不变的，人与人之间的关系也不例外。或许今日是朋友，明日就成了敌人，这样的事例屡见不鲜。你把自己过去的秘密完全告诉别人，一旦感情破裂，反目成仇或者他根本不把你当作真正的朋友，他还会替你保守秘密吗？

也许，他不仅不会为你保密，还会将所知的秘密作为把柄，对你进行攻击、要挟，弄得你声名狼藉、焦头烂额。那时的你，后悔也来不及了。

记住：秘密只伴随自己，千万不要廉价地送给别人。因此，在与人交往时，应该永远记住，要避免自己的感情冲动和谈话时间过长，做好必要的防范。

令出如山，不随便下命令

商场如战场，领导企业就像领导军队一样。治军讲究为将者一言九鼎，让士兵感到军令如山，没有讨价还价的余地。在企业中，领导者也一定要拿出将军的威严与魄力去向下属传达自己的命令，做到不随便下令，令出必如山。

领导者作为号令的发布者，一定要明白号令的法规作用。该命令时不能犹豫，而不该命令时也不能随便下令。作为一名领导者，最忌讳的就是滥发命令，随意下令将会大大损害领导者的威信，使下属感到反感。

　　当领导者下达命令之后，可能有的下属会故意不听号令，他们或许是性情乖戾的员工，或者是与领导者同期进企业的同事，也可能是比领导者年长的员工。这时，不管是什么人，领导者都必须毫不犹豫地拿他"开刀"，否则有令不行就会变成极为平常的事。领导者必须始终抱着一个原则：令出如山，不可动摇。只有这样，领导者才能在下属当中建立起应有的威信。

　　命令常常被下属打折扣的领导者，除了本身缺乏应有的魄力之外，更为重要的原因是他们没有掌握发布命令的技巧和方法。

　　下面是几条给下属发布命令的技巧：

　　（1）下达的命令要重点突出，不必苛求面面俱到，如果领导者把命令讲得过于详细和冗长，只会制造误解和混乱。

　　（2）为了使领导者的指令叙述得简要中肯，要强调结果，但不要强调方法。为了达到这个目的，可以采用任务式的命令。一种任务式的命令是告诉一个人要他做什么和什么时候做，而不是告诉他如何去做。"如何做"那是下属要考虑的问题。任务式的命令可以发挥员工的想象力、主观能动性和独创性。

　　（3）当领导者发布使人容易明白的简洁而清楚的命令时，下属就会知道领导者想做什么，他们也就会马上开始去做。他们没有必要一次一次地到领导者那里，只是为了弄清楚领导者说的话。在多数情况下，一个人没有为领导者做好工作的主要原因就是他没有真正弄明白领导者要做什么。如果领导者希望下属能够丝毫不走样地执行自己的命令，那么命令的简明扼要是绝对必要的。

　　（4）有效的监督和检查必不可少。有许多命令或指示下达后之所以受阻，就是因为领导者没有监督执行情况。一个没有检查监督的命令就不称其为命令，只是一种美好的想法。要保证工作顺利进行，领导者就必须自己亲自去检查工作。

　　检查一个人的工作，不能伤害一个人的感情，这是一种艺术。监督过度会毁坏一个人的主观能动性，监督不够则会对执行命令不利。要监督而又不引起被监督者不满的最好方法是：随时到工作现场走走、看看。领导者的露面对于能使一个人保持紧张的工作状态起着有力的督促作用。

　　掌握了以上几条技巧，领导者下达命令时便会胸有成竹，除非下属故意冒犯，否则他们找不出任何理由不去贯彻执行命令。

以"忍"制"怒"

一个成熟的领导者应该具有很强的情绪控制能力。无论遇到任何事情，哪怕是违背自己本意的事情，都必须能控制自己的情绪，不得有过激的言行。这就要求一个领导者必须有开阔的胸襟，因为唯有如此，才能成就大事，从而达到自己的目标。

贞观二年（628年），河南有个叫李好德的人患有精神病，常乱讲一些妖言，唐太宗下令大理丞相张蕴古去查访这件事。张蕴古查访后上奏说李好德确实有病，而且有检验结果，不应当抓起来。有人上书弹劾张蕴古，说他有意包庇李好德，考察的结果也不会是实事求是。唐太宗很生气，下令把张蕴古杀了。事情过去后，唐太宗暗暗地为自己草率的决定而感到后悔。

由于自己一时的怒气，不详细核实，不作认真细致的调查，就草菅人命，唐太宗确实是过于轻率了。这是不能以"忍"制"怒"的后果，人一发怒，出于一时的激愤，做事就有可能过火，然而等认识到问题的严重性时，已经为时过晚了。

就在同一年里，唐太宗又因为卢祖尚文武双全、廉直公正，征召他进朝廷，告诉他："交趾（越南，古称交趾国）久久没有得到适当的人去管理，现在需你去镇抚。"

卢祖尚行礼谢恩后出来，不久就感到后悔，于是他托病推辞。唐太宗派杜如晦等人宣读诏书，卢祖尚坚决推辞，唐太宗非常生气，说："我派人都派不出去，还怎么处理政务？"

于是一怒之下，下令在朝廷上把卢祖尚杀了，但是很快他又感到后悔。

魏徵对他说："齐文宣帝要任肯州长史，姚恺不肯去，文宣帝气愤地责备他，他回答说：'我先任大州的官职，只有功绩并没有犯罪，现在却让我担任小州的官职，所以不愿意去。'文宣帝就饶了他的死罪。"

唐太宗说："卢祖尚虽然有失臣子的礼仪，我杀了他也太过分，由此看来，我还不如文宣帝呢。"马上下追功令复卢祖尚荫庇子孙任官的权利。

唐太宗认识到了自己做事因不能以"忍"制"怒"，过于急躁，连杀了两位臣子，悔恨之意溢于言表。尽管他知错能改，但毕竟有些事情是无法补救的。正是由于怒能造成严重的危害，所以古今中外许多人都下功夫去研究制怒的方法。然而几经研究后发现，制怒的唯一良方就是忍。在一般情况下，人们应该学会以"忍"制"怒"，抑制愤怒情绪的发作，以利自身健康，以利团结他人，以利相安和谐，以利事业发展。

作为领导者，首先得学会忍，在该忍的事情上不懂得忍耐，最终误的是自己。

曾经有一位美国经理负责管理印度尼西亚的海洋石油钻井台。一天，他看到一个印尼雇员的工作表现非常糟糕，就怒气冲冲地对助手说："告诉那位混账东西，让他搭下一班船滚开！"这句粗话让这位印尼雇员的自尊心受到了极大的伤害，他被激怒了，于是二话不说，顺手拿起身边的一把斧子，就朝经理杀来。经理见状大惊，连滚带爬地从井架上逃到工棚里。那位雇员紧追不舍，追到工棚，恶狠狠地砍倒了大门。这时，幸亏井台的人及时赶到加以劝阻，才避免了一场恶战和灾祸。

这位美国经理祸从口出，控制不住情绪，毫无顾忌地发泄一通，结果搞得场面十分难堪。

对一般人而言，忍耐是一种美德，对领导者来说，忍耐却是必须具备的品格。在一些特殊场合和一些特殊的人与事上，必须做到隐忍不发，含而不露，喜形不露于色，愠怒不露于外。

一个成熟的领导者应该有很强的情绪控制能力。一个高层领导的情绪好坏，甚至可以影响到整个公司的气氛。如果他经常由于一些事情而难以控制自己的情绪，就有可能会影响到整个公司的效率。无论遇到什么事情，哪怕是违背自己本意的事情，都得控制自己的情绪，不得有过激的言行。

曾经有一位不速之客突然闯入美国石油大王洛克菲勒的办公室，直奔他的写字台，并用拳头猛击台面，冲他大发雷霆："洛克菲勒，我恨你！我有绝对的理由恨你！"接着那人肆意谩骂他达10分钟之久。办公室所有的职员从最初的惊诧转为愤怒，大家都以为洛克菲勒一定会拾起墨水瓶向他掷去，或是吩咐保安员将他赶出去。然而出乎意料的是，洛克菲勒并没有这么做。他停下手中的活，用和善的眼神注视着这位攻击者，对方越暴躁，他就越显得和善！

那个无礼之徒最后被弄得莫名其妙，渐渐地平息下来。因为一个人发怒时，如果没有人反击，他是坚持不了多久的。于是，他只好讪讪地停下来。他是故意来此与洛克菲勒作对的，并想好了洛克菲勒将要怎么回去他，他再用想好的话语去反驳。但是，洛克菲勒就是不开口，所以他不知道如何是好了。

末了，他又在洛克菲勒的桌子上敲了几下，仍然得不到回响，只得索然无味地离去，洛克菲勒呢，从头到尾就像根本没有发生任何事一样，神态自若地重新拿起笔，继续他的工作。

当一个愤怒的人开始辱骂及嘲笑你时，不管是不是公正，你必须记住，如果你也回以相同的态度，那么，你的心理承受程度将与那个人相同，因此，那个人实际上已经控制了你。

如果你拒绝生气，维持你对情绪的控制，保持冷静和沉着，那么，就等于已维持了你所有的正常情绪。

具有高度的自制力是一种最难得的美德。作为领导者，应该学会以"忍"制"怒"，在任何时候都能控制好自己的情绪。

· 第四章 ·

作决策：抓大放小，准确而果断地拍板

决策是领导的核心内容，它贯穿于领导过程的始终。决策的正确与否，关系着组织的兴衰成败。正确的决策，能指导组织沿着正确的方向、合理的路线前进；错误的决策，就会使组织走上错误的道路，可能导致组织的失败与消亡。优秀的领导者，能"抓大放小"，抓住有利时机，准确而果断地作出决策。

决策要"牵牛鼻子"

领导者就是要高屋建瓴、统揽大局，"抓住重点，带动一般"，"突破难点，搞活全局"，能抓住主要矛盾，找准重点问题，这样才能作出正确的决策。这种领导艺术，人们更喜欢用"牵牛鼻子"来作比喻。一头硕大的水牛，怎样驱使它？推它、打它都不灵，唯有牵着牛鼻子，牛才会乖乖地听人使唤。领导作决策也一样。

唐朝末年，浙江以东的裘甫起兵叛乱，不久就攻占了几个城池，朝廷任命王式为观察史，镇压动乱。王式一到任上，就立即命人将县里粮仓中的粮食发给饥民。众将官迷惑不解，都说："您刚上任，军队粮饷又那么紧张，现在您把县里粮仓中的存粮散发给百姓，这是怎么回事呢？"王式笑着说："反贼用抢粮仓中存粮的把戏来诱惑贫困百姓造反，现在我向他们散发粮食，贫苦百姓就不会强抢了。再者，各县没有守兵，根本无力防守粮仓，如果不把粮食发给贫苦百姓，等到敌人来了，反而会用来资助敌人。"果然，在叛军到达后，百姓纷纷奋起抵抗，不到几个月的工夫，叛乱就被平定。

王式眼光敏锐，牵住了牛鼻子——粮食这个工作重点，轻而易举就平定了叛乱。

日本著名经营管理学家镰田胜说："优秀的领导者，都是把力量集中到一点上，靠全力以赴攻关才取得了一般人不能取得的卓越成果，其秘密就是如此简单。"他还说："如果一个领导在一个岗位干了很长时间仍不知道关键的工作，那就是一个不合格的领导。"这话说得不错。领导者如果心无定性，遇到什么事情就干什么事情，不能分清工作的主次、轻重、缓急，牵不住"牛鼻子"，只知道胡子眉毛一把抓，到了最后肯定是一无所获。那么，怎样才能在作决策时牵住"牛鼻子"呢？

（1）登高望远，树立全局意识。要提高抓住问题关键的能力，必须培养领导的全局意识和大局观念，坚持在全局下思考，在全局下行动。对关键决策部署和长远目标任务等一定要了然于胸；对本组织发展面临的机遇和挑战、优势和劣势，一定要心中有数，目光要远大，对未来的发展走势判断要准确，不为局部利益所诱惑，不被暂时的困难所吓倒，要通过谋长远、抓关键来最大限度地保护发展潜力，激发发展活力，并从中积聚更厚重的发展后劲，为组织和谐发展打下坚实的基础。

（2）作决策，信息工作要做足，预测是关键。领导要明确是否已经掌握了足够的信息和必要的事实。前面的工作是否严格按照科学决策的程序要求进行，是否扎实，有无漏洞，是否具有充分而可靠的信息保障。充分而可靠的信息是科学决策的基础。只有掌握了丰富、及时、准确、适用的尽可能多的材料，并在此基础上积极对组织未来发展趋向作出预测，领导才有可能抓住问题的关键，作出比较准确、全面、成功的决策。

（3）以执行为前提，抓住关键环节。对于一个组织而言，决策固然重要，关键还在落实。没有落实，再正确的决策也不会发挥其应有的作用。如果领导在作决策时没有落实的观念，忽视了落实，不抓落实，那么，再缜密的计划、再正确的政策，都只能成为一纸空文。领导作决策要以执行为前提，抓住落实这个关键环节。

从这几个关键入手，可以从最基本的大方向上规避决策失误，只有牵住了"牛鼻子"，决策才能顺利进行，顺利执行。

甩手掌柜当不得

对领导而言，岗位不仅是一种职业，更应是一种事业。领导者应该恪尽职守，勤于政事，认真对待工作。

洪秀全从四十一岁进天京（南京）城至五十二岁去世，从未迈出天京城门一步，他既不上马杀敌，也不过问朝政。十一年间仅颁布过二十五篇诏书，而且

1854~1858年这五年竟然未发一诏，全然空白。连他的老对手曾国藩也奇怪地感叹："洪逆深居简出，从无出令之事。"摊上这样的领导者，太平天国哪有不失败的道理！

现代社会中依然有不少像洪秀全这样的人，一旦有了一官半职，精神就开始变得很松懈，很多事情都不愿意去做了，就是自己分内的事也多交派给下属去做，自己则悠闲地当起了甩手掌柜。比如有的领导，从工作报告、会议讲话到汇报材料等，不分轻重缓急、不论文章长短，从不自己动手，一律由秘书代笔，只在开会讲话时拿着稿子上台念一遍而已。

现代管理理论都重点强调"执行力"这个词，执行力是一个组织成功的必要条件，组织的成功离不开好的执行力，当组织的战略方向已经或基本确定之后，执行力就会变得更为关键。而要想保持良好的执行力，领导者的工作态度、敬业精神无疑就是一个重要因素。

土光敏夫在接管日本东芝电器公司前，东芝已不再享有"电器业摇篮"的美称，生产每况愈下。土光敏夫上任后，并不每天都坐在办公室里办公，而是每天巡视工厂，遍访了东芝设在日本的工厂和企业，与员工一起吃饭，闲话家常。每天清晨，他总会比别人早到半个钟头，站在厂门口，向工人一一问好。员工受到这种气氛的感染，加深了相互间的沟通，士气大振，努力工作。不久，东芝的生产恢复正常，并有了很大发展。

麦当劳快餐店创始人克洛克也是如此，他不喜欢整天坐在办公室里，喜欢把大部分的工作时间都用在"走动管理"上，即到各公司和部门走走、看看、听听、问问。20世纪60年代，麦当劳面临严重亏损的危机。克洛克发现造成危机的重要原因之一，就是公司各职能部门的经理有严重的官僚主义，习惯于躺在舒适的椅背上，指手画脚，将许多宝贵的时间耗费在抽烟和闲聊上。于是克洛克想出一个奇招——将所有经理的椅子靠背锯掉。一开始几乎所有人都骂克洛克是个疯子，然而不久大家明白了他的一番"苦心"。于是他们纷纷走出办公室，深入基层，及时了解情况，现场解决问题。就这样，麦当劳在各级管理者的努力工作下，终于走过了困难时期，逐渐步入良性发展的轨道，规模越来越大。

"官不勤则事废"，如果一个领导者不尽心尽力、尽职尽责地干好本职工作，他所领导的部门或团队必定混乱不堪、弊病百出。

领导者勤于政务是德政之基，善政之要，执政之魂，正如李瑞环所说："苦干可以出思路出办法，苦干可以出成绩出经验，苦干可以战胜困难开拓前进。"如果领导者对于工作吊儿郎当，贪图清闲，做个甩手掌柜，又怎么能带出纪律严明、执行到位的团队呢？在其职就得谋其政，领导者也有自己的岗位职责、工作任务，应该恪尽职守，勤于政事，认真负责地干好工作。

提升领导者的决断力

这是一个很旧的故事：

布里丹的驴子肚子饿得咕咕叫，于是它到处寻找吃的东西。布里丹的驴子真幸运，很快发现左边和右边都有一堆草可吃。于是它到了左边那堆草边，可审视一番后觉得没有右边那堆草多，所以饿着肚子跑到右边去。结果到了右边以后又发现没有左边那堆草的颜色青。想想，还是回到左边去吧。就这样，一会儿考虑数量，一会儿考虑质量，一会儿分析颜色，一会儿分析新鲜度，犹犹豫豫，来来回回。这只可怜的驴子，最后被饿死了。

故事虽然很旧，却给了我们一个很重要的启示：在瞬息万变的市场经济浪潮中，一个企业要想避免陷入布里丹式旋涡里，就必须有具有决断力的领导者把航，让企业直驶胜利的彼岸。

所谓"决断力"，指的是企业的决策者快速判断、快速反应、快速决策、快速行动及快速修正的综合能力。它是企业领导力的主要组成部分，它具有攻击性、快速性、实战性、灵活性、复合性、关键性6大特点。对于企业而言，仅知道什么是企业领导的决断力是不够的，重要的是还要知道如何提高企业领导的决断力。

1. 决断前做好5个问答，可以有效地减少决断失误

（1）"何事"即"What"。了解决断的目标。

（2）"为何"即"Why"。了解决断的方向，决断的目的，决断的价值。

（3）"何人"即"Who"。明确应该由谁来决断，由谁负责，由谁执行，由谁监督。

（4）"何时"即"When"。强化决断的时效性，因为决断的质量与决断的时机密切相关。

（5）"何处"即"Where"。进一步界定决断的环境，决断的地点。

2. 决断时要考虑 5 个因素，用以全面提高决断的质量

（1）风险（Risk）。即决断实施之后的各种不利因素或各种副作用，要制定相应的对策。

（2）对手（Rival）。你在决断时，竞争对手也在决断。所以知己知彼，考虑对手的决断善于双赢，才能确保企业立于不败之地。

（3）关系（Relation）。由于每一个决断都不是孤立的，它牵扯到方方面面的利益关系和人际关系，因此只有理顺关系，决断才能成为现实。

（4）报酬（Reward）。这是激励实干者，提高决断力的一个极为重要的途径。

（5）结果（Result）。为什么要作这个决断？这个决断实施后能够带来什么结果？是否值得作这个决断？企业的决策者在决断时要强调务实和效益，不能只考虑动机愿望，只制订目标计划。

考虑了这 5 个因素，企业领导者的决断就有了系统性、预见性，就有了可操作性和现实性。

3. 决断时要扩大选择的空间

这需要领导者具有创新的观念和开阔思维。而且决断的质量与选择的空间是正相关的。选择的空间越大，决断的质量就越高。反之，选择的空间越小，决断的质量则越低。

4. 决断时要排出标准的顺序

决断重在选择，而选择是有标准的。现代企业的任何决断都不可能是在单一标准下的选择，因此领导在作决断时要考虑经济的标准、社会的标准、环境的标准等多个标准。标准多了就有一个排序的问题。按照重要性排出哪个是第一标准，哪个是第二标准，哪个是一般标准。在决断时能兼顾则兼顾多个标准，但多个标准有冲突时就要首先考虑第一标准，其次是第二标准，最后是一般的标准。

本文开头讲的布里丹驴子的故事，驴子之所以最后会饿死，其问题就出在标准没有排序上面，决断的难点不是多方案选择，而是多标准选择。排序是决断的基本功，领导者须下功夫掌握排序的技能。

5. 决断时要借助"外脑"

现在知识经济时代，显然只依靠决断者的头脑已不够用，大势所趋需要借助"外脑"。

所谓"外脑"，可以是企业的管理人员，也可以是企业的普通员工；可以是本企业本系统的专业技术人员，也可以是企业外部的专家学者；可以是顾客；也可以是供应商。总之，只要他对决断的问题熟悉，有自己独到见解的就可以成为"外脑"。

一般来说，充当"外脑"的人数越多越好。多了就有代表性，有利于从多个方面多个层面开拓"内脑"的思路，提高决断的质量。借助"外脑"的智力可以有效提高企业领导者的决断力。

作决策要遵循的原则

决策是一门科学，如何做好准确的决策分析至关重要。领导者要想作出准确的决策分析，就必须遵从科学的决策原则。从实践来看，领导者要想作出准确的决策，应遵循以下几条基本原则。

1. 选准目标原则

决策目标是指要达到的目的，决策目的明确与否，直接关系到决策效果的好坏。决策目标明确了，选择就会有依据，行动就会有针对性；决策目标不明确，选择就会发生偏移，甚至还会造成南辕北辙的惨痛后果。在进行决策前，领导者要善于发现问题、分析问题，找出问题的症结所在，作出准确的决策。

2. 信息准确原则

现代决策涉及各方面的因素，领导者需要取得比较广泛的准确信息。如果信息是"一鳞半爪"或"道听途说"，决策的依据就不可靠。领导者必须深入调查，获取全面的、准确的信息，才能作出符合客观规律的决策。

3. 系统的原则

这是决策的灵魂。任何决策都应从整体出发，以整体利益为重。一切局部的、暂时的利益都要服从全局的、长远的利益。然而，全局利益又包含于局部利益之中。这个全局和局部的辩证关系，是系统原则的精髓。只有坚持这个原则，才能使决策促进全局和局部的协调发展。

4. 可行性原则

决策方案必须切实可行，否则即使是完美的方案，也只是纸上谈兵。决策方案是否可行，就要对其有利因素和不利因素、主观条件和客观条件作出周密而细致的分析。对已形成的多种方案的利弊得失，必须认真地作出定量和定性的分析比较，作出评估。只有经过审定、评价、可行性分析后的决策，才能有较大的把握和可实现性。

5. 集体决策的原则

在企业的起步阶段，主要靠个人的经验决策。决策的正确与否，主要取决于决策者的个人学识、经验和胆略等。但在企业的壮大阶段，决策的内容是很复杂的，个人的经验决策已行不通了，要吸收多方面的意见。特别要听取专家的意见，进行充分的分析，然后集中正确合理的内容，才能作出科学的决策。

6. 分层次多系统决策的原则

就是根据总的决策目标，由各个层次、各个系统进行具体目标的决策，也就是把总的目标变成各个层次、各个系统的具体责任。这样，才能最终实现决策目标。一般情况下，上级领导不应过多地干涉下级决策，更不能代替下级决策，而应让他们根据实际情况自主决策，这样可以增强各级组织的责任，调动他们的积极性，从而实现总目标。

明确决策的流程

科学的决策是一个过程，由一整套决策程序，即若干决策步骤所构成。领导者在决策中的作用绝不仅仅是"拍板"决断，在"拍板"的前后都有大量工作要做。因此，领导者在作出决策之前，要先明确决策的流程。

1. 发现问题，确定目标

处理事物一般包括三个环节，即发现问题、分析问题和解决问题。其中，发现问题是解决问题的起点，由于客观事物是复杂多变的，因而发现问题不是一件很容易的事，必须经过调查研究。没有调查，就没有发言权，领导者只有深入实际中去调查，才能发现问题。发现问题之后，就要分析问题，找出问题的根源，然后提出解决问题的总体设想，即目标。

2. 分析价值，拟订方案

目标确定后，要分析目标价值，就是做这件事的投入与产出是否合算，效益有多少、有没有负效益，等等。确认了目标价值，就要寻求实现和达到目标的有效途径和办法，即拟订方案。在拟订方案时要准备多种方案备选，只有一种方案是很难实现科学决策的。

3. 专家评估，选定方案

对于拟订的若干方案，要进行充分的评估。而正确的评估，只能由各方面的专家来实现。

所谓评估，就是对方案进行定量和定性的分析，预测方案近期和远期、局部和整体、经济和社会的效益，如果同时具备这些效益则是最佳方案。但在现实中，同时具备多种效益的方案是极少的，那么就要在各种方案中进行比较，选出那种正效益较高、负效益较低，即比较满意的方案。

4. 实验试行，检验效果

方案选定后就要实施，为了减少失误，在方案全面实施前，一般都要进行实验或试点，以验证方案的可行性和实效性。在实验试点过程中，领导者要认真分析、总结经验和教训，找出带有普遍性的规律来，具体分析出成功与失败、偶然因素和必然因素。如果试点成功，就可进入全面实施阶段。如果失败，则迅速反馈回去，改变决策。

5. 修改方案，普遍实施

这是决策程序的最后一环。如果在实验试行后证明：这个方案在总体上是可行的，那么在修正弊端的基础上，就要全面推广实施。由于实施方案是一个动态过程，主观和客观条件都在不断地发生变化。

因此，领导者要加强方案实施过程中的监督和控制，如果出现小的偏差，那么只作微调；如果主客观条件发生了大的变化，影响了决策目标的实现，那么就必须对原定目标作根本修改。

以上决策流程，只是一般规律，在不同的决策中，各个步骤可以互相交叉进行，有时也可以合并或省略。

充分获取有效信息

信息是产生决策意识的萌芽阶段，任何决策目标的确立和决策备选方案的提出都是对信息进行总结、归纳的结果。

1975年初春的一天，美国亚默尔肉食加工公司的老板正躺在沙发上看报纸，突然，他看到一则令他大为惊诧的短讯："墨西哥将流行瘟疫。"

这位老板立刻推测，如果墨西哥有瘟疫，必定会从加利福尼亚和得克萨斯两州传入美国，而这两州又是美国肉食供应的主要基地。一旦这两地瘟疫盛行，那么全国肉类供应就必定紧张。

于是，在证实了这个消息的可靠性之后，他立即倾囊购买得克萨斯州和加利福尼亚州的生猪和牛肉，并及时运往美国东部。

不出所料，从墨西哥传来的瘟疫很快就蔓延到美国西部几个州。美国政府立即严禁这些州的食品外运。于是美国全境一时肉类价格暴涨，肉类奇缺。

亚默尔公司数月内净赚 900 万美元，一时占尽风光。

正是亚默尔公司的老板掌握了有效信息，进而作出的决策给公司带来了巨大的利润，可见信息在决策中所起的重要作用。我国古代的《孙子兵法·谋攻》中指出："知彼知己者，方能百战不殆。"其中的"知"归结起来，就是搜集信息的意思。现代决策理论的首创者西蒙也认为："决策过程中至关重要的因素是信息联系，信息是合理决策的生命线。"从某种意义上说，领导者能否做到正确决策取决于他占有的信息量的多少。领导者在决策之前应该掌握哪些信息呢？主要有两个方面的信息：任务信息和背景信息。这两种信息虽然都与决策制定有关，但领导者仍有必要弄清自己正在寻找的信息和已经获得的信息分属哪一类。

任务信息是指管理者为完成工作需要掌握的信息。在这个方面，管理者对这种信息的定义会与普通员工迥然不同。例如，管理者比普通员工更关心来自战略伙伴和战略竞争对手的信息。任务信息一般有 3 种形式：第一种是有关工作职务的基本信息；第二种是反馈信息，这类信息必须通过便于利用的方式，及时、准确地传递给使用者；第三种是与提高工作中所运用的技能和知识有关的信息，包括培训资料在内。

背景信息是为了判断自己的任务和决策是否与外部大环境相符。背景信息主要包括企业宗旨、相关产业信息、企业领导层之间讨论公司战略的会议内容等。背景信息对于确保管理者从全局角度看待自己的工作具有极其重要的作用。离开了背景信息，领导者制定的决策就会脱离实际，成为空中楼阁。福特公司在位于布里奇恩德的新工厂中的做法是这方面的一个好例子。作为结束管理层与工会长期对立状态的举措之一，该公司与工会达成协议，向员工公开所有的商业信息。一位工会代表对这一举措的评价是：布里奇恩德工厂的管理者与工会有着一个共同的目标，就是要使企业日益繁荣昌盛。

在现代信息高速发展的社会，互联网技术日益成熟，使信息的全球共享成为可能。众所周知，互联网是目前最大的信息集中地，而互联网就是以资源共享为目的而建立起来的信息平台，它极大地丰富了信息来源，也极大地提高了信息的传播速度，使人们能够通过多种渠道，以最快的速度收获信息资源。然而，大量的信息往往使决策者面临两难甚至多难境地。

作为企业的领导者，在决策之前如何才能掌握自己需要的信息呢？

首先，领导者要对信息具有高度敏感性，这样才能获得自己所需要的信息。

其次，信息时时刻刻都在不断地变化，不断地更新，新的信息产生、旧的信息淘汰，领导者应紧跟信息更新步伐，及时掌握信息，提高决策工作效率。只有使领导者及其团队掌握更加真实的信息，才能使决策更加科学化。

综上所述，决策是一项背靠历史、立足于现实、面向未来的主题活动。因此，领导者在进行一项决策前，必须全面掌握对决策有利的信息作为决策依据，这样才能使决策更加理性、更加科学。

能洞察时代形势的变化

面对当今瞬息万变的企业环境，解读及预测时代发展趋势，不仅是企业高层的责任，也是许多领导需要共同承担的研究课题。

的确，在当今这样复杂的环境下，要想成为顺利地推动公司组织发展的人，已经越来越不容易了，至少必须具备以下条件：

（1）能找出全球性时代潮流与大众动向，并加以分析。

（2）能综观整个行业，找出自己的定位，并反映在实际的工作中。

（3）能对未来加以预测，并不断顺应时势，修正不合时宜的规划。

（4）能全面考虑工作，进行决断，并让周围的人充分了解你的见解。

（5）能拟订 3~5 年后的中长期进度表。

现代企业更新换代的速度和频率之高，已经无法承受任何因为错误决断所带来的严重后果。一旦判断有误，领导不仅无法将目标与自己的行动结合起来；在实现目标的方法上，也会因为忽略了重要的指导纲领，而无法全神贯注地将精力投入执行计划的过程中。而出现这所有现象的根源都是因为领导者无法掌握现况，对整体与自己的联系认识不清。

面对这样的状况，领导者的当务之急就是要从颓势中扭转过来。可惜现实中，许多领导却因为不知如何应对这种状态而患得患失，在决策时迟疑不前。常见的情况包括：

（1）因信息不足、缺乏自信，以致浪费时间，错失良机，无法作出明确判断，或是作出错误的决策。

（2）因上司经常表示不满，而导致决策力更为迟钝。

（3）一遇到需要作出正确无误的决定时，就会增加开会次数，以期能集思广益。

（4）因为过去不用心进行自我充实，所以很难迈向更高的层次。

（5）因没有养成深思熟虑的习惯，以致无法发掘事情的真相。

无论从上司还是下属的立场来看，这样的领导都是无法让人信赖的。因此，一旦企业需要进行调整，他们就会最先遭到淘汰。应该高度警惕。

某著名企业曾在数年前执行了一项震撼管理界的决策。内容是在200位厂级的领导中，命令其中的50位"自己离开公司，在家等待机会"。

这50位领导者就是因为不能洞察时代形势，跟不上企业发展的脚步，才被命令离开公司的。

一般来说，观察时代的形势变化时，领导者应该注意以下几个重点：

（1）形势变化不一定是以非常直观的形式来表现，很多时候都可能体现在有效细微的征兆上，这就需要领导者有极其细致的观察能力。

（2）要能敏锐注意到会引发重大事态的形势变化，并积极从各种渠道搜集有关资料。

（3）搜集来的资料必须先由当事人确认无误，并客观地加以验证才能使用，以免因个人偏见或误解而庸人自扰。

（4）面对变化时，不能一味担心抱怨，而应针对该项变化提出应对方案；或修改应对方案，拟订更有效的决策。

形势的转变是稍纵即逝的，如果领导者不能尽早掌握状况，而等到事发后才谋求对应之策，就往往会措手不及，造成无法弥补的损失。这样的企业既无法与其他公司竞争，内部也必定问题丛生，长此下去，必然会被淘汰出局。

把握决策的时机

几乎所有的领导者都明白决策的重要性，但是，很多领导者仍然会出现决策失误。有人认为，他们之所以出现这些问题是因为不会决策或者是决策内容不当，但实际上，导致决策失败的另外一个原因往往起了更大作用，那就是决策时机把握不当。

有些领导者处处谨小慎微，害怕风险，即使事情迫在眉睫也不敢拿主意，企图得到有关决策对象全部的信息资料，寻找到所有的决策方案，希望能够准确地预测各种备选方案可能产生的后果，从而选择出最优的决策方案。殊不知，等到作出了一个看似"正确的决策"时，却已时过境迁，落后于客观事物的发展，变成了"马后炮"决策。

对此，美国的企业家李·艾柯卡曾有一番颇为精彩的议论。艾柯卡曾对接任福特汽车公司总裁的菲利普·考德威尔说过："菲利普，你的问题就出在你上过哈佛大学，你所受到的教育是，在你没有获得全部事实根据之前不采取行动。你即使已经得到了95%的事实根据，你也还得花上6个月的工夫去得到其余的5%，而当你得到100%的事实根据时，它们已经过了时，因为市场情况变了。这就是生命的含义——时间性。"因此，艾柯卡的结论是：即使是正确的决策，如果决定迟了，也会是错误的。

现代企业的领导活动十分复杂，领导者所面临的环境不是静止的，而是不断发展变化的。在作决策时过分强求信息完整、规划完整很可能导致坐失良机。记住：贻误时机是决策之大忌。

决策时机并不等于决策速度，把握好决策时机的决策应该是张弛有度的。有些决策基于稍纵即逝的机遇和刻不容缓的威胁，领导者必须利用手中的信息尽快作出决策。但有些情况下，领导者并不需要马上作出决策，广泛收集信息，静观事态发展才是明智之举。

根据时间的轻重缓急，我们可以把决策分成如下几种，决策者应根据不同的时间压力，分别采取不同的对策。

1. 紧急事件的决策

这类决策要求领导者必须能够马上作出反应，立刻采取措施应付危机。例如，有消费者向媒体举报企业产品有质量问题。这类决策等不得，通常是越快越好，否则会给企业带来更大危机。这类决策通常来不及仔细分析选取最优方案，也不能强调决策范围。这就要求领导者根据自己的管理经验，立即作出决策。

2. 等待时机的决策

问题已经出现，但还不明朗，决策的时机还没到来。这类决策可以等待时机成熟或到了问题逐渐明朗时再作决定。

3. 最优决策

在这类决策中，有多种方案可供决策者选择。尽管快速作出决定也重要，但有效的决策取决于对各种方案的分析和评价，取决于决策方案选择得是否合理。对这种决策，找到最佳方案相比决策速度更重要。

4. 无关紧要的决策

这类问题的决策既无时间的要求，也无须追求最佳方案，随便什么时间、采取什么方案都可以。对这类决策，有时间及早决策，没时间可以扔在一边，等有时间再作。

然而在实际工作中，领导者并不能完全按照问题本身的需要来选择决策时机，还往往受到个人性格的影响。于是英国学者德斯迪拉夫根据领导者的决策速度，又将作出决策的领导者区分为兔子型和乌龟型两种。

1. 兔子型

优点：能够快速吸收观点和信息，可以在较短时间内对所发生的情况有一个大致了解；能够找到他人难以发现的捷径；能够随时作出决策；对机遇和威胁迅速作出反应；当机立断；在必要时能够进行现场指挥；能够抓住各种变化带来的机遇。

缺点：易犯"欲速则不达"的错误；对细节问题不耐烦；对复杂问题浅尝辄止；对那些使事情进展放慢的人看不顺眼，尤其是对乌龟型的领导者，认为他们是笨蛋，没有必要时也爱现场发挥；注意力有限；只看问题的一面。

2. 乌龟型

优点：收集复杂详尽的信息，形成完整的意见，从正反两方面看待问题；当事情进展较预期慢时，能够保持足够的耐心；做事有始有终；深挖问题的实质，注重细节；目光着眼于长远。

缺点：在不必要的细节上耽误时间；瞧不起那些脑门一拍就能得出结论的人，特别是兔子型的领导者，认为他们不称职；对机遇和威胁不敏感；看不到关键决策的紧迫性；做事不分主次；优柔寡断。

由此可见，在把握决策时机时，领导者除了要抓住问题的实质，还要认清自身的性格特点，注意发挥自己个性中的优点，克服个性中的缺点。

· 第五章 ·

带好中层团队，事半功倍

企业未来决胜的筹码是反应速度，此速度得益于企业团队的执行力，而团队执行力在很大程度上取决于中层团队的领导力与执行力。中层起着承上启下的桥梁和纽带作用，因此，企业想在未来的竞争浪潮中不被淘汰，高层领导就要充分认识到中层管理者的重要性，将中层管理者培养成自己的左膀右臂。

如何破除一将难求的尴尬

某房产公司的销售经理杨超最近遇到了一件非常奇怪的事。一天，一位看楼的先生执意要置业顾问讲解项目，并点名要杨超帮忙讲解。杨超虽然大惑不解，但还是按自己的工作经验，认认真真地把项目的规划、地段、户型、园林、设计等平时培训置业顾问的内容全部复述了一遍，之后又回答了这位先生提出的若干刁难性质的问题。终于，这位先生把他叫到了边上，表明了自己的真实身份。

原来，该先生是一个未开楼盘的开发商，因为是第一次做房地产，心里没底，又不想贸然请销售代理公司帮忙，就希望找一个操盘手帮忙从前期设计开始做起。经过事先的了解和上述的考核，他认为杨超不但头脑灵活而且经验丰富，并且很懂销售，想挖走他。该老总承诺，如果杨超愿意，他愿高薪诚聘。之后，他以30万元年薪成功挖走杨超。

这就是企业领导者苦于找不到合格的中层管理人才而去"挖人"的例子，由此可以看出，企业缺乏得力的中层管理者已经到了何种程度。

对于一个企业而言，中层管理者总是发挥着非常重要的作用。中层是企业人才的中坚力量，他们的素质好与差直接影响到企业的生产经营和发展。如果把一个企业比作一个人，高层领导就是大脑，要思考企业的方向和战略；中层管理者就是脊梁，要去协助大脑传达和执行命令到四肢——基层。可以说，中层就是领导者的"替身"，是支持大脑的"脊梁"。

麦肯锡公司的一项调查表明：有的公司能保持持续发展和改革，达到更高的业绩，关键的因素不在于高层领导者，而在于一批具有改革才能的中层管理者和专业人才。可见中层管理人员在企业中起中流砥柱的作用，他们不同于一般员工，他们的素质高低，在很大程度上影响一般员工的职业行为，甚至关系企业发展的成败。因此，对中层管理者的素质，要有更高层次的特殊的要求。这也是为什么会出现一将难求的原因。企业要想获得优秀的中层管理者，破除一将难求的尴尬，领导者要做到以下几点。

1.发自内心的真诚

领导者应当具备宽广的胸怀，光明磊落，公私分明，而不应斤斤计较。尤其是在接纳优秀中层的过程中，必须抛弃一切个人恩怨，出于真心，以自己的诚心去感动中层，让他心甘情愿地为自己效劳；否则，就会适得其反。

所谓"桃李不言，下自成蹊"，领导者要努力建设自身，使自身的条件、环境以及形象充满吸引人的魅力，这样，即使领导者自己按兵不动，优秀的中层管理人才也会禁不住自动上门拜访。这时领导者甚至可以作壁上观，姜太公钓鱼——愿者上钩。

2.用自身魅力吸引优秀中层加盟

领导者是自己公司或部门的首脑，代表着公司或部门的形象。人们评价一个公司或部门时，先考虑的就是其领导者的人格魅力如何。尤其是对受过高等教育的人来说，领导者素质的高低直接影响到他们对整个公司或部门的印象。因为对知识层次较高的人来说，他们往往会认为在素质较低、缺乏人格魅力的领导手下工作对他们是一种侮辱和贬低，很显然，他们难以接受这样的领导。因此，作为领导者，必须时刻注意自己的公共形象和影响，同时要形成良好的品行以增加人格魅力，起到表率作用，使自己给人一种清新自然而又激情四溢的感觉，而不是给人一种沉闷、讨厌的情绪。

这里不妨作个简单的比较：两家实力相当的公司同时看中了一个中层，给出的待遇也差不多，而其中一家公司的领导者涉嫌偷税、走私，另一家公司的领导却正直廉洁，多次受到上级的表彰。此时，你当然会毫不犹豫地选择后者。为什么会这样呢？其实这就是人格魅力的吸引。所以，领导者绝不能忽视自己的魅力对公司的影响，要知道自己的形象就如一面镜子，时刻向外面反射着公司的情况。

3.用企业文化氛围吸引

企业的文化氛围对中层的吸引力也是不容小觑的。如果公司员工的整体文化水平较低，处于一种简单劳作的状态，也就表明了公司的科技水平较低，这样是难以吸引优秀中层的。领导者必须改变这种状态，提高全体员工的素质，营造一个积极向上、充满乐趣的工作环境，这对于中层的吸引与之前将不可同日而语，而其中最典型的是企业家们常说的"大家庭"式管理。

4.优势感的吸引

人人都希望自己在社会竞争中取得优势地位，占据有利条件，相应地，人们对优势感也产生了一种追求，且常常为自己的优势感到满足。中层管理者对企业的要求也一样，他们都希望自己能到名牌企业工作，以获取优势感，同时他们大都认为，好的企业能给他们的人身予以保障，尽管这也许只是一种心理作用，但仍显得非常强烈。名牌企业比普通企业更能吸引人才，其中不无这种原因。领导者们应当清醒地认识到这一点，努力扩大自己企业的影响，争创名牌产品、扩大企业规范、增加资本……这些措施都能对中层管理者产生较大的吸引力。但同时，企业必须有一个良好的运行状况，面临破产倒闭的企业，重金也难请到一个中层。

让"绵羊"变成"狮子"

有句话是这样说的："一头绵羊带领的一群狮子，敌不过一头狮子带领的一群绵羊。"粗看起来这是说：一个组织的成败取决于这个组织的领导人。领导人的魅力、魄力、预见力等个人特质决定了组织的成败。但随着社会的进步，目前，我国绝大部分企业最主要的问题不是战略问题，而是高效能的中层管理者短缺的问题。经理人断层时代已经来临！如何让脆弱的中层变成适应企业发展的新中层，是目前国内企业必须首先解决的问题。在目前的社会背景下，仅仅提升企业家的竞争力已很难应对市场的快速变化，唯有一同提升中层团队的执行力，才能真正构建企业的核心竞争力。那么，中层的执行力到底该如何提高呢？这就要从"愿意干""能胜任""高协同"3个方向入手！

1.愿意干

一般而言，提高中层管理者工作意愿的手段有三种：薪酬、福利、员工关系。领导者必须协调好这三种手段，才能让中层愿意干。中层管理者一般都是在工作上有一定经验、在生活上刚解决温饱的人。他们面对工作、生活等方方面面的压力，还是有些孤独无助的。他们头脑里想的不光是"现在能挣多少钱"，还在考虑"以后挣多少钱"，甚至还有"什么时候可以不用这么辛苦地赚钱"，等等。中层管理者们的着眼点已经由现在转移到未来，也就是说：除非对现有薪酬大幅度提高，否则对他们而言，效果很难显现。

改善福利效果又如何呢？电影票、旅游券、健身卡、体检等手段，就中层而言，都是有能力自己解决的，即使给了他们，他们也未必领情。相比之下，他们对分配股票期权、安排团体养老金更有兴趣，但是这两项对公司的性质和实力又提出了严格要求。较之前两项福利，培训的效用就大多了。领导者从提高他们的能力入手，帮助他们成长，在他们成长的同时，公司也获得了成长，可谓是双赢。

对于员工关系，中层一般都早已形成了自己的小社交圈子，所以如果领导者帮助他们寻找兴趣相投的人就没有多大的意义了；而领导者如果在他们感到孤独无助的问题上加以关心和帮助，就能"收买人心"了！所以领导者可以为他们聘请专业的咨询顾问，随时解决他们的问题和困惑。

2. 能胜任

中层原本都是业务能手，他们的管理技术大多来自工作中的经验，因此既不系统也不专业，这对团队战斗力的影响是相当大的，因此领导者有必要给予相应的训练。让中层不仅"知道"，而且"会用"；不仅"会用"，而且"习惯用"，让中层把技能变成习惯，才能真正提高他们的工作能力，训练才有价值！

3. 高协同

要让员工之间、部门之间相互配合默契。如何提高中层之间的默契程度呢？一是大家要从态度上端正，要互相尊重、互相友爱，要有感恩的心，等等；二是要经常在一起探讨、沟通或参加培训，也就是多打交道，相互熟悉、相互了解；三是要建立感情，透过员工关系，多创造一些生活中的交集，让大家有更多的共同点，逐渐加深感情。

上述分析的三点其实有一个交集，就是"训练"——既能提高中层的"工作意愿"，又能提高中层的"胜任能力"，还能提高中层之间的"协同性"。换句话说，领导者通过对中层的训练，来提高中层的执行力，从而提高团队战斗力，是最为有效的方法！如果再辅以成本低廉的"专业咨询"必然会达到相当的效果；如果再能向中层提供"股票期权"或者"团体养老金"，那这个中层团队一定会由"绵羊"变成"狮子"，攻无不克，战无不胜！

用榜样的力量带动下属

领导者是美的生活的组织者、引导者、感受者和创造者。作为领导者，自己首先应该是美的化身。尊敬是赢得的，没有人能通过也不应该通过发号施令获得他人的尊敬。

中层管理者往往根据领导者所做的而不是他所说的，对他作出判断。因此，领导者必须重视以身作则，树立榜样的力量。在进行日常的工作时，领导要意识到大家正在看着自己，自己起到的榜样作用对下属有很大的影响，这比口头建议、发表讲话或其他形式的交流，效果要好得多。

但令人感到遗憾的是，一些领导者自己不遵守标准，却希望他们的下属能够遵守这些标准。领导甚至相信，他们的职责是命令中层管理者去做，而自己做不做并不重要。最大的错误在于，如果连他们对自己做这些事情都没有坚定的信心，那么让别人去做也不会带来任何成绩。

领导者同样是企业这个大家庭中的一员，但又不是一般的成员。领导者手中握有对整个组织实施管理的权力，肩上担负着保证组织生存与发展的责任。这就决定领导者的品德和才能要高于一般的下属，其行为的水准要高于中层管理者，而不能混同于中层管理者。"领导"一词含有走在前面的意思，就是率领中层管理者向着既定目标前进。这就要求领导者要在行为上做中层管理者的榜样。

在一个组织中，人们往往习惯于模仿领导者的工作习惯和修养。由于领导者的职责大于一般人，其引人注目的程度就远非一般人可比。中层管理者的目光总是时时刻刻在最高层领导的身上扫来扫去。领导者的一言一行，一颦一笑，都会受到中层管理者的审视和仿效。领导者的行为有利于组织，中层管理者会仿效；领导者的行为有损于组织，中层管理者也会仿效。这种普遍存在的"向官"效应，决定了领导者必须牢固树立榜样意识，严于自律，在行动上为中层管理者作出好的表率。

通常，在与领导相处一段时间以后，下属容易变成和他们上司一模一样的人，因为人们的确会从他们的上司那里寻求指导。这种效仿，不管是有意识的，还是无意识的，都会渗透到他们工作的方方面面。所以，领导者希望拥有什么样的中层管理者，不管是行为上的还是交流层面的，领导者希望获得什么样的结果，就一切都要从自己开始！

对领导者来说，最有效的领导方法是身体力行，而不是发号施令。

孙策是东汉末年才干出众的军事家和政治家，吴国的基业多半是由他创下的。他的父亲孙坚实际上从属于南方的袁术势力，生前虽有建树，却因受袁术操纵，在跨江击刘表时战死。孙坚死时，孙氏基业几乎损耗殆尽。年仅17岁的孙策在袁术手下干了一段时间，就渡江而去，逐个击败江东的大小割据势力，创立了一个强有力的孙氏政权。可惜的是，这颗耀眼的明星升起时间不长就陨落了。纵观孙策短暂的一生，是锐意进取，开拓创业的一生。

　　在孙策身上诸多的优秀品质中，有一点十分突出，那就是身先士卒。作为江东的霸主，三军的统帅，按常理，孙策的主要任务应当是指挥作战，而不应亲自冲锋陷阵，但孙策认为，如果自己"不亲冒矢石，恐将士不用命耳"，所以，他常常亲自出马，与敌方的战将拼杀。凭着高强的武艺和超人的胆气，他与刘繇手下猛将太史慈杀得不亦乐乎。在另一次战斗中，刘繇部将于糜与孙策交战不到三个回合，就被孙策生擒，挟在掖下回阵。刘繇另一部将樊能挺枪来赶，孙策回头大喝一声，声如巨雷，樊能惊骇，从马上掉下来摔死了。孙策回到门旗下，于糜已被挟死。孙策挟死一将，喝死一将，自此人称"小霸王"。孙策如此勇猛，从而也带动手下的将领奋勇杀敌。

　　很多时候，人们常用自己的亲身经历做例证，对别人进行说服。这种说理方法具有现实性强、可信度高的特点，只要运用得当，很容易达到说服别人的目的。所以领导者用自己的行动，为中层管理者作出榜样，才有号召力，才有资格率领他们前进。

　　中层管理者期待的领导者，在非常时期能够表现得与众不同，且能够断然地作出决定，迅速敏捷地采取行动。只有这样的领导者，才能强有力地支配部下。

　　企业中的领导者也是如此。在竞争越来越激烈的今天，企业随时随地都会面临各种困难。如果企业不加紧脚步，就很难在这困境中取得一席之地。当面临困境时，领导者能够身先士卒面对难关，坚定沉着的精神就会传达给中层管理者，让大家都能够勇敢地面对挑战。

　　领导者既然要求中层管理者做到，自己就应率先做到，这样才能取得主动权，才能得到中层管理者的信任，他们才会自觉地跟着领导者走。可见领导者的行动比嘴巴更能调动中层管理者的积极性，所以身教重于言教，言行不一是身为领导者的大忌。除了工作上要带头之外，领导者的表率作用也应体现在日常生活中的小事上。领导者不能忽视生活小节，不能搞特殊化，不能因自己是领导者而忽视纪律，这样才能体现一个领导者对自己的严格要求。

充分利用"鲶鱼效应"

鲶鱼效应来源于这样一个故事：

挪威人的渔船返回港湾，鱼贩子们都挤上来买鱼。可是渔民们捕来的沙丁鱼已经死了，只能低价处理。渔民们哀叹起来："上帝，我们太不幸了。"

只有汉斯捕来的沙丁鱼还是活蹦乱跳的。商人们纷纷涌向汉斯："我出高价，卖给我吧！"

商人问："你用什么办法使沙丁鱼活下来呢？"

汉斯说："你们去看看我的鱼槽吧！"

原来，汉斯的鱼槽里有一条活泼的鲶鱼到处乱窜，使沙丁鱼们紧张起来，加速游动，因而它们才存活下来。

在自然界中，"鲶鱼效应"十分常见。科学家曾观察过大自然中的鹿群，他们发现，如果一个鹿群的活动区域里没有狼等天敌，它们缺少危机感，不再奔跑，身体素质就会下降，这个鹿群的整体繁衍能力就会大受影响。在企业中也常有这种现象，缺乏竞争的组织，其生命力远远不如在激烈竞争中磨炼的组织。

尤其当这些像一桶拥挤的沙丁鱼一样没有激情的人是企业的中层管理者时，那对企业带来的危害可就难以预计了。这时领导者不妨引入一些"鲶鱼"来，让它们搅浑平静的水面，让"沙丁鱼"们都动起来。"鲶鱼效应"在组织人力资源管理上的有效运用，会带来出乎意料的效果。

本田汽车公司的总裁本田宗一郎就曾面临这样一个问题：公司里东游西荡、人浮于事的员工太多，严重拖企业的后腿。可是把他们集体开除也不妥当，一方面会受到工会方面的压力，另一方面企业也将蒙受损失。这让他大伤脑筋。他的得力助手、副总裁宫泽就给他讲述了沙丁鱼的故事。

本田听完故事顿时就豁然开朗，连声称赞：这是个好办法。宫泽最后补充说："其实人也一样。一个公司，如果人员长期固定不变，就会缺乏新鲜感和活力，容易养成惰性，缺乏竞争力，只有外有压力、内有竞争气氛，员工才会有紧迫感，才能激发进取心，企业才有活力。"本田深表赞同，他决定去找一些外来的"鲶鱼"加入公司的中层队伍，以制造一种紧张气氛，发挥出"鲶鱼效应"。

本田马上就开始着手进行人事方面的改革。经过观察，他发现销售部经理的观念离公司的精神相距很远，而且他的守旧思想已经严重影响了他的下属，于是本田决定尽快找一条"鲶鱼"来打破销售部的沉闷气氛。经过周密的计划和努力，终于把松和公司的销售部副经理，年仅35岁的武太郎成功挖了过来。武太郎接任本田公司销售部经理后，先是制定了本田公司的营销法则，对原有市场进行分类研究，制定了开拓新市场的详细计划和明确的奖惩办法，并把销售部的组织结构进行了调整，使其符合现代市场的要求。上任一段时间后，武太郎就凭着自己丰富的市场营销经验和过人的学识，以及惊人的毅力和工作热情，广受好评，员工的工作热情被极大地调动起来，活力大为增强。公司的销售出现了转机，月销售额直线上升，公司在欧美及亚洲市场的知名度不断提高。

本田为自己有效地利用"鲶鱼效应"而深感得意。从此，本田公司每年都重点从外部"中途聘用"一些精干利索、思维敏捷的30岁左右的中层管理者，有时甚至聘请常务董事一级的"大鲶鱼"，这样一来，让公司上下的"沙丁鱼"都有了触电式的感觉。

当企业内部中层管理者出现类似沙丁鱼的特性时，就有必要加入一两条"鲶鱼"刺激一下。这样做，一方面可以从横向和纵向扩大工作范围、深化工作内容，让员工们体验丰富的工作活动，感受努力工作的成就，让他们体验面对挑战性工作时的激动与欲望；另一方面运用轮岗的方式增长员工的才干，让他们工作中的鲶鱼越游越欢。

当然，在应用鲶鱼效应时，还要注重人与岗位性格的匹配，鲶鱼就要做鲶鱼的事情，沙丁鱼就要做沙丁鱼的事情，岗位中既要有鲶鱼性工作内容也要有沙丁鱼性工作内容，最重要的是要发现中层的偏好，看哪些工作能够让他们产生鲶鱼的动力与激情，只有匹配了之后，鲶鱼效应才能真正发挥它的作用，不然虽然设置了鲶鱼性工作内容，却发现这种工作根本不能让员工为之动容、为之奋斗，那么这条鲶鱼就成了死鱼了。

该放权时一定要放权

"越级管理"其实就是放权不彻底的有力佐证，是管理中的大忌，会严重影响中层管理人员的积极性，但是一些企业中的中层管理者仍然常常面临这样的困境：下属越级汇报，上级越级管理。

蒋锐是某公司的中层管理人员，公司初建期间，老总很喜欢对蒋锐的下属进行越级安排，时间久了，下属也常常越级上报，以至于到了现在，公司经过了创业期进入了扩展期时，老总还是亲自指挥蒋锐的下属，蒋锐的下属也经常越级向老总汇报工作。甚至一些下级更是把越级汇报当作展示自己才能的方式，在老总面前表现自己而否定蒋锐。以至于很多关键工作，身为负责人的蒋锐都是间接知道的。多次下来，蒋锐觉得老总看自己的眼神越来越不对，老总对他的器重程度也大不如前。他也曾经就这件事情跟老总正式谈过，但是收效甚微，老总还是很乐意自己亲自去指挥员工工作，而下属则越来越不把蒋锐当上级。

领导者如何才能避免让中层陷入蒋锐这样的尴尬境地呢？这就要求领导者下放该放的权力。

如果领导者不但喜欢听取下级越级汇报，还动不动就来个越级指挥，是领导者的不对，因为如果出现越级汇报的情况，就意味着直属主管的管理权限被弱化，最终的结果肯定是中层管理者们都开始不负责任，如此一来，那些有理想、有抱负的中层管理者就会离开公司，企业也变成领导者的"一言堂"。

高明的领导者善于"抓大事"，而昏庸的领导者则喜于"管小事"。抓好"大事"则事事都得到治理，事半功倍；样样都管，而事事荒废，事倍功半。这就是"抓大事"与"抓小事"的辩证法。

领导者的职责是思考全局性的、综合性的问题，作出正确决策，协调内部关系，激发下属的战斗力，最终完成团队的奋斗目标。领导者应该是帅才，做好"面"上的工作；中层干部是将才，做好"线"上的工作；职员则是士兵，做好自己的本职工作，也就是每一个"点"上的工作。想要点、线、面的工作都卓有成效，领导者必须学会放权。

唐玄宗李隆基即位初期，任用姚崇、宋璟等名相，整顿武周以来的弊政，推动了社会经济的发展，出现了著名的"开元盛世"。在这个时期，李隆基就很讲究用人之道。

有一次，姚崇就一些低级官员的任免事项向李隆基请示，连问了三次，李隆基皆不予理睬。姚崇以为自己办错了事情，慌忙退了出去。正巧高力士在旁边，就劝李隆基："陛下即位不久，天下事情都由陛下决定。大臣奏事，妥与不妥都应表明态度，怎么连理都不理呢？"李隆基说："我任崇以政，大事吾当与决，至用郎吏，崇顾不能而重烦我邪？"

这番话，虽然是批评姚崇用小事麻烦他，实际上却是放权给姚崇让他敢于办事。后来姚崇听了高力士的传话，就放手处理事情了。

领导者如果舍不得放小权，必然要事事亲为，由于精力所限，结果自身忙得团团转，中层管理者却只能袖手旁观。领导者与中层管理者之间，要各司其职，各负其责。作为领导者，要深知自己的岗位职责是什么，哪些工作该管，哪些是中层管理者职责范围内的事情，你和中层管理者都各有哪些权力等，都必须搞明白。该给中层管理者的权力，领导不要占有，该是自己行使的职权，也不能疏忽。主要权力集中在领导手中，部分权力分散给中层管理者，正所谓"大权独揽，小权分散"。上下形成两个积极性，工作才会形成一个合力。领导"大权独揽"也好，中层管理者"小权"在手也好，其目的都应该是一个，这就是干好一个企业。

善待中层管理者

中层管理者是依靠知识、经验和信息创造价值的人才。企业要成为优秀的、具有竞争力的企业，就必须拥有一些善于管理、能胜于重任的中层管理者。领导者要最大限度地利用中层管理者拥有的知识、经验，促进组织目标的实现，必须充分地了解自己的中层管理者，并且在工作中善待中层管理者。

在以往的企业中，对员工的管理主要强调控制与服从。中层管理者的自身特点决定了企业高层不能运用传统的管理方式来对待他们，主要应从以下几个方面着手。

1. 把他们当作企业资产而不是成本

一个具有专业知识的中层管理人才与非专业中层管理人才最大的不同是后者没有自己的生产资料，一个经验丰富的中层管理者，只有被人雇用，为之提供生产资料，才能有他们的用武之地。但知识型中层管理人员则不同，他们拥有"生产资料"，即他们头脑里的知识。正因如此，他们的流动性就比较大；他们中的相当一部分人可以一生专注于自己的专业，但不一定忠于一个企业。如果他们在一个地方只能发挥50%的知识资源与聪明才智，那他们就会带着知识流动到能发挥70%能力的地方去。此外，非专业中层管理人员从经济学上来说属于成本，而成本是要加以控制和尽可能降低的，所以人员减少才能提高效益。但知识型中层管理者却不是成本而是资产。对资产不是加以降低，而是应使之增值。但资产

313

只有通过流通、运作才能增值。同样，知识型中层管理人员也只有恰当地加以使用，才能使之创造价值，创造财富。因此，面对人才争夺战的新形势，领导者大有必要一改以往依靠行政命令，依靠灌输方式的用人之道，而应学会平等地与人沟通、交心，并以尊重、爱护、理解的心态去对待中层管理者。

2. 当作伙伴而非上下级

在知识经济时代，一个拥有专业知识的中层管理人才与非专业中层管理人才相比，他们对自己的业务比他们的上级或同事更熟悉，因此在用这些人时，不应是上下级关系，而应是合作伙伴关系；不是通过发号施令，指挥他该干什么和怎么去干，而是要通过沟通、协商、引导，了解他们的价值观，以及他们对事业的理想，以便为他们创造一个有利于调动他们积极性的机制和环境，使之能自觉自愿地发挥他们的聪明才智。

3. 强调以人为本，实行亲情化管理

中层管理者具有较强的获取知识、信息，以及处理、应用知识和信息的能力，这些能力提高了他们的主观能动性，因而做事情常常不按常规。和这些人员进行交往时，传统的官僚管理作风只会碰壁，因此领导者需对中层管理者实行特殊的宽松管理，尽量顺应人性、尊重人格，激励其主动献身与创新的精神。应该建立一种善于倾听而不是充满说教的气氛，使信息能够真正有效地得到多渠道传播，也使中层管理者能够积极地参加与决策，而非被动地接受指令。

4. 去除一切栅栏，使其可以独立自主

由于中层管理者更多地从事思维性工作，固定的工作场所和工作时间会限制他们的发挥。为了鼓励知识型中层管理者进行创新性活动，企业应该建立一种宽松的工作环境，使他们能够在既定的目标和自我考核的体系框架下，自主地完成任务。

5. 重视他们的个体成长和职业生涯的发展

在知识型经济时代，人才的竞争将更加激烈，人力资源管理的一项重要任务就是要吸引和留住优秀人才。然而，较强的流动性又与此相悖，中层管理者更注重个体的成长而非组织目标的需要。因此，领导者首先应该注重对中层管理者人力资本投入，健全人才培养机制，为中层管理者提供受教育和不断提高自身技能的机会，从而具备一种终生就业的能力。

中层管理者对知识、个体和事业的成长不懈地追求，往往超过了他们对组织目标实现的追求，当中层管理者感到他仅仅是企业的一个高级打工者时，就很难形成对企业的绝对忠诚。因此，企业不仅仅要为中层管理者提供一份与其贡献相称的报酬，使其能够分享到自己所创造的财富，更要充分了解中层管理者的个人要求和职业发展意愿，为其提供适合其要求的上升环境。也只有当中层管理者能够清楚地看到自己在企业中的发展前途时，他才有信心为企业尽心尽力地贡献自己的力量，与组织结成长期合作、荣辱与共的伙伴关系。

6. 加强培训与教育

由于科技发展高速化、多元化，知识与财富成正比例增长，知识很快就会过时，只有不断更新自己的知识才可能获得更大的收入。因此中层管理者大多非常看重企业是否能提供知识增长的机会。如果一个企业只给其使用知识的机会，而不给其增长知识的机会。企业不可能保证中层管理者永远就业，当然也就不能指望中层管理者对企业永远忠诚。同时，大多数高素质的中层管理者更希望通过工作得到发展和提高。企业举办各种培训，能在一定程度上满足中层管理者的这一需求。因此，企业应该注重健全人才培养机制，为中层管理者提供受教育和不断提高自身技能的学习机会，使其具备适应本企业工作要求的能力。

给予中层充分的信任

几乎每一个企业领导者都会承认，中层管理者是企业成长和发展的中坚力量，他们的素质好与差、能力高与低，直接影响到企业的经营和发展。我们有很多企业的领导者都是强权者，或者说是强势的领军人物。但是正因为他们的个人能力太强，以至于他们在潜意识里根本就不信任中层管理者的能力，觉得中层办事情不如自己，更是不愿放手把权力交给他们。事实上，不论中层管理的工作多么出色，如果企业领导者不授权允许让他们放开思路和手脚，积极地开展工作，仅凭领导者个人的努力，注定管得越多错得越多。

一些企业老总的家长专制作风严重影响到中层的成长。不但禁锢了中层的主观能动性，限制了中层能力的发挥，还迫使他们依附在自己的权威之下。

出现这种情况的企业领导者一般都是刚愎自用型的人，他们在潜意识里不信任中层的能力，担心中层会将事情办砸。也就是说，不管中层的工作做得有多么出色，在主管业务及管理上具有多大的能量或潜质，领导者都难以允许他们放开思路和手脚，积极而富有创造性地各抒己见、开展工作。

如果哪个中层在这些方面冒犯了领导者的"龙颜"，领导者就可能基于自己的经验及意识作出判断，把他们的说法当作反动言论进行批判，如果再有哪个中层在此基础上稍有差错的话，还可能成为领导者在各种公开场合批斗的典型。久而久之，意识到"多做（说）多错，少做（说）少错，不做（说）不错"的中层们，就可能将脑中的不同想法当口水一样咽回去，一面迎合着领导说"是"，一面竖着耳朵等领导作出决策发出命令。

中层管理者的创见和积极的心态及行为就这样渐渐被领导者的强硬抹杀了，在领导者感觉很累无人能为之分忧解难的同时，中层管理者们也将始终难以达到企业渴望他们成长、成熟的预期。

刘刚是张总一手带出来的干将，做了销售经理后，才能发挥得更加突出，销售业绩以两位数增长，两年之内公司相继在山东、广东发展了分部。本来是一桩好事，但张总觉得心里不踏实，万一刘刚辞职，那对公司的打击将是毁灭性的。

这个问题在中小企业中尤其突出，倒不是刘刚离职对公司造成负面影响，而是高层对待中层的态度上就有问题。如果不信任中层，反而会促成领导者所担心的局面出现。对于企业来说，如何满足中层的成长需要，并且探索激励与约束相结合的机制，让中层管理者不想离职也不敢离职才是上策。

然而现实中，企业仅仅是"用人要疑"已无法满足领导者对中层责任心和品行的猜疑，领导者已经开始无故变换中层任务责任人，安插亲信到中层身边打"小报告"，直接插手中层部门的日常管理，甚至什么事情都要来个亲力亲为，搞起了怀疑一切的"人治"，使中层管理者们体悟不到起码的信任感、价值感和尊重感，他们即使留在企业，也会抱着"当一天和尚撞一天钟"的消极心态来应付工作。

当然，有的企业领导者虽然也认识到了放权的好处，但是，他们在放权之后却不去维护中层权威，难以使他们成长为具有威信和执行能力的管理者；或者是缺乏监管过于放任中层，使他们成了无法按公司设定方向和速度奔跑的脱缰野马。

某大型企业有这样两个领导。一个对他的中层一边说着"今后这样的事情你做主就行了，不用来请示我"，而另一边，却经常无论过失大小，当着中层下属的面将中层批得不敢抬头，还默许和接受一些希望出位的员工向自己越级汇报，乃至给他们经常安排单独的事务。如此情况下，被架空权威的中层形同虚设，行事近乎小心翼翼、畏首畏尾，因为怕部属的不同意见招来越级汇报和领导过问，甚至不敢亮着嗓子向自己的部属下达命令和检查工作成果。他们还能得到领导者的信任吗？

第二个领导是事实上的虚假授权者，他甚至还对中层达到了惊人的信任程度。如除非是约见一些重要的客户、批复计划与报表等之外，他极少出现在办公室，基本上都是靠电话遥控。于是常常出现一些中层出外办私事、一些中层用公款饮酒作乐的情况，而对细节疏于维护和清理，经常使手头工作一拖再拖，经常为交差谎报军情，使企业处在了极大的松散和危险当中。

可以试想，信任一旦变质为放任，中层们又如何能在缺少了约束和专注细节的压力之中得到提高？一些企业领导屈服于企业中大的"势力"，对那些极富成长潜质或已经相当出色的中层，不是根据其能力和贡献的大小作职位、薪酬和激励的嘉奖性调整，而是将他们当作牺牲品，让企业错失人才。

领导者既然给予了相应的职位，就应该给予充分的信任，赋予其相应的权力，唯有这样，中层才能充分发挥所长，为企业作出贡献。

中层能同甘却不能共苦该怎么办

在企业管理的过程中，很多领导会遇到这样的尴尬：企业发展好，势头强劲的时候，人才趋之若鹜，享受令人羡慕的优厚待遇；而一旦企业出现危机了，形势便直转而下，那些人才、骨干纷纷避之唯恐不及，独留领导一人神伤……

某公司由于公司规模进一步加大，公司的资金流出现了问题。针对这一问题，公司董事长王海在公司干部大会上对当前的紧迫形势作了分析，并且对公司将来的发展前景也作出相当可行的规划与设计，并勉励全体领导干部咬紧牙关，艰苦奋斗，迎接公司下一轮的发展。然而，让王海始料不及的是，公司动员大会后不久，就有工程管理、财务、设计等多名中层骨干集体跳槽。

经营一个企业，风险始终伴随左右，中层管理队伍的稳定一直是令企业领导者头痛的问题，特别是当企业经营一旦出现风险时，最先选择离开的往往是那些能力最强的中层管理者。因为他们跟随企业的发展一路打拼，已经具备了较强的职业技能和丰富的管理经验，同时又是人才市场的宠儿，他们离开本公司，迅速找到一份新工作并不难，但有的企业却可能因此走上破产之路。

然而现实情况中，往往在企业遇到危机时，选择离开的中层管理者正是那个可能扭转危机或处理危机的关键人物。以生产牛肉干而闻名的绿盛公司就是一个很好的例子。

绿盛公司生产牛肉干发展很快，销售量从几百万公斤发展到几千万公斤，2007年销售额已经突破了5亿元。但公司上下基本上是老总的亲朋好友，特别是在一些重要的岗位方面。随着品牌越来越响，一些意想不到的麻烦出现了，有的问题简直让老总林东措手不及。

2006年10月，林东接到了一个员工的电话：让他赶紧上网看一下关于"绿盛"的新闻。看到网上关于绿盛牛肉干存在安全隐患的新闻和图片，林东愣了几秒钟，把文章从头到尾看了好几遍，这才明白出事了。接下来会怎样？他不敢预想。林东的手机开始响个不停，不断有人来询问，包括经销商、记者、朋友、家人，等等。"是不是真的？"这句话当天下午到晚上出现了不下几百次。林东当天晚上连夜让人赶写声明，表示质量没有问题，一定会对消费者负责。一批又一批质监局的人开始到工厂检查各种细节；国家质监总局在全国170多个点抽查绿盛牛肉干；很多超市为了表明自己对消费者负责，纷纷将牛肉干撤柜。网络舆论一边倒，骂声一片……

而更让林东失望的是，他本想让公司的质量总监出来替公司说句话，没想到总监竟不辞而别了！

不少企业都会出现类似的问题，企业一旦出现危机，一些需承担责任的中层管理者就会纷纷辞职，甚至会像例子中的那个质量总监一样不辞而别，使得领导者大呼："为什么公司平稳时，大家你好我也好，一到公司有难时却不能共同分担？"

像绿盛公司质量总监那样因道德缺失而在公司发生危机时选择离开的中层管理者，企业在对其行为表示谴责的同时，更要注意避免再出现类似的人。公司在招聘人才时，应该注意选择道德素养比较高的员工，务必要慎重录用那些一年换一个公司甚至几个公司的中层管理者。同时，企业应选择那些潜力、价值观与公司制度和文化相一致，能够维护公司声誉并完善公司品格的人。企业还应根据企业的特点招聘合适的中层管理者，就像埃德华兹公司的首席执行官所说的："我们只要和我们同心同德，有个性的员工，与公司文化协调一致，我们要的是白头偕老，像一桩美满的婚姻一样。"

最重要的是，领导者要把中层管理者当作家人，让中层管理者感觉企业像自己的家一样，如此一来，中层管理者自然也就不会在企业遭遇困难时离开了。试想，有谁会愿意不管家里遇到的困难就离开的家人呢？

·第六章·

慧眼识人，做优秀下属的"伯乐"

"世有伯乐，然后有千里马。"在单位中，领导者就是伯乐。但如何从下属中去发现千里马，培养千里马，就需要领导者慧眼识珠，以德为先，用诚意求才，大胆起用各种各样的人才。

优秀人才具有哪些品质

领导者选择人才，首先要看重一个人的品行，因为具备优秀品质的人才才是可塑之才。一般而言，优秀的人才都具有以下8种品质。

1. 进取心与责任心

进取心是使个体具有目标指向性和适度活力的内部能源，认真而持久的工作是个体事业成功的前提，而具有进取特质的个体也就具有了职业成功的心理基石。责任心强的人往往能够审时度势选择适度的目标，并持久地、自信地追求这个目标，所以责任心强的人事业更容易成功。

2. 自信心

自信为个体在逆境中开拓、创新提供了信心和勇气，也为怀疑和批评提供了信心和勇气，自信总能使自己的好梦成真。没有信心的人会变得平庸、怯懦、顺从。喜欢挑战、战胜失败、突破逆境是自信心强的人的特点。

3. 自我力量感

虽然人的能力存在差别，但只要个体具有中等程度的智力，再加上善于总结经验、教训，善于改进方法和策略，那么，经过主观努力之后，许多事情都是能够完成的。因此，可以把成功和失败归因于努力水平的高低和工作方法的优劣。

4. 情绪稳定性

稳定的情绪对技术性工作有预测力。冷静、稳定的情绪状态为工作提供了适度的激活水平。焦虑和抑郁会使人无端紧张、烦恼或无力，恐惧和急躁易使人忙中出乱。

5. 自我认识和自我调节

了解自己的优势和短处，与组织环境的关系，善于调节自己的生涯规划、学习时间等。

6. 社会接纳性

在承认人人有差别和有不足的前提下接纳他人。社会接纳性是建立深厚的个人关系的基础，领导者应真诚地对他人及他人的言语感兴趣，在其言语表达时认真倾听并注视对方。

7. 社会敏感性

对人际交往性质和发展趋势的洞察力和预见力，善于把握人际交往间的逻辑关系。行动之前要思考行为的结果，设身处地地想一想他人的处境，乐于与人交往，能设身处地地体察他人的感受。

8. 社会影响力

有以正直和公正为基础的说服力，有使他人发展和合作的精神，有一致性和耐力。善于沟通和交流。具有自信心、幽默等对情感的感染力，仔细、镇静、沉着等对行为的影响力，仪表、身姿等对视觉的影响力，忠诚和正直等对道德品质的感染力。

如果一个人具备以上八种品质，那他就会是一位不可多得的人才。

知人，知面，更要知心

知人，知面，更要知心，这是识人学上的一个基本定律。从外部观察一个人，并由此了解其性格、为人是"知人行事"的第一步，而摸清对方的心理和意图则是一门更为高深的"功夫"，这不仅需要察人者有一颗善于思考和机敏的大脑，还需要有在社会中不断阅人的经验。领导者只有在不仅知人知面而且知心的情况下，才能决定是否启用或重用这个人。

《孟子·梁惠王章句上》上记载说："权，然后知轻重；度，然后知长短，物皆然，心为甚。"意识是说，称一称，然后知道轻重；量一量，然后知道长短；什么东西皆要经过衡量及考虑，然后才知其轻重，人心更是如此。所以，要了解一个人才的"贤"或"不贤"，"能干"或"不能干"，绝非仅靠将个人的经历拿来"权""度"一番，就能找到一群"志同道合"的同志加入你经营的团队一起来"干活"，而必须掌握一定的方法技巧，避免"知人知面不知心"。

战国时期的韩昭侯有一天在剪指甲的时候，故意将一片剪下的指甲屑放在手中，然后命令近侍："我把刚才剪下的指甲屑弄丢了，心里毛毛的，很不是滋味，快点帮我找出来。"

众人手忙脚乱地找了一阵之后，谁也没找到。这时，有一位近侍偷偷剪下自己的指甲呈上，禀报说找到了。昭侯由此发现他是一个会说谎的人。

又有一次，昭侯命令属下四处巡视，察看是否有事发生，结果属下回报说没有动静，经昭侯再三追问，才被告知南门之外，有牛进入旱田偷吃了谷苗一事。

昭侯听完之后，命令报告的人不准泄露这个消息，然后派遣其他的人出外巡视，并且告诉他们：

"近来发现有违反禁令，让牛马牲畜践踏旱田的行为，你们速去探知，快来回报。"

不久之后，所有的调查报告都呈了上来，但其中并没有一件是关于南门外事件的报告，昭侯于是大发雷霆，命令属下重新严加调查，终于查出了南门外发生的事件。

从此，部下都畏惧昭侯料事如神的能力，再也不敢马虎从事了。

韩昭侯利用探视人心的能力，剔除了身边不堪重用的人，留下一批真正的人才。如果领导者也能像韩昭侯一样具备探视人心的能力，那就也能识别出哪些是真正的人才。为了使领导者能更好地掌握探视人心这一技巧，下面介绍几种试探方法：

（1）直截了当地询问，从他对事情了解的程度来判断。

（2）追根究底，层层逼问，看他的反应如何。

（3）把秘密泄露给他，从他的反应观察人格。

（4）让不相干的人，从侧面探寻，观察他的反应。

（5）将经济重任托付给他，从旁观察他的品格为人。

（6）以艰难的工作试探他的勇气。

人不可貌相，海水不可斗量

人不可貌相，海水不可斗量。领导者不能被下属的外表而迷了眼睛，应该由表及里，通过观察现象认清他的本质，看准下属的"庐山真面目"。

当一个应试者衣冠楚楚地站在你的面前时，或许你会赏心悦目于他的外表，但要记住：华丽的外表与能力的大小不一定成正比。企业需要的是有能力的人，而不是时装模特或电影明星。一个穿着普通的人也许会成为企业业务发展的栋梁之才。

怎样才能避免仅以貌识人的错误呢？作为一名领导，要想迅速而有效地识别和发现潜在人才，应注意以下几点。

1. 观其行看其追求

一个人的行为，体现着一个人的追求。任何一个人，一旦进入了自己希望进入的角色，就会为了保住这个角色而多多少少地带点"装扮相"，而那些处在一般状态中的人才，他们既没有失去角色的担心，又不刻意寻觅表现自己的机会，所以，他们的言行都比较质朴自然。领导者如果能在一个人才毫无装扮的情况下透视出他的"真迹"，而且这种"真迹"又包含和表现出某种可贵之处，那么大胆起用这种人才，十有八九是可靠的。

2. 听其言识其心志

潜在的人才大多尚未得志，他们在公开场合说官话、假话的机会极少，因此他们的话，绝大多数都是在自由场合下直抒胸臆的肺腑之言，是不带"颜色"的本质之言，因而就更能真实地反映和表达他们真实的思想情感。

3. 闻其誉察其品行

善于识别人才的人，应时刻保持头脑清醒，有自己的独到见解，不受"语浪言潮"所左右。对于已成名的显露的人才，不跟在吹捧赞扬声的后面唱赞歌，反而应多听一听负面意见；对于未成名的潜在的人才所受到的赞誉，则应留心在意。这是因为，人们大多有"马太效应"心理，人云亦云者居多，大家说好，说好的人越发多起来；大家说不好，说不好的人也会随波逐流。而当人才处在潜伏阶段时，是不会受到"马太效应"影响的。再者，人们对他吹捧没有好处可得。所以，人们对潜在的人才的称赞是发自内心的，所以用人者如果听到大家对一位普通人进行赞扬时，一定要引起注意。

4. 析其能辨其才华

潜在的人才虽处于成长发展阶段，有的甚至处在成才的初始时期，但既是人才，就必然具有人才的先天素质。或有初生牛犊不怕虎的胆略，或有出淤泥而不染的可贵品格。总之，既是人才，就必然有他不同寻常之处，否则就称不上人才。一位善识人才的"伯乐"，正是要在"千里马"无处施展腿脚之时识别出它与一般马匹的不同，若是"千里马"早已在驰骋腾越之中显出英姿，又何须"伯乐"识别！

领导者通过以上四点，就可以避免以貌取人，从而在实际工作中顺利找到真正的人才。

选人的范围要"厚"

领导者选人时，在范围上要秉承宽厚的原则，要任人唯贤，不能计较个人恩怨，做到"内举不避亲，外举不避仇"。古代帝王在选拔官员的时候，唯一的标准是这个人是否有能力，在其位是否能最大化为国家利益服务。如果满足这个条件，仇人也可以举荐，亲生儿子也可以举荐，直属的下级也可以举荐。

春秋时期，晋平公问大臣祁黄羊："南阳缺个县官，你看派谁去合适？"祁黄羊说："解狐最合适。"晋平公很奇怪："解狐不是你的仇人吗？你为什么要推荐他？"祁黄羊回答说："您只问我谁能当县官，又没有问我谁是仇人。"又有一天，晋平公问祁黄羊："朝廷里缺个尉官，你看谁合适？"祁黄羊说："祁午合适。"晋平公又感到奇怪了："祁午不是你的儿子吗？你不怕别人说你为儿子走后门吗？"祁黄羊回答说："您问的是谁适合当尉官，并没有问祁午是不是我儿子。"

孔子听到这两件事，十分称赞祁黄羊。孔子说："祁黄羊这人可真不错，他推荐人，完全是拿才能做标准，对外不计较私人仇怨，对内不避讳亲生儿子，真是大公无私啊！"

祁黄羊之所以举外不避仇，完全因为他所秉持的是一颗公正的爱国之心。他抛却个人恩怨，举荐仇人解狐，表现出令人敬佩的高风亮节。

清太祖努尔哈赤是清王朝事业的奠基人。他以13副铠甲起兵，经过数十年的艰苦创业，终于使满族发展成为能与明朝抗衡，并取得胜利的力量。这里当然有许多原因，而努尔哈赤广揽人才、善于用人则是其中的重要原因之一。在他最初起兵统一女真各部时就注意争取各部的人才，并能化敌为友，显示出他广阔的胸怀，被后人传为佳话。

为什么历史上有许多杰出的领导者都能够做到"不避仇敌而委以任用"这一点呢？

仔细分析起来，其实也很简单，还是回到用人的出发点上，只要是有德有才的人，就不应该因为一己私利而弃之不用，真正高明的领导者，要成就大事，完全不会去注意个人的恩怨和感情问题，他们的眼里只有"人才"和"无才"之分，而没有亲仇的概念。他们更为清楚的一点就是，如果能够放手使用原来敌对阵营的分子或与自己政见不合的人，是表现自己宽宏大量、公正无私、求贤若渴的最好时机，也只有这样做，才能广纳天下贤才！

唐朝建立后不久，唐高祖李渊的两个儿子李建成和李世民为争夺皇位继承权展开了激烈的斗争。魏徵原是李建成的主要谋士，曾献策除掉手握兵权的李世民。李世民获悉后发动了"玄武门之变"，消灭了李建成的势力，魏徵作为李建成的余党被抓获。按当时的惯例，应当把他处死并株连九族。

但李世民并没有这样做。在审问魏徵的时候，太宗问他："你为何要为李建成出谋划策，与我作对？"魏徵毫无惧色，答道："人各为其主，可惜太子不听我的劝，否则今天的胜负尚未可知！"李世民见他机警刚直，是个难得的人才，便不计前仇，不仅没有治他的罪，反而任命他为谏议大夫。而魏徵也没有因为感谢不杀之恩而对太宗阿谀奉承，只是一心一意辅佐太宗治理朝政，并尽心尽力直言进谏，经常对太宗提出意见和批评，许多意见尖锐激烈，有时甚至把太宗弄得面红耳赤，在众大臣面前下不来台。太宗虽然有时很生气，但他完全明白魏徵的批评是出于一片忠心，为了维护江山社稷的长治久安。因此太宗十分器重魏徵，并在一次酒宴上公开表扬魏徵："贞观以来，尽心于主，安国利人，犯颜正谏，匡朕之违，唯见魏徵一人。古之名臣，何以如此。"并随即解下佩刀赐予魏徵。

当然，也并不是所有的仇家敌将都应该招为己用，否则历史上也就不会有那么多因用人失败而国破家亡的血腥史了。在运用"不避亲仇"的谋略时，领导者还需注意的一个问题是：在考虑所谓的"仇""敌"时，要考虑到对方是否人品出众，是否有才有能，用了他对于自己是利是弊，等等。

在用人上，完全弃用仇敌固然不可取，完全信用仇敌也是不明智的，历史上有许多事例都证明，领导者不加审查，随意招降纳叛，结果招进来的所谓"人才"不但不予感激，反而尽展阴谋诡计，毁掉了自己苦心经营的事业。

可见，"外举不避仇"的用人谋略，其根本出发点就是有利于自己的事业，只要有利于事业，即使是再仇恨的人，也能以诚相待，邀其加盟，为自己的事业发挥作用。否则，即便他才能世间无双，也坚决不能吸收到自己的帐下。

选人的标准要"严"

领导者选人的标准要"严"，意思就是领导者在为企业选择人才时，对人才的能力素质要有严格的要求，不能什么人都要，萝卜白菜一把抓。

有一篇著名的寓言，说一个人惧怕锋利的剃刀，为了不使自己的脸面受伤，就用一个很钝的锉刀来刮胡须，结果，不但胡子没有刮干净，还刮得满脸是血。他最后写道："世上好多人也是用这种眼光来衡量人才的。他们不敢使用一个真正有价值的人，光搜集了一帮无用的糊涂虫。"

现代的领导者，应该从这个极富哲理的寓言中获得启迪。

日本企业在选人方面绝对可以说是费尽心机，因为他们懂得选人的要义：只有选得严格，才能用得准确，提高管理能力，从而收到预期的效果。

日本企业的员工，之所以工作起来充满激情，首先就得益于企业选人有道。日本一家拉链厂为了选派一个车间主任，厂领导先后同应聘的十余位候选人交谈，初步选中一个后，又把他放到好几个科室去分阶段试用，试用合格后才最终留下来。美国国际商用机器公司，是世界著名的高效能企业，该公司领导自称花在人事方面的精力比任何方面都多。该公司的销售代表史蒂夫说："我曾与许多大公司负责招聘的人洽谈过，但是没有一家像国际商用机器公司问得那么详细，在他们决定录用我之前，至少有十几个人和我谈过话。"可见该公司选人之严。

日本电产公司在选人时标新立异，充分显示了"严"的手段。

该公司招聘人才主要测试3个方面：自信心测试、时间观念测试和工作责任心测试。

自信心测试时，他们让应试者轮流朗读或讲演、打电话。主考官根据其声音大小、谈话风度、语言运用能力来录取。他们认为，只有说话声音洪亮、表达自如、信心百倍的人，才具有工作能力和领导能力。

时间观念测试是看谁比规定的应试时间来得早就录取谁。另外，还要进行"用餐速度考试"。如他们通知面试后选出的60名应试者在同一天到公司进行正式考试，并说公司将于12点请各位吃午饭。考试前一天，主考官先用最快的速度试吃了一碗生米饭和硬巴巴的菜，大约用5分钟吃完，于是商定10分钟内吃完的人为及格。应试者到齐后，12点整主考官向大家宣布："正式考试1点钟在隔壁房间进行，请大家慢慢吃，不必着急。"但应试者中最快的不到3分钟就吃完了。截止到预定的10分钟，已有33人吃完饭。公司将这33人全部录取了。后来，他们大都成为公司的优秀人才。

工作责任心测试是让新招的员工先扫一年的厕所，而且打扫时不用抹布刷子，全部用双手。在这个过程中把那些不愿干或敷衍塞责的人淘汰掉，把表里如一、诚实的人留下来。从质量管理角度看，注意把看不到的地方打扫干净的人，不只追求商品的外观和装潢，而且注意人们看不到的内部结构和细微部分，会在提高产品质量上下功夫，养成不出废品的好习惯。这是一个优秀的质量管理者应具备的美德。

日本电产公司正是采用上述奇特的招聘术获得人才，使公司生产的精密马达打入了国际市场，资本和销售额增长了几十倍，获得了巨大的成功。

对人才不能求全责备

赵国有一个人，家中鼠患成灾，于是到中山国去，讨了一只猫回来。这只猫善捕老鼠，却有个爱咬鸡的毛病。过了一段时间，家中的老鼠被捕光了，消除了鼠患，但家中的鸡也被那只猫全咬死了。

于是，儿子问父亲："为什么还不把猫赶走呢？"言外之意是说猫有功也有过。

父亲回答说："这你就不懂了。咱们家最大的祸害在于有老鼠，不在于没有鸡。有了老鼠，它们会偷吃咱们家的粮食，咬坏我们的衣服，弄坏我们房子的墙壁，毁坏我们的家具器皿，我们就得挨饿受冻，不除老鼠怎么行呢？没有鸡，最多不吃鸡肉。赶走了猫，老鼠又来为患，那为什么要赶走猫呢？"

赵国人深知猫的好处远远超过猫所造成的损害，所以不愿赶走猫。日常生活中，确实有像赵国人家的猫那样的人，他们的贡献是主要的，比起他们身上的毛病和他们所做的错事来，要大得多。如果只是盯住别人的缺点和问题不放，怎么去团结人，充分发挥人才的积极性呢？领导者在用人时也应该像这个故事中的赵国人一样，不能求全责备，世上十全十美的人才是没有的。只要一个人的长处能为我所用，其短处不会对事业产生危害，就应该大胆地使用。

某计算机公司的一位女推销员在与客户周旋时总能游刃有余，谈笑风生，可是一接触文字工作就会束手无策，头痛不已。她说："每当我看见表格、文件，比如与客户会谈的报告、费用表时，我会立刻神经紧张。"针对这种情况，公司老板不是强求她去克服缺点，而是再雇一个人来帮助她处理文字工作方面的事宜，使她能将精力全部投入产品推销方面，她的工作绩效由此提高了一倍。

这个老板无疑是聪明的。如果对这名女推销员弃之不用，肯定是浪费了人才；如果总是强调她改正缺点，就会让她陷入自己不想干、干不好的文字工作中，当她被自己的劣势折磨，就会直接影响到她另一特长的发挥。请一个人来协助她，只需耗资新增销售利润中的一点点，不仅经济总账上是得远大于失，而且还会获得该女推销员的感激与忠诚。

南宋戴复古说："黄金无足色，白璧有微瑕。""金无足赤，人无完人"，世界上没有十全十美的人才，人总难免有短处与缺陷。面对这样的现实，领导者要如何解决，陆贽给出答案——只求能人，不求完人。他是这么说的："人之才行，自昔罕全，苟有所长，必有所短。若录长补短，则天下无不用之人；责短舍长，则天下无不弃之士。"

子思曾向卫王推荐过苟变："他有可以率领五百辆战车的才能，可任命他为军队的统帅。如果得到这个人，就会天下无敌。"卫王却说："我知道他的才能可以成为统帅，但是苟变曾经当过小吏，去老百姓家收赋税时，吃过人家两个鸡蛋，所以这个人不能用。"子思开导卫王说："圣明的人选用人才，就好像高明的木匠选用木材，用它可用的部分，抛开它不可用的部分。现在您处在纷争的时代，要用的是军事将领，不能因为两个鸡蛋就不用能打仗的人才啊！"卫王如梦初醒，马上拜谢说："愿意接受你的指教。"

苟变的故事告诉领导者，不能因为人才有缺点，就放弃使用他的大才干。鲁迅曾拿书与人才作比较："倘要完全的书，天下可读的书怕要绝灭，倘要完全的人，天下配活的人也就有限。"那些明智的领导者正是认识到了这一点，不仅会用人之长，还能容人之短，用人不求全责备。他们看重的是人的才干，而不是缺点，不会因为人才有哪一方面的缺陷就放弃使用。

求贤若渴是领导者责无旁贷的职责，但这并不是要求领导者一定要选用十全十美的人才。领导者选人应该将人才的长处短处都看得清清楚楚，只要这个人的长处能为我所用，短处不会对事业产生危害，那么，这个人就是人才，就要大胆地使用。

要知道，能力比学历重要

成功的企业领导者在识人用人方面从来都崇尚实才。注重实才，慧眼识英才，大胆起用人才也是领导者提高识人用人能力的重要途径。但是要想真正地做到人才为我所用，就必须树立正确的识人用人观，注重所用之人的真才实干，不慕虚名，不唯学历。在实践活动中能够真正做到这一点，企业领导者才有可能获得事业的成功。

不唯学历是领导者起用人才的一个重要内容。

文凭的性质和作用是认可一种知识和获得新知识的能力，现代社会中，许多企业老板都把严格的学历要求看作保证人才素质的重要条件。有的公司在选拔任用制度上，对学历有明文规定，甚至达到十分严格的程度。企业领导过于注重人员的学历文凭，已经成了一种十分普遍的社会现象。

诚然，企业领导在选择录用人才时，把学历作为一个条件是应当的，而且也是必要的。但是，如果不从实际出发，竞相制定一些高学历的规定，对学历的要求十分苛刻，甚至唯学历取人，大搞唯文品论，则绝对选拔不出真正优秀的人才。

其实学历并不代表一个人真正的知识水平和实际才能，它只表示一个人可能达到的某种知识程度，可能向社会提供的劳动质量和数量，仅是对其才学程度和能力大小作出预测的一种根据。所以说有学历不等于就有能力，有文凭也不等于就有水平。无数事实说明，在没有较高学历、没有大学文凭的人中也同样存在不少才华横溢、能力卓绝的人才，这些优秀人才的才华和能力是很多高学历者所不具备的。

世界知名的文化人陈寅恪先生、梁宗岱教授、王国维先生以及鲁迅先生等都是一些有实才而学历却不高的优秀人才。他们学历不高，但是却凭着自己的真才实学为世界文化作出了突出的贡献，在世界文化史上留下了光辉的一页。

鲁迅先生的经历很多人都知道，他以"医专"学历在北师大、厦门大学、中山大学等高校担任教授之职。他后来的文学成就与这些教职应当有所联系。学校营造的学术氛围使他的学术研究有了突破性的进展，给他奠定了深厚的、非同一般的基础。今天人们读鲁迅论文，常惊叹其犀利，而杂文写到耐读、耐时光打磨，绝非随随便便看到报纸发一段论文可及。

如果论学历，梁漱溟先生只是中学毕业，但蔡元培先生读到他的《究元决疑论》一文之后，马上请他到北京大学任教。

舒芜先生虽然"高中未毕业"，但后来却在许多所高等院校任教，并且最早接受副教授职务时，年仅22岁，这算是真正的"破格"录用。

所以企业领导者不能以文凭取人，推行学历主义。日本管理学家占部都美说："注重学历，只看时间早晚的形式主义人事工作方法最省事，不需花精力，但永远无法掌握正确识别人的能力。"企业领导者在识人用人时就应当不唯学历，而要注重真才实干。

从基层员工中识别真正的人才

有些企业的领导者一味地埋怨自己身边没有得力的助手，殊不知本企业的基层岗位上就有可能存在一些有真正才能的人才。

松下电器公司旗下有一个"中尾纪念研究所"，它是专门为了纪念公司副董事长中尾哲二郎先生设立的。中尾哲二郎先生如果不是被颇具慧眼的松下幸之助发现并重用，很可能终其一生也只能是一个普普通通的工人。

中尾先生进入松下电器公司时，日本正值关东大地震的复苏时期。起初，中尾先生在一家工厂干活，该厂厂长龟田先生一直没有重用他。

一天，松下幸之助到工厂参观，看到一名矮个子工人正勤奋地工作，操作机器相当熟练。

"你什么时候开始在这里做事的？"松下先生问道。

"差不多有10个月了。"矮个子工人回答。

松下幸之助看到这个年轻人热忱而勤勉地工作，心里十分感动。不久，当他再次与龟田先生见面时，就特意称赞了那个矮个子工人。

龟田先生却不屑地说："他这个人，话最多，连我说的话，他都不放在心上，有时甚至和我争吵，这种人只怕没有真才实学。"

松下幸之助莞尔一笑。

"这样吧，"松下说，"既然你不太欣赏他，不如让我带走，我想你也会很乐意的。"

这名工人就是中尾哲二郎。后来，他被松下幸之助委以重任。

或许，当时如果不是松下幸之助发现并把中尾哲二郎带走，中尾哲二郎将一直被埋没。

人才就是企业发展壮大的根本。现代企业更需要那些有创造性且能独立思考的人才，但是这样的人才往往因在重要问题上坚持己见，甚至不惜与领导一辩高低而不被某些自恃甚高的领导欣赏，无奈地被埋没在基层。

某无缝钢管厂有一位青年工程师，他既有学识，又有工作经验；既肯干，又能干，但有些人说他骄傲犯上，不听话。只因他在工作中顶撞过不少领导，包括厂长。但厂长是一位心胸宽广的领导者，在经过认真分析后，他认为这位青年工程师很有主见，于是力排众议，任命他为车间主任。更大的平台让这青年工程师充分发挥长处，带领车间工人为企业作出了贡献。后来厂长总结道："不能用那种听话，但没有本事的'绵羊干部'，而要用有本事、敢登高山的'山羊干部'。"

只有大度的领导，才能心平气和地听取下属的意见，并加以分析，采纳其中合理的成分。面对不能容忍优异人才的中层领导者或消极对待部属的部门领导，高阶层的领导者就要具备慧眼识人才的本领，给人才创造条件，让他们有充分发挥自己才能的机会，为企业创造更大的效益。

把得力干将留住

"千金易得，一将难求"，"培养良才，难以保留"……随着企业的发展，人才问题日益成为广大领导的关注焦点，而能帮助企业实现战略目标并且具有较高替代成本的核心员工能否认可公司，继续为公司孜孜不倦地工作，更成为领导工作的重中之重。

好的领导者需要拢住人才，因为对企业而言，得力干将的离开，不仅仅意味着客户流失，还意味着要增加生产成本。同样，对领导者而言，得力干将的离开，不仅意味着又要重新寻找和培养得力干将，还意味着领导的失败。

得力干将为什么会离开？或者是对自己的待遇不满意，或者是对自己的工作环境不满意。不管是哪种情况，都和领导者有着很大的关系。如果一个领导者能够及时地了解得力干将的需要，并且在合理的范围内加以满足，那他又怎么会冒着重新开始的风险离开呢？了解并满足得力干将的需要并不是去讨好他们，领导者完全不必勉为其难。事实上，这是一种责任，是一种只要是站在领导者的位置上，就必须担负起的责任。

作为领导者，要留住得力干将，一般可以采用以下两种办法。

1. 留人先留心

不管怎么样，人总是有感情的，作为领导者可以有意识地对这些得力干将进行培养，多给他们施展才能的机会和平台，甚至可以吸收他们进入自己的核心层。一般来讲，只要得到重用，能有发挥他们才能的平台，这部分骨干员工还是可以管好并留得住的。

2. 明修栈道，暗度陈仓

某大型企业的分公司总经理张宇手下有个员工小赵，小赵平日里勤学好问，刻苦耐劳，很快便成了张总经理的得力干将。但是随着小赵能力的提升和阅历的增加，小赵对待遇的期望越来越高，而张总经理所在的分公司并不能给他更高的待遇。然而这时一家更大的企业却以高薪向小赵抛出了橄榄枝。

张总经理一时陷入了左右为难的境地。但是这时却得知总公司要选派一位优秀员工担任新建立的分公司副总。于是张总经理灵机一动，找到了留住小赵的办法。

他向总公司推荐了小赵。由于素质和能力已经达到总公司的要求自然应聘通过，小赵成功留在了公司。

后来的事实证明，张总经理的做法是对的。一则小赵有了更高的发展平台，自然对张总经理心存感激；二则张总经理的举荐，让总公司拥有了一个非常棒的人才，自己也受到了总公司的赞赏。

通过上述案例，我们可以得出当领导者无法满足得力干将更高的需求时，可以采取变相的方式来留住他们继续为自己服务。

领导者除了要以职位留人，以舞台留人，还要学会以感情留人。尤其是在人情社会，感情留人是非常有效的。充分沟通，加强与员工的关系，增强员工对团队的感情，是挽留员工的高级方式。日本索尼公司总裁森田一直都与同事保持着密切的协作关系和往来，几乎每天都要与手下的职员共进晚餐，并且经常聊到深夜，这种方式对稳定团队起到了重要作用。

选择一个得力的助手

拥有一个得力的助手，是领导者成功的秘诀之一。任何一个希望把工作做好的领导者都应该懂得选择或培养一个人成为自己的得力助手，事必躬亲的领导是愚蠢的，有一个能配合自己的人作为左膀右臂，你轻松，助手也高兴。

现实中，更多的领导者喜欢把自己的能力和经验想方设法藏着掖着，总防备着下属把本事学去。就算上司吩咐，他都未必肯教下属，更别说主动培养了。再说，培养一个得力的助手做什么，顶掉自己的位置吗？那不自找苦吃嘛。其实对于领导而言，不管职位有多低，培养一个好的助手，都是很有必要的，因为在发生紧急情况而领导者不在时，助手可以代替领导者主持全局，支撑着天不塌下来。一个好的助手，不但会成为领导者最有效的执行者，也可以把领导者完全从琐碎的工作中解脱出来，专心腾出精力思考大问题。一个真正有本事的领导者，可以让自己的助手主持全局，自己却去打高尔夫，并且公司里还不会出任何状况。

但是如何慧眼识金，却颇令人踌躇，这往往取决于企业文化和领导的管理风格。在选择助手时，不能只考虑资历深浅或是否强干，而要选择受员工尊敬，能进逆耳忠言的人，选择的助手要是敢于对领导说"你错了"的人。

助手在经理和一线员工之间起着缓冲作用。下属的请求和投诉上达，由他决定哪些该提交给领导者考虑。因此，他要善于讲"不行"，又不会伤别人的心。不同的领导需要不同类型的助手，你可以通过审视自己的管理风格，来确定助手的具体职责范围。无论是什么类型，领导者所选择的助手，都要满足以下5个条件。

1. 全局观

作为领导的助手，应善于站在领导的角度思考问题，如果没有全局观，其实质与下级干部无异。领导也可以对其进行潜移默化的教育，使之能充分发挥助手的作用。

2. 好的参谋和军师

领导毕竟也是人，不可能事事都正确。助手应多替领导思考问题，提出自己的看法并纠正领导的错误。如果对领导的任何意见都表示赞同，就失去了助手的意义。在大多数企业中，对领导点头称是的人太多，如果助手也是如此，错误的决策就无人敢于纠正，这是相当危险的。

3. 能够分担责任

领导的过程，必然是一个得罪人的过程，助手应善于替领导着想，并不怕开罪于人。如果把矛盾都上交给领导，领导必然焦头烂额，这就不是一个得力的助手。助手的主要作用就是替领导承担部分责任，让领导腾出精力专心思考大问题。不肯替领导承担责任的人，不能选择其作为助手。

4. 能够帮你树立威信

助手应该主动处理一些领导不便亲自参与的事情，义不容辞地承担起这个责任，使领导成为团体的精神支柱和信心源泉。

选择一个得力的助手不容易，领导者一旦找到了适合的人选，就最好不要藏私，通过各种方法帮助他成熟起来，比如随时向他解答工作上的问题，不放过任何机会向他阐述领导者的职责所在，甚至当运作正常无甚大事时，放手让他独立掌一会儿舵。

5. 能够与你互补

助手应尽力朝领导短处的方向发展，以弥补领导的短处，这样才会形成水乳交融的上下级关系。如果助手一味朝领导长处的方向发展，只可能形成一种"竞争"关系。比如，某外贸公司的总经理英语很好，其副手的英语也不错，那么，总经理非但不会欣赏副总经理的英语，反而可能挑出副总经理的语法错误。反之，如果副总经理法语一流，那么，总经理一定会欣赏副手流利的法语。

另外，人际关系对助手至关重要，领导者要重点指导他如何同下属交往。这一点，可以通过放手让助手负责项目，并授以决策权来实现。但是领导者不要忘记在项目结束时作全面评估。总之，领导不仅仅需要一个助手，最好还要把他打磨成一个和领导自己同样优秀的领导候补，做自己的接班人。

不以自己的好恶识别人才

作为一名领导者，对下属的看法，不能以自己的好恶进行识别来决定其好坏。因为人的兴趣、爱好、性格各有所异，不能只凭自己的爱好，以己之见来断定一个人是否有用。有的领导喜欢感情用事，看到谁的脾气和志趣与己相投，便不再注意这个人的其他方面，就把他当成了人才。这样，往往会出现只有情投意合才被重用，搞自己的"人才小圈子"，而埋没了很多为领导者所"不了解"的人才。这种以个人好恶为标准来识人的做法，早在历史上就受到有识之士的否定。一个领导者，是否坚持公道正派、任人唯贤，是关系到人才命运的大问题。

唐高宗时，大臣卢承庆专门负责对官员进行政绩考核。被考核者中有一名粮草督运官，一次在运粮途中突遇暴风，粮食几乎全被吹光了。卢承庆便给这个运粮官以"监运损粮考中下"的鉴定。谁知这位运粮官没有丝毫担忧的神色，一副无所谓的样子，脚步轻盈地出了官府。卢承庆见此认为这位运粮官很有雅量，马上将他召回，并主动将评语改为"非力所能也"。可是，这位运粮官仍然不喜不愧，也没有一点感谢之意。原来这位运粮官早先在粮库里混日子，对政绩毫不在意，做事本来就松懈涣散，恰好粮草督办缺一名主管，暂时让他做了替补。而遇上这卢承庆又是个感情用事之人，办事、为官没有原则，全凭自己喜好，这二人可谓"志趣、性格相投"。于是，卢承庆大笔一挥，又将评语改成了"宠辱不惊考上"。卢承庆全凭自己的好恶识别人才，便将一名官员的鉴定评语从六等升为一等，实在是随心所欲。

这种以个人爱憎好恶、感情用事的做法，根本不可能反映官员的真实政绩，也失去了公正衡量官员的客观标准，势必产生"爱而不知其恶，憎而遂忘其善"的弊端。这样，最容易使吹牛拍马者围在领导者左右，专拣领导喜欢的事情、话语来迎合领导的趣味和喜好。久而久之，领导者就会凭自己的意志来识别人才，对他有好感的人便委以重任。

在今天，一些企业领导者也喜欢以自己的好恶来识别人才、选拔人才。事实上，一些以自己的好恶标准来识别人才的企业领导者，他们大多心态不正，最根本的原因是他们为人做事没有原则，感情用事，喜欢随心所欲。他们会在不自觉地以志趣、爱好、脾气相投作为识才的唯一尺度。对那些喜欢的、志趣相投的员工，就称赞有佳，即使个人能力平庸，企业上的大事也要让他一起商议决定；对那些不喜欢的，却往往故意刁难，即使有才干他也看不到，更谈不上重用。其实这是一种把个人感情置于企业利益之上的错误做法。从眼前来看，这样做只会使那些有才干的员工伤透了心再黯然离开企业，而留下了那些能力平庸的"顺眼"员工。从长远看，领导以个人的好恶识人，没有客观标准，没有原则性，会导致在处理问题时随心所欲，导致领导制度失去约束性和原则性，致使身边只会围绕那些投其所好的无能之辈，长此下去，势必会令企业内部人心涣散，企业的凝聚力也变得不堪一击。

美国IBM公司的总裁小沃森在他的回忆录中写道："我最擅长毫不犹豫地提拔我不喜欢的人。那种讨人喜欢的助手，喜欢与你一起外出钓鱼的好友，则是你领导中的陷阱。相反，我总是寻找精明能干、爱挑毛病、语言尖刻、几乎令人生厌的人，他们能对你推心置腹。如果你能把这些人安排在你的周围工作，并耐心听取他们的意见，那么，你将取得无限的成就。"

因此，领导者在识别人才时，必须把个人的好恶置之度外，重整体而轻个人，这才是发展之本。

如何做好面试的工作

所有的公司都有其选拔员工的办法和惯例，领导者不要以为随便招一些员工到自己帐下就算完成招聘工作了。一般来说，企业面试通常会分以下3个步骤进行。

1. 电话沟通

电话沟通通常是人事部门用来决定该申请人是否参与面试的第一步。通过电话的沟通，招聘者可以迅速获得充足的信息，并初步了解申请人员的沟通能力和语言表达能力。但电话筛选还须谨慎运用。因为如果电话面试不成功，申请者可能会认为招聘者未免过于草率，仅凭一次电话就决定了他不能得到足够的机会来展示学历资料及才能。

在进行电话沟通之前，应该为申请者有可能的回复作充足的准备，以便能够高效运用这种工作方式。

而且，领导还应该准备一系列问题，以便能在电话的问答中获得足够的信息。

例如，招聘一名营销人员。

你好，这里是×××单位。我们正在寻求一位营销人员，如果你有时间交谈的话，我将问你一些问题。

（1）你现在从事什么工作？

（2）你有经验吗？

（3）你一分钟能够打多少字？

（4）你所期望的薪水是多少？

（5）你可以用来工作的天数和小时数是多少？

上面是全部的问题。谢谢你对我公司的青睐。请问你的电话号码和电子邮箱（通讯地址）是什么，我们将很快通知你有关申请此职位的情况。

一旦发现申请者的条件符合要求，就可以邀请申请人到公司进行第二轮面试。

2. 简历筛选

个人简历和自荐信是找工作的第一份材料。因此，求职者最愿意在个人简历和自荐信上下功夫。即便如此，还唯恐自己准备的材料拿不出手，求行家里手来加工润色。现在有人专门设计个人简历和自荐信样本，求职者只要改动几个字就可以了。于是乎，招聘人收到的个人简历和自荐信几乎千篇一律，有的甚至连样本上的地址、电话号码也不改。招聘人头痛之余，不得不来一番去伪存真。

如果你要求申请人发送简历到公司，那么你就需要通过筛选这些简历来挑选候选人。在评价一份简历时，没有唯一的标准，因为这些简历存在许多不同点。你可能接到一些传统的简历，它们包括录用日期、职位、单位名称和地点以及对每一种工作的描述；你也可能接到一些职能类型的简历，上面将候选人所具备经验中的特殊部分进行了分类。这些经验一般按业务功能进行分类，如营销、销售或领导，并将所有申请人的能力置于一个主题之下。它提供了从一个方面迅速了解申请人能力的方式。

通过一番简历筛选，领导者就可以对剩下的申请者进行下一步的面试了。

3. 正式面试

面试主要是根据测试结果以及简历等资料加以归纳和整理，并且根据面试中所得的印象，去判断申请人是否符合工作的要求。这是企业使用频率最高的面试步骤，因为：第一，面试时，主考官直接面对申请人，可以对申请人作出判断并可以随时解决各种疑问，而申请表和测试无法做到这一点。第二，面试可以让主考官有机会判断和评估申请人的情绪控制能力以及是否热忱等性格特质。

为了使面试顺利进行，主考官必须掌握如下所示的一些技巧：

（1）发问的技巧。为了形成一个良好的面试气氛，同时有针对性地对于申请人的某一方面状况或素质有所了解，主考管必须掌握一定的发问技巧，恰当地发问。

（2）听的技巧。这是主考官必须掌握的技巧，以便能够在申请人谈话时，获得所需信息。

（3）观察的技巧。主考官应掌握好观察的技巧，从一些侧面留心观察，以便掌握一些有关申请人的信息。因为一个人的体态在无意间暴露他的心态，例如不敢抬头仰视对方的人，很可能怀有自卑感，不断地晃腿或抖腿表明此人焦虑等。

除以上面试方法外，在面试过程中，主考官还应注意在合格人选条件差不多的情况下，优先录取那些工作经验丰富而工作绩效较好的人选。招聘录用人才应遵循重视工作能力的原则，如果合适人选的工作能力相同，则要优先录取那些工作动机较强的候选人。

在思考录用对象时要集中精力，全力解决你所了解的事情，忽略那些你所不了解的事情。在作最后的聘用决定时要记住以下4点。

1. 使用全面衡量的方法

要录用的人才必然是符合企业需要的全面人才，对于所需要的各种才能分别赋予不同的分值权重，然后用加权法求出各个求职者的得分总值。录用那些得分最高的求职者。

2. 尽量减少下达录用决定的人

企业决定具体录用的人选时，只需由面试主考官决定即可。如果把所有的人都叫来决定，只会给录用决策增添困难，因为每一个人都有自己的录用偏好，都希望自己的建议得到采用，并为此而争论不休，浪费了大量的时间和精力，浪费了大量的金钱，而且，由于你们将讨论的是求职者的长处和短处，这些材料外露不利于求职者在企业中生存。

3. 确定录用人选时要迅速而果断

如今，优秀的人才在市场上很抢手。谁都不希望看到这样的结果：花了许多时间作出决定，结果却发现最终想录用的求职者已经接受了别的工作，或他不再对这份工作感兴趣。在录用决策时该出手就出手，切不可拖拖拉拉，以免延误时机。

不要推迟录用时间，要尽快作出决定，然后付诸行动。

4. 不要吹毛求疵

有些主考官录用人才时总是希望能招到十全十美的员工，遇到一点小毛病便挑剔，永远都不满意。企业必须分辨出哪些能力对于完成这项工作是不可缺少的，哪些是可有可无的，哪些是毫无关系的，抓住问题的主要方面，才能录用到合适的人才。

如何从身体姿势识人

不同的姿势传达出不同的信息，一个人在某一段时间内可能会作出许多动作，而这些不经意间出现的动作，能表达积极向上、矜持、庄重、豁达、乐观、自信、尊敬、感兴趣等或与其相反的意思。为了更好地识人，领导在实际工作中应该具有丰富的非语言传播知识，即熟悉身体姿势所包含的内容。掌握这些知识，洞察对方的心理状态，对于开展领导工作将有很大帮助。

1. 坐姿

在日常生活中，领导可以从坐的姿势看一个人。对他坐的位置、坐姿进行标记、分析，可以画出一张人心的"地形图"来。

（1）座位间的物理距离。

这种距离的大小可以表示主观上想侵犯对方身体领域的程度，能判断出他的一些想法，知道他想干什么。例如：亲密的情侣，即使在很宽阔的沙发里，他们也会靠近对方的身边坐下，这当然并不是没有足够的空间，而是反映了他们如胶似漆的心态；又如在自由选择座位的教室里，如果想积极地参与到讨论中去，那大多数人会选择坐在教室前面的位置上，反之，则会选择坐在后面。

（2）座位的方向含义。

座位的方向有两个方面：一个是坐在对方的正对面或旁边，另一个是坐在背向房间的入口与里面的某处位置。坐在正对面或旁边，所表现出的心理状态就不同，面对面坐着，双方都处于可以观察对方的最佳位置上，很容易产生视线冲突，造成对峙的状态。而坐在侧旁的时候，就没有如此的限制，大多数人采用亲密的距离并肩而坐，彼此朝着同一个方向，注视相同的对象，在这种情况下，很容易产生某种连带感。

（3）坐姿的深浅识破对方的心理。

人一旦心情轻松，就会深坐在椅子上，同时伸出脚，虽然一种悠闲的状态，这表示他不会立刻站起。而心情紧张的人，则会浅坐在椅子上，同时两腿并拢，有打算随时离开座位之意。深坐的人希望自己居高临下。而浅坐的人则常感不安，无意识中会表现出一种服从对方的心理来。在这种人面前，千万不可显得自己太强大、傲慢，因为他们内心会有反抗。相反，你如果表现出对他有一份友好或关心，他一定会在心里喜欢你、愿意与你接近，这为拓展以后的关系奠定了基础。

（4）从坐姿看出人的深层心理现象。

有的人一坐下来就会跷起二郎腿，据说这种人深沉、不服输。不过，这是男人的情况，与女性稍有不同。女人大胆地跷起二郎腿，表现出她对自己的容貌或衣着服饰相当自信。这样的坐姿很有把握吸引男人的注意，同时也表示她显示自己的强烈欲望，这种女人自尊心很强，热衷于做老板，她一面很轻松地跟男人来往，一面也不轻易倾心于一个男人。

2. 站姿

一个人的站姿要显得健康、自信。一个人站立时的标准姿势表现为：抬头，两眼平视前方，嘴唇微闭，面带微笑，下颌微收；放松双肩，稍向下压；挺胸、收腹、立腰；双臂自然下垂于身体两侧，双腿直立，膝和脚后跟要靠紧。而不良站姿则表现为：身体僵直，胸部外凸，板腰；垂肩，脊柱后凸，腹部鼓起；胸部下凹及垂肩，脊柱侧凸。此外，缩头探脑，佝偻双肩，双腿弯曲颤抖等，这些站姿都会给人留下不良印象。不良站姿无法显示出一个人的朝气及活力。

由于现在许多社交场所，人们都是站着交流，他们的站姿也就各种各样。相对站立，这是两个人谈话时常采用的姿态，包括两种含义：一是亲密友好，二是彼此发生争吵。也有两人八字形站姿，这表明欢迎第三人的加入。还有多人并肩站立，说明几个人受到同一约束。

站立时，对方手臂的姿势也值得琢磨：手臂交叉，既表现一种防卫心理，又具有一定的掩饰作用；手臂下垂，表示他此刻的心理处于松弛状态，心态比较自然；手臂张开，表示出欢迎和拥抱的姿态；用手握臂，表示一种自制；手臂上举时，要么表示胜利，要么表示投降，要么表示敬礼、挥手、招手等特定的含义。

3. 走姿

人们行走的姿态也是千姿百态、变化万端的。比如有消磨时间的散步、无精打采的慢步、闲庭自得时的信步、大摇大摆的阔步、节奏均匀的慢跑、风驰电掣的疾奔、老态龙钟的蹒跚、犹豫不决的徘徊、摇摇摆摆的跛行、姿态优雅的滑行、兴高采烈的蹦跳、心焦气躁的急走、故作姿态的扭摆，等等。这些走姿，每个人在日常生活中都会用到其中某些部分。

每个人具有独特的走路姿势，能使熟悉他的人一眼认出。至少有一些特征，是因为身体的结构而有所不同，但是步法、跨步的大小和姿势，似乎是随着情绪而改变的。如果一个人心情愉快，他会走得比较快、脚步也轻快；反之，他的双肩会下垂，走起路来好像穿着铅底的鞋子一般。走路快且双臂自在摆动的人，往往有着坚定的目标并正准备积极地加以追求；习惯双手半插在口袋中，即使天气暖和时也不例外的人，喜欢挑战而颇具神秘感，而且有些喜欢贬低别人。

一个人自满甚至傲慢时，他的下巴会抬起，手臂会夸张地摆动，而腿却是僵直的，步伐沉重而迟缓，似是有意加深别人对他的印象。一个人在沮丧时，往往拖着步子将两手插入口袋中，很少抬头注意前方。

走路时双手叉腰的人，看起来像个短跑者，往往他想在最快的时间内跑最短的距离，以达到自己的目标。他突然爆发的精力，常是在他计划下一步决定性的行动时看似沉寂的一段时间内所产生的。

总之，一个人无论站姿、坐姿、走姿，形式都是多种多样的。领导要注意观察对方的姿态，并能敏捷地解释其含义，才便于明智地采取各种应变措施。

如何通过行为判断其性格

所有行为都是内心想法和一个人性格的体现。通过人的行为就能判断其性格。

1. 头部的行为

领导看人，往往第一眼接触到的就是对方的头部。头部略微上抬的男性，显得有精神和力量。头部略低，平视前方的女人，显得温柔文雅。头部的姿态也有许多含义。例如点头表示赞同或允许；摇头表示否定或怀疑；抬头表示感兴趣或有意投入；垂头则表示厌倦或精神萎靡；头上仰表示惊讶或与远处的人打招呼；交头接耳表示心不在焉；摇头晃脑表示自我陶醉；昂首侧目表示刚毅不屈；等等。

2. 眼睛的行为

眼睛比嘴巴更会说真话。无论一个人心里想什么，他的眼神都会立刻忠实地展现出来。

用一种带有幸福、欣慰等感情交织在一起的眼光打量你，表示他对你产生了好感；用眼光从上到下或是从下到上不住地打量你时，表示了对你的轻蔑和审视；突然把眼光移开直视远处，这表示是他对所谈的话题并不十分感兴趣；露出一种不情愿，甚至是愤怒的眼神，意味着他正露出轻蔑的情绪；眼神由灰暗或比较平常的状态，突然变得明亮起来，这表示他对所谈的话题很感兴趣；如果他从头至尾既不抬头，也不看另外一个人，则表示了他对另外一个人的忽视；如果他用非常友好而且坦诚的眼神看你时，间或还会眨眼，说明他对你的印象比较好，他很喜欢你。

与男人相比，女人的眼睛比男人更会说话。当一个女人对男人表示好感的时候，她的眼睛会说出嘴上不能说出的话，这就是睁大她充满活力的眼睛；当一个女人表示拒绝的时候，她就会用愤怒的眼神、轻蔑嘲笑的眼神，来表示她嘴上不愿说出的情感；当一个女人从上到下或者从下到上的眼光扫视一个人的时候，表示对对方的轻蔑和审视；当一个女人把眼光移向远处东张西望，可以判断，她内心正在进行着各种打算。

3. 嘴巴的行为

嘴巴对于人的重要性是不言而喻的，人们就是通过它与外界进行沟通和交流，以及维持生存的必须。

人嘴部的动作是很丰富的，这些丰富的嘴部动作，从某种程度上可以折射出一个人的性格特征和心理态度。

一个人口唇部分的变化，主要有几种情况：张开嘴而合不上，是个意志软弱的人；口齿伶俐，吐词清楚的人有一副好口才；人的嘴唇往前噘的时候，可能是防卫心理的表示；人在注意听人说话时，嘴唇两端会呈现稍稍拉向后方的状态；嘴角上翘，这种人豁达、随和，比较好说话，易于说服；下巴高抬的人，性格骄傲、优越感、自尊心强，目光望向你时，常带否定性的眼光或敌意；下巴缩起的人，干活仔细，疑心病很重，容易封闭自己，不易相信他人；说话或听话时咬嘴唇，对方在自我谴责，自我解嘲，甚至自我反省；口齿不清，说话迟钝，但意气坚定，见解不凡，此人必定才能出众；说话时以手掩口，其人性格较内向，保守，不敢过多暴露自己，还有一种情形，表示对方存有戒心，或者在作某种自我掩饰；关键时将嘴抿成"一"字形的人，其性格坚强，交给他的任务他一定能完成，不管付出多大代价。

4. 鼻子的行为

人的鼻子是会动的。因此，鼻子也能从行为中透露出一个人内心的想法。

在谈话中对方的鼻子稍微胀大时，多半表示得意或不满，或情感有所抑制。

鼻孔朝着对方，表示藐视对方，轻视别人；摸着鼻子沉思，说明在思考方法，希望有个权宜之计解决眼前的问题；鼻头冒出汗珠时，表示对方心理焦躁或紧张，如果对方是重要的交易对手时，必然是急于达成协议；鼻子的形状像鹰嘴，尖向下垂成钩状，阴险凶暴，鹰鼻而眼深者生性贪婪不知足；整个鼻子的颜色泛白，显示对方的心情一定畏缩不前。

5. 肩部的行为

肩部的行为可以表达攻击、威严、安心、胆怯、防卫等意思。美国的身体语言研究学者鲁温博士分析说，向后缩的肩膀表示因积压的不平、不满而引起的愤怒；耸肩表示不安、恐怖；使劲张开两手的肩膀代表责任感强烈；向前挺出的肩膀代表责任重大引起的精神负担等。然而不论情况怎样，肩部均可特别视为象征男性尊严的部位。

6. 脚部的行为

观察脚部的行为，也可以了解人的心理状态。在谈判时，当对方身体坐在椅子前端，脚尖踮起，呈现一种殷切的姿态，这是愿意合作，产生了积极情绪的表示。这时善加利用，双方就可能达成双赢的协议。

如果对方坐在椅子上两只脚踝相互交叠，应注意此人是不是正在克制自己。因为人们在克制强烈情绪时，会情不自禁地将脚踝紧紧交叠，交易场上或其他社交场合中，当一个人处在紧张、惶恐的情况下会作出这种姿态。

说话时，身体挺直，两腿交叉翘起，这一姿势表示怀疑与防范。领导对这样的人要引起警惕，因为这种人缺乏合作的诚意，对别人的需求毫不在乎，甚至还会对你带有一定的敌意。

心理学家莱恩说："人们日常表现出的各种习惯行为实际反映了客观情况与他们的性格间的一种特殊的对应变化关系。"这大概能为领导从日常习惯行为认识人才提供必要的理论根据。

如何从习惯动作识人

我们在生活中，自然而然地会产生并形成一些具有某种特定意义的小动作。由于这些是在自然而然当中不自觉地形成的，具有很强的稳定性，因此经验丰富的领导者完全可以从这些习惯性的动作中识别人心。

1. 双手后背者

两脚并拢或自然站立，双手背在背后，这种人大多在感情上比较急躁，但他与人交往时，关系处得比较融洽，因为这类人很少会对别人说"不"。

2. 拍打头部者

拍打头部这个动作多数时候的意义是表示对某件事情突然有了新的认识，如果说刚才还陷入困境，现在则走出了迷雾，找到了处理事情的办法。拍打的部位如果是后脑勺表明这种人敬业，拍打脑部只是为了放松一下自己。时常拍打前额的人是个直肠子，有什么说什么，不怕得罪人。

3. 经常摇头者

经常摇头或点头以示自己对某件事情看法的否定。他们在社交场合很会表现自己，却时常遭到别人的厌恶，引起别人的不愉快。但是，经常摇头的人，自我意识强烈，工作积极，看准了一件事情就会努力去做，有股不达目的誓不罢休的劲头。

4. 触摸头发者

这种人个性突出，性格鲜明，爱憎分明，尤其疾恶如仇。他们经常做一些冒险的事情，喜欢挤眉弄眼，爱拿人当调侃对象。这些人当中有的缺乏内涵修养，但他们特别会处理人际关系，处世大方并善于捕捉机会。

5. 吐烟圈者

这种人突出的特点是在与别人谈话时，总是目不转睛地看着对方。他们支配欲望强，不喜欢受约束，为人比较慷慨，哥们儿义气重，因此他们周围总是包围着一群相干和不相干的人。吐烟圈还能看出此人对某个状况是积极的还是消极的态度，那就是看他吐烟圈的方向：一个积极、自信的人多半会把烟向上吐；相反，消极、多疑的人多半会朝下吐烟。若是朝下吐，而且是由嘴角吐烟时，表示出此人非常消极或诡秘的态度。

6. 拍打掌心者

如果与人谈话时，只要他动嘴，就一定会有一个手部动作，比如相互拍打掌心、摊开双手、摆动手指等，那表示对他说话内容的强调。这种人做事果断、雷厉风行、自信心强，习惯于把自己在任何场合都塑造成"领袖"人物，大多是外向型性格，很有一种男子汉的气派。

7. 手摸颈后者

当一个人习惯用手摸颈后时，是出现了恼恨或懊悔等负面情绪。这个姿势称为"防卫式的攻击姿态"，在遇到危险时，人们常常不由自主地用手护住脑后，但在防卫式的攻击姿势中，他们的防卫是伪装，结果手没有放到脑后，而是放到了颈后。女人伸手向后，撩起头发，来掩饰自己的恼恨情绪，并装作毫不在意的样子。

8. 摊开双手者

大部分的人要表示真诚与公开的一个姿势，便是摊开双手。意大利人最常使用这种姿势，当他们受挫时，便将摊开的手放在胸前，作出"你要我怎么办"的姿态。其做的事情出现了坏的现象，别人提出来，而其摊开双手，表示他自己也没有办法解决，一副无可奈何的样子。摊开双手，有时耸肩的姿态也会随着张手和手掌朝上而来。

9. 拍案击节者

这有两种情形。一种情形是，一个人在看书、读报、看电视，尤其是看球赛之类突然拍案击节，表示他对故事情节或运动员的某个动作表示赞赏。这种人性格乐观，对烦恼不记挂于心。另外一种情形是，谈话时，一个人以手在桌上叩击出单调的节奏，或者用笔杆敲打桌面，同时脚跟在地板上打拍子，或抖动脚，或用脚尖轻拍，这种节奏并不中途停止，而是不断地嗒嗒作响，这些都是在告诉你他已经对你所讲的话感到厌烦了。

10. 解开外衣钮扣者

这种人的内心真诚友善，其在陌生人面前表达这种思想时，最直接的动作便是解开外衣的钮扣，甚至脱掉外衣。如果在一个商业谈判会议上，谈判对手脱掉外套，领导便可以知道双方正在谈论的某种协定有达成的可能；不管气温多么高，当一个商人觉得问题尚未解决，或尚未达成协议时，他是不会脱掉外套的。那些一会儿解开钮扣，一会儿又系上钮扣的人，一般较优柔寡断，意志不坚定，犹豫不决。

11. 手插裤兜者

双脚自然站立，双手插在裤兜里，时不时取出来又插进去，这种人的性格比较谨小慎微，凡事三思而后行。在工作中他们最缺乏灵活性，往往喜欢用一种办法来解决很多问题。他们对突如其来的失败或打击心理承受能力差，在逆境中更多的是垂头丧气、怨天尤人。

12. 双手叉腰者

这种人希望在最快的时间内经过最短的距离以达到自己的目标，他突然爆发的精力往往是在他计划下一步决定性的行动时，看似沉寂的一段时间内所产生的。这个姿势，就像他用 V 字代表胜利的符号一样，成为他的特征。不飞则已，一飞冲天；不鸣则已，一鸣惊人，就是这个意思。

13. 抖动腿脚者

喜欢用腿或脚尖使整个腿部颤动，有时候还用脚尖磕打脚尖或者以脚掌拍打地面，这种人很能自我欣赏，性格较保守，很少考虑别人。然而当朋友有困难时，其会经常给朋友提出一些意想不到的好建议。

辨认对方的习惯动作是一个重要的技巧，掌握这项技巧，有助于识破对方的心理。

如何通过假动作识人

假动作多见于说谎者。以下是常见的几种假动作。

1. 掩嘴

这是一种明显不成熟、还带孩子气的动作。用拇指触在面颊上，将手遮住嘴的部位称作掩嘴。也许说谎者大脑潜意识中并不想说那些骗人的话，才会在说完之后作出掩嘴的动作。也有人用假装咳嗽来掩饰其捂嘴的动作，分散自己的注意力。如果一个同你谈话的人常伴有掩嘴的手势，那他可能正在说谎话。可当你讲话时，听者掩着嘴，则可能意味着他觉察到你在说的话令他不满意。有时，这种掩嘴的动作可能会出现不同的形式：用指尖轻轻触摸一下嘴唇；将手握成拳状，将嘴遮住。

2. 触摸鼻子

有时，当一个人说谎后，就会因为大脑中突然出现的一种不好的想法而下意识地用手去捂嘴，但是，到了最后的关头，又害怕别人看出他在说谎，因此，只是很快地在鼻子上摸一下，马上就把手放下来。当一个人不是在说谎，那么，他触摸鼻子时，一般要用手在鼻子上磨擦一会儿，或搔抓一下，而不是只轻轻触摸一下。

3. 搓耳朵

有时，这种手势暗示着听者没有听出谎言。搓耳朵的变化形式还包括拉耳朵，这种手势是小孩子双手掩耳动作在成人动作中的一种重现。搓耳的说谎者还会用手拉耳垂或整个耳朵朝前弯曲在耳孔上，后一种手势也是听者表示厌烦的标志。

4. 挠脖子

有时，说谎者讲话时用写字的那只手的食指挠耳垂下方部位。有趣的是这种手势要挠上 5 次左右。

5. 磨擦眼睛

有些人在说谎时，会假装眼睛难受，用手磨擦眼睛以避免与人的目光接触。

从男人来讲，磨擦眼睛较用力，如果是说大谎时，他会转移视线，如用眼睛看着地板。如果是女人，多会在眼的下方轻轻地揉。这样做一是为了避免动作粗鲁，二是怕弄坏了自己的化妆。为了避开对方注视，她们常常眼看天花板。

6. 拉衣领

有时，当一个人说谎时，会引起敏感的面部和颈部组织的刺痛感，因而就必须用手来揉或搔抓。说谎的人感到对方怀疑他时，脖子似乎都会冒汗，这时他下意识地拉一拉衣领。

一个说谎者，除以上几种表现外，还有其他一些表现，比如：言辞模棱两可，音调较高，似是而非；答非所问，或夸大其词；故意闪烁其词，口误较多；对你所怀疑的问题，只一味地辩解，并装出很诚实的样子；精神恍惚不定，座位距你较远，目光与你接触较少，强作笑脸；对于你的讲话，点头同意的次数较少；或平时沉默寡言，突然变得口若悬河，不自觉地流露出惊慌的神态，但仍故作镇定；等等。

辨认对方的假动作是一个非常重要的技巧，领导者掌握这一技巧，有助于识破对方的谎言。

如何通过着装判断其性格

着装是一种不说话的物体语言，它传递一个人的心理状态、意向、性格、爱好、兴趣及身份等多方面的信息。这就像公关人员很少穿得古板单调、稀奇怪诞，而会穿得时尚优雅、自然潇洒，使人愿意与之接近和交朋友一样。

正是因为着装能反映一个人的性格，所以我们有必要总结出几种不同的着装格调：

往往自由随便的人喜欢穿牛仔服或宽松式的服装；规规矩矩、一本正经的人喜欢穿西服、打领带；穿黑色衣服显得冷静、肃穆；穿着艳丽显得活泼可爱；帽子歪带、衣襟敞开、裤管挽起的人性格粗犷、满不在乎；地位高的人穿着严肃端庄。

甚至，穿上喜爱的衣服，包括颜色、质料，也都能毫无掩饰地体现出一个人的性格，因为一个人所选购的衣服会显露出他的心理状态。

1. 自我显示欲强，爱出风头的人

这种人总是穿着引人注目的华美服饰，他们大体上有着强烈的自我显示欲，

而且对金钱的欲望特别强烈。这种人喜欢听到赞美之词，所以面对这种人时多夸奖他们的服装，满足他们膨胀的显示欲是不错的办法。

2. 缺乏自信，喜欢争吵的人

这种人穿着朴素，不爱华美的衣服，大多缺乏主体性格，对自己缺乏信心。希望对别人施与威严，借以弥补自己自卑的感觉。面对这种人时，最好不要和他们理论，因为越是跟他们理论，他们就越是会喋喋不休，以期保存剩下的一点点面子和尊严。所以这时候，最好的办法就是大方承认其观点，让其感到你的宽容大度，从而取得意想不到的效果。

3. 想改变生活方式，也有逃避现实成分的人

如果一个人的大多数情况下都千篇一律地穿着固定式样与格调的衣服，但是有一天却突然来了个大改变，这就意味着他可能受到了某种刺激，使他的想法上发生了若干变化，所以，在他的深层心态里，常怀有某种新的意思。对于这种突然改变着装嗜好的人，要想与他保持良好的关系，应当显得不当一回事，或者赞美他穿什么都很不错之类的话，这样他的心灵大门就一定会向你敞开。因为承认的态度比质疑的态度更能吸引对方，过不久他就会主动靠近你，然后告诉你他突然改变穿着的原因。

4. 以自我为中心，标新立异的人

这种人往往对于流行的状况毫不关心，他们的个性可以说是十分强硬。但这些人中有一部分是因为不敢面对外面的花花世界，而一味地把自己关在小黑屋里。他们觉得如果跟别人一样，就会失去自我，所以他们总是以自我为中心，最后经常弄得大家不欢而散。

5. 有孤独感，情绪不稳定的人

这种人平时爱穿着时髦的服装，完全不理会自己的嗜好，甚至说不清自己真正喜欢的到底是什么，他们只关注流行，只以流行为嗜好，向流行看齐，随着潮流走，没有主见。这种人在心底里常有一种孤独感，情绪也经常波动。

6. 冷静对待流行，渐渐改变穿衣方式的人

这种人情绪稳定，处世中庸，一般不会做出什么特别出轨的事。他们理性多于狂热，不过于顺从欲望，也不过于盲从大众时尚。这种人比较可靠，值得交往，在企业中也可以成为一位优秀的员工。

领导者要选择适合企业经营理念的人，就必须对他的性格有所了解，这就需要领导者学会通过着装来判断一个人的性格。

·第七章·

用对人，才能做对事

会用人是最大的本事。现代社会的竞争说到底是人的竞争。"得人才者得天下"，古往今来的事实证明，谁善于汇聚众人的智慧，把各种各样的人用好，人尽其才，各尽其能，谁就拥有了无敌的制胜法宝，他的事业便可兴旺发达。

请合适的人上车，不合适的人下车

"如果你有智慧，请你拿出来；如果你缺少智慧，请你流汗；如果你既缺少智慧，又不愿意流汗，请你离开！"这是蒙牛集团始终坚持的一种用人观，也是任何一个企业都在追求的一种用人观。毕竟任何一家企业，需要的员工都是能创造效益的有价值的员工。

企业要发展，就必须提高自身的竞争能力，而团队职业化的高低直接影响竞争能力的强弱，团队的整体职业素质是制约团队发展、团队业绩提升的瓶颈。要想突破这个瓶颈，就要确保每一个员工的素质都要达到一定的水平。这就要求企业从一开始就要做好员工的选拔工作。

有一群虫子在草地上开联谊会，它们一边兴奋地聊着天，一边开心地吃着可口美味的食物。不多久，就把准备好的汽水喝了个精光。

聊了很久，大家口渴难耐，于是就商量要派一个代表跑腿帮大家买汽水，而卖汽水的地方离这里有一段很长的路程，小虫子们认为要解决口干舌燥的急事，就一定要找到一位跑得特别快的代表，才能胜任这样的任务。

大伙你一言我一语，终于一致推选蜈蚣为代表，因为它们认为蜈蚣的脚特别多，跑起路来，一定像旋风那么快。

蜈蚣在所有小虫子们的期待下，起身出发为大家买汽水，小虫子们则放心地继续嬉闹欢笑，一时忘记了口渴。

过了好久，大家东张西望，焦急地想蜈蚣怎么还没回来。情急之下，螳螂跑去了解究竟发生了什么事。它一推开门，才发现蜈蚣还蹲在门口辛苦地穿鞋呢！

有的领导者往往会根据外表来判断一个人的能力或人格。然而，实际上看走眼的概率是相当高的。毕竟，一个人的能力或人品实在无法单凭外表来评判。此外，人们也常常产生先入为主的偏见，以为只要腿长或脚多，就一定跑得快。然而像故事中的蜈蚣一样，虽然脚多，却不见得跑得快。所以，客观地评估价一个人的优缺点对于选择人才是很有必要的。尤其对人事主管而言，在招聘或任用时，更应站在不偏不倚的角度，去除个人的偏见，甚至发展或建立一套客观的评估标准来选择合适的人才，才不会造成人力资源的虚耗。

在选拔人才时只将合适的人请上车还不够，还要定期将不适合企业的人请下车。老鹰是所有鸟类中最强壮的种群，根据动物学家所作的研究，这可能与老鹰的喂食习惯有关。

老鹰一次孵出四五只小鹰，由于它们的巢穴很高，所以猎捕回来的食物一次只能喂食一只小鹰，而老鹰的喂食方式并不是依平等的原则，而是哪一只小鹰抢得凶就给谁吃。在此情况下，瘦弱的小鹰吃不到食物都死了，最凶狠的存活下来，代代相传，老鹰一族愈来愈强壮。

这个故事告诉我们：适者生存，公平不能成为组织中的公认原则，组织如果没有适当的淘汰制度，常会因为一些小仁小义而耽误了进化，在竞争的环境中将会遭到自然淘汰。

一般而言，企业里往往有四种人：

第一种是为国家创造财富、为企业增加积累的人；

第二种是不思进取但求无过的人；

第三种是赚钱买花戴的人；

第四种是职位低、权力大的人。

对于第一种人，领导者应该积极鼓励；对于第二种人，领导者要稳定；对于第三、四种人，领导者则有必要进行教育。

然而，如果教育之后，他们仍旧是停滞不前，不思进取，那就应该采取果断措施——辞退。企业里的人才要有进有出，绝不能像死水一潭，要让员工有危机感，坚信人无压力，便无动力。

知人善任的能力不可少

人才是企业永恒的资本和决定因素，优秀的领导者要具有一双"慧眼"，善识人才，善用人才。识人准确，用人恰当，辨其贤愚，端其良莠，让藏龙腾飞，卧虎猛跃，在激烈的企业竞争中，只有知人善任才能战无不胜。

"知人"是"善任"的前提条件，用好人才，必须首先做到"知人"。所谓"知人"，不仅应"知"人才的长处和短处，而且要"知"人才的过去和现在，更要"知"人才的将来。例如，有的人雄才大略，既有战略眼光，又有组织才能，可以放在决策部门担任领导工作；有的人思想活跃，知识面广，综合能力强，既有真知灼见，又能秉公直言，可以担任智囊参谋部的工作；有的人铁面无私，耿直公正，执法如山，联系群众，可以从事监察工作；有的人社交能力强，适合采购、推销部门；有的人语言表达能力强，适宜放在宣传教育部门。

所谓"善任"，就是选拔人才加以任用时，领导者要善于发挥人才的长处，克服其短处。善于调动人才的积极性，从各方面为人才才能的充分发挥创造条件。企业用人最忌讳勉为其难。人有共性，也有个性，每个人既有与其他人相同的地方，也有其独特的地方。如果领导者能用人所长，那么他就能大显身手，而如果领导者用人所短，勉为其难，那实在是不明智之举。

美国前总统罗斯福就是一个知人善任的总统，他于1933年上台以后，就雷厉风行地推行大规模的改良政策——"新政"，缓解了美国的经济危机，使美国经济走出困境。

在实施新政过程中，罗斯福针对当时美国严峻的形式，并不以政见取人，只要是有助于恢复经济，无论是持有新思想、新主张的还是具有正统思想的，他都一概将他们吸收到内阁里，从而大大提高了政府的综合决策能力。

罗斯福组织内阁，对内阁成员的任命虽然不拘一格，可是他任命的内阁成员在工作中都发挥了不可估量的作用。最有影响的一个是预算局长道格拉斯，他协助罗斯福实行节约政策，作出了非常出色的成绩，以致罗斯福在就职一个月后就称他为"政府发现的用途很广的最大宝物"。因为道格拉斯把钱袋的绳子抓得很紧，很快他就获得了"决一死战的预算平衡家"这一美名。

值得一提的是，罗斯福的用人智慧完全是建立在"知人"的基础上的。然而现代企业中存在一种误区，一些领导为了显示自己对人才的重视，一开始就授予这些人很大的权力，并给予很高的福利待遇。

尽管这些领导者顺利地留下了人才，但是其带来的消极作用也非常明显：首先，很多人来到企业并不是真的做事，而是看中企业在招聘时开出的职位或待遇，缺乏对企业的认同感；其次，享受这些优待的人才会产生一种莫名的优越感，从而会形成一种不正常的心态，不利于形成踏实的工作作风；再次，其他下属并不一定买他的账，从而不利于人才权威的树立和企业共同理念的形成；最后，由于缺乏经验或者对企业实际的了解，这些人才难免会出现工作上的失误，通常这些工作失误对他们来说是毁灭性的，因为这会使得企业对他们的期望值下降。

因此，企业领导者若想发挥人才真正的潜能，就必须向罗斯福学习，做到"知人善任"。一个领导者是否做到"知人善任"，可以从以下几个方面进行判断：

（1）任用此人是否符合人尽其才的原则，其担子是轻了还是重了？

（2）任用此人是发挥了其长处还是限制了其长处？

（3）任用此人是否符合人才群体结构和理论的要求？

（4）任用此人对面前的工作困难，有没有力量克服？困难来自何方？

（5）此人能否在工作岗位上有所建树？发展趋势如何？

通过对以上问题的反思，领导者可以自我检验"知人善任"的程度，或者可以发现自己过去用人不当之处。

领导者只有充分做好人才的知人善任工作，才能发挥人才的潜能，为企业发展贡献一份力量。否则，就会阻碍企业的发展。

掌握方与圆的用人智慧

在企业中，领导要掌握方与圆的智慧。"方"指用人的原则性，包括用人的规范和范围，是用人的内在要求。"圆"指用人的灵活性，包括用人的技艺和策略，是用人的艺术形式。方与圆的智慧其实就是"方"与"圆"的辩证统一，也就是原则性与灵活性的有机结合。过于求"方"，可能有"迂腐"之嫌，会导致下级和员工敬而远之；过于求"圆"，则会有"圆滑"之嫌。出现这样的结果，都是管理者没有掌握方与圆智慧的缘故，没有通过运用方与圆的智慧发挥人才的最大效益，是领导不称职的表现。

如果你想成为一名称职的领导，就必须做到"方"与"圆"的辩证统一。那究竟如何做到方与圆的统一呢？就是在管理过程中要方中有圆，圆中有方，方圆相济，方圆适应。

具体地说，有以下几个方面。

1. 开局需先圆后方

开局即领导刚刚走马上任之时。俗话说，"新官上任三把火"，作为领导，就一定要把这"三把火"烧出艺术来，不能烧得太急。因为这时即使自己有不少的抱负，由于对新环境不熟悉，要经过一段时间的摸索才能逐渐进入角色，才能把自己的抱负付诸实施。三把火烧好了，有利于领导者以后顺利打开工作局面。开局用人艺术应该是先圆后方，首先着眼于人际沟通，与上级的沟通，与同级的沟通，与下属的沟通。着力于调查研究，增进相互了解，逐步在领导活动中扩大用人权的使用范围，由圆而方。

2. 进局需外圆内方

进局是指开局过后，新的领导者要改变或发展前任领导留下的局面，形成自己用人风格的领导过程。这时的用人艺术是：在继承和模仿中融入己见，在容忍中纠错。对于前任领导的用人弊端既要有宽宏的肚量，又不能为求稳定而因循守旧；对前任领导的成功用人之道，要继承和发扬，通过兴利除弊来形成自己的用人之道，这就叫作外圆内方。

3. 中局需人方我圆

中局是指进局过后，领导可以而且应该站在源头，以开拓和创新的用人气概作出自己贡献的时期。这个时期领导者要讲究人方我圆的用人艺术。这种用人艺术的关键之处在于充分调动人的积极性，也就是我们常说的用干部出主意。主意出得好，用人用得好，就可以让别人按照自己的意图主动去开拓创新，领导只需适当介入，着重从旁观察、背后支持和当面制约，并不断地探索，不断地总结经验。

4. 定局需上圆下方

定局是指领导者形成自己相对稳定的领导格局的状态。在这种状态下总体上代谢减弱，以维护自己的领导格局与开拓兼顾为宜。这一时期，领导对上级的工作意图要彻底掌握，不能完全自行其是，应该把自己在用人方面的开拓与创新也纳入上级领导的范畴之中，做到原则性与灵活性相统一，这就是"上圆"。所谓"下方"，是指领导在这一时期用人必须坚持原则，排除各种制约因素，只要自己认准了的，就应当坚持到底，而不应畏缩不前。

5. 选才需腹圆背方

所谓"腹圆"，是指领导在行使用人权时应该有开放的心态和容才的海量，善于接纳各种类型的人才，知人善任，不要怕他们"分权"。所谓"背方"，是指领导用人时要坚持标准，严格要求，公道正派，切不可任人唯亲。

6. 立威需近圆远方

领导通过一系列手段建立自己的威信叫作立威。对领导而言，至少需要立两种"威"：一是在企业中的威信，二是在行业中的威信。前者可使领导有效地实现领导目的，后者能使领导及其单位在社会上树立良好形象，吸引各种人才的关注与兴趣。领导立威艺术在于近圆远方。

所谓"近圆"，是指领导在企业内部要充分尊重各类人才，善于听取他们的意见，尊重他们的意愿，多为他们排忧解难，多为他们办好事、办实事。所谓"远方"，是指领导在参与各种外界活动的过程中，要坚持站在本企业的立场上代表本企业的利益，这"方"是维护本单位以及本企业人才的合法权益，而不能用损害他们的利益来换取别人的好感。

7. 激励需形圆神方

激励的目的在于调动人的积极因素，团结和谐，形成群体合力。所谓"形圆"，是指激励时要注意手段和方法，并加以灵活应用。所谓"神方"，是指激励必须坚持正确的原则，即针对不同需要，注重工作和人才本身，努力做到公正、公平。

8. 处世需方圆兼顾

企业是一个复杂的群体，人与人之间的各种争端和矛盾不可避免。领导在处理争端和矛盾时一定要做到方圆兼顾，既要通情达理，又要合情合理，不能失之偏颇。只有方圆兼顾，才能公正；只有公正，才能平衡，才能减少人才的内耗与矛盾。

9. 协调需小圆大方

沟通协调，是领导处理人才之间相互关系常用的方式，它的艺术在于小圆大方。所谓小圆大方，即在整体上和方向上坚持原则，在细节与局部上宽宏大量。领导要把握好原则与细节、整体与局部的关系：其一，求大同存小异，求"大方"而可"小圆"。其二，善于"委曲求全"，增加人才之间的相互依赖与信任。

10. 建立领导模式需表圆本方

"表圆"旨在保住新用人模式的认同基础，以免格格不入；"本方"旨在继承中发挥自己的优势，形成自己的独特风格，把人才对前任领导的认同慢慢转移到自己身上来。

来说是非者，便是是非人

任何团队或组织中都会有一些喜欢搬弄是非、挑拨离间的人，领导者要对这些人保持足够的警惕，不能耳根发软，听信他们的离间之语，而导致在用人方面作出错误的决策。离间术能扩大人与人之间的分歧，或加深误会，或编造谎言、制造矛盾、破坏他人团结。离间术的目的就是使人人为己，抑人扬己，损人利己。作为领导者，在对下属产生怀疑时，一定要警惕离间术乘虚而入。"来说是非者，便是是非人"，领导者在用人问题上，我们要警惕某些人因为种种原因而采取的离间术。

一般情况下，离间术有以下特征。

1. 目的性

任何离间术都有其明确的目的。只有在目的的驱使下，离间的所有行为才可以表现出实际意义。离间有时是为了获取个人的某种利益，有时则表现为满足个人的某种心理，有时也可能是为了小集团的利益，但无论如何，它都是建立在私欲、颓废、反动之上的。离间者的目的不在离间过程本身，而在于达到离间之后的结果。

2. 隐蔽性

离间者的目的决定了行为的隐蔽性。因为伴随着离间术的实施，离间者对被离间者的侵害行为已经开始，而这种侵害又是巧借被离间者之间的摩擦力量去进行的，况且，一旦离间成功，被离间者的利益受损则是绝对的，所以，离间者只有使被离间者在表面上知情，而不能在根本上知底，才能达到他离间的目的。因此，隐蔽性贯穿在离间活动的始终。

3. 欺骗性

离间的隐蔽性决定了离间手段的欺骗性。因为离间是一种侵害行为，而且要借助客体之间的摩擦力量才能实施，又要做到隐蔽得"天衣无缝"，这就很难采取正当公开的手段实施。所以，离间者往往会制造假象欺骗客体，使其产生错觉，作出错误的判断，形成错误的认识，以便让对方在不知不觉中落入圈套。

离间术虽然有以上三个方面的特征，但是也并非是不可破译的。要想破译离间术，需从以下三个方面进行分析。

首先，是联系分析。任何离间者要想达到离间他人的目的，必然要与被离间者发生这样那样或明或暗的联系。因为没有联系就无法借助客体之间的摩擦力量，再高明的离间术也无法得以实施。因此，谁突如其来地与你发生联系，谁就有可能在实施离间术。

其次，是利益分析。一般来说，离间术通常是伴随着利益冲突而实施的，而离间者往往又是被离间者发生矛盾后的直接或间接受益者。因此，领导者对人际冲突制造者的利益得失进行分析，就会有利于识破离间者的真面目。

最后，是反常分析。任何离间术，无论如何高明绝伦，只要它付诸实施，就一定会留下一些反常的痕迹。因此，领导者要对反常的蹊跷行为进行认真分析，进而反向思维，弄清人际冲突的来龙去脉，这对于破译离间术很有帮助。

总而言之，离间术的破译应建立在对其行为特征的综合分析之上，领导者既不能盲目猜疑，又不可掉以轻心。

疑人不用，用人不疑

"疑人不用，用人不疑"的核心就是"信任"。作为一个合格的领导者，具备这样的用人之道，毫无疑问是其最基本的素质之一。但是，在具体运作的时候，很多人会觉得真正做到这一点是十分困难的。

与员工建立良好的信任关系，是领导者试图达到的一种理想的用人状态。所谓"疑人不用，用人不疑"，讲的就是这个道理。问题的关键是：你如何在用权的时候赢得下属的信任，或者如何使下属对你的权力支配心甘情愿呢？一些领导者之所以紧抓住权力，其中一个重要的原因就是不信任下属，怕下属把事情办砸了。因此，领导者放权的一个前提就是信任下属。没有信任，上下级之间很难沟通，很难把一件事处理好，这样，领导用起人来就很困难，甚至受到阻碍。

信任下属——要做到这一点，必须用人不疑，疑人不用！这就是说，必须是在可以信任的基础上用人，否则可以坚决弃而不用。因为没有信任感地用人，即使委以重任，也形同虚设，起不到应该起的作用。"疑人"是必要的，但不是"用人"的前提。假如一个员工某些方面存在严重不足，已经属于"疑人"范围，要么弃而不用，要么等到条件成熟后再用，不必非要冒险，这是常识。

日本人曾盛誉松下公司创始人松下幸之助为"用人魔鬼"。他在用人方面，就很有手腕。

松下幸之助是一位在日本企业界，乃至全世界的企业家中大名鼎鼎的人物，被誉为日本的"经营之神"。在日本现代企业经营史上，获得成功的大小企业家数不胜数，但只有松下幸之助一人被誉为"经营之神"。之所以如此，是因为他不仅是一个白手起家的成功者，而且是一个优秀的企业经营思想家。

松下幸之助的成功，与他的用人之道分不开。松下幸之助可以称得上是用人不疑，疑人不用的企业家的典范。他的秘诀之一，就是充分相信自己的下属，最大限度地调动他们的工作热情和积极性。

在松下幸之助还只是个 20 岁的小伙子时，对人的理解就已经达到了相当高的水准。当时日本流行一种用沥青、石棉和石灰等构成的烧制材料。为了维护各自的利益，一般的企业都把这种烧制材料的制作配方作为企业的秘密严加保护，除了亲属，绝不外泄。

但是，年轻的松下幸之助却一反常规，他不仅不对自己的员工保守秘密，而且还毫不犹豫地将技术传授给刚招进厂的新职工。有些人很为他担心，松下幸之助却不以为然地说："只要说明原委，新职工是不会轻易背信弃义随便向外泄露秘密的。重要的是相互信任，否则不仅事业得不到发展，也无法造就出人才。"结果，他的工厂不仅没有发生泄密的事情，而且还收到了良好的效果，职工因受到信赖而心情舒畅，生产热情十分高涨。

这件事也让松下幸之助初次尝到了用人不疑的甜头。后来松下幸之助为了扩大市场，需要在西海岸的金泽市开办一家营业所，推销产品，为此必须派出一名主任领导这项工作。在营业所主任的人选上，他看中了一名初中毕业参加工作才两年的年轻人。别人认为这个小伙子没有经验，资历也不够，但松下幸之助坚持己见，破格提拔他为主任。

松下幸之助对这个年轻人说了这样一段话："你已经 20 岁了，这个年龄在古代已是武士到阵前取回敌方大将首级的年龄了。你也有了两年的工作经验，一定可以胜任这个职位。至于做生意的方法，你认为怎样做对，你就怎样去做。你一定会干好的，你要相信自己。"

结果，这个年轻人因为松下幸之助的充分信任而激动万分。他信心十足地率领派给他的两个学徒在新的地点拼命工作，不仅很快打开了局面，而且获得了极大的成功。

这件事一直是松下幸之助最为自豪的往事。松下幸之助从这件事得出了这样的结论："人只要有了自觉性和责任心，就有力量去完成乍看起来好像不可能完成的困难任务。"

松下幸之助的用人之道至今在日本的企业界被到处传诵着。他的成功，除了具有胆识和魄力以外，还主要源于他对人的了解。只有充分了解各种各样的人，才有可能从中发现人才，并将其放到能发挥作用的地方，合理使用人才。银行界大亨摩根把他无数的钱财，全部交给属下分别掌管，这并非是他不重视这些钱财，而是他已经训练出他的属下具有了确实负起责任而无疏忽大意的能力。当然，摩根的信任绝非盲目，他先将小的责任交给手下人，待手下人陆续用事实证明自己确实可信任时，再委以重任。

可见企业领导者最好的用人办法是给员工充分的信任和鼓励，大胆起用人才，做到疑人不用，用人不疑。

关键岗位敢用外人

企业除了要最大限度开发利用好自身的人力资源，还要善于利用外部的人力资源。借助他人为自己谋利，善于借用他人的力量为自己的企业创造财富。"好风凭借力，送我上青云"，借助他人之力能促进企业少投入多产出，飞速发展，走向辉煌。尤其在一些关键岗位上，敢用外人，更能体现出领导者的胸怀和魄力。

1. 领导者要善于发挥智囊团的作用

现代社会纷繁复杂，政治、经济、文化各个巨大系统纵横交织在一起，而现代科学技术和生产力的飞跃发展，又使社会中的各个系统都处在不断变化之中。面对如此复杂且不断变化的社会，任何高明的领导者，都不可能单靠一己之力做成大事。他还必须借用他人的力量，即发挥智囊人物或团体的决策参谋作用。而智囊人物往往担任企业的关键岗位，领导者要敢用外人才能有助于获得更多更好的建议，利于企业的发展。

在现代企业，决策具备"断""谋"分家的特点。"断"是领导者的决策，"谋"则是指专门智囊人物或团体想出的各种方案。在领导者决策之前，智囊团积极地发挥作用，为领导者提供各种信息资料，拟订各种可供选择的方案。然后领导者再查看每种方案，作出最后决策。可以说，现代企业领导者的决策正是智囊团"谋"的结晶。因此，任何一位高明的领导者都必须充分认识智囊团的功能，并积极发挥其作用。

2. 尊重贤士，视其为知己

智囊人员并不是在任何时候都表现得很高明，也不是处处比领导者厉害，领导者决不是事事必须听他们的意见，但是，智囊人员的确是学有专长，在某些方面比领导者了解得更多更透彻。富有才华的领导者也不可能处处高明，只有借用智囊人员的高明之处，才能真正做到决策中万无一失。因此，领导者切忌刚愎自用，端着架子指使别人，而应该虚怀若谷，恭以待人。只有这样，善于借用外脑，才能算得上是真正高明的领导者。

3. 不设任何限制，任其自主

领导者不应以任何形式把自己的主观意志强加给智囊人员，而只需积极地为他们创造一个独立进行工作的环境。领导者必须尊重他们工作的独立性，不干涉他们的工作，让他们通过研究得出他们自己认为是科学的结论。这样才能真正让智囊团发挥作用。

4. 兼听百家，决断自主

领导者要有"兼听"的胸怀，应认真借助咨询机构的力量，但是又不能为智囊人员的意见所左右。毕竟最终作出决策的还是领导者本人。

俗话说："一个篱笆三个桩，一个好汉三个帮。"一个人再怎么聪明，再怎么能干，终究不过是一个人而已。

作为领导者最大限度地发挥多数人的主观能动作用，比起只相信自己，只靠自己劳神苦思的孤家寡人策略要高明得多。

善于用人之长，避人之短

《淮南子·道应训》中有记载：

楚将子发非常喜欢结交有一技之长的人，并把他们招揽到麾下。当时有一个其貌不扬、号称"神偷"的人，子发对此人也是非常尊敬，待为上宾。有一次，齐国进犯楚国，子发率军迎敌。由于齐军强大，三次交战，楚军三次败北。正当子发一筹莫展的时候，那位其貌不扬的"神偷"主动请战。当天夜里，在夜幕的掩护下，"神偷"将齐军主帅的帷帐偷了回来。第二天，子发派使者将帷帐送还给齐军主帅，并对他说："我们出去打柴的士兵捡到您的帷帐，特地赶来奉还。"那天晚上，"神偷"又将齐军主帅的枕头偷来，然后又于次日由子发派人送还。第三天晚上，"神偷"又将齐军主帅头上的发簪子偷来，次日，子发照样派人送还。齐军士兵听说此事，甚为恐惧，主帅惊骇地对手下们说："如果再不撤退，恐怕子发要派人来取我的人头了。"于是，齐军不战而退。

一个企业需要的人才是多种多样的，同时，每个人也只能够在某一方面或某几个方面比较出色，不可能在各个方面都非常出色。高明的领导者在用人时，不会盯住人才的缺点，而是发现人才的长处，让他的某方面特长能为团队的事业作出贡献。

　　明代永乐皇帝朱棣是一位很有作为的皇帝。他当皇帝二十多年，摸索出了"君子与小人"的一套用人经验。有一次，他和内阁辅臣聊天时谈到用人，对现任的六部大臣逐一评价，说了一句："某某是君子中的君子，某某是小人中的小人。"这两个人当时一个是吏部尚书，一个是户部尚书。

　　用"君子中的君子"我们很容易理解，举国上下那么多人，为什么朱棣还要让一位"小人中的小人"担任那么重要的职位呢？这正是朱棣用人高明的地方：让"君子中的君子"做吏部尚书，不会结党营私，把自己的门生、亲戚和朋友全部安排到重要岗位上，而是以国家利益为重，为国家、朝廷选拔人才；而"小人中的小人"做户部尚书，能为了把财税收起来不择手段。朱棣每年的军费开支非常大，正常的财政收入根本无法应付，除常规的赋税外，每年还必须要有大量的额外收入来支撑军费。所以他必须找一个会给他搞钱的"小人"。

　　有人说：没有平庸的下属，只有平庸的领导。每个人都是长与短的统一体，任何人只能在某一领域是人才，一旦离开他精通的领域，人才就会变成庸才。因此领导者在用人时，只能是择其长者而用之，恕其短者而避之。任何人的长处，大都有其固有的条件和适用范围。长，只是在特定领域里的"长"。如果不顾条件和范围，随意安排，长处就可能变成短处。

　　有那么一位颇具盛名的女园艺工程师，专业上很有造诣。不料被上司选中，一下子提为某局局长。结果，女工程师的业务用不上了，对局长的工作呢，既不擅长，又不乐意干，两头受损失，精神很苦恼。这就叫作"舍长就短"。举人者也是出于好心，想重用人才，但由于不懂用人的"长短之道"，反而浪费了人才，造成了新的外行。

　　领导者应以每个下属的专长为思考点，安排适当的位置，并依照下属的优缺点，作机动性调整，让团队发挥最大的效能。最糟糕的领导就是漠视下属的短处，随意任用，结果总是使下属不能克服短处而恣意妄为。一个成功的领导者，在带领成员时，并不是不知道人有短处，而是知道他的最大任务在于发挥他人的长处。

　　然而，如果一个人的短处足以妨碍其长处的发挥，或者妨碍到团队组织的纪律、正常运作与发展时，那么领导者就不能视而不见，而且必须严正地处理了。尤其是在品德操守方面，正所谓：人的品德与正直，其本身并不一定能成就什么，但是一个人在品德与正直方面如果有缺点，则足以败事。所以，领导者要容忍短处，但也要设定判断及处理的准则。

敢于用比自己强的人

敢不敢用比自己强的人？这恐怕是领导者在用人中对自己最大的考验，同样也是老板最容易犯的错误。

"他都比我强了，那别的员工眼里，他是老板还是我是老板？"

有些领导者认为：（1）别人比他强就意味着自己不称职，同时意味着会在员工心目中丧失威信，而后就做不了老板。（2）员工中有比自己强的人，那他一定会对自己的位置虎视眈眈，总想取而代之，不能养虎为患。（3）有能力的人或多或少都是有野心的，明知等他们强大后会自立门户，为何却还要给他营造个发展的机会，多个强劲的对手呢？（4）在企业，我称老二就不能有人敢称老大……

在这类心态的支配下，领导者往往就希望别人无限放大他的才能，而他自己却无限缩小别人的才能。当员工工作取得比领导者好的成绩，获得更多的支持时，领导者就会觉得他们是在树立自己的威信并且威胁到他的领导权。领导者在这种心态支配下，势必会严重挫伤这些员工的积极性。

其实，一个优秀的领导者，想获得成功，不是要处心积虑地去压制属下，而是要想方设法雇用比自己优秀的人，并且让他们受到重用，让这些比自己更优秀的人来效忠。

全球零售巨头沃尔玛的总裁李·斯科特，就是一位敢于聘用比自己更优秀的的人的领导者。

1995 年，斯科特雇用了一个员工迈克·杜克负责物流工作，向自己汇报。到现在，迈克已经是沃尔玛的副主席了。

当时迈克被提升接管物流部门的同时，斯科特自己也升职了。那一天他正在法国，忽然收到了一封传真，调任他做新的销售部总经理。

这让斯科特有点吃惊，之前他一直负责物流和仓储运输，从来没有从买方的角度来工作。于是他就问老板为什么要自己来负责全球最大零售商的销售，得到的答案是：因为斯科特可以找到一个雇员，做得比自己还好。即使斯科特把销售部搞得一团糟的时候，至少还有迈克可以让物流部保持原样！

正因此，斯科特一直认为是因为他雇用了比自己更强的人，他才能够走到今天这一步。

凡是想要成大事的人，都应该像斯科特一样，能把比自己强的人招揽到自己旗下，并诚心相待。

美国的钢铁大王卡内基的墓碑上刻着："一位知道选用比他本人能力更强的人来为他工作的人安息在这里。"卡内基的成功在于善用比自己强的人。在知识经济时代，领导者就更需要有敢于和善于使用比自己强的人才的胆量和能力。

领导者要想成功，除敢用比自己强的人外，还要做到以下3点：

（1）领导者要具备足够的胆量。因为，任用比自己强的人，往往会产生一种"珠玉在侧，觉我形秽"的危机感。作为一名领导，要想做到乐于用比自己强的人，就必须有胆量去克服嫉贤妒能的心理。那些生怕下级比自己强，怕别人超过自己、威胁自己，并采取一切手段压制别人、抬高自己的人，永远不会成为有效的领导者。所以，领导者敢用和善用比自己强的人，一定要有足够的胆量。

（2）"强者"并不等于"完人"。优秀的人才最可贵的地方就在于他有主见、有创新能力，不随波逐流，不任人左右。真正的人才需要具备很强的创造力，能为组织带来绩效及为领导开创局面，甚至其能力超过领导者。然而，他们也并不就是完人，所以领导者还要具备容人之雅量。

（3）要允许失败。失败乃成功之母。在创造性的工作中，失败是常有的事，不能因为他们强就剥夺他们失败的权利。

领导者只有在敢用比自己强的人的基础上做到以上3点，才能真正保证企业在市场上保持持久的竞争力，获得成功。

让下属不好意思失败

许多人都是冰棍做的性子，你越冷，他越硬，能折不能弯。跟你过几招他敢，照顾你几拳他敢，要他服软可就难了。他们声称自己：文打官司武打架，软的硬的全不怕。

实际上，这种人也不是真的什么都不怕，他们也有一样怕的东西。他们怕敬。"你敬我一尺，我敬你一丈。"所以企业领导说下属难管，不是他们不好管，而是管得方法不当。

你看《水浒传》里宋江说服霹雳火秦明的那一段，梁山好汉要杀他时他不服软，可是宋江往地上一跪，一声"将军"称呼下来，立刻让他惊讶不已，再自称一声"罪囚"，就吓得他滚在地上叫"哥哥"，立马就当了朝廷的叛徒。

再看明朝大将常遇春，他也是个天不怕、地不怕的人。普天之下，他就怕两个人，第一个是老婆，第二个是朱元璋。他的老婆并不是一个凶狠彪悍的母夜叉，相反，她知书达理，深明大义。常遇春为什么怕她呢？因为她敬重他，将他当成一个人物，对他寄予厚望。常遇春阵前争锋，屡立战功，有一半的原因就是怕老婆失望。朱元璋虽然是上司，让常遇春害怕的，仍是一个"敬"字。朱元璋同样把常遇春当成一个人物，对他寄予厚望。常遇春出生入死，也是怕朱元璋失望。

在企业中，怕别人敬重，不怕别人贬低的人很多。他们怕表扬，不怕批评。他们觉得自己把事情做得漂漂亮亮很难，但马马虎虎对付却很容易。领导看低他，他正好拣容易的做，马马虎虎对付一下。领导把他看高，他好意难却，只好勉为其难地往好里做。

还有的人生怕别人不贬低他，故意自我贬低，也是这种避难就易的心理在作怪。对付这样的下属，领导最好用的就是一个"敬"字，敬他，让他不好意思失败！

让合适的人做合适的工作

"垃圾只是放错了地方的宝贝。"人们的短处和长处之间并没有绝对的界限，许多短处之中蕴藏着长处。有的人性格倔强，固执己见，但他同时必然颇有主见，不会随波逐流，轻易附和别人意见；有的人办事缓慢，手里不出活，但他同时往往做事有条有理，踏实细致；有的人性格不合群，经常我行我素，但他很可能有诸多奇思妙想，富有创新精神。

因此，用人贵在合适。所有的事都由合适的人去做，所有的人都做相应的事，这样就能充分挖掘人才的潜力，产生巨大的效益。

有一只很富有的蜥蜴，它拥有自己的庄园，手下还有几十名仆人。

最近一段时间，蜥蜴心情很不好，原因就是家里有很多的苍蝇和蚊子，吵得它没办法睡觉。严重的睡眠不足导致它白天没精神、头脑混乱，炒股常买错号，一赔再赔，生意越做越差。

这一天，蜥蜴把家里所有的仆人都召集到一起，说："你们中会捉苍蝇和蚊子的站出来，老爷我有重赏。"

话音刚落，蜻蜓、青蛙、壁虎和蜘蛛就陆续地站了出来。蜥蜴一看有这么多仆人都自告奋勇，对杀"蚊蝇计划"充满信心。它马上开始分派任务——蜻蜓和青蛙负责在自己的卧室捉蚊蝇，壁虎和蜘蛛则负责在水塘捉蚊蝇。任务分派完后，蜥蜴高高兴兴回屋准备睡个好觉。

蜻蜓和青蛙来到了主人的卧室，各自分了工，青蛙在地面上捕捉，蜻蜓在空中捕捉。结果蚊蝇看到青蛙就飞到高处，看到蜻蜓就钻进墙缝，结果把蜻蜓和青蛙累得趴在地上动不了了，它们只好无功而返。

这边，壁虎和蜘蛛也来到水塘边，看到很多蚊蝇在水面上空盘旋，可就是够不着。壁虎一看到水就头晕，蜘蛛结的网也都被水融化了，没有办法，它们也只好无功而返。

第二天，蜥蜴暴跳如雷，一气之下把蜻蜓、青蛙、壁虎和蜘蛛全都解雇了。

蜥蜴永远也不会明白：明明四个捕捉蚊蝇的高手，为什么一到它这儿就变得一无是处了呢？原因就在于它并没有真正地了解它们的特长，没有把适合的人安排到适合的职位。相信如果让蜻蜓和青蛙负责水塘，让壁虎和蜘蛛负责卧室，情况就会完全不一样了。

"尺有所短，寸有所长"，"金无足赤，人无完人"，选择合适的人去做合适的事才是一名领导的用人之道。

在一次工商界聚会中，几位老板谈起自己的经营心得，其中一位说："我有3个不成才的员工，准备找机会将他们炒掉，一个整天嫌这嫌那，专门吹毛求疵；一个杞人忧天，老是害怕工厂有事；还有一个经常摸鱼不上班，整天在外面闲荡鬼混。"另一位老板听后想了想说："既然这样，你就把这3个人让给我吧！"

这3个人第二天到新公司报到，新的老板开始分配工作：喜欢吹毛求疵的人负责管理产品质量；害怕出事的人，让他负责安全保卫及保安系统的管理；喜欢摸鱼的人，让他负责商品宣传，整天在外面跑来跑去。3个人一听职务的分配和自己的个性相符，不禁大为兴奋，兴冲冲地走马上任。过了一段时间，因为这3个人的卖力工作，居然使工厂的营运绩效直线上升，生意蒸蒸日上。

人才并不意味着样样精通，他们只是在某一方面做得特别出色，而有的方面的能力也很一般。让所有的事都由合适的人去做，让所有的人都做相应的事，这样就能充分挖掘人才的潜力，产生巨大的效益。

不要让"助手"变成"对手"

众所周知，再高明的领导者也离不开得力的助手。有了得力的助手，领导者就更能够游刃有余地驰骋商海，取得成功。但是，在严酷的市场竞争中，有时也会出现助手变成对手的可怕现象。遭遇这种情况，往往会使企业处于万分危险的境地。因此，领导者不可不慎。

仔细分析起来，助手变成对手的原因，不外乎以下几种：

（1）助手贪财好利而临阵倒戈。

（2）助手觉得怀才不遇而另投他家。

（3）助手一心谋求"自我发展"，而另立门户。

（4）因领导者自身的弱点，使助手弃他而去。

那么，企业领导要怎么做才能防止助手向对手的蜕变呢？一位哲人说得好：并非每一片乌云都能带来风暴，然而一切风暴来临前却必定有乌云。在助手变成对手之前，肯定也会有大量的征兆，精明的领导者必定能从中发现不少蛛丝马迹，从而及时化解危机。

不过，要想彻底防止助手变成对手，领导者还应防微杜渐，从点点滴滴的小事做起，让助手变得忠心。

（1）领导者在选择自己的助手时，要仔细考察对方的品行如何，这一点很重要。不少领导喜欢"量才录用"，这固然不错，但是，有才者未必一定就有德，选择助手一定要德才兼备才行。

李总是某投资公司的负责人，无论他出现在什么场合，身旁总带着那位其貌不扬、憨厚笃实的助手。接触多了，大家渐渐发现，李总的那位助手在公司并非精明能干之流，只是一个中等人才而已。于是，有人禁不住好奇，询问李总为什么不选一个才华横溢、能力超群的人做自己的助手。李总淡淡一笑："人才固然好，但是他们多不安分，总是这山望着那山高，一有机会，就可能要'人往高处走'，到那时，他的才华越高，能力越强，对本公司的威胁也就越大。既然一流人才不好留，我们干脆就选用那些顾全大局、勤勉肯干的中等人才，这样有利于公司的稳定和发展。"虽然李总的话并不完全准确，但是也从另一个角度揭示了领导者在决定助手人选时应考虑的一面。

（2）领导者一旦选定自己的助手，就要像老师对待徒弟一样倍加爱护、严加指导，并且用之不疑，大胆地让其行使自己的权力。千万不要认为，对方不过是自己的助手，事事都必须由自己支配，从而束缚了助手的手脚，使他的才华得不到充分的发挥。要知道，领导者适当地下放权力，助手们的工作会变得更加主动积极。

（3）领导者要多给助手一些"感情投资"。根据马斯洛的原理，人的需求分为5个层次，对物质利益的需求只是一种低层次的要求，人们往往在物质基本能满足自己的一般需求后就希望实现更高层次的需求，即精神需求。尤其是在如今这个生活节奏越来越快的社会，人们对精神方面的需求日趋强烈。而领导者适时的关心、发自内心的欣赏和爱护、真诚的赞美与尊重，这些都会使领导者与助手们形成一种亲密的战友关系，在这种情况下，助手才可能是永远忠心耿耿的助手。

总之，警惕助手变对手的最好方式莫过于让助手时刻觉得自己的利益和命运与公司休戚与共，这对于所有希望梦想成真的领导者来说，都是一门必须掌握的艺术。

成功的领导都离不开得力的助手。但正因为助手位置的举足轻重，又必须谨慎防止出现助手变对手的局面。其根本方法，首要的是选择德才兼备的人，其次要严加指导、倍加爱护、放手使用，再次要多一些"感情投资"，建立一种休戚与共的关系。

有幸得到一个好助手，就不要换来换去

聪明的领导都知道一个好的助手对自己的意义有多大：一个好的助手胜过一大沓存单。因为一个好的助手对于领导者而言，不仅仅是增加了金钱方面的优势，更重要的是他能为领导分担很多精神上的负担，能够让领导从一些琐碎繁杂的事情中脱身，有真正的放松和休闲的时间。

所以，很多领导者都在寻找好的助手。他们知道，"智者当借力而行"。真正聪明的领导者永远都不嫌助手太好。而绝大多数的领导者认为，最好的助手一个最基本也最可贵的品质就是忠诚。

　　著名商业大师巴纳姆认为："如果你得到一个好帮手，最好能一直把他留在身边，而不要换来换去。他每天都能够有新的收获，你可以因为他经验的积累而获益匪浅。他对你的影响力今年比去年大，如果他没有不良的习惯并且一直对你忠心耿耿，无论如何你都不应该让他离开。"因为忠诚对于领导而言，不仅是利益的需要还是精神的需要。但并不是每一个助手都能对领导忠心。一旦助手背叛领导，那对领导者而言会比失去了一个绝好的商业机会更为痛心。

　　所以，如果领导者有幸得到一个好助手，就不要换来换去。

·第八章·

充分授权：放开下属的手脚，束缚自己的权欲

领导者不可能将所有的事情一揽己身，亦不能通晓所有的知识。授权予下，不仅可以使领导者自己从繁忙的工作中解脱出来，更可以增强下属的工作积极性，发挥其主动性。这种一箭双雕的事情，是每位领导者都应学会做的。

信任是授权不可动摇的根基

领导者之所以授予某人权力，是因为领导者信任他，授权是信任的结果，而一旦授权，就要信任员工，所以，信任又是授权的开始，授权最主要的是信任，"用人不疑，疑人不用"。没有信任，就不能授权；缺乏信任，就会授权失败。

作为一名合格的领导者，信任和激励下属并不是一件难事，但是有相当多失败的领导者却对授权不知所措，甚至怀疑员工的工作能力。

许多领导者不信任员工的能力，担心员工没有完全自由运用权力和制定正确决策的能力，觉得与其授权，还不如亲自解决。的确，一些公司现有的员工队伍，由于绝大部分人员是从先前的其他岗位转变而来，确实存在一些人能力偏低的现象，但是，每个人的能力都是在工作实践中锻炼出来的，没有哪个人的能力是与生俱来的，包括领导者本人。

还有一些领导者，担心员工出错。这种担心是正常的，因为不少员工没有经验或者能力欠佳。领导者一定要允许员工犯错误，如果不允许犯错误，实际上也不会有什么授权。举个例子，你去学开车，教练要给你充分授权，否则你就学不会开车。实际上，教练担心你开不好车，怕你出车祸，但同时，教练又不得不授权给你做，要不然你永远都开不了车。那么，教练怎样教你才对？如果教练发现你在转弯时使用方向盘出错，只要你不发生车祸，教练就应该等你转了弯以后再跟你说做错了，教练必须给你犯错误的机会。如果你每一次做得都不好，教练

367

就骂你，这样做的结果，不但没有让你学得更快，反而使你更加紧张，出更多错，甚至使你丧失继续开车的勇气。所以，领导者在进行授权时，首先应当建立这样一种信念：错误是授权的一部分。也就是说，要让员工百分之百地按照领导者的意图来完成工作是不大可能的，员工在完成任务的过程中出现一些错误是正常的。

领导者授权给员工必须对其信任，信任是成功授权的关键，也是成功的领导者一个不可或缺的重要内容。

有关资料显示，世界 500 强企业中有 99% 的企业非常重视员工的忠诚度，特别是他们的领导者授权给他们时，着重强调每一位领导者必须信任他们的员工。

如果你是一名优秀的领导者，特别是你授权给下属的时候，一定要信任他们，因为授权的成功与否，信任是其中一个非常重要的因素。

信任，是惠普成功的一个不可或缺的因素。领导者们深知，对员工的信任能够让员工愿意担负更多的责任，从而能充分发扬公司的团队合作精神。要完成公司的目标，就必须得到公司各层员工的理解和支持，相信他们，允许他们在致力于自己或公司目标的实现中有充分的灵活性，从而帮助公司制订出最适于其运作和组织的行事方式和计划。

在惠普，存放电气和机械零件的实验室备品库是全面开放的。这种全面开放不仅允许工程师在工作中任意取用，而且实际上还鼓励他们拿回家供个人使用。惠普认为，不管工程师们拿这些零件做的事是否与其工作有关，总之只要他们摆弄这些玩意儿就总能学到点东西。

授权给员工的前提是信任。信任是授权的根基。只有充分信任，才能合理授权，否则授权会失去意义。

授权也应因人而异

大多数领导者的下属并不是个个都很出色。团队中总有这样或那样的员工令人不太满意。如果领导者能根据每个人的特点及你的战略思路对所有员工都适当授权，不仅可大大提高领导者的工作效率，克服总是使用"得力"下属所带来的负面影响，还可以化腐朽为神奇，促进团队作风的形成，减少内耗，使整个团队的工作事半功倍。

从理论上讲，一个较为完善的组织里，应由哪些人接受授权，是应该早已确定的，是遵循一定规则的。作为领导者，如果偏离了这一规则，而又无足够的理由，就可能伤害一些下属的感情。

领导者确定授权人选时，有两类人是最重要的，这两类人也常常被领导者认为是"得力人选"。

一类是"法定"代理人。这类人不一定能力最强，但地位或资历一定是仅次于领导的，一旦领导者不在，他就理当成为充当维持局面的角色。可以向这类人分配的工作，应以荣誉性、充数性、维持性的工作为主，比如：出席一些二流会议，接待一些不那么重要却非见不可的来访，在领导者外出时（哪怕是极其短暂的时间）为领导者看看"摊子"，等等。

另一类是潜在"接班人"。他们不一定是代理人，却极具资质和潜力。可让他们参与并为你分担一些重要工作的预案准备、前期铺垫及后期扫尾工作，更成熟时，可独立、半独立地从事一些较重要的项目。从组织学角度来看，潜在接班人的最佳人数应为两人，以起到竞争和"备份"的作用。

上面这两种人物是最重要的人，他们只占组织中的一少部分。除此以外，在组织中，都或多或少地存在下面这几类人物。

1. "孙悟空式"的人物

这类员工的特点是有能力，但狂妄自大、不太听话。对这种情况，彼得·德鲁克说过："一个有成效的管理者应该懂得，员工得到薪酬是因为他能够完成工作而非能够取悦上级……一个完美无缺的人，实际上不过是个二流人才。才干越高的人，其缺点往往也越显著。"对这类员工，领导者首先要多多委以重任（如重要项目策划等），经常鼓励并与之沟通；但一旦犯了错误，应该严厉批评，不批则已，一批批透，但同时也要给他留些余地和面子，一般不要当众批评。

2. "猪八戒式"的人物

这类员工的特点是有一定的业务能力，但"成事不足，败事有余，毫不利人，专门利己"，而且经常"嫉贤妒能，煽风点火"。对这类员工，领导者依然可委以一些较为重要的工作，但必须与之绝对讲明将要进行检查的地方，并加强监督和批评；如有可能，应列出尽可能详细的项目检查要点清单，定期或突袭按项检查；也可考虑派"悟空"类人物从侧面代为监督，但仅限向领导打"小报告"，而不宜他直接介入其事。

3. "沙僧式"的人物

沙僧的特点是踏实加令人无奈的平庸，缺乏自信。可将领导者手中已做熟的

"套路"类工作交给他，并每完成一项，就大加鼓励，使之逐步树立自信，再逐渐增加工作的难度。

4. 生手

没有一个人不是从生手开始的。虽然"不把工作交给会给你添麻烦的人做"是效率上的一个重要信条，但领导者如果不对生手进行培养，他永远也成不了"熟手"。

生手的优点在于热情高、不会轻易放弃，往往能够从新的角度提出和处理问题。如能适当委派工作，是发现人才苗子的一个非常重要的途径，并有提高组织士气的功效。对于委派新手从事"你才能做的工作"，应格外予以关照，给予鼓励，给予指导并尽量明确告诉他何时何地可以得到何人的何种援助。

俗话说：一样米养百样人。领导者不可能以一付"模子"来套用所有的人；反过来说，如果真的在组织中只有一种类型人的话，那么组织就一定会是一潭死水，毫无生气的。授权要因人而异，重在"物尽其用"上，这样大家才会为着一个共同的目标而各尽其能。

通过授权提升领导力

授权是现代领导的分身术。南希·奥斯汀说："它（授权）是人人都是企业家的现象，这能使每个人都成为经营战略信息流当中的一员，使每个人都成为主人翁。"现代社会，领导者面临政治、科技、经济、社会协调等千头万绪的工作，纵使有天大的本事，光靠自己一个人也是绝对不行的，必须依靠各级各部门的集体智慧和群体功能。这就要根据不同职务，授予下属以职权，使每个人都各司其职，各负其责，各行其权，各得其利，职责权利相结合。如此一来，就能使领导者摆脱烦琐事务，以更多的时间和精力解决全局性的问题，提升领导力。所以与职务相应的权力不是领导者的恩赐，不是你愿不愿给的问题，而是搞好工作的必需。

如何更有效地发挥下属的积极性、创造性，是现代企业管理中令企业领导十分感兴趣的问题，并且，不少企业进行了卓有成效的尝试。当今巴西最负盛名的企业集团——塞氏工业集团，创造出了一种旨在最大限度地发挥员工积极性、创造性的全新管理模式。

塞氏企业是一个生产多种机械设备的大型集团。几年前，理查德·塞姆勒从父亲手中接下塞氏时，它还是个传统的企业。刚开始，塞姆勒也深信拥有纪律的高压管理能创造效益，以统治数字为武器的强干也能主导业务。但在一次生病后，塞姆勒的这种想法发生了彻底的改变。

塞姆勒先是取消公司所有的规定。因为他认为规定只会使奉命行事的人轻松愉快，却妨碍弹性应变。原本在塞氏，每位新进入的员工都会收到一本20页的小册子，重点提醒大家用自己的常识判断解决问题。

而现在，塞氏企业的员工已经可以自定生产目标，不需劳驾管理人员督促，也不要加班费。主管们也享有相当大的自主权，可以自行决定经营策略，不必担心上级会来干预他。最特别的是，员工可以无条件地决定自己的薪水。因为塞氏主动提供全国薪水调查表，让员工比较在其他公司拥有相同技术和责任的人所拿的薪水数目，塞姆勒毫不担心有人会狮子大开口。

员工们也可以自由取阅所有的账册，公司甚至和工会一同设计了专门课程，教全体员工如何看各种财务报表。

每当要做真正重大的决定时，例如要不要兼并某公司等，塞氏将表决权交给公司全体员工，由全公司员工的投票结果决定。

塞氏没有秘书，没有特别助理，因为塞姆勒不希望公司有任何呆板的而又没有发展的职位。全公司上上下下，包括经理在内，人人都要接待访客、收传真、拨电话。塞氏曾做过试验：将一叠文件放进作业流程，结果要3天才送进隔壁办公室对方手里，这更坚定了塞姆勒要精简组织的决心。

塞姆勒不像别的老板那么勤于办公。早上他多半在家里工作，因为他认为那样比较容易集中精神。他甚至还鼓励公司其他经理也像他一样在家里工作。此外，他每年至少出外旅行两个月，每次旅行都不会留下任何联络的电话号码，也不打电话回公司，给塞氏其他领导充分的职权，因为他希望塞氏的每个人都能独立工作。

塞氏继对组织进行变革后，也改变了部门之间的合作方式。比如某个部门不想利用另一个部门的服务，可以自由向外界购买，这种外界竞争的压力使每个人都不敢掉以轻心。塞氏还鼓励员工自行创业，并以优惠的价格出租公司的机器设备给创业的员工，然后再向这些员工开设的公司采购需要的产品。当然，这些创业的员工也可以把产品卖给别人，甚至卖给塞氏的竞争对手。

塞姆勒一点都不担心这样会弄垮塞氏，他说：这样做使公司反应更敏捷，也使员工真正掌握了自己的工作——伙计变成了企业家。

此外，塞氏还进行工作轮调制。每年他们有 20% ~ 25% 的经理互相轮换。塞姆勒认为，人的天性都是闲不住的，在同一个地方待久了，难免会觉得无聊，导致生产力下降，唯一的方法就是轮调。同时由于塞氏的各项工作速度及频率都太快了，这给员工造成了相当大的压力，塞氏非常重视专业再生充电，也就是休假制。因为这可以让员工借此机会重新检讨个人的工作生涯与目标。

令人称道的是，在经济不景气、经济政策混乱的大环境中，塞氏近 12 年来的增长率高达 600%，生产力提高近 7 倍，利润上升 5 倍。无数应届毕业生表示自己有到塞氏工作的意愿。

如果领导者对下属不放权，或放权之后又常常横加干预、指手画脚，必然造成管理混乱。一方面，下属因未获得必要的信任，便会失去积极性；另一方面，这也会使下属产生依赖心理，出了问题便找领导，领导者就会疲于奔命，误了大事。因此，企业领导者要下属担当一定的职责，就要授予相应的权力。这样有利于领导者集中精力抓大事，更有利于增强下属的责任感，充分发挥其积极性和创造性。

接受的工作越重要，员工越有干劲儿

对于人才培养，最重要的是委以重任。要逐渐拓宽被培养者处理工作的范围，这是促其成长的动力。

通常而言，员工都有一种强烈的欲望，希望被别人重视，想多担负一些责任。因为担负了责任，自己就有责任感，换句话说，给了某人责任与权限，他就可以在此权限范围内有自主性，以自己的个性从事新的工作，一旦员工尝到了在重要的工作中获得成就的甘果后，就能调动自身的内在潜力和干劲儿，迸发出更强烈的进取欲望。

所以，领导者要让所有的员工都明白，你希望他们能完成艰巨的工作任务，希望充分发挥他们的水平。

一个人的精力虽然不是无穷无尽的，但是有时候也能发挥出超越自身极限的力量来。员工在困难中的紧张感，对自己的信心，对困难工作的坚决果断，以及坚持到底的热情，不怕苦难必须成功的毅力，这一切融合在一起的时候，就会爆发出巨大的威力，作出原先想不到的成就。

如果员工认为自己的工作不重要，就会在很大程度上影响他的积极性。曾经有一员工说："现在的工作分工越来越细，也越来越单调，如果长期如此，就会越干越没兴趣。"也有员工说："我根本不知道干这份工作有什么意义，简直太乏味了！"可见，如果员工认为自己的工作并不重要，或者对工作的重要性认识不足，那他就看不到工作的价值，也就激发不起他们工作的热情，更无从激发其潜力了。

工作的重要性有两重含义：一是在企业内部，全体员工公认是一项重要的工作；二是从整个社会来看是一项重要工作。

在企业内部，将工作细分之后，其个人承担工作的重要性也就削弱了。领导者要善于授权，并赋予工作以重要意义，从而增强员工的荣誉感和使命感。

一位旅馆经理吩咐一位男服务生去关一间房间的窗户，在这位男服务生可能埋怨只让他做这份本该由女服务员做的简单工作之前，经理就以一种非常慎重的态度告诉他："那间房间的窗帘非常昂贵，你现在必须赶快把窗户关好，否则待会儿刮风下雨，窗帘一旦损坏，就会出现重大损失。"

这位男服务员听完之后，立即飞奔去关窗户了。

这位饭店经理的高明之处在于，他让那位男服务生认为自己负担的责任不仅仅是关窗户而已，还需要他去保护价值昂贵的窗帘。

因此，领导者有必要谨记一点：让对方知道他必须如此做的理由；让对方知道他所担负的某项任务的重要性。

一个人一旦有了成就，就会产生一种满足感，为了获得更大的满足感，他就会作出更大的成就，这就是一种良性循环。

大权紧抓不放，小权及时分散

大权要揽，小权分管。就是说：身为企业领导者，应该负责企业的经营管理，掌管决策大事，保证企业沿着正确的方向发展前进；作为员工应该按照企业制定的方针政策，在分工负责的原则下，各执其事，认真工作。

一个企业犹如一个小社会，政务、业务、事务样样都有，人事、生产、生活一应俱全，每天都有一大堆问题需要处理。面对这种情况，领导者如果事无巨细都亲自去处理，那样就会"拣了芝麻，丢了西瓜"，延误抓大事。领导者只能对那些全面性的、重要的、关键的和意外的问题去亲自处理，把其他问题交由各有关部门和人员去处理。企业无论大小，人员均应有所分工，然后按照分工各执其事，这样既责任明确，不至于误事，也可充分发挥各人的工作积极性。

有的人工作十分繁忙，可以说是"两眼一睁，忙到熄灯"，一年三百六十五天，整天忙得四脚朝天，恨不得将自己分成几块。

这种以力气解决问题的思路太落伍了。出路在于智慧，采取应变分身术：管好该管的事，放下不该自己管的事。

授权是领导者走向成功的分身术。今天，面对着经济、科技和社会协调发展的复杂局势，即使是超群的领导者，也不能独揽一切。领导者尤其是高层领导，其职能已不再是做事，而在于成事了。因此作为领导，并不意味着他什么都得管。应该大权独揽，小权分散。做到权限与权能相适应，权力与责任密切结合，奖惩要兑现，这样做有许多好处。

第一，可以把领导者从琐碎的事务中解脱出来，专门处理重大问题。

第二，可以激发员工的工作热情，增强员工的责任心，提高工作效率。

第三，可以增长员工的能力和才干，有利于培养干部。

第四，可以充分发挥员工的专长，弥补领导者自身才能的不足，也更能发挥领导者的专长。

某公司一位年轻主管负责电视地区分公司的工作，开始的半年里，他每天都是"日理万机"，"百忙之中"渐渐感到力所不及，而公司的员工们并没有如他所希望的那样，以他为榜样，勤勉、主动地工作，反而精神更显低迷。

这种情形引起了这位主管的警觉，他感到一定是自己的管理出了什么问题，才造成这样的状况，而这种情形如不及时得到纠正，后果将是难以设想的。

在经过一番思考甚至斗争之后，他开始试着把要做的所有工作按重要性、难易程度排序，把各项工作分派给适合的员工去完成，自己只负责3件事，一是布置工作，告诉员工该如何去做；二是协助员工，当员工遇到自己权力之外的困难时，出面帮助员工解决困难，否则要求员工自己想办法解决；三是工作的验收，并视员工完成工作的状况给予激励或提醒。

在这样做之后，这位主管惊奇地发现，不但自己有了被"解放"的感觉，员工们也开始表现出极强的主动工作的劲头，公司业绩明显攀升。由于自己从大量的事务性工作中解脱出来，所以有充足的时间开始思考公司的发展战略。他描述自己就像一个自动化工厂的工程师，每天只是在幽雅的环境里走动，视察自行高效运转的流水线可能出现的问题。

领导者遇到的事有大事、有小事，领导者要全力以赴抓大事。大事就是全面性、根本性的问题。对于大事，领导者要抓准抓好，一抓到底，绝不半途而废。记住"杀鸡不用宰牛刀，掏耳朵用不着大马勺"！

只要是做领导，无论是刚刚上任，还是已经做了很长时间，一定会面对许多事情要处理，但千万不要认为把自己搞得狼狈不堪是最佳的选择。轻松自如的领导者善于把好钢用在刀刃上，厚积而薄发，不失为上策。

集权不如放权更有效

在现代企业中，优秀的领导者是那些有能力使他的下属信服而不是简单地控制下属的人。这就要求，想成为优秀的领导者，就必须善于分派工作，就是把一项工作托付给别人去做，下放一些权力，让别人来作些决定，或是给别人一些机会来试试像领导一样做事。

当然，有的工作并不是人人都乐意去做。这时候，领导者就该把这些任务分派一下，并且承认它们或许有些令人不快，但是无论如何这个工作也必须完成。

这种时候，领导者千万不要装得好像给了被分派这些任务的人莫大的机会一样，一旦他们发现事实并非如此的时候，也许就会更讨厌去做这件事。这样一来，想想看，工作还能干得好吗？为什么总有些领导会觉得把工作派给别人去做是件如此困难的事情呢？下面这几点就是可能出现的原因。

（1）如果领导者把一件可以干得很好的工作分派给下属去做了，也许他达不到领导者可以达到的水平，或者效率没有领导者那么高，或者做得不如领导者那么精细。这时，求全责备的思想就会以为把工作派给别人去做，不会做得像自己做得那么好。

（2）领导者害怕自己一旦把工作交给别人做了之后，就会无事可干。所以那些手握小权的领导者，哪怕是芝麻大的事也不舍得放手让别人去干。

（3）如果让别人去做领导者自己的工作，领导者可能会担心他们做得比自己好，而最终取代自己的工作。

（4）领导者没有时间去教导别人该如何接受工作。

（5）没有可以托付工作的合适人选。

其实，如果领导者确确实实想要把工作分派下去，那上面列举的这五个问题都不会成为真正的问题。因此领导者要对付的第一件事就是自己对此事所持的推诿态度。

如果领导者确实有理由担心，因你的员工在工作上出了差错之后，领导者就会丢掉自己的工作；或者在领导者工作的地方，氛围很差，领导者担心工作不会有什么起色，这时候，领导者就有必要和自己的上司谈谈这些情况，从而在分派工作的问题上获得他的支持。

如果确实还没有可以托付工作的人选，而领导者自己又已经满负荷运转，那么，也许领导者就有必要考虑一下是不是应该再雇一个人。

当然，放权也要有个度。其中，"大权独揽，小权分散"是现代企业中实行的一项既授权，又防止权力失控的有效办法。

法国统盛·普连德公司是一个生产电子产品、家用电器、放射线和医疗方面电子仪器的大型电器工业企业。该公司属下各分公司遍布全球，为了对这个年销售额达到数十亿美元的大企业进行有效的管理，公司实行了"大权独揽，小权分散"的管理制度。

总公司紧握投资和财务方面的两大关键权力。而且公司所属的分公司，每年年底都要编制投资预算报告，并呈报总公司审核，总公司对预算报告进行仔细分析，如果发现有不当之处，就让各公司拿回去进行修改。当投资预算获得批准后，各公司都必须照办。当然，这些预算也不是不可变更的，只要在预算总额内，各分公司的主管还可以对预算内的金额进行调整。通常，分公司的经理拥有对每一个预算项目增、减10%的权力，如果数目超过10%，那就必须经过高一级的主管批准。

该公司建立了一项十分有效的管理控制员制度，对下属公司的生产，尤其是财务方面进行监督。这些管理控制员在执行任务时，都得到了总公司董事会的全力支持，他们对各公司的简介制造费用、存货和应收款等特别注意，一旦发现有任务不正常的迹象，就立即报告总公司，由总公司派人进行处理。各分公司每个月的财务报表都必须有管理控制人员签字，才能送交董事会。

我们看到，该公司在投资和财务两方面牢牢掌握住大权，但是在别的方面却实行了分权。该公司的领导者认为，大的企业，其领导者不可能事必躬亲，分权制度可以减少领导者的工作压力；即使是小企业，其领导者也不可能事无巨细，包揽每一项工作，也必须给下属分权，让下属发挥其聪明才智，为企业出谋划策，促进企业的发展。

因此，该公司的每一家分公司都自成一个利润中心，都有自己的损益报表，各事业部门的经理对其管辖的领域都享有充分的决策权，同时他们也尽量把权力授予下级，充分发挥分权制度的最佳效果。

自从实行分权管理制度后，统盛·普连德公司就成功调动了各分公司的积极性，生产蒸蒸日上，利润年年增加，获得了相当大的成功。统盛·普连德公司"大权独揽，小权分散"的成功经验，也给现代企业管理提供了很好的借鉴。公司的要害部门要直属，公司的关键大权要掌握在自己手里；其余的权力能放就放。这样，上下级就能劳逸平均，各得其所，各安其职，每个人的积极性、创造性都得到了充分的调动，同时又不至于发生权力危机。

授权要讲究策略和技巧

领导者面对的是一个个有思想的人，授权时如果不分对象、不看情势会造成领导者对权力的失控。因此，授权必须讲究策略和技巧，在对权力的一收一放之间找到运用权力的正确节奏。

1. 不充分授权

不充分授权是指领导者在向其下属分派职责的同时，赋予其部分权限。根据所给下属权限的程度大小，不充分授权又可以分为以下3种具体情况：

（1）让下属了解情况后，由领导者作最后的决定；让下属提出所有可能的行动方案，由管理者最后抉择。

（2）让下属制订详细的行动计划，由领导者审批。

（3）下属采取行动后，将行动的后果报告给领导者。

不充分授权的形式比较常见，由于它授权比较灵活，可因人、因事而采取不同的具体方式，但它要求上下级之间必须确定所采取的具体授权方式。

2. 学会弹性授权

这是综合充分授权和不充分授权两种形式而成的一种混合的授权方式。一般情况下，它是根据工作的内容将下属履行职责的过程划分为若干个阶段，然后在不同的阶段采取不同的授权方式。这反映了一种动态授权的过程。这种授权形式有较强的适应性。也就是当工作条件、内容等发生变化时，领导者可及时调整授权方式以利于工作的顺利进行。但使用这一方式，要求上下级之间要及时协调，加强联系。

3. 掌握制约授权

这种授权形式是指领导者将职责和权力同时指派和委任给不同的几个下属，让下属在履行各自职责的同时形成一种相互制约的关系。如会计制度上的相互牵制原则。这种授权形式只适用于那些性质重要、容易出现疏漏的工作。如果过多地采取制约授权，则会抑制下属的积极性，不利于提高工作的效率。

4. 尽量避免授权的程序错乱

一个企业即便人员不多，授权也应该注意一定的程序，否则，授权的结果只会带来负效应，在实际工作中，领导者的有效授权往往要依下列程序进行。

（1）认真选择授权对象。如前所述，选择授权对象主要包括两个方面的内容：一是选择可以授予或转移出去的那一部分权力；二是选择能接受这些权力的人员。选准授权对象是进行有效授权的基础。

（2）获得准确的反馈。领导者授意之后，只有获得下属对授意的准确反馈，才能证实其授意是明确的，并已被下属理解和接受。这种准确的反馈，主要以下属对领导授意进行必要复述的形式表现出来。

（3）放手让下属行使权力。既然已把权力授予或转移给下属了，就不应过多地干预，更不能横加指责，而应该放开手脚，让下属大胆地去行使这些权力。

（4）追踪检查。这是实现有效授权的重要环节。要通过必要的追踪检查，随时掌握下属行使职权的情况，并给予必要的指导，以避免或尽量减少工作中的某些失误。

当然，在授权时，还应注意以下 4 点。

（1）领导者授权时要注意激发下属的责任感和积极性。授权的目的，是要下属凭借一定的权力，发挥其作用，以实现既定的领导目标。但如果领导者有权不使，或消极使用权力，就不能达到这个目的。因此必须制定奖惩措施，对下属进行激励，引入竞争机制。

（2）领导者要给下属明确的责任。要将权力与责任紧密联系起来，交代权限范围，防止下属使用权力时过头或不足。如果不规定严格的职责就授予职权，往往成为管理失当的重要原因。

（3）领导者要充分信任下属。与职务相应的权力应一次性授予，不能放半截留半截。古人云："任将不明，信将不专，制将不行，使将不能令其功者，君之过也。"领导者给职不给相应的权，实际是对所用之人的不尊重、不信任。这样，不仅使所用之人失去独立负责的责任心，严重挫伤他们的积极性，一旦有人找他们，他们就会推："这件事我决定不了，去找某领导，他说了才算。"

（4）领导者授权时要注意量体裁衣。要根据下属能力的大小，特别是潜在能力的大小来决定授职授权，恰到好处地让每个下属挑上担子快步前进，避免有的喊轻松，有的喊累死。

领导者管人是否得当，就是看授权的策略和技巧是否用到位。下属可根据所授予的职权，在实际工作中能否恰到好处地行使权力，胜任职务来判断。领导者务必慎重、认真地授权。

领导的任务不是替下属做事

一个真正的领导者，主要任务是做好决策，把握好做什么、哪里做、何时做、谁来做，想办法找正确的人做正确的事，激励下属去做，而不是代替下属去做。

领导者就好比一个坐在帐篷里运筹谋划的元帅或将军，而下属则好比是上阵冲杀的士兵，领导者替下属做事好比统帅跑出军营跨上战马披起盔甲代替士兵去上阵冲杀。其成绩也就可想而知了。领导者事必躬亲，大包大揽，属于"将军"的事他干了，属于"士兵"的事他也干了，吃苦受累，任劳任怨，但结果却听不到下属的一句好话，而是不绝于耳的指责与埋怨。真是吃力不讨好！

可问题是，如果仅仅是吃力不讨好也就罢了，更严重的是，这种事必躬亲的领导者的所作所为，对组织却是有害无利。因为他的大包大揽，导致下属索性站在旁边什么也不干，大涨懒惰之风，使生产和工作效率大大降低；并且，一个人包打天下，顾此则失彼，一个不小心就会使组织陷入旋涡，无法自拔！

这样的领导者十分可悲，因为他忙忙碌碌了半天，结果什么也没有得到。更令他万万没有想到的是，他竭心尽力，日理万机，却害了自己的组织！同时也十分可怜，因为谁都不会去同情他的处境。

一个高效率的领导者应该把精力集中到少数最重要的工作中去，次要的工作甚至可以完全不做。人的精力有限，只有集中精力，才可能真正有所作为，才可能出有价值的成果，所以不应被次要问题分散精力。他必须尽量放权，以腾出时间去做真正应做的工作，即组织工作和设想未来。

什么叫领导者？通俗的说法是："领导者就是自己不干事，让别人拼命干事的人。"领导者要通过别人来做具体的工作，即使领导者自己可以更好、更快地完成工作，但问题在于领导者不可能亲自去做每一件事情。如果领导者想使工作更富有成效，就必须向下属授权，让下属去做事。

领导者最主要的任务是去展望未来——而这种事情往往是不能授权给别人的。领导者的任务不是去忙于监督那些日常工作，更不是亲自去做那些琐事。放权是为了能有更多的时间去集中精力思考那些只能由自己去做的事情！就像总统只考虑重大的宏观问题一样，领导者只思考企业的大问题和未来的方向，并提出必须优先考虑的事项，制定并坚持标准。

一名领导者，不可能控制一切。领导者应该是那个协助寻找答案，但并不提供一切答案；参与解决问题，但不要求以自己为中心；运用权力，但不掌握一切；负起责任，但并不以盯人方式来管理下属的人。领导者必须使下属觉得自己跟领导一样有责任关注事情的进展。把管理当作责任而不是地位和特权才是领导者能够进行真正的、有效授权的基本保证。

那些凡事事必躬亲的领导者往往会有这样的想法：他们应该主动深入工作当中去，而不应该坐等问题的发生；或者他们应当让下属们感觉到自己不是一个爱摆架子或者高高在上的领导。这些想法确实值得肯定，而且领导者也的确应该适当干些有益赢得人心的杂活，但这毕竟是提升自身形象的一种手段，而不是让领导者什么事都亲历亲为，因为走向了这一极端不仅没有任何好处，还会让领导者付出很大的代价。

如果领导者有着事必躬亲的倾向，那么下面几点建议或许会对其有所帮助。

1. 恰当地授权

当组织发展到一定阶段，随着事务的日益增多，领导者就已经无法亲自处理所有的问题了，这时候就需要授权。从某种意义上说，授权是管理最核心的问题，也是简单管理的要义，因为管理的实质就是通过其他人去完成任务。授权意味着领导者可以从繁杂的事务中解脱出来，将精力集中在管理决策、经营发展等重大问题上来。通过授权，领导者可以把下属管理得更好，让下属独立去完成某些任务，也有助于他们成长。

2.学会置身事外

实际上，有些事务并不需要领导者的参与。比如，下属们完全有能力找出有效的办法来完成任务，根本用不着领导者来指手画脚。也许你确实是出于好意，但是下属们可能不会领情。更有甚者，他们会觉得领导者对他们不信任，至少他们会觉得领导者的管理方法存在很大问题。当出现这种情况时，领导者应当学会如何置身事外。

领导者在决定对某项事务作出行动之前，可以先问自己两个问题："如果我再等等，情况会怎么样？"以及"我是否掌握了采取行动所需要的全部情况？"如果认为插手这项事务的时机还不成熟或者目前还没有必要由自己来亲自作出决定，那么领导者就应当选择沉默。在大多数情况下，事情也许根本不用领导者去费心，下属们就会主动去弥补缺漏。通过这样缜密的考虑，领导者会发现也许有时候自己的行动是不必要的，甚至会使情况变得更糟。

3.弄清楚究竟哪些事务身为领导不必亲自去做

既然明白了事必躬亲的弊端，那么下一步领导者就必须明确授权的范围，也就是说，究竟哪些事务领导者不必亲自去做。根据组织的实际情况，授权的范围肯定会有所不同。但这其中还是有一些规律性的东西。在授权时，下面几个因素值得考虑：

（1）任务的复杂性。任务越复杂，领导者本人就越难以获得充分的信息并作出有效的决策。如果复杂的任务对专业知识的要求很高，那么与此项工作有关的决策应该授权给掌握必要技术知识的人来做。

（2）责任或决策的重要性。一般来说，一项责任或者决策越重要，其利害得失对于团队或整个企业的影响越大，就越不可能被授权给下属。

（3）组织文化。如果在一个组织里，管理层对下属普遍很信任，那么就可能会出现较高程度的授权。如果上级不相信下属的能力，则授权就会变得十分勉强。

（4）下属的能力或才干。这可以说是最重要的一个因素。授权要求下属具备一定的技术和能力。如果下属缺乏某项工作的必要能力，则领导者在授权时就要慎重。

H.米勒说过："真正的领导者不是要事必躬亲，而在于他要指出路来。"领导者向下属授权，不仅可以使自己从繁忙的工作当中解脱出来，更可以增强下属的工作积极性。这种一箭双雕的事情，是每个领导者都应该学会去做的。

放权方可释放权力的效力

管理虽说是上级对下级的一种权力运用，但是如果简单地这样理解，那就错了，因为现代管理不是权力专制的表现，而是权力调控的表现。

权力是一种管理力量，但是权力的运用应该是有法度的，而不能是公司领导者个人欲望的自我膨胀。因此，一个高明的领导者，首先要明白这一点：自己的工作是管理，而不是专制；也就是说，领导者不是监工，因为监工就是专权的化身。把自己当作监工，大权独揽，把所有的下属都看成是为自己服务的领导者，绝对不可能成为一个好的领导。再者说，监工式的管理模式已经与现代企业"以人为本"的思想相去甚远。也许监工式的管理模式在一时一刻有用，却不可能时时有用。因此，领导者需要牢记一点："以人为本"的管理会对公司领导的用人方式带来益处，至少不会遭致下属的心理抗拒，容易使双方形成平等、融洽的人际关系，从而创造一种良好的工作气氛。

从另一个方面来讲，一个人只有手中有了权力才会有工作的能力。士兵有了开枪的权力，才能奋勇杀敌；推销员有了选择客户的权力，才能卖出货物。如果领导者把这些权力死死地握在手中，而不将其授予下属，那么这些权力的效力也就无法得到释放。

放下一些权力给下属，领导者才能收获一些人心，其实这是一个很简单的道理，也是一种等价交换。

对一个领导者而言，彻底改变监工身份，有时候并不是嘴巴上简单说说而已。要转变这种观念，需要用领导者自己的实际工作来体现，才能真正做到由专权到放权的角色转换。领导者要切记，不要误以为专权就是手握大权，放权就是失权，相反，放权的同时可以有效地释放权力的应有效力，赢得下属的心，使下属更加尊重你的权力，使你的权力从本质上更有效应；而专权则只能是迫使下属表面服从，却赢不了下属的心。

领导者通过分权和授权，能够充分发挥下属的主观能动性，最大限度调动下属的积极性和创造性，提高工作效率。当然，领导者指派下属去做某项工作之后也不能不管不问，在适当的时候询问下属一些问题，可以防止他偏离目标。例如，问他是否需要协助，工作进度如何，是否遇到困难等。领导者应该站在客观的立场上评价下属的工作，并鼓励他们大胆去做。这样一来，领导者也就能收获下属的心，获得一群卖力工作的手下。

有效授权必须经过充分准备

有效授权是贯彻分层管理原则的需要，也是管理抓大事管全局的需要，同时也是调动下属积极性的需要。但是授权并不是一件简单的事，要想让授权达到理想的效果，必须经过充分的准备。总的来说，领导者在实施授权之前，至少应做好下面4种准备。

1. 培育授权气氛

领导者要让充分地意识到，组织在经历一次变革，这次变革将要带来的不仅仅是一些细微的变化，而是组织的全面改变：人际关系、决策方式、工作方式的深刻变化。所以，领导者需要在待授权的组织内创造一种适于授权的气氛。

领导者此时要做的事情是实施各项授权前奏活动，倡导组织内部的改变。授权过程中也许会遇到一些障碍，但是作为领导者，必须积极地倡导授权，不能因受到组织现行机制的围困而气馁不振。

2. 选取授权任务

在正式开始授权之前，领导者要对必须完成的任务按照责任的大小，进行分类排队，不同类的工作对应不同的授权要求，作出一张"授权工作清单"。

（1）必须授权的工作。这类工作本不该领导者亲自去做，它们之所以至今留在领导者的手中，只是因为领导者久而久之的习惯，或是因领导特别喜欢此项工作而不愿交给别人去做。这类工作授权的风险最低，即使出现某些失误，也不会影响大局。

（2）应该授权的工作。这类工作基本上是一些下属完全能够胜任的例行的日常公务，下属们对此有兴趣，觉得有意思或有挑战性，而领导者却一直由于疏忽或其他原因而没有交给他们去做。

（3）可以授权的工作。这类工作往往具有一定难度和挑战性，要求下属具有相当的知识和技能才能胜任，过去领导者一直因为不放心而长期躬亲为之。事实上，只要领导者在授权之外，特别注意为接受权力的下属提供完成工作所需的训练和指导，把这类工作交给下属，可以有机会让他们提高自己的才能。

（4）不能授权的工作。每个组织的工作之中，总有一些工作关系到组织的前途、命运和声誉，直接影响领导者业务拓展的工作，这类工作不允许失误，一旦失误就必须付出沉重的代价；或者这类工作除领导者本人外，谁都无法完成，这类工作是不可授权的，必经领导者亲手为之。

3. 任务标准化

我们经常能听到授权受挫的领导者这样抱怨："当我把工作交给他们去做时，他们总是频繁地回来请示这该怎么做，那该怎么做。"

"他们的工作报告总是不能令我满意，我总是不能得到期望的结果。"

"我告诉他事情是这样的，他却似乎难以理解。"

之所以会出现这样的结果，主要在于这些领导者没有很好地理解：把一件工作留给自己做与交给下属做对这件工作本身的要求是不同的。领导者交给下属的任务必须是标准化了的任务，这种标准化的含义包括下面几点。

（1）任务是明确表述的，有清晰的目标与方向。

（2）任务完成的程序具有相对稳定的模式，完全没有思路的任务不适于授权。

（3）完成任务所需条件是相对明确的，任务完成者知道如何寻求配合和帮助。

（4）任务的完成要有相对明确的评估标准，以确定任务完成的质量。

领导者将工作任务标准化，其意义远不止在于授权的需要，它对于公司的科学的管理提升具有非凡的意义，是公司走向正规化、走向成熟、走向制度化而非领导者主观化的必经之途。

4. 准备承担责任

领导者已经下定决心实施授权，大量细碎的前期铺垫也已经完成，即将要跨越授权之门了。但是，有一个问题领导者必须真正意识到，这就是责任。

在实施授权之后，领导者的工作量减少了，但肩上的担子却不会因此而减轻，相反它只会加重。在实行授权之后，领导者不仅要对尚未授权移出的职权负有全部责任，还对那些已经授权移出的职权也负有一定的责任。

这就要求领导者必须做好承担最终责任的准备，才能拉开授权的大幕。

信任是授权的精髓和支柱

领导者只有认可下属的才能并信任他，才可能给他权力。从授权的角度上来说，信任是授权的精髓和支柱，只有充分信任，才能有效授权。

一般的领导者不放心把权力委托给下属，这是出于"谁也不能做得像我自己做的那么好"的思想，或者是惧怕下属滥用权力，这实质上就是不信任自己下属的表现。

某杂志曾经以"你最不喜欢什么样的老板"为题征集 50 位白领的看法，结果收到的大多是历数老板的种种致命缺点的意见。其中，骄傲自大、刚愎自用、不懂得充分授权和信任下属被提到的次数最多。不错，没有信任，又何谈授权？一些领导者表面上是授权了，可是仍然要事事监控，或者关键的地方不肯放手，这都是不信任的表现，如此的授权又有什么实质的意义呢？

须知，不被信任，会让下属感到不自信，而不自信就会使他们认为自己不会成功，进而感到自己被轻视或抛弃，从而产生愤怒、厌烦等不良的抵触情绪，甚至把自己的本职工作也"晾在一旁"。相反，在信任中授权对于下属而言，是一件非常快乐而富有吸引力的事，它可以极大地满足下属内心的成功欲望，因受到信任而自信无比，灵感迸发，使其工作积极性骤增。

本田公司第二任社长河岛决定在美国设厂时，企业内预先设立了筹备委员会，聚集了来自人事、生产、资本 3 个专门委员会中最有才干的人员。河岛只负责最后的决策，而制订具体方案等工作全部交由下属负责，河岛一律不参加，他认为下属会做得比自己更好。比如，位于俄亥俄州的厂房基地，河岛一次也没有去看过，这足以证明他充分授权给员工。当有人询问河岛为什么不赴美实地考察时，他说："我对美国不很熟悉。既然熟悉它的人觉得这块地最好，难道不该相信他的眼光吗？我又不是房地产商，也不是账房先生。"

本田公司的第三任社长久米在"城市"车开发的过程中也充分显现了对下属的授权原则。"城市"开发小组的成员大多是 20 多岁的年轻人，一些董事担心地说："都交给这帮年轻人，没问题吧？""会不会弄出稀奇古怪的车来呢？"但久米毫不理会这些质疑，他大胆放手让这些年轻人去干。就这样，这些年轻技术员开发出的新车"城市"，车型高挑，打破了汽车必须呈流线型的"常规"。那些故步自封的董事又说："这车型太丑了，这样的汽车能卖得出去吗？"但久米坚信：如今的年轻人就是想要这样的车。果然，"城市"一上市，很快就在年轻人中风靡一时。

就像"经营之神"松下幸之助说的："用他，就要信任他；不信任他，就不要用他。"所以，当企业领导者给下级授权时应当充分信任下级员工能担当此任。

这是一家中型计算机公司发生的事。一天下班时，一位员工将自己拟好的销售计划塞在了经理办公室的门把手上，不久，他便被叫去说明情况。在他进门后，经理开门见山地说："计划写得不错，就是字迹太潦草了。"这位员工紧张的心情顿时放松了下来，随即问道："这项计划是不是预算开支较大啊？要不我再与另外两个同事一起来修改一下，然后再向您汇报一下。"经理不等他说完便打断了他："对于我们公司来说这个数目的费用是不大的，我看计划确实不错，你要有信心干好，那就去干吧，别让时机错过了！"

这位员工先是吃了一惊，然后信心十足地拿起计划书离开了。大约两个月以后，他的销售计划取得了很大的成功，经理专门在会议上表扬了他，公司也给了他一定的奖励。

由此可见，建立在信任基础上的授权可以激发最强烈的动机，使人全力以赴。

当然，有些领导者之所以不信任下属，除了怕他们能力不足之外，还怕他们会在操作过程中出现失误，造成企业的损失。但是如果没有失误又哪来的进步呢？再说，人非圣贤，孰能无过？既然领导者决定授权，就要予以充分的信任，允许他犯错误。

只有领导者充分信任下属，才能进行有效授权。正如著名管理专家柯维曾精辟地说："授权并信任才是有效的授权之道。"在实际工作中，一方面，下属都希望能获得上司的信任，被授予更多权力；另一方面，获得授权的下属，只有在被完全信任的情况下，才能拥有自主决策的权力，并能有效行使被授予的职权。反之，缺乏信任的授权，导致下属失去积极性，缺乏主动性的必然结果。当然，值得信任是信任的前提。领导者不妨找到那些值得信任的下属，然后放手让他们干吧！

授权需把握时机注意细节

时机和细节是决定成败的关键。一位决心授权的领导者，在形成一个授权的操作方案之后，要做的就是选择一个适当的时机，这个时机的选择对于授权的效果会有显著的影响。

这种时机既可能是在一些特殊的事件发生时，也可能是在一些司空见惯的现象再次出现时。把握这种时机，恰当地授予权力，能让下属切实感到授权的必要，或避免授权进入过程的生硬。

善于授权的领导者常在下列情形出现时授权：

（1）领导者办公时间几乎全部在处理例行公事。

（2）领导者需要进行计划和研究而总觉时间不够。

（3）下属因不敢决策，而使自己的部门或企业错过赚钱或提高公众形象的良机。

（4）领导者正在工作，频繁被下属的请示所打扰。

（5）下属因工作闲散而绩效低下。

（6）单位发生紧急情况而领导者不能分身处理时。

（7）领导者因独揽大权而引起上下级关系不和睦。

（8）由于部门的业务扩展，需要成立新的管理层面时。

授权的时机成熟后，就是领导者运用授权手段的时候，这时领导者应该注意到的便是授权的细节问题了。

在授权的过程中，存在许多细节，如果领导者能对这些细节给予充分的注意，那么授权就必定能取得良好的效果。我们把这些细节归纳为以下 7 个要点。

1. 领导者心态的自我调适

许多领导者不敢把权力授予下属，这主要源于他内心对个人权威和职位缺乏安全感，源于其对授权缺乏领悟。决心实施授权的领导者首先必须进行心态的自我调适，勇敢地面对自己内心潜在的对授权的恐惧，建立起自信心。

2. 领导者应了解下属的能力

优秀的领导者不是依据下属的技术和现在表现出的能力来分派职务，而是以他们的工作动机和潜在能力来决定。许多领导者无法充分利用下属的潜能完成任务，这是很失败的管理，更是人才的浪费。领导者应时刻记住：下属是你最宝贵的财富，你没有理由不深入地了解你的下属。

3. 自上而下协调一致的授权

领导者应使在自己控制的范围内，自上而下对授权有深刻理解。由领导自己开始做起，一直推行到最基层。每一阶层的人员都应了解：为了企业、部门和全体员工的共同成长，领导者必须容许下属作决定。如有错误，亦应妥善处理。为了授权能够获得成功，领导者还必须做好付出犯错误的代价的准备，并以此作为全体职员追求进步的成本支付。管理学家统计，假如允许新进的管理人员在低层次的管理工作中犯错误，那么他们就会在错误中学习，反而可以避免以后犯更大的错误；在数量上，后者的收益远大于前者的支出，对企业和下属来说，这是"双赢"的行为。

4. 训导受权者

授权不是一种单向的管理手段，而是领导者与员工之间的互助合作。授权行动只有同时得到受权者的认同，才能真正顺利推行，获得成功。事实上，授权正是训练下属的一个好方法，应该引导他们认识到，接受授权是个人追求进步的一个过程；让他们了解到，这新的权力和附带的责任，会使他们日后成为好的主管。受权不仅意味着接受了一份任务，更意味着拥有了展示全部才华的舞台，他得到了一个脱颖而出、受人瞩目的机会。

5. 让受权者明白要达到的效果

授权的领导者应该在下属前方树立一个具有诱惑力而又清晰可见的目标，让受权者明白上司期望的结果是怎样的。领导者应要求受权者把行动计划写出来，让他们认清自己该如何达到预期效果，并需要哪些协助。通过这种形式，领导者可以确切地了解受权者对期望绩效的认知程度。

6. 事先确立绩效评估的标准

领导者在授权的同时必须把绩效评估的标准制定出来并公之于众，这有利于协助下属和领导者双方适时地衡量工作的成果。在"以人为导向"的企业里，考核标准不是由领导者单方面制定的，而是由参与其事的所有工作成员共同协助制定出来的。

7. 领导者应给予适时的帮助

授权的领导者对受权的下属负有的责任包括两个部分，其一是监督下属达到预期目标；其二便是在下属需要帮助的时候，及时提供协助。领导者在对企业政策的理解、信息的拥有量上占据优势。有效的授权会向受权的下属提供咨询、讨论及实时的各种协助，当然，领导者不应去干涉下属的具体行动方式。

总之，英明的领导者做事无不恰到好处地把握住时机与细微之处。授权时机的选择和细节的关注，将会使授权人和受权人实现"双赢"。

授权之后还要避免"反授权"

领导在授权过程中以及授权以后还要注意防止"反授权"。所谓反授权，就是指下属把自己所拥有的责任和权利授给领导，即把自己职权范围的工作问题、矛盾推给领导，"授权"领导为自己工作。这样，便使理应授权的领导反被下属牵着鼻子走，处理一些本应由下属处理的问题，使领导在某种程度和某些方面"沦落"为下属的下属。

领导者如果对此不提高警惕，不仅使领导工作陷于被动，忙于应付下属的请示、汇报，而且还会使下属养成依赖心理，从而使上下级都可能失职。

出现"反授权"现象，其原因无非两大类：一是领导方面的原因；二是下属方面的原因。

首先是来自领导方面的原因：

（1）领导不善于授权，缺乏授权的经验和气度，毫无"宰相肚里能撑船"的风范。

（2）对"反授权"来者不拒。授权之后还事必躬亲，大事小事都要过问。一些怕担风险、能力平庸的下属，特别是一些善于投机、溜须拍马的下属，就喜欢事无巨细都向领导请示、汇报，以显示对领导的尊重。

（3）思想认识跟不上形势，宁肯自己多干也不愿意授权给下属；对下属不够信任，非得亲自动手心里才踏实；担心大权旁落，自己被"架空"。

（4）少数领导官僚主义严重，喜欢揽权，搞个人主义，使得下属无相应的决策权，因而不得不事事向领导请示汇报。

其次是来自下属方面的原因：

（1）某些下属抱着"不求有功，但求无过"的想法。

（2）有些员工缺乏应有的自信心和必要的工作能力。

（3）一些员工思想素质差，只求谋官，不想干事；只想讨好领导，不愿自冒风险；害怕承担风险，喜欢矛盾上交；认为搞不好责任也在上面，自己可以当"太平官"。

在这里，我们看一个防止"反授权"的例子。

美国山达铁路公司年轻的技术室主任史特莱，虽然自己很努力地工作，但是却不知道怎样去支配别人工作。一次，他被指派主持设计某项建筑工程。他率领3个下属，去一个低洼地方测量水的深浅，以便知道经过多深的水，才可以建筑坚固的石基。

当时史特莱才20岁出头，资历尚浅，虽然也在各铁路测量队或工程队工作了好几年，但独当一面指挥别人工作，还是第一次。

　　史特莱极想为 3 个下属作出表率，以增进工作效率，在最短的时间内完成工作，所以开始的 3 天，他埋头工作并以为别人一定会学他的样子，共同努力。谁知这 3 个下属世故甚深，狡猾成性。他们看到年轻的领导这么努力，以为他少不更事，便假意恭顺，奉承史特莱的工作做得好，而自己却袖手旁观，几乎什么事也不干。结果工作进展得很不顺利，难以达到史特莱的期望。史特莱虽然困惑但脑子还算清醒，他回去思索了一晚，发觉是自己措施失当，知道自己如果将工作完全揽在身上，他们就会无事可做。第四天工作时，史特莱便改正以前的错误，专力于指挥监督，不再事必躬亲，工作效率果然大有改观。

　　可见，身为领导，必须注意防止"反授权"，这样才能成为一名成功的领导者。

·第九章·

领导的口才艺术：不会说话当不了好领导

口才就是讲话的才能，它是衡量领导能力和素质的重要指标之一。很多领导都有这样的共识：卓越的口才是他们真正的助手，领导口才的水平直接决定领导的工作效率、工作效果和社会绩效。

让开场白为你加分

一场演讲的成功与否，关键在于开场白能不能吸引听众，一段话说得吸不吸引人，关键在于开始那几句话能不能抓住人的注意力。一般来讲，领导者一定要保证在开始说第一句话时就讲得趣味盎然，不要等到第二句，更不要等到第三句。第一句话是至关重要的。开场的第一句话到底应该说什么，怎么说，需要通过观察听众，结合演讲的题材和当时具体的情境自行作出决定。如果领导者的第一句话说得不好，接下来想要紧紧抓住听众的注意力就很难了。所以，开场白至关重要，一定要巧妙设计，从一开始就抓住听众的心。

一般而言，开场白要求简洁而富有吸引力。常见的开场白类型有以下 6 种。

1. 开门见山的开场方式

开门见山，用精练的语言交代演讲意图或主题，然后在主体部分展开论证和阐述。这种开场白方式可称之为开门见山式。例如 1883 年，马克思逝世，恩格斯发表了著名的题为《在马克思墓前的讲话》的演讲：

3 月 14 日下午两点三刻，当代最伟大的思想家停止思想了。让他一个人留在房里总共不过两分钟，等我们再进去的时候，便发现他在安乐椅上静静地睡着了——但已经是永远地睡着了。

这个人的逝世对于欧美战斗着的无产阶级，对于历史科学，都是不可估量的损失。这位巨人逝世以后所形成的空白，在不久的将来就会使人感觉到。

恩格斯的开场白以简洁的语言交代了演讲的中心论点：马克思的逝世是无产阶级不可估量的损失。

领导者直接表明主题，让听者能立即明了谈话的内容，很快进入谈话情境。

2. 说故事的开场方式

说故事式开场白是通过一个与演讲主题有密切关系的故事或事件作为谈话的开头。这个故事或事件要有人物，有细节。如周光宁《救救孩子》的演讲开场白：

去年5月24日的《新民晚报》披露了这样一个事实：一个四年级的小学生，每天要带父母亲手剥光了壳的鸡蛋到学校吃。有一次，父母忘了给鸡蛋剥壳，差点憋坏了孩子，他对着鸡蛋左瞅右看，不知如何下口。结果只好带回去。要问他怎么不吃蛋，回答很简单："没有缝，我怎么吃？"

周光宁通过小学生不会剥鸡蛋这样一则新闻报道开场，把听者带入他的演讲主题：全社会都要重视培养孩子们独立生活的能力和战胜困难的勇气。

由于故事式开场白容易调动听者的注意力，对语言技巧的要求也比较简单，因此适用范围很广。

3. 幽默风趣的开场方式

幽默风趣式的开场白是以幽默、诙谐的语言或事例作为谈话的开场白，它能使听者在轻松愉快之中很快进入倾听的状态。

幽默式开场白切忌低级庸俗笑话或粗俗的语言。

4. 直接引用的开场方式

谈话也可以直接引用别人的话语作为开场白，为展开自己的谈话主题作必要的铺垫和烘托。例如，演讲题为《让生命在追求中闪光》的开场白是：

美国黑人教育家本杰明·梅斯有句耐人寻味的名言："生活的悲剧不在于没有达到目标，而在于没有想要达到的目标。"这话是极有道理的。

一般作为开场白的被引用材料，需要具备两个基本条件：

（1）被引用的材料极其精辟，具有相当强的概括力、说服力和感染力。

（2）被引用的材料出自权威、名人或听众十分熟悉的人物，说话者利用权威效应或名人效应唤起听者的注意。

5. 制造悬念的开场方式

悬念能激发听者的好奇心，能促使听者尽快进入说话者的主题框架。

一位老先生在演讲开始时首先向听众提问："人从哪里老起？"（听众纷纷作答，有的说人从脚老起，有的说人从脑子老起，会场气氛十分活跃）老先生最后自我作答："我看有的人从屁股老起。"全场哄堂大笑。老先生继而解释道，"某些干部不深入实际，整天泡在'会海'里，坐而论道，那屁股可遭罪了，又要负担上身的重压，又要与板凳摩擦，够劳累的了。如此一来，岂不是屁股先老吗？"

这位老先生在抨击官僚主义之前，先利用一个提问制造了第一个悬念，调动了全场听众的兴趣，然后利用一个出乎听众意料的自答制造了第二个悬念，使听众在笑声中等待悬念的揭开，从而有效地控制了听众的思想和情绪。

有时也会以实物悬念作为开场白。

一位日本教授在给大学生作演讲前，面对台下叽叽喳喳、谈论不休的大学生们，他没有急于宣布他的演讲主题，而是从口袋里摸出一块黑糊糊的石头扬了扬：

"请各位同学注意看，这是一块非常难得的石头，在日本，只有我才有这一块。"

当同学们都伸长脖子想看个究竟时，这位教授才说明，这块石头是他从南极探险带回来的，并开始了他的南极探险演讲。

运用悬念式开场白要注意两点：

（1）不要把人人都知道的常识性问题硬性转换成悬念。

（2）不要故意吊听众的"胃口"，否则可能引起听众对说话者的反感。

6.夸张的开场方式

夸张式的开场白是把要论及的内容加以适度夸张或从常人未曾想象过的角度予以渲染，以引起听者的高度重视。

美国一家广播公司在宣传无线电作用的科普演讲中是这样开头的：

"各位可知道，一只苍蝇在纽约一个玻璃窗上行走的微细的声音，可以用无线电传播到中非洲，而且还能使它扩大成像尼亚加拉大瀑布般惊人的声响。"

这则广播演讲选择普通人难以想象也不会去付诸实践的角度宣传无线电的特殊效能，构成了夸张式的开场白。

需要注意的是，夸张式的开场白不能一味夸大，以免造成故弄玄虚、骇人听闻的负面效应。

俗话说，万事开头难。想要在一开场就"俘获"听者并不是简单的事情，这需要在平时努力练习。当然，不论领导者如何开头，主旨思想应该都是不变的，那就是要抓住听众的心，接着才容易打开局面。千万不要故弄玄虚，或是东拉西扯，不着边际。

语言要有感染力

说话是一门艺术。领导者要真正掌握这门艺术，以使自己说的话更有针对性，增强吸引力和感染力。领导者的语言是否具有感染力，直接决定了下属是否愿意接受和听从，是否可以心情愉悦地去实施，这些都关系着领导工作的成与败。

今天，早已不是过去那种只要板着脸说教就可以让下属服从的年代。无味的说教，已经不能打动下属的心，不能说服他们为组织的目标而奋斗了。其实，真正出色的领导者，无不是语言具有感染力的人，他们通过语言的力量，让下属对领导更有信心和希望，使得大家紧紧地团结在自己的周围，为共同的前途努力。

有的领导者认为，语言的感染力与讲话的时间长短有关。因此，有些领导讲起话来长篇大论，没完没了，却起不了好的作用。其实语言的感染力主要是内容上的激励性，而与篇幅的长短无关。

有人曾问美国前总统伍德罗·威尔逊："准备一份10分钟的演讲稿，需要花多长时间？"他回答："两个礼拜。""那准备一小时的演讲稿呢？""一个礼拜。""如果准备两小时的演讲稿呢？""不用准备，马上就可以讲。"可见，不讲话，不一定是没地位；话不多，不一定是没水平。领导者要提高自己的口才，就要在认真思考、锤炼语言上下功夫。

要想语言具有强烈的感染力，就需要讲话者具备一定的"水平"。讲出来的话要以理服人，要实事求是，有科学依据，能让人从中学到东西、获得启发。另外，讲话内容还要新颖，有新意，这样才会吸引人，要具有针对性，不能说完就完了，最重要的是要让听者有所顿悟。还有，不要以为自己是领导，就拿一些深奥的东西来显示自己的"博学"，而要用通俗易懂的语言把大道理讲清楚、说明白，让下属在听的过程中受到"感染"。

一个优秀的领导者，总是能通过语言的力量把下属的心凝聚起来，将大家的力量组织起来为工作服务。如果一个领导讲了很多话，可下属却根本一句也听不进去，那又怎么会具有感染力呢？所以，领导者应在增强"感染力"上多下些功夫，多作些研究，让下属愿意听自己的"话"，并把这作为一种乐趣。这就要求领导者注意语言的几个方面：

（1）要规范。用语要合乎语法规范，防止产生歧义或令人费解，讲话内容要符合有关法律法规和政策要求，不能乱说一气。

（2）有感情。语言朴实无华却亲切入耳、入情入理，才会具有感染力。领导者尤其要与人为善，态度亲切和蔼，说出的话能感化人、催化人，要善于以情感人，而不是以权压人。

（3）要生动形象。讲话生动才会有吸引力，才容易获得好的效果，被下属接受。

（4）要有个性。要给人留下深刻的印象，就要形成自己的讲话风格，要跟上时代的步伐，而不是老生常谈。

语言是否有水平、有作用，直接影响到领导者的个人魅力。可以说，语言的感染力和领导水平是成正比的，讲话水平高，感染力就强，就能极大地鼓舞下属的斗志，调动他们的积极性，进而影响工作成效。相反，感染力差，就会让下属对讲话内容失去兴趣，更不用说快乐工作了。

讲话的感染力强，就是领导要善于把自己全部的智力与热情奉献给下属，谈吐充满睿智幽默的独特魅力，让下属能从中获得乐趣，听完之后能收获好的心情，这样才能吸引和感召众多的人团结在自己的周围，让下属快乐地去工作，去创造财富。

寓庄于谐，营造和谐愉悦的氛围

在这个世界上，彼此熟悉的人只占非常小的一个比例，而陌生的人却有千千万万。有人说，别看大城市里熙熙攘攘、人来人往的，可每个人却都像生活在孤岛上一样。也有人说，城市生活就是几百万人在一起感受寂寞。但幽默却能让人走到哪里都有笑脸绽开，即使在竞争激烈的商场，也能给人平添几分轻松的氛围，拉近人与人之间的距离，使原本陌生的人变得亲近起来。

和谐愉悦的气氛往往能缓解谈话中的紧张情绪，激发一个人的想象力，增进人与人之间的感情。在良好的氛围下，人与人之间更容易被理解、被尊重，也更容易获得支持和关注。反之，在沉闷抑郁的环境下，人与人之间很容易滋生猜忌和隔阂。在交流中，如果不能营造出一种良好的气氛，就会像机器缺少"润滑油"一样，给人很别扭的感觉，也就谈不上有效地减少双方心理障碍，给双方沟通增加困难。例如，谈判是一件非常严肃的事情，双方站在各自的立场，为争取各自的利益努力。但如果身为领导者的你固执地认为，谈判就不可能轻松愉快地进行，那就错了。如果领导者总是一副严肃的面孔，以极其认真的态度一开口就"言归正传"，没有一点活泼的气氛，谈判场所死气沉沉，总给人一种压抑的感觉，就会不时出现暂停、休会的现象，就会随之出现满足双方利益的灵活方案少，有建设性的提议，达成协议的日期一推再推的情况，所以领导者应该主动去营造良好的谈判气氛。

寓庄于谐是一种在谈话过程中营造和谐愉悦氛围的有效手段，指的是用诙谐幽默的语言来说明事理，使人在轻松和愉悦中体悟其蕴含的意思。这样能表现说话者的风度、素养，使人在忍俊不禁之中，在轻松活泼的气氛中工作和学习，提高工作学习效率。

不过，领导者在运用寓庄于谐时要注意两点：

（1）寓庄于谐需运用得当，才能为谈话锦上添花，叫人轻松之余又深觉难忘，反之就会产生反面效果。

（2）寓庄于谐要特别注意"谐"的分寸，"谐"过了头，就会适得其反。必须表面是"谐"，内在是"庄"，"庄"以"谐"为载体，"谐"为"庄"服务。换言之，"谐"只是假象，"庄"才是实质，才是领导者真正的情感倾向。

如果领导者能在寓庄于谐时做到以上两点，就能顺利营造出和谐的气氛。

言之有物，员工最烦领导的大话空话

真正会讲话的领导，并不见得说得很多，但他的谈话内容一定是最能够触及问题实质，并能提出解决办法的。但凡能吸引人的讲话一般都有一个非常明确的观点，让听者一目了然，而不是天马行空，想到什么说什么，内容不切实际，只有些大话空话。只有当领导者有了明确的观点，以及实质性的谈话内容，才能吸引住听者。此外，作为一个明智的领导者会为自己的观点寻找合适的论证材料，尽量使自己的观点令人信服。

20世纪30年代，郁达夫曾经受邀到福州作一次学术性演讲。当时学术界弥漫着一股官僚学究气，到处都充满了冗长空洞的演讲。郁达夫对此十分反感，认为这是一种空耗时间和生命的做法。他本来不打算接受邀请，但是主办方一再要求，郁达夫盛情难却还是去参加演讲。轮到他讲话的时候，他迅速走上讲台，在黑板上快速地写下"快、短、命"3个大字，随后开始了他的演讲：

"我今天讲的是文艺创作的基本概念，'快、短、命'就是这3个要诀。'快'，就是痛快，'短'就是简明扼要，'命'就是不离题。说话和作文都是一样，不能说得天花乱坠，离题万里。完了！"

郁达夫的演讲前后不到2分钟的时间。听众反应过来后，立即爆发了热烈的掌声。

郁达夫这篇简短的演讲，内容绝不亚于那些滔滔不绝的长篇大论。他先是把自己的观点简单地概括成3个字，突出了中心，并加强在听众心目中的印象；而紧随其后那些简明扼要的说明，以及就地取材，现身说法的正面论证，可以说是令人回味无穷。

不论是讲话还是演讲，如果太长多半往往都空洞无物，不仅无法使听众受益，还浪费了许多宝贵的时间；有时即便有内容，但因为过于冗长，让人抓不住重点，也会在情绪上感到烦闷。因此，领导者在说话或演讲的时候，一定要注意时间和内容的配合，该少说尽量少说，而且一定要有实质性的内容，这样才能收到很好的效果。另外，听话者都希望谈话的内容是具体而生动的，因为那些枯燥无味的说辞容易让他们感到厌倦。

领导者讲话要做到"言之有物"，就要让自己的语言内容充实。领导者必须记住并灵活运用"5W"公式，这样才能让自己的语言充满生气和活力。所谓的5W就是指 When（时间）、Where（地点）、Who（人物）、What（事件）、Why（原因）。这原本是最基本的概念，却能产生神奇的功效：

首先，它能使内容本身更显真实，观点更显得具有说服力。

其次，构成完整的叙事、丰富的情节，以及生动的形象，更能吸引听众。

再次，有利于领导者整理思绪，讲话就会有条理，不零乱，不颠三倒四，内容会完整，不丢三落四。

最后，让听众容易记住，又能回味无穷。

除了这5个"W"之外，领导者还应该尽量做到精简，否则就有冗长的嫌疑。

注意身份，别把滑稽当成了幽默

幽默，是很棒的技巧，是说话中经常用到的"武器"。运用幽默不是一件容易的事情，虽然幽默在面对一些情况时，可以使人摆脱困境或者尴尬，但如果运用不当，则会成为滑稽，起到相反的效果。作为领导者，应该明白，幽默是一种优美、健康的品质。幽默所表现出的是心灵的光辉与智慧的丰富，而非庸俗的笑闹，它不是以过分夸张地袒露自身缺陷作为"幽默"的资本，也不是为了哗众取宠而扭曲人性。它不是噱头、调侃、贫嘴或者说教，而是对这些的超越。因此，在使用幽默时也要注意分寸。时下流行的文化活动中，伪幽默泛滥，这不能不说是一种遗憾。

有一次，美国前总统卡特准备出访盐湖城，他当时正被摩门教信徒授予"本年度家庭男人"称号。参谋为他写了一份讲稿，其中特别注明"加幽默"，于是助手又给他加了三四个笑话，演讲时他全用上了。然而，失败的是卡特和他的助手们并没有意识到，摩门教徒一贯教育孩子看待事物不要轻率。后来他的助手说："我们站在一座圣堂里，在场的大约有2000人。卡特讲笑话时，他们只是瞪着他，呆若木鸡。"

可见，在与人说话时，首先应该注意双方的文化差异，从而调整自己的言语内容，否则即使语言很经典，幽默很出彩，对方也很难理解你的语言意图，只能让一场本该精彩的谈话变得异常尴尬。

漫画家方成曾经说过："幽默要有所含蓄，使人在笑中同时引起联想和推断，领悟其中的含义。也就是说，幽默表达一定的思想感情。而一般的滑稽逗乐除了能博得一笑之外，没有再多的东西。"

幽默和滑稽，有时看着很像，实际上并不一样。因为，猴子有时也能作出滑稽的动作，引人发笑，但它绝不会幽默。

关于幽默和滑稽的区别，弗洛伊德指出是"成人和孩子的"对立。由此我们不难体会出幽默与滑稽在本质上的不同：幽默引人发笑后，使人能得到哲理性的启示；而滑稽只为博人一笑，既无思想的深刻性，也无会心的启示。

马戏团的丑角，表演得再好，也只能使观众产生情绪上的愉悦，决不能带来观念上的哲理思考，而后一种功能只有幽默来承担了。

可见，领导者在谈话时要注意身份，切不可把自己当作马戏团的丑角，把滑稽当幽默。制造不滑稽的幽默，要注意以下两点。

1. 应注意对象

生活中，幽默可谓无处不在。恰到好处的幽默会使人笑声不断，赢得满堂彩，而倘若不分时机和场合的幽默则可能会变成滑稽的闹剧。因此，领导者在谈话时制造幽默也要随情应景才能达到预期效果，否则就会沦为滑稽。

2. 要注意避免低俗

真正懂得幽默的人并不是那些只会讲些荤笑话的人。因为一些低级趣味的笑话不仅会污染人们的生活，使人变得庸俗，更会使听者对讲笑话的人产生反感。尤其是领导者在与下属谈话时，更应该果断地向此类"幽默"说"不"。

幽默的重大原则是不能马虎，不同问题要不同对待，在处理问题时要极具灵活性，做到幽默而不俗套，使幽默能够成为领导者成就好口才的养料。

感谢一定要说出来

"言为心声"，这句话的意思是语言是表达出心理感受、感情的工具。如果一个人心里有什么感受却不说出来，别人一般是不会知道的。

领导者往往为了维护自己的权威，表达情感的方法一般都比较含蓄，尤其是对下属的感谢，更不会轻易说出口。

然而作为一种基本的交流方式，向对方说出感谢的话，会让人感受到你的礼貌与礼节，你的体贴和细腻，从而和你保持良好的关系。

一位老人在弥留之际，抓着身边老伴的手，用尽生命最后的全部力气，对她说了3个字："谢谢你！"

婚前他们还是陌生人，但婚姻把他们紧紧联系在一起，共同生活了整整60年。他们前半生十分坎坷，有大环境的原因，也有他性格的原因。她跟着他四处颠簸，自己工作，也无微不至地照顾着他的生活。他脾气很大，经常对她发火，她再委屈也只是默默忍受。孩子们长大了以后，生活终于开始安顿，但接着他就病倒了。整整10年的时间，他一直躺在病床上。她天天帮他擦洗，为他煎药，每天忙前忙后地伺候他。

他不善言辞，从没对她说过感谢之类的话。当然，尽管他对她充满感激之情，但是始终没有说出口。她了解他的个性，一直默默地为他、为这个家奉献着自己的一切，从无半句怨言。但到弥留之际的他知道，如果还不将这句话说出口，将是他这辈子最大的遗憾。

"谢谢你!"老人最后说的这3个字,让她觉得自己已经是世界上最幸福的人了,她付出的全部都是值得的。

很多领导者也像这位老人一样,对于像自己的妻子这样关系密切的人,也说不出一次感谢的话。但是正如案例中所展示的那样,领导者倘若能对与之一同奋斗的下属说上一句感谢,有时能起到非常巨大的安慰作用,让对方感受到领导的体贴。

人际交往本身是一个良性的互动过程。如果一方的善意行为引起了另一方的"酬谢",那么这种"酬谢"很可能成为使对方产生好感,并发出新的善意行为的动力。一句感谢往往能让婚姻生活更加圆满,而在企业中,领导者一声真诚的"谢谢"也体现了下属的价值,能促进上下级之间的融洽。

正确、恰当地道出"谢谢",有以下几点需要注意。

1.感谢的话必须是诚心实意的

如果领导者的确是从内心产生感谢之情,那么所说出的"谢谢"就有感情和生命,对方也能感受到。

2.感谢的话最好能直截了当

直接、当面地向下属表示谢意,是表达感谢的最好方式。领导者不仅需要直接面向被谢者,而且把因为什么感谢说出来,这样下属才会感觉到领导的真心实意。

3.感谢的话要指名道姓

如果领导者要感谢的人比较多,应该要一个一个点名道姓地向他们道谢。"点名"感谢会让他们感觉自己被重视,也会更努力地工作。

4.感谢的话要主动及时

同样是"谢谢"二字,主动及时地上门道谢和被动、偶尔相逢道谢的效果截然不同。为了表达诚意,领导者需要主动在尽短尽快的时间内向对方表示感谢。

总之,领导者说感谢的话也是一门学问,恰到好处的感谢,不仅能让对方如沐春风,更能展示出领导者的个人魅力。

学会利用模糊语言

模糊语言也叫模糊词语,是自然语言的重要属性之一。对什么是模糊语言,《辞海》这样解释:"指表达模糊概念的语言。"沈卢旭先生在《模糊语言新界说》中则认为:"模糊语言是指在意义上不明确,在表述形态上不清晰,内涵伸缩性大，解释或理解可变性大的这一类社会交际使用的语言。"总的来说，模糊语言的语义内涵一般是明确的，但其外延界限却不太明确，具有不明确性、不精确性、相对性的特点。

一般情况下，当领导者不想让对方知道自己的真实意图、对自己的表述没有肯定的把握和信心时，常会说出一些模棱两可的话来。如果评论完某个人或某件事，阐述一个观点以后，就会加上"不过，有时也会"一类的话，以便防止自己的看法一旦不符合事实时有个台阶可下。

政治家们几乎都是善用模糊语言的能手，他们会把事物的两面性巧妙地融进自己的语言，因而，我们经常能在电视或新闻中听到这样的外交辞令："这个问题非常重要，应慎重考虑，我们愿意为此作出积极的努力。"这样的回答，在你弄不清楚他选择到底考虑得怎样又做得怎样的时候，他已经作了"圆满"的答复了。这就是模糊语言的妙用。

经验总结，人们在日常交际过程中，几乎随处可以见到运用模糊语言的例子。例如：有人托王五帮忙办件事，即使王五认为办好这件事很有把握，一般也不说"您放心，这事包在我身上"之类的话，而是说"您放心，我将尽力而为"之类的话。因为前者虽然精确干脆，然而事物是不断发展变化而又错综复杂的，如果由于某种意外的原因而使得王五办不好这件事，那么他这种"拍胸脯"式的回答则可能使他陷入难堪的境地，也可能使朋友大失所望而误认为王五是牛皮大王；后一种回答所产生的效果则不一样，这"将尽力而为"就具有模糊性。如果事情办好了，我当然是"尽力"了；如果没办好，我也"尽力"了，只是客观原因所致。

商场上亦是如此。领导者在作报告时也时常运用模糊语言。例如："经初步了解""一般说来""基本上""谈一些不成熟的看法"等；"我们绝大多数的管理者是好的和比较好的"，这"绝大多数"究竟是个什么比例？到底有多少人？这恐怕很难说清；"我们的工作取得了很大的成绩"，这"成绩"有多大？多大的成绩才可以叫"很大的成绩"？这很难有一个严格的标准，但是这样的表达具有较大的灵活性和适应性，往往容易被人接受。

还有，当领导者因某种原因不便或不愿把自己的真实思想暴露给别人时，使用模糊语言，就能既不伤害别人，又不使自己难堪。特别在以下场合，模糊语言会有奇效。

1. 拒绝对方的意见

用模糊语言，表示不同意见，既不至于使对方难堪，又可以达到拒绝对方的目的。比如当对方陈述完毕之后，领导者可以这样说："也许你这样做是对的，不过我们仍然无法最终肯定。"这种表达，既给对方以一定的肯定，不至于破坏谈话的氛围，又否定了对方的提议，还给他以合作的、建设性的、抱有诚意的姿态，这种效果不是简单的反驳或拒绝所能达到的。

2. 对方要求你表态，而你认为时机未到

你可以这样回答："可以，待我向董事会通报一下情况后，我将以最快速度转告你。"表面上是答应了，而事实上是否定了，虽然"以最快速度"给人以率直、爽快的感觉，实际上那时说不定又有若干以董事会名义提出的意见反馈回来，这全看自己的实际需要。

3. 试探对方，激发对手的情绪

对方越是想知道你的态度，你就越用模糊不清的回答或故意曲解他的意思，迫使他不厌其烦或不胜其烦地申述他的原意，使他的情绪波动，暴露出更多的真实意图。

4. 保护自己不受对方牵制或驾驭

领导者为了防止对方限定己方的答话范围，常常得跳出圈外，也可以采用模糊语言加以应付。比如，面对选择时，可以这样回答："这两套方案各有优劣，我将认真比较，研究对待，争取尽早给你答复。"这种用积极的态度和模糊语言相结合的表达方式所构成的防线，一般很难让对方打开缺口。

虽然模糊语言有许多妙处，但要注意，模糊语言虽然运用广泛，但并不是任何场合、任何时候、任何情景都可以使用，有些场合只能用精确语言，如下达执行命令，那就非用精确语言不可，如果用"稍后""不久"之类的模糊词语，那就可能贻误时机。总之，领导者在讲话时，是用精确语言还是模糊语言一定要根据当时的语境、交际目的，从使交际更有效的角度作出选择。

学会自我调侃

任何一个领导者只要开口说话，由于所处的职业、个人的威信等原因，多少有些精神优势，足以使下属对他肃然起敬（哪怕是短到只有几分钟），因而有碍于他与下属的感觉和情感相通。缺乏幽默感的领导者往往满足于这种精神优势，

而不知其是非持久的，因而是危险的。外部的精神优势越大，下属的心理期待越强，而在后来产生失望的可能性也越大。

聪明的领导者在讲话时常常在开头降低这种优势，以缩短自己与下属之间的距离。一句自我调侃，表现出你有高人一筹的智慧和广阔的胸襟，对自己有一种超然物外的情感。

自我调侃无非两种，一是嘲弄自己的短处，如自己的长相。我国著名兵乓球运动员徐寅生有一篇关于怎样打乒乓球的讲话，影响很大。在讲话的开头，徐寅生就以调侃的语调讲到自己脸上的痣，他说，大家常说我打球时是"智多星"，其实我不过是脸上多长几个痣而已。一下子把大家对他思维特点的称赞和他脸上并非优点的痣扯到了一起。在毫无联系之处找到一种暂时偶然的联系，以冲淡对他讲话的过高心理期待，以表现他对自己被公认的优点不以为意的态度，来沟通他与听众之间的感觉和情感。自我调侃外部特征还是比较浅层次的幽默，更深刻的是调侃一些尴尬的情形。

"二战"时期，丘吉尔来到美国华盛顿会见罗斯福，要求美国给予英国物资援助，共同抗击法西斯德国。丘吉尔被安排住在白宫，受到了热情的接待。一天早晨，丘吉尔正泡在浴盆里，抽着他那特大号的雪茄烟，门突然开了，进来的正是美国总统罗斯福。罗斯福见丘吉尔大腹便便，肚子露出水面……不知该说什么。这两个伟人在此刻会面，非常尴尬。丘吉尔扔掉烟头："总统先生，我这个大英王国的首相在您的面前可真是一点也没有隐瞒。"两人一阵大笑，似乎一切问题都在这善意的笑声中解决了。此后，谈判成功，英国得到美国的援助。

可以设想，丘吉尔的那句自我调侃，起着不可忽视的作用。这一句话，既适合丘吉尔当时裸露浴池的处境，又适合英美两国双方当时在外交上的要求，裸露的尴尬姿态反而成了证明丘吉尔对美国总统诚实坦白、毫无欺诈的最好证明。在自我调侃的笑声中，丘吉尔又获得了成功。

所以，当身为领导的你干了什么尴尬的事，不妨机智地自我调侃一下，大家会因此而发笑，但笑的决不是你的蠢笨，而是你的聪明。

另一种是以嘲弄的态度来对待自己的优点。美国的幽默作家班奇说，他花了15年的时间才发现自己没有写作的天分。如果这是事实，那就没有什么幽默感，因为这里只有单纯的遗憾的感觉，但是他又说："这已为时太晚，我已无法放弃写作，因为我太有名了。"这就复杂了。不能放弃写作不是因为无才，而是因为太有名，而太有名恰恰是有才的结果，这里又透露了他为有名（有才）的得意，表面的遗憾和深层的得意之间形成一种复合的反差，这就达到效果了。特别关键的是这种得意不能直接表达出来，而是用一句曲折的反语暗示出来的，这就更增加了说话的趣味。

有时候，领导者与人谈话时，会遇到对方有意或无意地触犯自己，把自己置于尴尬的境地。这时，我们如果缺少应变的能力，就会在感到自尊心受伤害的情况下失去了心理平衡，就有可能出现有失分寸和风度的言行。这时候，通过开玩笑的办法自我调侃一番，委婉而幽默地暗示对方言行的失误，又表现出自己的大度胸怀，从而在难堪的窘境中以自我排解的方式保护了自己的尊严，继续掌握交往言谈的主动权。

没有人肯贬低自己，只有聪明的人才肯这样做。调侃自己，表面上看来，似乎很傻，其实不然。自我调侃不但是勉励之源，更是成功之石。中外许多著名的作家都勇于调侃自己，鲁迅写过《自嘲》诗，马克·吐温写过"家丑外扬"的《丑史》等。这些作家并没因为自我调侃而降低他们在读者心目中的地位，反而使读者对他们更喜欢、更尊敬。自我调侃使人们觉得你是一个活生生的人，并非高不可攀，从而由内心滋长了亲切感，反倒让沟通变得更为顺畅。

不做浇灭下属谈话热情的冷水

领导者在与下属交谈时，随便中断下属的说话是不礼貌的。但对于冗长的谈话，则可以根据谈话的内容、时间、周围环境等来判断是否应该让下属继续谈下去。若不得不中断下属的谈话，也要考虑在哪一个段落中断为好，同时也应照顾到下属，避免给下属留下不愉快的印象。

一位经理跟几位下属聚餐。酒过三旬，餐桌上的气氛渐渐热闹起来，当下属说到公司发生的有趣故事时，经理不停地打岔，还总是不断地强调自己的故事才是最有趣的。

聚餐结束后，这几位下属向其他公司同事表示，他们对那位经理几乎没有好感。以后再也没有人愿意跟这位经理一起聚餐了。

当下属正眉飞色舞地讲述一些他自己认为非常得意的事情时，领导者就算不认同也最好假装很有兴趣地倾听。别在下属话头上浇冷水，一旦领导者插入谈话并把自己在这方面得意的经验告诉下属时，极容易引起下属心中不快。倘若领导者所说的内容与下属的得意程度相仿，并且能够使大家谈得更起劲儿，这当然是再好不过的，但是，一旦领导者的经验比下属好很多，就保不住下属心里会想："你在轻视我。"所以当下属正在高谈阔论的时候，插嘴表示"我知道的比你多"或"我的经验比你好"实在不是什么明智之举。领导者应该侧耳倾听，让下属畅所欲言，而不是浇人冷水。

当今的社会是个多元化的社会，人们的人生观、价值观千差万别。对同一事物，不同的人看法自然也有所不同。领导者能说服自己，未必能说服他人。既然大家都有存在的道理，又何必整齐划一呢？在谈话过程中，难免会有激烈争论的时候，但要记住：领导者谈话的过程就是交流的过程。只要下属们不是犯了根本性的错误，只是不同而已，就可以保留自己的意见，避免把自己的观点强加给下属。尤其是在和下属初次谈话时，更不宜如此。

在谈话中，领导者如果对他人的话题表现出极高的兴趣，就会激发谈话者的谈话热情；而另一方面，如果对下属们的话题兴致不高，表现出漠不关心的态度，下属们的谈话情绪就会显得很低落。然而在谈话中，各种各样的话题都有，并不是每一个话题自己都感兴趣。但是，即使下属们的话题自己既不感兴趣，又超出了自己的知识结构，也不要流露出来。相反，自己可以要求下属们以通俗的语言给自己讲讲，顺便适当地赞美几句，谈话场面一定会热烈起来。

一般来说，人总是喜欢和自己有共识的人谈话。领导者经常可以听到身边一些不愿和他人讲话的借口："没有共同语言。"应该说，既然大家出于某种原因而聚集在一起，谈起话来，共同语言会很少，这是情理之中的事。但是，领导者可以在原则的范围内，尽量扩大与下属的共识。虽然有时只是附和而已，也可以收到类似善意谎言的良好效果。

为此，领导者一定要体察他人在谈话参与中的微妙变化，主动、及时地反应下属的反馈信息，调整自己的姿态，用一种虚怀若谷的气势，容纳下属的看法，这样也可以增强自己的亲和力。

对下属不要吝啬赞扬的语言

很多领导者认为，激励下属的方法一般有两种：奖励和惩罚。从人类的本性来讲，人们通常希望做一些愉快的事情，奖励比惩罚显然更容易让人接受。假如下属按照领导的吩咐去做，领导往往就会奖励他们、认可他们，而这些就是下属内心想要的。一旦不照领导说的去干，领导就会杀一儆百，给予惩处，如警告、责怪、降级察看、辞退解雇等，这些都是下属所不愿的。

经常鼓励、多表示支持是更加有效的激励方式。每一个为工作尽心尽力的下属都需要获得肯定。收入固然十分重要，但是大多数下属认为获得收入仅仅是一项权利，是他们付出劳动和心血换来的。多项研究结果显示，赞扬与肯定是最能激发下属竭尽全力、以较高水平发挥才能的法宝。除了应得的报酬以外，人们更加需要的是能够感觉到他们为公司作了一份贡献，自己的努力有了结果并且得到了领导的赏识。

王丹工作两年以来一直神采飞扬，情绪高昂，谈到所在公司的老总时，总是赞赏不已。她说公司在初创业的时候工资虽然不高，但老总却有一种神奇的本领，平易近人，没有一点架子，最会夸奖人，令下属心情舒畅，自信心大增，积极性高涨，甘愿效犬马之劳。

在现代社会，要想让下属尽心竭力为公司服务，作为公司领导者，除了用高额薪金和年终红包来奖励下属，还要善于调动下属的积极性，收服人心，其中一个最有效的办法就是表扬下属，善于表扬的领导者常会收到意想不到的效果。心理学家杰斯莱尔说："赞扬就像温暖人们心灵的阳光，我们的成长离不开它。但是绝大多数人都太轻易地对别人吹去寒风似的批评意见，而不情愿给同伴一点阳光般温暖的赞扬。"

真诚的赞扬，既能够表达出对下属某种行为或者价值的赏识，又能极大地鼓励下属继续保持这种行为，并逐渐形成一种风气。这不仅反映出领导者对工作负责的态度，更可以显示领导者掌控全局的魄力。

作为一位领导者，如果很善于利用赞扬表达对下属的关心和信任的话，将会大大提高下属的工作积极性。但是，并不是每一个领导者都懂得称赞下属。那么，究竟怎样才算是比较合适的赞扬下属的做法呢？

（1）当面赞扬下属并不是最好的方法，这样可能会让他怀疑领导者赞扬的动机。

例如，下属可能会想"我是不是做错事了，他是在安慰我"。增强赞扬的隐蔽性，通过第三者把领导者的赞扬传到下属耳朵里，这样可能会收到更好的效果。领导者可以在跟其他人谈话的时候，不经意间赞扬下属。下属通过这种途径听到上司的赞扬，会感觉更加真诚和可信。

（2）赞扬下属的具体工作，要比赞扬他的能力更有效。

首先，下属知道为什么自己受到了赞扬，才能促使他把这件事做得更好。其次，其他下属不会对此产生嫉妒心理，但是如果其他下属不清楚这位下属被赞扬的原因，便会感觉自己受到了不公正的待遇，甚至产生抱怨情绪。赞扬具体的工作，可以让其他下属以之为榜样，更加用心做好自己的本职工作。

（3）不要为了赞扬而去刻意赞扬，赞扬应是发自领导者内心的。

下属要是认为领导者在故意赞扬，还可能产生逆反心理，觉得领导者非常虚伪。此外，不要在布置任务的时候赞扬，这时很可能会让下属认为领导者的赞扬一定不是发自真心。

由于称赞下属，一方面是对他优点、成绩的承认和肯定，另一方面还可以增进和下属间的沟通、联络。所以优秀的领导者都不会吝啬赞扬的语言。

酒桌如战场，说话更要注意分寸

在酒桌上说话，要想让人对领导者产生好感，要想让人感到领导者素质高尚，要想让人感到领导者说话的分量，就必须要学会驾驭语言。巧妙的语言可以帮助领导者抬高身价，实现想要达到的目的。不恰当的语言则会带来灾祸。历史上有酒后丑态百出、丧尽廉耻者；有因贪酒而一生碌碌无为者；也有酒后吐真言而招惹祸事者；还有酒后失言泄密而被杀者。酒喝得恰到好处能让人与人之间感情加深，一旦过量，好事就变成坏事了，小到会误事，大到能误国。

汉朝的灌夫为人刚直，喝酒爱贪杯，他从不攀附权贵，更不会阿谀奉承，曾多次因醉酒而得罪丞相。一次，丞相娶燕王刘嘉的女儿做夫人。王太后诏令，让所有的列侯宗室都去祝贺。

宴席上，大家正饮得高兴。丞相起身敬酒，客人都恭敬地伏在地上，过了一会儿，魏其侯起身敬酒，只有几个老朋友离开席位，很恭敬，其余人只稍微欠身，跪在席上。灌夫非常生气，也起身敬酒。他借着酒劲来到临汝侯面前敬酒，临汝侯正和程不识说悄悄话，没离开席位。灌夫正一肚子火，就把临汝侯臭骂了一顿。客人见宴席上闹了起来，都借口走了。

丞相非常气愤，召来长史说："今天召请客人，是奉太后诏令，灌夫在席上骂人，犯大不敬罪。"于是将灌夫关了起来。王太后听说了这件事很恼怒，于是有人就借机诬陷灌夫。魏其侯为灌夫求情也被拘禁，大臣们不敢再给灌夫求情，最后灌夫和家人全都被处决了。

这可真是酒能成事，亦能坏事。一杯酒最后竟害死了一家人的性命。俗话说"酒逢知己千杯少"，朋友相聚，觥筹交错之际，切莫忘记美酒虽好，不宜贪杯。

其实，只要方法得当，酒桌上照样可以显示一个人的才华、修养和风度。有时候，一句诙谐幽默的话，就会给客人留下非常深刻的印象，无形中就会博得他人的好感。如果你是一位领导者，肯定少不了各种应酬，掌握一些酒桌上的口才技巧，可以助你在交际上无往而不胜，并且还会保护自己的健康。

在酒桌上如何说话才能既不失分寸，又能够给人留下好印象呢？不妨参考以下几个方面。

1. 谈论的话题要适合在座的大多数人

说话的时候，选择好话题是非常重要的。好话题就是指在座宾客大都了解或愿意参与的话题。有了好话题，在座宾客就能畅所欲言，各抒己见，气氛自然会活跃起来。否则，如果选择一个非大众化的话题，能够参与其中的宾客只有三两个，其他人无疑会变成心中有怨言的听众。要知道，大多数人有在公共场合想要说话的欲望，因为这样能够表现自己。领导者往往是话题的发起者，因此，提出一个好的话题就能体现领导者的才华。

2. 谦虚稳重

领导者在酒桌上要保持一种谦虚稳重的态度，既不要提及自己扬扬得意的事情，也不要提及令某位宾客感到难堪的事情。如果有人提及自己的得意事情时，可以轻描淡写，也可以顺水推舟，将话题转移到下一个人身上。不过，也不要过度谦虚。因为过度谦虚会让别人对你产生其他看法，了解你的人会认为你是矫揉造作，而不了解你的人则会觉得你一无是处。

3. 不要窃窃私语

在酒桌上说话的时候，领导者一定不要和身边的人窃窃私语，因为这样将会严重影响到你的形象。一方面，这是不尊重他人的表现。当领导者和身边关系亲密的人小声说话时，无疑会冷落了在座的其他宾客。另一方面，这会给人留下"不会做人"的印象。当领导者和某人窃窃私语时，有些人或许会毫不在意，因为他们从你的表现中可以看出你不会做人，从而在以后的交往中不会把你作为他们人脉网中重要的一员。

因此，领导者即便在酒桌上遇到了关系比较好的人，也不要因而厚此薄彼。如果真有很多的话要说，可以在应酬后单独聊聊。

4.察言观色，及时交流

酒桌上是交朋友的好机会，如果能够察言观色，无疑为交朋友做好铺垫。比如，当你发现某些人受到冷落后，立即与他交流。这个人便会从中感受到你对他的重视，从而乐于和你交流。

顺毛摸永远强过逆鳞挦

生活中常听到说某个人是"顺毛驴"，意思也就是说，在和别人说话时如果能顺着他的意思去说，他就会很顺从，这样事情往往更容易得到解决，如果逆着他的意思去干，那最终结果就不会理想。《韩非子》中说："夫龙之为虫也柔，可狎而骑也；就其喉下有逆鳞径尺，若人有婴之者，则必杀人，人主亦有逆鳞，说者能无婴人主之逆鳞则庶几矣。"意思也就是说君王一般都是十分厌恶大臣直言进谏的，假如要触犯了他们，他们就会恼怒，所以说在跟他们讲话时要顺着他们去说，不要违背他们的意愿，否则自己也就会因此而处于水深火热之中。

在历史上，汉武帝刘彻也可称得上是功勋卓著的君王，但是他就是一个听不得逆耳忠言的人。撰写《史记》的太史令司马迁是一个直言善谏的人，因他进谏时说了汉武帝不爱听的话而犯上。当时他对汉武帝谏言："陛下不可视匈奴为外族，因为匈奴也是中国人。只不过他们是少数民族而已，并不是什么异族。还有就是您应以一颗宽容的心对待李陵投降匈奴一事，他这样做也是不得已而为之的。假如您能够宽容匈奴和李陵投匈奴一事，那么您将会受到人们的尊敬和爱戴。"虽然李陵将军不是司马迁的好朋友，但是他却为李陵向汉武帝求情，司马迁对朝廷的忠心可想而知。

司马迁说了一肚子的肺腑之言，可谓大快人心，但是汉武帝听后却大发雷霆，因为他最不愿意听到的就是把匈奴也划入中华民族大家庭中这类的话，他的大汉族主义早已侵蚀了他浑身的每一个细胞，因此听司马迁这样一说他龙颜大怒，司马迁因此也遭受到"宫刑"。

其实不只是君王、领导者不愿意听不顺心意的话，现代企业中，下属也同样不喜欢听不顺心意的话。任何人要想让对方顺着自己的心意做事，说话时也要拣好听的来说，事情拣顺耳的提。否则，很容易产生副作用。

领导者通常都希望下属能够按照自己的意愿去做某些事，但是要让下属乐意照着领导者的意愿去做，领导者就必须明白，不论你的意图是什么样的，任何强硬的手段都会让他们产生抵触情绪。所以这时候，我们不妨也来个"顺毛抚驴"。有人以为自己厌恶听到别人的赞美，实际上他只是讨厌赞美的方式，或者说没有拍到点子上的马屁罢了。因此可以断言，大部分人表现谦虚的时候，仍然期待能获得赞美和认可。如果别人信以为真，为这种谦虚所感动，把真正的意见说出来的时候，他却未必能够接受。既然对方喜欢顺毛摸，那么领导者从他的角度出发，无疑是最佳的一种接触方式。从对方的角度出发，最重要的前提是对对方有一定的了解，这样才能有的放矢。

辩论时要紧抓对方的漏洞

领导者也常常需要面对辩论的情境。众所周知，在辩论过程中，论辩双方往往是唇枪舌剑，互不相让，力求在观点和语气上都不亚于对手。这时，如果领导者能够及时抓住对方话语中的漏洞，即我们通常说的抓住别人的小辫子，便可以据此夺取到主动权，从而制服对手。

林肯做律师的时候，有一次担任一个被指控为谋财害命的青年的辩护律师。在法庭上，证人一口咬定 10 月 18 日晚上 11 点在月光下看清了被告的脸，并且断言被告人就是罪犯。林肯分析道："10 月 18 日那天是上弦月，11 点时月亮已下山，又哪里来的月光呢？退一步说，就算提前一些时间，月亮还没下山，但月光只能从西向东照射，证人所在的草堆在东，被告所在的大树在西，如果被告面向草堆，脸上是不会被月光照射的，证人怎么能在二三十米外看清被告的脸呢？"林肯的辩护丝丝入扣，无懈可击，全场爆发了掌声和欢呼声，被告当庭被判无罪释放。

很显然，这一案例中，林肯为之辩护的青年之所以胜诉，全在于林肯机敏地抓住了证人证言中的破绽，并给予无情的揭露和驳斥。由此我们不难看出，在辩论双方激烈的论战中，善于捕捉对手破绽，具有非凡的意义。

"金无足赤"，世上绝对优劣的事物几乎不存在，辩论亦是如此。两方对垒中，不管一方准备多么充分，论题对其多么有利，一旦进入辩论程序，其立论的指导思想及具体辩词都难免暴露出根据不实、难以自圆其说甚至自相矛盾的地方，这就是所谓的漏洞。如果领导者能抓住它，并给予彻底的揭露，再加上猛烈回击，也就离胜利不远了。

领导者在运用此法时，首要的一点就是必须明确：大凡搜寻破绽，都需要有一个衡量标准，它可以是自然规律，可以是法律法规，可以是毋庸置疑的事实，也可以是社会普遍遵守的道德准则。

一般而言，其破绽多表现在以下两个方面。

1. 语言上的破绽

所谓语言上的破绽指的是口误、语无伦次、前言不搭后语等在语言表达上出现的漏洞，这种破绽一般都较为浅显，往往能一目了然，只是它的出现具有很大的随机性，难以预见，因此领导者在捕捉它时需要反应机敏和及时回击。众所周知，辩论在很大程度上都带有表演色彩，因此在双方你来我往的论战中，抓住对手的点滴疏漏，并毫不留情地给予各种形式的打击，往往是最易赢得场上效果的手段。

2. 情理上的破绽

情理，也就是真情真理。它包括事物的真实情态、人们在长期社会生活中普遍形成的一般价值观、大家共同恪守的伦理道德规范及约定俗成的正当处世原则，等等。这些标准虽然没有什么公文明示，但早已潜移默化地深深植根于每一个人的心中。虽然不好说有悖情理便是绝对的破绽，可是根据经验来看，大凡出现这种情况，至少是值得考究的。

在辩论时，一味妥协退让，绝不是好办法。要想让对手停止嚣张之焰，只有抓住他的要害，给予致命的一击，这样才能使其彻底安静下来。

总之，辩论时，唇枪舌剑、你来我往间，难免会犯一些错误，存在一些纰漏，产生一些破绽。机智者常常可以及时捕捉住对方的破绽，并给予有力的回击，这是展示领导者知识水平、理论功底、逻辑能力与语言技巧的最佳时机。

学会留后路，不把话说死

"滋味浓时，减三分让人尝；路径窄处，退一步与人行"，"留人宽绰，于己宽绰；与人方便，于己方便"，这是古人总结出来的处世秘诀。做人凡事都要留余地，尤其是要给自己留后路，不可把话说死，把事情做绝，更不能把人逼急。

不把话说死，也是言辞上低调做人的一个重要品质，与人谈话切不可把话说绝、说死，当你非要说明一些问题时，说话也要留三分。

许多领导者常凭一时冲动，就说出让自己后悔的话。尤其在与人斗智、竞技的过程中，受到人的思想情绪、谈判内容、周围环境等诸多因素的影响，领导者最容易因一时冲动说出不留后路的话。所以，在谈话中特别是谈话刚开始的时候，说话必须注意分寸，并要留有余地。就是说，领导者在谈话中所使用的语言应具有弹性，要尽量避免把话说死，更不能说"满口话"，不然会很容易使自己处在被动的地位。

一家电器公司最新设计的电器功能新颖，式样别致，一上市就十分抢手。因此，公司决定再购进一批原料批量生产。这个消息不胫而走，很快本市和外地的几家电器公司的推销员便来到该公司洽谈业务。该公司首先派出采购科的一般人员跟他们接触。在洽谈过程中，一方面可以大致上了解一下各家公司的情况，暂时不作出决定，而以"贵方的意思我一定转告给公司领导，只要提供的原料质量可靠、价格合理，我想应该会被考虑的"这样的话来回答。通过洽谈，在摸清情况、反复权衡的基础上最终确定了其中的一家，原料质优价廉，单这一项就使公司获得了很大的利润。

上面的例子就是在说话时给自己留有余地的重要方法。不把话说死，具有很高的灵活性和适应性强的特点。在谈话中对某些比较复杂的问题或者出乎意料的状况，如果不可能一下作出准确的判断，这时便应避其锋芒，留有余地，以争取时间进行必要的研究并制定出相关的对策。如果是一些很难一下作出回答的要求和问题，可以这样说："我会尽快告诉你我的决定""我需要再考虑一下""最近几天会告诉你我的决策"。这里所用的"尽快""最近几天"都具有灵活性，并留有余地，可避免自己盲目地作出反应而陷入被动局面。

在商品经济日益发展的今天，在产品销售、原料购置的过程中，企业之间相互竞争的情况早已司空见惯。因而，每一个领导者都需要综合考虑多方面的因素。在这个过程中，领导者说话留有余地就显得更加重要了，它能够使企业进退自如，从而获得更大的利益。

巧妙转移话题以缓和谈判气氛

作为领导者，首先就应该知道，在谈判过程中，双方僵持不下的局面是很普遍也是很正常的事情，因为说到底双方都是为了追求自己的利益，所以产生矛盾就在所难免了。其次，谈判双方应该主动寻找适当的方法打破僵局，并借此扭转谈判的方向。

松下幸之助是个极具智慧的人。在他的领导下，松下公司日渐强大，成为世界上著名的电器生产企业。一次，松下去欧洲与当地一家公司谈判。由于对方是当地一个非常有名的企业，不免有些傲慢。双方为了维护各自的利益，谁都不肯作出让步。以至于谈到激烈处，双方大声争吵，甚至拍案跺脚，气氛异常紧张，尤其是对方更是丝毫也不客气。松下无奈，只好提出暂时终止谈判，等午餐后再进行协商。

经过一个中午的修正，松下仔细思考了上午双方的对决，认为这样硬碰硬的与对方干，自己并不一定能得到好果子吃，相反可能谈不成这笔买卖。于是开始考虑换一种谈判方式。而对方仗着自己具有"天时、地利、人和"的优势，丝毫不愿作出让步，打定主意要狠狠地杀一下松下的威风。

谈判重新开始，松下首先发言。而对方个个表情严肃，一副志在必得的样子。松下并没有谈买卖上的事，而是说起了科学与人类的关系。

他说："刚才我利用中午休息的时间，去了一趟科技馆，在那里我深受感动。人类的钻研精神真是值得赞叹。目前人类已经有了许多了不起的科研成果。据说阿波罗11号火箭又要飞向月球了。人类的智慧和科学事业能够发展到这样的水平，这实在应该归功于伟大的人类。"对方以为松下是在闲聊天，偏离了谈判的主题，也就慢慢地缓和了紧张的面部表情。松下继续说："然而，人与人之间的关系并没有如科学事业那样取得长足的进步。人们之间总是怀着一种不信任感。他们在相互憎恨、吵架，在世界各地，类似战争和暴乱那样的恶性事件频繁地发生在大街上，人群熙来攘往，看起来似乎是一片和平景象。其实，人们的内心深处相互进行着丑恶的争斗。"他稍微停了一会儿，而对方越来越多的人被他的话吸引，开始集中精神听他谈话。接着，他说，"那么，人与人之间的关系为什么不能发展得更文明一些、更进步一些呢？我认为人们之间应该具有一种信任感，不应一味地指责对方的缺点和过失，而是应持一种相互谅解的态度，携起手来，为人类的共同事业而携手奋斗。科学事业的飞速发展与人们精神文明的落后，很可能导致更大的不幸事件发生。人们也许会用自己制造的原子弹相互残杀，日本在'二战'期间已经蒙受了原子弹所造成的巨大灾难。"

此时，人们的注意力已经完全被松下所吸引，会场一片沉默，人们都陷入了深深的思索之中。随后，松下逐渐将话题转入谈判的主题上，谈判气氛与上午完全不同，谈判双方成了为人类共同事业而合作的亲密伙伴。欧洲的这家公司接受了松下公司的条件，双方很快就达成了协议。可以说，在关键时刻松下在谈判言语方向的转移为谈判铺垫了走向成功的道路。

愚笨的领导者会让自己和谈判的对象剑拔弩张，最后弄得两败俱伤，而聪明的领导者则会巧妙地把双方置于和谐的气氛之下再进行谈判。

不过，使用转移话题的谈判技巧和方法虽然在谈判活动中具有重要的作用，能缓和剑拔弩张的谈判气氛，但如果运用不当，也就达不到预期的效果。在使用这种技巧时，注意这样几点是很有必要的。

（1）要认真地分析谈判陷入僵局的原因，比如价格、产品质量、交付方式等方面的问题，只有找出问题的症结，才便于对症下药，有的放矢。

（2）转移话题策略目的在于使谈判由僵局走向转机，所以，很重要的一点在于领导者通过巧妙地转移话题，把有争议和对抗的问题暂时放置一边，制造出一种有利于谈判的气氛，以消除双方的顾虑和对立情绪，为进一步的谈判铺平道路。

（3）转移话题时要自然，既不要纠缠于双方争执的问题，也不宜不着边际、离题万里。而应该围绕着预定的谈判目标，由彼及此，由远而近，渐入佳境。

总而言之，转移话题是一种高超的语言艺术和谈判艺术，领导者要想成功地运用转移话题的谈判技巧和方法，只有在谈判实践中反复体会，多加训练，才可能收到预期的效果。

用适时的停顿吸引他人的注意

欲说还休，往往更能刺激人听的欲望。所以撩动人心的话通常都不是一气呵成的那种，而是适当地停顿、静默，然后多转折、多变化地引人入胜的那种。所以，领导者讲话，如果不懂得适度的沉默，就无法真正了解说话的艺术。

有些领导者，能在讲话中适时停顿，使自己的演讲更生动、形象。例如奥巴马在一次演讲中说："这样的政策对美国不好（停顿），麦凯恩明明看到布什把我们带到这步田地（加重语气）。"这句话就体现出奥巴马很好地运用了停顿和语气的控制，从而为他的辩论增加了色彩。

美国前总统林肯也经常在谈话途中停顿。当他说到一项要点，而且希望他的听众在脑中留下极为深刻的印象时，他总会倾身向前，直接望着对方的眼睛，有时足足有一分钟之久，也不说一句话。

这种突然而来的沉默，和突然而来的嘈杂声能起到相同的效果：能够吸引人们的注意力。这样做，可以使每个人提高注意力，警觉起来，注意倾听对方下一句将说些什么。

例如林肯在和名法官道格拉斯的那场著名辩论中就很好地利用了停顿。当时辩论接近尾声，所有的迹象都表明林肯会失败，林肯本人也因此感到很沮丧，他那痛苦的老病不时地折磨着他，为他的演说增添了不少感人的气氛。在最后一次辩说词中，林肯突然停顿下来，默默站了一分钟，望着他面前那些半是朋友，半是旁观者的群众，他那深陷下去的忧郁的眼睛似乎满含着未曾流下来的眼泪。林肯把自己的双手紧紧握在一起，那样子好像在说明它们已经太疲劳了，已经无力应付眼前这场无助的战斗。然后，林肯又以他那独特的单调声音说道："朋友们，不管是道格拉斯法官或我自己被选入美国参议院，都是无关紧要的，一点关系也没有；但是我们今天向你提出的这个重大问题才是最重要的，远胜过任何个人的利益和任何人的政治前途。朋友们，"说到这，他又停了下来，听众们屏息等待，唯恐漏掉了一个字，"即使在道格拉斯法官和我自己的那根可怜、脆弱、无用的舌头已经安息在坟墓中时，这个问题仍将继续存在、呼吸及燃烧。"

后来替他写传记的一位作者指出："这些简单的话，以及他当时的演说态度，深深打动了每个人的内心。"

说话时适时的"停顿"，是一种需要掌握好的技巧。适时的停顿不仅使讲话层次分明，还能重点突出，吸引听话人的注意力。适当的停顿，能前后互相照应。只有条理清楚的讲话，才具有说服力并表现出较强的逻辑性，使别人佩服领导者讲话的老练和娴熟。如果不懂得适时的停顿，滔滔不绝地一直讲下去，就会让人产生急促感，显不出说话者的感情和力度。

那么，到底什么时候适合停顿呢？

（1）在转换语言，承上启下，或提出重点，总结中心思想，概括主要内容时，就需要适时的停顿，而静默的时间一般不超出 10 秒。特别需要停顿的地方，也以不超出一分钟为宜。

（2）在想表达出蕴藏在内心的激情时，这时候讲话还应有抑扬顿挫，所以停顿不只是声音的静止，而且还是一种无声的心灵之语，它往往配合动作手势。例如，低头沉思；双手握拳，作激动状；说到关键处，双目凝视；深深叹息；皱紧双眉作痛苦状；抬头仰望天空；等等。

领导者在做以上动作手势时，注意一定要自然、逼真，切莫让人以为你故作惊人之状，故此反而失去了"停顿"所特有的效果。

总之，领导者在谈话过程中，如果停顿适宜，就能给予对方压力，甚至能在不利时起到扭转乾坤的作用。

·第十章·

敢于担责，让你的下属心生崇拜

领导者又叫负责人，处于权力中心。主意是负责人出的，干部是负责人用的，落实是负责人抓的。从决策到实施，整个过程体现的都是领导者的意志：在现行体制下，不管是什么原因造成的差错，也不论有什么差错，追根溯源，都与领导者有关。领导者如果缺乏担责的勇气，必定难以立足、难有作为。因此，是否敢于担责也是领导者大智慧的表现。

责任，成就好领导的基石

一个民族需要有责任感，否则这个民族就是可悲的；一个企业需要有责任意识，否则这个企业就是可怜的；一个领导者也需要有责任心，否则这个领导者就是可耻的，是没有办法干好任何事情的。因为责任是成就一个好领导的基石。

在社会上生活，我们每个人都在扮演着不同的角色，而每一个角色又含有不同的人生意义，肩负着不同的责任。领导也好，下属也罢，只有能充分承担责任的人才能演绎好自己的人生角色。对一个人而言，责任是可以让人在成功的兴奋中冷静下来的镇静剂，也是可以让人在困难面前不屈服的兴奋剂；责任让人懂得面对绝望时不放弃，面对机遇时也不自满；责任是人一生中最重要的朋友，是每一个希望获得成功的人的人生基点。对一个好的领导者而言，责任就是他成就和完善自己的翅膀。

修正药业股份公司董事长修涞贵就是一个敢于承担责任的好领导。这一点从他做药业的口号"做良心药，做放心药"中就能看出一二来。

1954年出生，毕业于吉林大学法律系的修涞贵，于1995年承包了一个固定资产25万元、负债却高达400万元的制药厂，经过近十年的努力，"修正药业"

成为吉林省最大的制药企业及中国著名的中药生产商之一，总资产达到了16.7亿元，并形成了非处方药、保健品、医疗服务和国际贸易的经营平台。2000年2月在吉林省同行业中率先通过GMP认证。企业已发展成为集科研、生产、营销于一体的大型现代化股份制制药企业，是吉林省制药行业的龙头。修涞贵在"2007年胡润百富榜"中，以55亿元的资产成为吉林省首富；"2009年胡润百富榜"上修涞贵排名第98位。

修涞贵的领导格言是："药要有良心，人更要有良心；做药要负起对患者的责任，管企业要负起领导者的责任。我取得的成绩越大，我的责任就越多，这是社会发展的必然要求，所以在修正，不需要没有责任感的人！"

领导这个职位本身就意味着责任，地位越高，权力越大，责任也就越重。如果把领导的工作比喻成一座建筑，那么责任对于领导者而言就是这座建筑物的基石，没有了它，领导者成功的高楼大厦就不可能建成。卡内基说过："这个世界上有两种人绝对不会成功，一种是除非别人要求他，否则他绝对不会主动做事的人；另一种就是思想里没有责任观念的人。"

海信集团的周厚健也是这样的一个领导。他曾不止一次地说过："对于企业管理人员而言，责任心比事业心更重要……当干部就没有休息日，想有休息日就别当干部。"为了那份当领导的责任，周厚健放弃了所有的节假日，每天累得一挨枕头就睡着了。

现代社会，谁没有责任感，谁就没有将来的发展，因为责任才是发展的基础，是做人的必备条件，是领导者顺利领导下属工作的基石。没有了它，下属就没有安全感，所有的理想都只能是空中楼阁——可望而不可即。由此可见，一个领导者要在工作中得到更高的提升，那么他首先就应该是一个有责任感的人。

对领导者而言，无论何时何事，责任都是保证追求更高发展、走得更久更远的基点。只有自己先具有强烈的责任感，才能一级抓一级，在下属的面前树立好的榜样，才能将整个团队的责任感层层落实到位，也才能让每个下属都具有责任心。

让公司的问题成为你个人的问题

如果一个人把外事当家事，这个外事就是家事，家人就会齐心协力把这件事办好。如果一个人把外人当家人，他一定对这个人特别亲切，人们生活的环境就会格外和谐。如果领导者把公司的事当自己的事，把公司的问题当成个人的问题，就没有搞不好的公司。这样的领导必是一个负责任的领导，是一个优秀的领导。

石太线客运专线 4 号斜井工区长肖华祖就是一个把公司的事当作自己的事的好领导。

刚上任的那个清晨，肖华祖就踏着朦胧的晨光向隧道口走去，正好被巡夜的人员看见。巡夜人问道："肖总，你怎么这么早就来了，不是来查岗的吧？"

"不是，有你们值班，还要我查吗？我睡不着，到洞里看看。"说着，肖华祖就走进了洞里。

他第一天这样，第二还这样，天天这样，工人不解地说："肖总，你不相信我们能把工作做好？"

"相信！"肖华祖坚定地说。

"相信你还老往洞里跑？许多事有我们各把一道关，你宏观上掌握一下，细节的事交给我们办，你放心吧。"工人立即回道。

然而工人们说归说，肖华祖还是放心不下，他觉得他是最基层的领班人，他到洞里是和大家一块干活的，不是只管决策的领导者。

一次，有一个刚从迁曹线下来的挖掘机司机，因为从来没进过洞，看到那黑乎乎突起的石头就心惊肉跳，细心的肖华祖发现了他的不安，忽一下跳到车上说："没事，我也坐在你驾驶室里，要有事，你先跑！"两排炮下来，这位驾驶员心里就踏实了许多。

好几次，肖华祖回到办公室都累得靠在背椅上睡着了。细心的主任怕他感冒，叫醒他让他上床去睡时，他总说："不，一会儿我还要进洞去。"一天这样，两天这样，天天这样。与他一起共事的同事们都被他这种责任心感染了。于是技术部门的人向他申请重新调整一下炮眼，洞下调度员便总第一个冲上掌子面观察石质，指挥排险……

在肖华祖的带领下，工地没有出过一次事故，工作效率更是得到了大大的提高。有人问他为什么会有这样的成绩时，他只是淡淡地说一句："把公司的事当自己的事。"

"让公司的问题成为你个人的问题"，吉列公司的老总吉姆·基尔特斯的这句话可谓一语中的，道出了身为企业领导者的责任。在这个世界上，没有不需要承担责任的工作，相反，一个人的职位越高，权力越大，肩负的责任也就越重。将公司问题视为你个人的问题，你才能全身心地投入问题的解决中去，你也才能将问题出色地处理掉。

领导的责任感是下属的定心丸

一个企业如果有很好的战略和前景，那就意味着这个企业是一个有希望的企业；但是如果缺少一个负责任的领导带领大家去贯彻，没有强烈的责任心带着大家去严格实施，那么这个企业战略再好、前景再好，也只不过是一堆泡影而已。只有具有责任心的领导，才能得到下属的信任和重视，才能让下属可以安心依靠。

一个久经商场的领导说："只有善尽责任才能为自己带来良好的印象，因为作为企业来说是有社会责任的。如果领导者的形象不好、影响恶劣，那么下属在社会上就会觉得很没有面子，即使你给他们的薪资再高、待遇再好，那些有责任感的下属依然会觉得自己的脸上'无光'，他们也不会长久地干下去，因为在他们的心目中，一个没有责任感的领导是不会对自己负责任的，如果有什么事情出现，自己会是第一个遭到领导抛弃的人，这样怎么会有安全感呢？这样直接的后果就是领导者想留人也留不住，下属迟早会心生恐惧而走掉。所以说，领导者唯有善尽责任，才能塑造良好的形象。"

那么领导者如何才能塑造出良好的领导形象呢？必须担负起自己的责任。许多领导者在这方面做得就很好，他们尽自己的能力为公共事业作出了贡献，不仅赢得了社会的认可，更赢得了下属的尊敬。因为在下属看来，领导者和自己是"一家"，如果领导者对"外人"都能够承担责任，那么对"家里人"就更不用说了，这种发自内心的安全感就会促使下属做好自己的工作，因为在他们的心目中，跟着这样一个有责任心的领导工作，一定也能让自己在安稳的环境中实现自己的价值。

英国前首相威尔逊就是如此。一次，威尔逊面对上千人进行演讲，正当他讲到兴头上时，突然飞过来一个鸡蛋，正中他的右脸。这种事情对于一位首相来说，简直是奇耻大辱。可后来的发展却出乎人们的意料。当下属告诉威尔逊是一个小孩扔的鸡蛋时，他马上命令他们把孩子放了，并对现场观众说："在别人的错误中发现自己的责任，这就是我的人生哲学。这个小朋友用鸡蛋打我的确是不礼貌的行为，但是身为大英帝国的首相，我有责任发现那些在某些方面有特长的人才，并为国家做好人才储备。这个小朋友虽然行为不对，但是他能从那么远的地方把鸡蛋扔过来，而且正中目标，看来他是一个未来的体育明星。我要把他的名字记下来，以便培养他成为国家优秀的运动员，为国效力。"说完这番话，人群中爆发出了经久不息的掌声，威尔逊也因此获得了民众的有力支持。

一个人承担的责任越多、越大，那他的作用和地位也就越大、越重要。因为只有一个富有责任心的人才会给大家带来利益和安全感，才会让人感觉可以依靠和信任。一个好的领导，一定是那个最大限度地承担自己责任的人，在他的口中永远没有"其实我没什么责任"或者"根本就不是我的责任"这样的话，因为他们明白，自己的责任心才是下属信任自己、安心工作的前提。也正是因为他们强烈的责任感，所以才从容不惧，才会给工作带来保证，给自己带来无尽的财富。

做事有始有终

许多人之所以无法取得成功，不是因为他们能力不够、热情不足，而是少了一份责任感，缺乏一种坚持不懈的精神。他们工作时往往虎头蛇尾、有始无终，做事东拼西凑、草草了事。他们对自己的目标容易产生怀疑，行动也始终处于犹豫不决之中。比如，他们看准了一项工作，往往开始的时候充满了热情，却在刚做到一半时就觉得另一份工作更有前途。结果只能是一事无成，变成个失败者。因为在这个世界上，没有一个做事虎头蛇尾、缺乏责任心的人能够获得真正的成功。

贾金斯就是一个只会空想、缺乏责任感、做事情不能有始有终的人。在很多年前，有一个人正要将一块木板钉在树上当隔板，贾金斯便走过去管闲事，说要帮那人一把。他说："你应该先把木板头子锯掉再钉上去。"于是，他跑去找锯子，锯子找来之后，还没有锯到两三下又撒手了，说要把锯子磨快些。

于是他又去找锉刀。接着又发现必须先在锉刀上安一个顺手的手柄。于是，他又去灌木丛中寻找小树，可砍树又得先磨快斧头。

磨快斧头需将磨石固定好，而这又要先制作支撑磨石的木条。制作木条少不了木匠用的长凳，可这没有一套齐全的工具是不行的。于是，贾金斯跑到村里去找他所需要的工具，然而这一走，就再也没回来了。

贾金斯无论学什么做什么都有始无终、半途而废。他曾经废寝忘食地攻读法语，但要真正掌握法语，必须首先对古法语有透彻的了解，而没有对拉丁语的全面掌握和理解，又不可能学好古法语。贾金斯又发现，掌握拉丁语的唯一途径是学习梵文，因此便一头扑进梵文的学习之中，可这就更加旷日废时了。

贾金斯从未获得过什么学位，他所受过的教育也始终没有用武之地。但是他继承了一些遗产。他拿出10万美元投资办了一家煤气厂，可是煤气所需的煤炭价钱昂贵，这使他大为亏本。于是，他以9万美元的售价把煤气厂转让出去，接着又开办起煤矿来。可好运还是没有眷顾他，因为采矿机械的耗资大得吓人。因此，贾金斯把在矿里拥有的股份变卖成8万美元，转入了煤矿机器制造业。从那以后，他便像一个内行的滑冰者，在有关的各种工业部门中滑进滑出，没完没了……

企业中，有很多领导者就像故事中的贾金斯一样，做事虎头蛇尾、半途而废。如果目标确立以后，不能做到有始有终，而是虎头蛇尾、半途而废，那必然是前功尽弃。古人苏轼说过："利大事者，不唯有超世之才，亦有坚韧不拔的意志。"那些成功的领导者都是具备了持之以恒的处世能力，才有今天被世人瞩目的企业，成为众多企业的佼佼者。台湾巨富，塑料大王王永庆曾感慨地说："今天我能在事业上有一点成就，主要是我对所认定的目标全力以赴，认真学习先进的科学技术知识，绝不以任何理由退缩。人的生命和精力都有限，必须全神贯注，持之以恒，才有可能如愿以偿。"

敢于担责的领导手握永恒的财富

工作中敢于担责是一种具有巨大力量的精神，它可以改变工作的一切。敢于担责的精神，可以改变一切平庸的工作状态，让一个人从平凡变得优秀，可以帮助一个人赢得别人的信任和尊重；敢于担责的精神，可以使人获得好机会的眷顾，从而使自己的工作和事业走向更高的阶段。对于领导者而言，敢于担责就拥有了永恒的财富。

刘延是一家大公司的主管。一天午餐时间，公司的一位董事走进来，想找一些文件。尽管这并不是刘延分内的工作，但是他依然说："我对这些文件并不了解，不过我会尽快帮您找到它们，然后把文件放在您的办公室里。"结果，刘延牺牲了午饭时间才找到那份文件，这位董事为此很感谢他。

两个月后，公司有一个高一些的职位空缺。在公司的管理会议上，总裁征求这位董事的意见，这时，董事推荐了勇于负责的刘延。

工作总会对每个真心付出的人给予合理的回报，荣誉也好，财富也罢，条件就是你首先要是一个敢于担责的人。一个人具备了敢于担责的精神之后，就会产生改变一切的力量。领导者要有敢于担责的勇气，对自己的行为负责。

有人说，对工作敢于担责，工作就会变成一种乐趣。还有人说，证明自己杰出的最好证据就是敢于担责。而事实上，许多人对责任都有一种畏惧的心理。他们希望工作环境宽松，出了问题也有大家一起来帮他承担，这样的人充其量也就是工作机器而已。

地处山城重庆的力帆实业股份有限公司从 1992 年的只有 20 万元资产的小企业，成为拥有上万名员工、年销售收入 121.6 亿元人民币的全新的力帆。这些都与董事长尹明善有着直接的关系。

作为力帆的最高领导人，尹明善始终抱着"致富思源，富而思进"的理念，对力帆的各项工作真抓实干。在尹明善看来，领导者敢于担责是企业最重要的财富之一，他说："一个人的责任感，在一定意义上，就是财富的积累。财富积累越多，责任也就越大。""当我挣一个亿的时候，我觉得欠别人的实在太多了，我自己哪有能力挣这么多钱？是社会帮了我，是政府帮了我，是工程技术人员帮了我，是我所有的员工帮了我。我要还员工的钱，要竭尽全力把他们的饭碗保住，还要尽可能地给他们增加收入；我要还政府的钱，依法自觉纳税，保证税收年年增加；我要还社会的钱，尽可能多地参与公益事业。""我警告我们公司里的人，如果有谁做错了事，而不敢承担责任，我就开除他。因为这样做的人，显然对我们公司没有足够的兴趣，也说明了他这个人缺乏责任心，根本不够资格成为我们公司里的一员。"

这就是领导者的大家风范。领导者敢于担责，是其一生中最大、最永恒的财富。因为对于下属而言，没有哪个下属希望自己的领导在面对问题时胆小怕事，没有担当，他们需要的是一个敢于担责的领导；因为领导者敢于担责，能出色地完成工作，会为企业创造更多的发展机会，在创造物质利益的同时，更达到了精神上的自我实现，这是人的最高要求，而这种要求一旦得到满足，就会获得最大的快乐，是人生永恒的财富。

责任体现在细节中

随着社会的不断发展和市场竞争的日趋激烈，这就要求企业具备越来越强的竞争力。要想在竞争中获胜，一个好的领导者必不可少。而一个好的领导者必备的条件就是要有责任感，责任不仅体现在大事上，更体现在每一个细节中。

现实中也有很多领导者对于细节很不以为然，认为领导者就应该从大处着眼，把大事放在第一位，而对那些不起眼的小事无须在意。其实，这是一种错误的想法。因为在日常工作中，很多事情都是小事、细节，而一个人的责任心也正是从这些小事、细节中体现出来的。

一个年轻人刚来到一家大公司上班，就发现一个问题，中午的时候，办公室的人都从别的部门把饭盒拿回来再去热饭，于是他就问同事："我们部门不是也有冰箱吗，为什么……"同事告诉他："半个月前冰箱就坏了，大家也是没办法，又没有人修。"于是，这个年轻人就利用中午的时间把冰箱里已经发臭的食物清理掉，然后寻找冰箱不能运转的原因。原来冰箱并没有坏，只是电源插座松了，于是他把电源插好，冰箱又开始运转了。后来，这个年轻人由于工作中的突出表现被提升为经理，这个公司就是中国数码产业的龙头企业——创维集团，这个年轻人就是创维集团营销部年仅30岁的副总经理张志华。

做事不能只做表面文章，要踏踏实实，因为通过一件小事就可以看出一个人的责任心，一个细节就能体现出一个人潜在的领导素质。工作时不要忽略了任何一个细枝末节，以为不重要，要知道"涓涓细流可以汇成江海"，"小"的积累才有了"大"的成就。如果在小事上都不能负责，那么有了大事又怎会承担责任呢？而且，小事处理不好，最终会坏了大事。

有一个名声卓著的长者，他学识渊博，受到世人的尊敬。于是就有很多人来到他的住处，希望能够拜他为师，学习知识。有一天，来了两个年轻人拜师。于是长者就让两个年轻人留了下来。

第一天，长者让其中一个年轻人去扫地。过了一段时间，这个年轻人满头大汗地回来了，他说："我不仅把屋子里的地扫干净了，还把院子也扫过了。"长者低头看了一眼桌子下面，然后说："辛苦你了，你去休息吧。"

第二天，长者又让另一个年轻人扫地。一段时间以后，另一个年轻人回来向他报告说："我把屋子、院子和门前的小路都仔细地扫过了。"长者又看了桌子下面一眼说："辛苦你了，你去休息吧。"

第三天，长者把两个年轻人叫到面前，说："经过我的测试，你们两个都不能达到我的收徒标准，你们还是回去吧。"两个年轻人都十分惊讶，说："您还没有考我们呢，怎么就知道我们不合适呢？""其实，我已经考过你们了。就在你们扫地的时候。"长者说，"你们看看桌子底下是什么？"原来，桌子底下有一枚钱币，这是那个长者早就放好测试他们的。两个年轻人由于对工作的细节不够重视，所以都没有看到那枚钱币。长者说："一个人的责任不仅表现在大的事情上，更体现在小的细节中，这才符合做我弟子的标准。"

也许领导者会认为工作中的细节都是不起眼的小事，但在激烈的竞争中，许多的完美就体现在一个个细节中。所以，领导者要对每一个细节都负起责任，把每一个细节都做好，把每一件小事都出色地完成，才能带领下属走向成功，同时也让下属心生崇拜。

冲锋在前，逃跑在后

作为一名领导者，当问题出现时，如果不站出来勇敢地说："是我的责任！"而是一味推卸，这是任何一个企业都不允许的。企业需要冲锋在前，逃跑在后的领导。只有在工作时勇往直前，当工作出现问题时，敢于出面承认自己的过失、承担责任的领导，才能获得企业的认同。

事实上，一个团队的发展目标能否实现，在很大程度上取决于领导者的责任意识和处理责任时的方法与手段。一个优秀的领导者，会主动出面承担因下属犯下的错误而带来的责任，给下属足够的时间和空间进行反省，进而站出来承担自己应该承担的责任，并把这种责任化作工作的动力，更加忠诚地追随在这样的领导周围。

一家公司在外地设立了一个办事处，只有两个人，一个主管，一个职员。办事处成立后，需要办理税务申报，但这家办事处的税务申报却因各种原因一再拖延。在一年后的税务检查中，税务局发现了这个问题，就对其进行了严格的经济处罚。公司老总知道后，就向主管询问原因。主管说道："这一切都是我的责任，当时我想到了申报，可听说其他类似的办事处都没有申报，我想我们也没有必要这么做，所以就一直拖到了现在，这些事情都是我一个人的错。"

接着老总又询问了职员，得到的答案是："我把实际情况向主管汇报了，但是我觉得从为公司省钱的角度看，没有必要急着申报，因为很多单位都没有申报。于是我建议主管也不必着急，时间一长，就……这也有我的错。"最后，老板对主管说："虽然你们的行为不对，但你作为领导能够主动站出来承担不完全是你的责任，这样的领导，正是公司所需要的。"

身为领导者，一旦出现问题，首先要做的就是把责任扛起来，绝对不能以各种借口来掩饰，更不能把责任推给下属。即使不是自己的错，但也至少存在监管不力的问题。不管什么原因，不管问题有多大，压力有多重，领导者都应该先把责任担下来，尽快地寻求解决问题的办法才是最重要的。等到问题解决了，问题所引起的后果已经通过及时的更正降到了最低，责任变得相对"小"了，这时再追究责任。如此一来，惹出祸事的人也会被领导的担责而感动，主动承认自己的错误。这样既可以改善领导和下属之间的关系，又可以让大家都富有责任心，增强团队凝聚力，提高团队的整体竞争力。

而如果一个人坐在很高的职位上，却不能承担更多的责任，丧失掉最基本的职业道德，就会遭到他人的轻视和离弃。

有一家大型模具公司的车间主任，手下管着一百多位技工。有一次，他带着几名员工制造一个精细模具。制造完毕，恰逢总裁和他的几个朋友到车间巡视，其中有一位发现了这个模具上的一个瑕疵，因为总裁在场，车间主任害怕自己挨训，当时就把责任推给了他的下属。总裁一看他这种做法，勃然大怒，当着全车间的人把他训斥了一顿。

如果领导一遇到问题，就先逃开，一味地将责任推卸给下属，那么下属就会人人自危，生怕自己因为一些小失误而成为领导者的替罪羔羊。在这样的情况下，下属怎么会有心思去思考解决问题的办法呢？工作中出现了问题，最重要的是避免以后再发生同样的错误，只有领导主动了，下属才会尽快地平静下来，才会全力以赴地和领导一起寻求解决的办法。即使是天大的错误，领导也要先站出来扛起所有的责任，因为领导是下属的"擎天柱"，即使是天塌了也要顶住，这样下属才会觉得自己是受保护的。

自己的责任不能推给下属

作为领导者，有些人极少向下属承认自己的错误，甚至有的错误连公司高层都清楚了，还不肯承认。如某人犯了错，使公司蒙受了损失，高层追究起来，就将责任推到下层不受重视的员工身上，在未经调查的情况下将其开除；员工无辜背上黑锅是小事，但因此而成为日后找工作的污点却是无法挽回的损失。出现如此情形，真正犯错及不问情由的高层难辞其咎。

当事情错到无可挽救的地步时，还想方设法推卸自己的责任，是领导最要不得的行为。这样做，只能使下属进一步看清你的嘴脸，彻底丧失你在下属中的威信。

其实推己及人，领导者身在领导之位，就应该有承担责任的勇气。不仅让下属有安全感，而且也通过自己的勇于负责，使下属进行反思，进而发现自己的问题，并勇敢地承担起他所应承担的那部分责任，这样才能让问题解决起来更加迅速与清楚。因此，当问题出现的时候，无论问题有多严重，领导者都应该有勇气站起来对大家说：这件事情是我的责任。

春秋时晋国有一名叫李离的狱官，他在审理一件案子时，由于听从了下属的一面之词，致使一个人冤死。真相大白后，李离要以死赎罪，晋文公说："官有贵贱，罚有轻重，况且这件案子主要错在下面的办事人员，又不是你的罪过。"李离说："我平常没有跟下面的人说我们一起来当这个官，拿的俸禄也没有与下面的人一起分享，现在犯了错误，如果将责任推到下面那些办事的人员身上，我又怎么做得出来。"他拒绝听从晋文公的劝说，伏剑而死。

"金无足赤，人无完人。"每个人一生中或多或少地都有这样或者那样的缺点或错误，关键是要诚实正直地面对这些缺点与错误。作为一名领导，面对错误坦率承认，不仅不会丢面子，反而能赢得下属的信任与爱戴。也只有这样敢于承担责任的领导者，才真正可以称得上是下属的保护伞。

在第二次世界大战中，任美国总参谋长的乔治·马歇尔将军则是承担责任的领袖楷模。当战斗失败后，马歇尔将军总是先反省自身的错误，勇敢地承担责任，不把错误推给下属，也因此而得到下属的爱戴。

　　领导者千万不要利用自己的功绩或手中的权力来掩饰错误，从而忘却自己应承担的责任。人们习惯于为自己的过失找种种借口，以为这样就可以逃脱惩罚。伊甸园中的亚当被发现偷吃禁果之后，把责任推给了夏娃，这是不成熟的表现。夏娃随之又开罪于骗人的毒蛇，这也是欠成熟之举。当兄弟或伙伴们被叫到一起承认错误时，"是他叫我干的"就成为亘古不变的托词。领导者正确的做法应该是，承认它们，解释它们，并为它们道歉。最重要的是利用它们，让人们看到你如何承担责任和如何从错误中吸取教训。这些并不会影响你的形象，反而会让人们更加敬重你，愿意为你赴汤蹈火。

与下属一起尽职尽责地工作

　　责任既是一种权利，更是一种义务。对于一个领导者而言，责任既是一种品格，更是一种境界。领导者对于责任的认识和学习，既是满足工作的客观要求，更是满足自己内在素质的主观追求。一个尽职尽责的领导，一定是一个全心全意工作的人，一定是一个让下属心生崇拜的人。

　　如果一个领导者足够称职，那么他就会主动去培养下属的责任感，通过不断提高下属的能力和素质，对下属进行有效的领导，进而完成工作任务，履行各自的职责，承担各自的责任。

　　因为培养下属在日常工作中发现并解决问题的能力，提高下属的综合素质本身就应该是领导者的工作内容之一，因为领导者只有把这一点做好，才能让下属在工作中少犯错误。而领导也只有真正地认识到了这一点，在工作中要求下属不断增强责任心，才算得上是尽到了自己的责任，完成了自己的职责。

　　1999年，正在美国硅谷领导研发用于卫星、监控、外太空探测高端平行数位成像技术的邓中翰应邀回国，挑起了"星光中国芯工程"总指挥的重任。他说："在硅谷的时候也研发芯片，但是感觉却是完全不同的，因为在美国，做出来任何结果都是别人的。但是回到祖国之后，我们所做的任何一个'中国芯'的自主知识产权都是属于我们国家的，每当想起把自己的青春和自己的知识与国家的发展相结合，每当想到作为一名中国人的责任，所有人都感觉到浑身有使不完的力量。"

　　邓中翰和他的同事们克服困难，经过将近6年的艰苦攻关，终于成功研制开发出了具有中国自主知识产权和国际领先水平的"星光中国芯"五代数字多媒体芯片。这项成果实现了七大核心技术突破，并申请了该领域的 400 多个国内外专利。先后被三星、飞利浦、惠普等一批国际知名企业大量采用，占据了计算机图像输入芯片国际市场 60% 的份额，覆盖了欧美和亚太地区。这是我国具有自主知识产权的集成电路芯片首次在一个重要的领域达到全球市场领先地位。

谈到这一伟大的成果，邓中翰说："我要感谢和我一起工作的每一个人，是他们给了我成功的机会。今天能有'中国芯'的问世，完全是因为那些和我一起为工作尽职尽责的人。正是因为大家一起全心全意地努力，才会有今天我们耀眼的成就。"

邓中翰正是用自己强烈的责任感唤起了下属的共鸣，与下属一起尽职尽责地工作，所得的成果最终才被大批国际知名企业所采用，获得了世界的承认。"能尽多大的责任就能干多大的事业。"无论在哪个行业，领导者都要牢记自己的责任，认识到自己工作的重要性并全心全意地做好它，这就是领导者的责任。领导的努力不仅能唤起下属的工作热情，还会促进下属的负责精神，从而让领导和下属一起全心全意、尽职尽责地工作。

众所周知，责任意味着要承担更多的压力和风险。当一个领导者在心中形成了责任感时，他才能自觉地意识到自己所担负的责任，在这种自觉的责任意识产生之后，才会进一步产生积极的工作效果，才能带领下属尽职尽责，才能带出一支优秀的团队。

多做一些慈善事业

马克思说："人是社会关系的总和。"人是社会的人，社会是人的社会。企业是人类生产与生活的基本组织，"穷则独善其身，达则兼济天下"，企业家作为企业的所有者或掌舵人，自然担当着与其地位、权力与财富相应的、更大的社会责任。

在"2008 年胡润慈善榜"中，曹德旺以捐赠金额 1.46 亿元位居第 14 位。胡润表示，如果曹此举能落实，他将成为"中国最慷慨的慈善富豪"。

资料显示，曹德旺自幼家贫，14 岁辍学，放过牛，卖过烟丝，贩过水果，修过自行车。发家后，曾被民政部评为"中国 10 大慈善家"之一。

可见，曹先生不仅是一位成功的企业家，而且是一名享誉中国的慈善家。当然，中国企业家中，还有很多的领导者都热衷于慈善事业。例如，知名电子商务企业斐贝国际集团。

斐贝国际集团是一家建基香港的跨国性投资集团，公司致力于帮助全球女性提升及创造自身价值。目前，斐贝国际集团的业务遍及中国及北美地区，集团成员企业业务涵盖电子商城、连锁体验店、资讯门户网站、在线教育等四大主要板块。斐贝国际如此热心公益，是因为他们始终认为：做公益是"企业公民"的责任！而这个精神的沉淀，最大的影响来自斐贝国际董事局的主席——李昱桦。

李昱桦从小就热心公益，很小的时候就当义工，帮助弱势群体。23岁时，他成为香港区议员，开始了他长达10年的为弱势群体谋利益的生涯。后弃政从商，他的信念始终没有改变，因为他一直认为"人性本善"，只要有能力，就应该尽量帮助有需要的人。从一个公民的角度来看，他有各种权利和义务，做善事就是他的义务之一。企业就是法人，它也是社会公民，因此也有自己的权利和义务。企业法人的权利是通过合法的途径赚钱，那么它的义务就是回馈社会。所以说，只要有一点能力，他和他的企业就应该尽力去做，有更大的能力，就多做一点。

因此，从牵手粉红丝带，到大力开展四川地震灾区产业扶持项目；从积极参与善美天使慈善基金成立，到成功合力中华女性素质教育基金；从西南旱灾送水行动，到千里驰援玉树，斐贝国际的身影活跃在各项慈善公益活动中，公司更专门成立企业公民办，专注于社会公益事业的开展……

斐贝国际以及社会上众多企业的善举让我们知道：企业领导者身上流淌着道德的血液。他们在实现自我价值的同时，也承担着社会责任，帮助社会上更多的人拥有实现自我价值的机会。而投身慈善，就是履行这种社会责任的有效途径。

如今，在中国的经济舞台和社会舞台上，企业领导者正越来越受到人们的推崇和关注，企业领导者热衷慈善，能给全社会树立一个好榜样，能让人们感受到，这部分社会精英，正在改变着中国的财富形象。而当领导者对社会承担责任、作出贡献之时，他必将从社会得到相应的回报。